U0917283

中國语言文學研究

王蒙题

中文社会科学引文索引(CSSCI)来源集刊

河北师范大学文学院 主办

春之卷
二〇一九年
总第25卷

荟萃百家成果，展示人文情怀，鼓励开放创新

社会科学文献出版社
SOCIAL SCIENCES ACADEMIC PRESS (CHINA)

图书在版编目(CIP)数据

中国语言文学研究．2019年．春之卷：总第25卷／崔志远，吴继章主编．-- 北京：社会科学文献出版社，2019.3

ISBN 978-7-5201-4301-1

Ⅰ.①中… Ⅱ.①崔… ②吴… Ⅲ.①汉语-语言学-文集②中国文学-文学研究-文集 Ⅳ.①H1-53 ②I206-53

中国版本图书馆CIP数据核字(2019)第026895号

中国语言文学研究（2019年春之卷）（总第25卷）

主　　编／崔志远（常务）　吴继章

出 版 人／谢寿光
项目统筹／宋月华　李建廷
责任编辑／胡百涛

出　　版／社会科学文献出版社·人文分社(010)59367215
　　　　　地址：北京市北三环中路甲29号院华龙大厦　邮编：100029
　　　　　网址：www.ssap.com.cn
发　　行／市场营销中心（010）59367081　59367083
印　　装／三河市东方印刷有限公司

规　　格／开　本：787mm×1092mm　1/16
　　　　　印　张：17　字　数：394千字
版　　次／2019年3月第1版　2019年3月第1次印刷
书　　号／ISBN 978-7-5201-4301-1
定　　价／69.00元

目　录

汉语词汇语法研究

古代诗学研究

现当代文学与文化研究

CHINESE LANGUSGE AND LITERATURE STUDY

Spring 2019

Major Articles

“烤”字溯源*

杨　琳**

摘　要：齐白石曾说烤字是他“自我作古”，引起不少学者对烤字历史的关注。前人考查的结果是烤字出现的下限为1758年。本文指出，烤字元代已见，南宋时可能已有烤字，明末流行。“烤”这个词，汉末魏晋时期已见使用。该词当是由枯槁之槁派生出来的，由枯槁引申为干燥，再由干燥引申为用烘烤的方法使之干燥。

关键词：烤；熇；词源

马南邨（邓拓）在1962年6月21日《北京晚报》上发表《“烤”字考》一文（后收入《燕山夜话》一书），文中说：

> 前几天，一位朋友给我写来一封信，他说：
>
> 烤肉宛有齐白石所写的一个招牌，写在一张宣纸上，嵌在镜框子里。文曰：“清真烤肉宛。”在正文与题名之间，夹注了一行小字（看那地位，当是写完后加进去的），曰：“诸书无烤字，应人所请，自我作古。”（原无标点）看了，叫人觉得：这老人实在很有意思！因在写信时问了朱德熙，诸书是否真无烤字；并说，此事若告马南邨，可供写一则燕山夜话。前已得德熙回信，云：“烤字说文所无。广韵、集韵并有熇字，苦浩切，音考，注云：火干。集韵或省作熇，当即烤字。熇又见龙龛手鉴，苦老反，火干也。”烤字连康熙字典也没有，确如白石所说，诸书所无。
>
> 我很感谢这位朋友，他引起了我的兴趣，也引起了报社记者同志的兴趣，他们还把烤肉宛的匾额等拍了照片。原来这个匾额的款字写着：八十六岁白石。计算齐白石写这个匾额的时候，是1946年，还在解放以前。[1]

马南邨在朱德熙基础上做了进一步的追踪，指出：“《说文》中也有‘熇’字，段玉裁注云：‘火热也。大雅板传曰：熇熇然，炽盛也。易：家人嗃嗃，郑云：苦热之意，是嗃即熇字也。释文曰：刘作熇熇。’由此可见，‘熇’字的出处应该追溯到《诗经·大雅·板》八章中。”[1]

---

* 基金项目：国家社会科学基金后期资助项目（项目编号：15FYY001）的阶段性成果。

** 作者简介：杨琳（1961－），男，南开大学文学院教授，研究方向为古代汉语及古典文献研究。

给马南邨写信的是作家汪曾祺，汪曾祺在《贴秋膘》一文中提及曾向朱德熙询问：

“烤肉宛”原来有齐白石写的一块小匾，写得明白：“清真烤肉宛”，这块匾是写在宣纸上的，嵌在镜框里，字写得很好，后面还加了两行注脚：“诸书无烤字，应人所请自我作古。”我曾写信问过语言文字学家朱德熙，是不是古代没有“烤”字，德熙复信说古代字书上确实没有这个字。看来“烤”字是近代人造出来的字了。[2]

朱德熙、马南邨都没有指出“烤”字的出现年代。《说文》：“熇，火热也。从火高声。《诗》曰：‘多将熇熇。’”徐铉音火屋切，今应读hū。《诗经·大雅·板》：“多将熇熇，不可救药。”毛传：“熇熇然，炽盛也。”熇本义是炽热，是个形容词，《广韵·铎韵》音呵各切，今应读hè。可见《说文》和《诗经》中的“熇”读音与“烤”不同，朱德熙不提《诗经》《说文》中的“熇”字，原因盖在于此。后来邓景滨撰文指出：

邓拓写此文是1961年前后，而齐白石老人写“烤”字则在1946年。他们所说的“诸书无烤字”的“诸书”，当指1946年前出版的辞书。然而，在1915年出版的《中华大字典》的巳集火部中，就有“烤”的字头，下面的注释是：“口到切，考，去声，号韵。以火炙物谓之烤。如俗云烧烤是也。”1915年10月出版的《辞源》在巳集火部中也收录了“烤”字，其注释是：“考去声，以火干物也。”1936年出版的《辞海》在巳集火部中亦有“烤”的字条和注释：“可袄切，读如考，烘也。俗称藉火取暖曰烤；火炙肉曰烧烤。”可见，齐白石老人当年说“诸书无烤字”，这是不确的。而朱德熙先生及邓拓，亦偶有此疏漏，足见治学、尤其是治文字学之不易。[3]

此说把“烤”字出现时代的下限追到了1915年。

接着，周士琦也对烤字的起源做了考查。他说：“我国各种‘烤’制的食品极为流行，早已脍炙人口的烤鸭、烤肉、烤白薯、烤花生经久不衰，近日又兴起了烧烤之风，这个‘烤’字的来源如何？最早见于何书？却让学者们伤透了脑筋，费尽了力气。”作者指出，清代潘荣陛《帝京岁时纪胜》（成书于1758年）八月“彩兔”条有如下记载：“京师以黄沙土作白玉免，饰以五彩妆颜，千奇百状，集聚天街月下，市而易之。灯火荧辉，游人络绎，焦包炉炙，浑酒樽篩，烤羊肉，热烧刀，此又为游人之酌具也。”作者据此评议说：“看来不但齐、朱、邓三位的‘诸书无烤字’之说不能成立，而且还证明了‘烤肉宛’的‘烤肉’之说古已有之。在齐白石于1946年为烤肉宛题名之前的188年前就有了‘烤羊肉’之说，所以白石老人所说的‘自我作古’也就不能成立。”[4]周文把烤字的出现下限提前到了1758年。

再后来，游修龄说：

《诗经》里的“多将熇熇”，只是形容火势的炽烈，不是烘烤食物。“熇”作烘烤食物，首见诸《齐民要术》卷八“八和齑第七十三”引汉《食经·作芥酱法》：“热捣芥子……微火上搅之。少熇，覆瓯瓮上，以灰围瓯边，一宿则成。”少熇，就是稍微烘烤一下。……不过据现在北京华天饮食集团公司的介绍，烤肉宛创建于清康熙二十五年（1686），是北京经营烤肉最老的餐馆，当年推车支摊卖烤肉的店主，是京东大厂的宛姓回民，所以立字号为“烤肉宛”。这样，可以找到 kao 的口语用“烤”字来表达，是在公元 1686 年，《康熙字典》是康熙五十五年（1716）成书，尽管《康熙字典》不收“烤”字，但民间已在流行使用了。[5]

把《齐民要术》中的“少熇”理解为稍微烘烤一下，恐不妥帖。缪启愉《齐民要术校释》指出：“少熇：稍稍干燥时。”上面说“微火上搅之”，下面说“少熇，覆瓯瓮（应作瓦）上”，则“少熇”应以稍干为确。[6](P573) 至于据今天商家的说法将“烤”字的出现年代上溯至 1686 年明显是靠不住的。就算 1686 年已有烤肉宛字号，也无从得知写的是不是烤字。

最近朱炜又对“烤”字的出现年代做了一番考查，结论是“烤”字最早见于《红楼梦》甲戌本（1754），比《帝京岁时纪胜》要早。传世甲戌本只残存十六回，即第一回至第八回，第十三回至第十六回，第二十五回至第二十八回，朱文揭示“《红楼梦》里‘烤’凡五见”，然均不在甲戌本的十六回里[7]，朱氏大约是误把庚辰本（1760）当成甲戌本了。其实，无论是甲戌本还是庚辰本，存世的都不是原件，而是后世辗转抄录的本子，作为某字出现年代的依据是不可靠的。

看来，“烤”字追踪还得继续。经过搜考，“烤”字在明代已很流行。例如：

（1）教丫头烧个火笼儿，与银姐烤手儿。（《金瓶梅词话》第六十八回，明末刻本）

（2）一要知烤炕火力。（明佘自强《治谱》卷十“杂事门·兑米法”，崇祯十二年胡璇刻本）

（3）青椒：一两，去目及闭口，烤焙干，为朮节。（明刘宇《安老怀幼书》卷一《食治养老序第十三·食治冷气诸方》，崇祯刻本）

（4）烤燥：火烘燥炙燔焚烧。（明张云龙《广社·上声》，崇祯刻本）

通俗小说用“烤”字，政治著作也用“烤”字（例 2）。例（4）是字谜，“火烘燥炙燔焚烧”是谜面，谜底是“烤燥”二字。拿“烤”字制谜语，不难看出“烤”字在当时的流行程度。

更早的用例见于元代“普宁藏”（刊行于 1290 年）所收三秦失译《别译杂阿含经》（约出于 351－431 年）卷九：“譬如二大力士捉彼羸瘦极患之人向火烤炙，我患身体烦热苦痛亦复如是。”可知元代已有“烤”字。

《别译杂阿含经》中的“烤”字，南宋“思溪藏”及“赵城金藏”作“拷”，“拷”讲不通，当为“烤”之通假；或为“烤”之臆改，盖“烤”字当时尚未通行，不知者校改为“拷”，“普宁藏”则如实刊刻。后世也有将“烤”写作“拷”的。《金瓶梅词话》

第四十六回："小玉正在炕上笼着炉台拷火。"由此看来，南宋时可能已有"烤"字。

再来追踪"烤"的来源。"烤"在明代以前大都写作"燺"或"熇"，用例早见于东晋。"高丽藏"三秦失译《别译杂阿含经》卷九："譬如二大力士捉彼羸瘦极患之人向火燺炙，我患身体烦热苦痛亦复如是。"表明最晚在魏晋时期已有"烤"字。

那么，烘烤义之"燺"是从何而来的呢？前面说了，《诗经》《说文》中的"熇"音义与"烤"不符，所以炽热义之"熇"不可能是烘烤义之"燺"的来源。

我们注意到，古代文献中干枯、干燥义的"槁"常写作"燺"或"熇"。例如：

(5) 即收相国及嬖妾，以棘笞之，炀（炀）胶沸其疮中，燺（"思溪藏"作熇）即裂之，为坑生埋矣。("高丽藏"三国吴康僧会译《六度集经》卷四"戒度无极章第二")

(6) 此池本时清泉盈溢，饶藕多华，鱼龟满中，我昔所依，而今枯熇。(东晋瞿昙僧伽提婆译《中阿含经》卷十三"中阿含王相应品乌鸟喻经第一")

(7) 当取直理之木，熇燥好薪，不用蠹虫及木皮不净之薪。(东晋道经《洞真高上玉帝大洞雌一玉检五老宝经·大洞雌一太极帝君镇生五藏上经法》)

(8) 山间有清涧，恒取澡漱。后有采薪者秽慢其侧，水俄顷而熇。(梁僧佑《出三藏记集》卷十三"竺法护传第七")

辞书中的记载如日僧空海《篆隶万象名义》卷廿一"火部"："熇，口老反。燥。"吕浩校释："'熇'字头重出，上文作'熇，许酷反。火炽也'。此处字头当作'燺'。"[8](P340)燥即燥的异体。后晋可洪《新集藏经音义随函录》第十二册《中阿含经》卷二："枯熇，古老反，火干也，枯也。正作槁、燺、藁三形也。又呼各、呼木二反，热皃也，非用。"又第十二册《成唯识论》卷十三："枯熇，苦老反，乾也，枯也。正作洘、槁、燺三形也。又火沃、火各二反，非用。"可洪认为火干、干枯义的正字为槁、燺、藁、洘等形，而不是"热皃"义的熇，他的看法无疑是正确的。

烘烤义之"燺"是由枯槁之"槁"派生出来的。由枯槁引申为干燥，再引申为用烘烤的方法使之干燥。《周礼·冬官·考工记·轮人》："揉辐必齐。"郑玄注："揉谓以火槁之。""以火槁之"理解为用火干之或用火烤之都可以，这种两可的理解正是"燺"来自"槁"的明证。陆德明释文："槁，刘苦老反。""刘"指东晋刘昌宗，"苦老反"与"烤"同音。考虑到晋代已有烘烤之"燺"的用例，郑玄为汉末之人，"以火槁之"之"槁"当为动词烘烤义。后来人们为此动词义另造了"燺"字。"槁"异体作"稾"，"稾"上添加义符火即为"燺"。"燺"加以省略就成了"熇"，此"熇"与《诗经》《说文》之"熇"来源各异，二者为同形字关系。游修龄说："朱德熙引《集韵》说'熇'是'燺'的简省，但'熇'已先见于《诗经》、《说文》及《齐民要术》，'燺'却迟迟见于梁《玉篇》、唐《广韵》及宋《集韵》，说'熇'是'燺'的简化似不能成立。"[5]从我们的考察来看，朱德熙的看法是符合实际的，游氏将同形字混为一谈，判断失当。

“烤”字的创造大约受了“洘”的影响。《广韵·晧韵》：“洘，水干。”从可洪的记载我们知道，“洘”也用于泛指干枯干燥，而“熇”（燺）也用于水干涸（见上列例句），洘、熇（燺）实为异体关系。当“洘”用于火干义时，容易改造为“烤”，正如温暖之“温”也写作“煴”。《玉篇·火部》：“煴，烦也。”汉牟融《理惑论》：“狐貉虽煴，不能热无气之人。”或者当人们想把“燺”简化一下时，联想到“洘”字，也会造出“烤”字。

《荀子·劝学》：“木直中绳，輮以为轮，其曲中规，虽有槁暴，不复挺者，輮使之然也。”这里的“槁暴”古来训解不一。《汉语大词典》：“槁暴，枯干，晒干。”举《荀子》为例。“虽有槁暴，不复挺者”是转折复句，枯干之轮不复挺直乃事理之常，何来转折？文理难通。杨柳桥《荀子诂译》说：“槁，借为‘熇’。《说文》：‘熇，火热也。’今所谓烤也。《说文》：‘暴，晞也。’《小尔雅》：‘暴，晒也。’”[9](P2)如上所述，《说文》之“熇”与“烤”无关，然谓“槁”为烘烤义则有可取之处。“暴”训为“晒”文意未安，当为“爆”之通假。《说文》：“爆，灼也。”段玉裁注：“谓火飞所灸也。”《说文》：“灼，炙也。”《集韵·铎韵》：“爆，火干也。”《广雅·释诂上》：“㸈，曝也。”㸈即𤎅、焙之异体。桂馥《说文解字义证》“㸈”字下：“馥谓曝当作爆。”“槁暴”同义连文，谓炙烤。“輮”为“煣”之借字，指用火烘烤使木弯曲或伸直。中绳之直木既已烘烤为轮，干燥定形，以后即使再用烘烤之法，也不能使之挺直了。如此解读则怡然理顺。只是“槁”在先秦是否有烘烤义，缺乏佐证，故此解不敢自必，聊备学人斟酌参考。

顺带澄清一下齐白石给烤肉宛题写牌匾的时间问题。《齐白石年表》云：“民国二十四年，乙亥（1935），73岁。约是年，鬓发复黑，齿亦重生，胃口奇佳，食量不减，好啖牛羊肉。曾为宣武门山西人宛氏父子所开之‘烤肉宛’书赠招牌。”[10](P503)齐白石题写的“烤肉宛”牌匾今已不存，但邓拓见过牌匾的照片，落款为“八十六岁白石”，应该是1946年，《年表》列在1935年是错误的。

参考文献：

[1] 马南邨．“烤”字考［N］．北京晚报，1962年6月21日．

[2] 汪曾祺．贴秋膘［J］．中国美食家，1993（试刊号）．

[3] 邓景滨．诸书无“烤”字？［J］．语文月刊，1993（1）．

[4] 周士琦．闲话“烤”字［J］．语文建设，1995（4）．

[5] 游修龄．释“烤”、“秀”、“茅苣”［J］．语言研究集刊，2008（22）．

[6] 缪启愉．齐民要术校释［M］．北京：中国农业出版社，1998.

[7] 朱炜．“㶶”“烤”音义考［J］．语言研究，2016（3）．

[8] 吕浩．篆隶万象名义校释［M］．上海：学林出版社，2007.

[9] 杨柳桥．荀子诂译［M］．济南：齐鲁书社，1985.

[10] 齐白石辞典编纂委员会编．齐白石辞典［M］．北京：中华书局，2004.

汉语疑问数词“多少”的生成机制
——兼谈中古疑问数词系统的复杂性

〔日〕松江崇[*]

摘　要：本文旨在探讨汉语疑问数词“多少”的生成机制。在中古汉语（东汉魏晋南北朝）中，“多少”多用于非疑问用法，疑问用法较少，且用于疑问用法时，受到各种限制；到了近古汉语（唐宋时期），“多少”不再受到限制，可以认为其已经发展为典型的疑问数词。非疑问用法中表示多寡概念的“多少”经常出现在表达说话者疑惑性语气的语境或语法环境中（例如认知动词“不知”的宾语小句等），结果它吸收这种疑惑性语气，获得了疑问用法，最终变成典型的疑问数词。

关键词：疑问数词；多少；中古汉语

上古汉语向中古汉语转变的过程中，汉语词汇系统（包括功能词系统）发生了较大变化，疑问代词（包括疑问数词）系统也不例外。上古疑问数词系统由“几”和“几何”构成，而中古疑问数词的成员有“几”“几许”“几所”“几多”等，增加了“多少”。即到了中古，上古已有的“几”的双音节化形式和中古新出的“多少”形成了与上古不同的疑问数词系统。从历史语法学的角度来看，其中“多少”并不来源于上古时期的任何疑问数词或疑问代词，所以其生成过程值得深入探讨。也就是说，就中古汉语以后新出现的汉语疑问词（包括疑问代词、疑问数词）而言，大部分在词源上都可能来源于上古疑问词，所以它们在产生之际已具有疑问功能，而“多少”则是通过某种变化过程获得了疑问功能。尽管有不少研究探讨“多少”的生成过程，但它们的重点往往放在“多少”的出现时期、其句法功能等问题上，很少深入探讨获得疑问功能的机制问题。

本文将对中古时期的“多少”，从疑问功能和指称功能的角度进行探讨，在此基础上试图阐明其获得疑问功能的机制。

一　中古疑问数词系统

在开始探讨“多少”的疑问功能和指称功能之前，先概括介绍一下中古疑问数词系统。表1是对《三国志》及裴松之注、《六度集经》《世说新语》《佛本行集经》中疑问

---

* 作者简介：〔日〕松江崇（1971－），男，京都大学人间环境学研究科准教授，博士生导师，研究方向为汉语词汇史与中古汉语语法。

数词进行穷尽性调查的结果。

表 1　中古文献中疑问数词系统概况①

文献	用法	多少	几	几许	几多	几何
三国志	疑问用法	2 [2/0/0/0/0]	3 [0/3/0/0/0]	0	0	0
	非疑问用法	3 [0/0/2/0/0]	7 [1/0/6/0/0]	0	0	0
三国志裴注	疑问用法	2 [1/0/1/0/0]	14 [1/10/3/0/0]	0	0	7 [7/0/0/0/0]
	非疑问用法	9 [4/0/3/0/2]	18 [0/3/15/0/0]	0	0	1 [0/0/1/0/0]
六度集经	疑问用法	0	3 [0/2/0/1/0]	0	0	0
	非疑问用法	1 [1/0/0/0/0]	4 [0/0/3/010]	0	0	0
世说新语	疑问用法	1 [0/0/0/1/0]	7 [0/5/2/0/0]	0	0	0
	非疑问用法	5 [3/0/1/0/1]	0	0	0	0
佛本行集经	疑问用法	5 [5/0/0/0/0]	6 [0/6/0/0/0]	4 [1/2/1/0/0]	3 [0/3/0/0/0]	0
	非疑问用法	16 [5/8/2/1/0]	4 [0/1/3/0/0]	0	0	0

* [　] 内的数字分别表示做谓语、定语、宾语、补语、状语的情况。

* 表中“疑问用法”是指该疑问数词充当句子疑问焦点的用法。

* 表中未列“几数”这种疑问数词，因为其只有在汉译佛典中才能见到。上列语料中只出现 1 例，如：“净饭王言：‘今日此处迦毗罗城，是我亲族眷属品类，凡有几数，居住此城？’尔时彼等一切释种，即白王言：‘大王当知，今释总数一切凡有九万九千。’”（《佛本行集经》3/768a－b）

从表 1 可以看出，中古时期的疑问数词以“几”“几许”“几多”“几何”等“几”系疑问数词居多，但“多少”也出现了不少。关于表 1，在此需要补充说明的是，同样是“非疑问用法”，“几”系疑问数词与“多少”表现出来的“非疑问用法”的内涵是不同的。“几”的非疑问用法原则上限于受否定词修饰（或受否定动词支配）且表示不定的少数数量这种用法②，如：

（1）太子出城。第二天帝化为老人，当其车前。头白背偻，倚杖羸步。太子曰：“斯人何乎。”御使对曰：“老人矣。”“何谓为老？”曰：“四大根熟，余命无几。”（《六度集经》3/41a）③［表示时间量］

（2）夫论事料敌，当以己度人。今诞举淮南之地以与吴国，孙壹所率，口不至千，兵不过三百。吴之所失，盖为无几。若寿春之围未解，而吴国之内转安，未可必其不出也。（《三国志·魏书·钟繇传》400）［表示“损失”的量］

（3）子发闻之，衣不及带，冠不暇正，出见而礼之。左右谏曰：“偷者，天下之盗也，何为礼之？”君曰：“此非左右之所得与。”后无几何，齐兴兵伐楚。子发将师以当之，兵三却。楚贤大夫皆尽其计而悉其诚，齐师愈强。（《三国志·蜀书·郄正传》裴松之注引《淮南子》1039）［表示时间量］

而“多少”可以直接表示非疑问语义，具体可以分为三类：（A）多寡概念；（B）不定的少数数量；（C）任意的变动性数量。如：

（A）多寡概念

（1）见太尉袁逢，逢问其西域诸国土地、风俗、人物、种数。旻具答言西域本三十六国，后分为五十五，稍散至百余国；其国大小，道里近远，人数多少，风俗燥湿，山川、草木、鸟兽、异物名种，不与中国同者，悉口陈其状，手画地形。（《三国志·魏书·臧洪》裴松之注引《谢承后汉书》231）

（2）为人有记功，从桓宣武平蜀，按行蜀城阙观宇，内外道陌广狭，植种果竹多少，皆默记之。后宣武漂洲与简文集，友亦预焉。共道蜀中事，亦有所遗忘，友皆名列，曾无错漏。（《世说新语·任诞》3/885－886）

（B）不定的少数数量

（1）至晋泰始三年，张掖太守焦胜上言，以留郡本国图校今石文，文字多少不同，谨具图上。（《三国志·魏书·明帝叡》裴松之注引《搜神记》106）

（2）谢公在东山，朝命屡降而不动。后出为桓宣武司马，将发新亭，朝士咸出瞻送。高灵时为中丞，亦往相祖。先时，多少饮酒，因倚如醉，戏曰："卿屡违朝旨，高卧东山，诸人每相与言：'安石不肯出，将如苍生何?'今亦苍生将如卿何?"（《世说新语·排调》3/94）

（C）任意的变动性数量

（1）昔者菩萨，守戒隐居。不慕时荣，依荫四姓为其守墓。若有丧葬，辄展力助。丧主感焉。以宝惠之，所获多少，辄还四姓。（《六度集经》3/19a）

（2）尔时毕钵罗耶父母，即共迦卑罗迦大婆罗门，立于言契，交关下财。随索多少，办具种种饮食杂味、无价璎珞、妙宝衣等。（《佛本行集经》3/864a）

下面将从疑问功能与指称功能的角度探讨"多少"与"几"系疑问数词在语义功能上的差异。

二　"多少"的疑问功能

1. 中古时期"多少"的疑问功能

从疑问功能的角度来讲，我们可以看出"多少"的疑问用法在中古时期（特别是中古前期）只在特定的语法条件下才能实现；在这一点上，其和"几"系疑问数词不同，在我们调查的范围内，中古前期用于疑问用法的"多少"出现需要满足以下四个条件之一：（A）间接疑问句的宾语小句中；（B）自问疑问句中；（C）存在其他具有疑问功能的词语的句法环境中（主要包括“为”“宁”“不审”等副词）；（D）前后存在其他疑问句的话语环境中。如：

（A）间接疑问句的宾语小句中

（1）太守王匡起兵讨董卓，遣诸生于属县微伺吏民罪负，便收之，考责钱谷赎罪，稽迟则夷灭宗族，以崇威严。林叔父挝客，为诸生所白，匡怒收治。举宗惶怖，不知所责多少，惧系者不救。（《三国志·魏书·常林》658）

（2）譬如国王有边城，城周匝方直，牢固坚密，唯有一门，无第二门。立守门者，人民入出皆从此门。若入若出，其守门者，虽复不知人数多少，要知人民唯从此门，更无他处。（《杂阿含经》2/131a）

（3）尔时彼女父母兄弟，共如是言：“我等今者若取此形阎浮檀金，不观彼家钱财多少。又不谙悉其国礼仪法则高下。”（《佛本行集经》4/861c）

（4）难曰：“易曰：‘东邻杀牛，不如西邻之礿祭。’夫言东邻不若西邻，言东邻牲大福少，西邻祭少福多也。今言鬼不享，何以知其福有多少也?”曰：此亦谓修具谨洁与不谨洁也。纣杀牛祭，不致其礼；文王礿祭，竭尽其敬。（《论衡·祀义》4/1054）[1]

（5）密见养于祖母。治《春秋左氏传》，博览多所通涉，机警辩捷。事祖母以孝闻，其侍疾则泣涕侧息，日夜不解带，膳饮汤药，必自口尝。本郡礼命不应，州辟从事尚书郎，大将军主簿，太子洗马，奉使聘吴。吴主问蜀马多少，对曰：“官用有余，人闲自足。”（《三国志·蜀书·杨戏》裴松之注引《华阳国志》1078）

（B）自问疑问句中

（1）尔时世尊复如是念：不用处天寿命多少？有于限量边际以不？尔时世尊内心智见，知不用处寿命有边，六万三千大劫寿命。（《佛本行集经》3/807c）

（2）尔时座上有菩萨名曰无量觉慧。心自念言：“最胜大士遗身舍利分布在世，兴发道心。度人多少，为有几许?”（《最胜问菩萨十住除垢断结经》10/1032c；俞理明所引用例）[2](P174)

（C）存在其他具有疑问功能的词语的句法环境中

（1）有一智人见而问曰：“汝等众人何等作为?”众人报曰：“王家大象暴战没在深泥。以数千象力及以人众共挽不能移动。”智人问曰：“此象先时力为多少?”众人报曰：“此象战斗力无涯限。”（《出曜经》4/646a）

（2）彼典兵宝复白王言：“不审圣王须兵多少?”王告之曰：“吾须前后左右各各万萠。”（《最胜问菩萨十住除垢断结经》1041030b）[2](P174)

（D）前后存在其他疑问句的话语环境中

（1）尊者舍梨子即坐其床，坐已问曰："长者所患今复何似？饮食多少？疾苦转损不至增耶？"长者答曰："所患至困饮食不进。疾苦但增而不觉损。"（《中阿含经》1/459a）

（2）王子猷作桓车骑骑兵参军，桓问曰："卿何署？"答曰："不知何署，时见牵马来，似是马曹。"桓又问："官有几马？"答曰："不问马，何由知其数？"又问："马比死多少？"答曰："未知生，焉知死？"（《世说新语·简傲》908）

上述情况可以概括为：在中古时期，疑问数词"多少"原则上不能单独构成典型的疑问句。但在南北朝以后的一些用例中，"多少"可以单独充当句子的疑问焦点，不过这种"多少"似乎都是用于询问事物的情状的④，如：

欣泰少有志节，不以武业自居，好隶书，读子史。年十余，诣吏部尚书褚渊，渊问之曰："张郎弓马多少。"欣泰答曰："性怯畏马，无力牵弓。"渊甚异之。（《南齐书·张欣泰传》881[1]）

总之，尽管存在这些可以单独构成疑问句的较特殊的"多少"，但是我们认为"多少"用于询问数量时仍然需要符合上述四个条件之一。

上述现象表明：在中古时期，"多少"的疑问功能尚未成熟；其只有在一定的句法、话语条件下才能充当句子的疑问焦点。对此现象，我们可以参考井上对日语疑问句的理论所做的具体解释。[3](P197-212)井上根据木村、森山等前人对日语疑问句的研究，着眼于疑问功能，把疑问句分为两种：一是要求听话者提供信息的疑问句；二是只专门表达说话者疑惑而不要求听话者提供信息的疑问句。[4](P3-43)在日语中，这两种疑问句的区别反映在不同的疑问形式上。本文借鉴这种日语现象，认为：中古汉语的"多少"的疑问功能近似于上述第二种疑问句，其语义重点在于表达说话者的疑惑，而要求听话者提供信息的疑问功能较弱。正因为如此，中古汉语的"多少"一般只出现在间接疑问句的宾语小句或自问句等要求回答的疑问功能较弱的语法条件中；而只有在该疑问句中存在其他具有疑问功能的词语的句法环境或者前后存在其他疑问句的话语环境等情况下，才能构成要求回答的疑问句。

2. 近古时期"多少"的疑问用法

到了近古时期，"多少"的出现已不再受到上述四个条件制约，其疑问功能接近于"几"系疑问数词，成为真正意义上的疑问数词了。比如，下列用例中的"多少"不符合上文所示（A）-（D）的任何情况，但其用于疑问用法询问数量。如：

（1）大王便唤业官、伺命、司录，应时即至。"［是］和尚阿娘名青提夫人，亡后多少时？"业官启言大王："青提夫人［亡来］已经三载，配罪案总在天曹录事司

太山都尉一本。”（《大目干连冥间救母变文》1027）

（2）看灯却回大内，皇帝问：“诸州悬（县）皆如此否?”净能奏曰：“蜀都有灯，供养至极，伏恐京国不如!”皇帝又问：“剑南去此多少?”净能奏曰：“去此三千里。”（《叶净能诗》337）

（3）后问贫波娑罗王，王却问给孤长者：“有其何事?”长者启贫波娑罗王：“别无何事，请佛为王说法。”给孤长者启王：“王园计地多少?”“其园八十倾（顷）。”（《不知名变文（二）》1134）

（4）遂唤二将，总在面前，遂问二将：“随文皇帝殿前有言，请军（君）克收金璘（陵）。如今贼军俯追，甚人去得？若也得胜回过，具表奏闻。”将军才问，韩衾虎越班便出：“启言将军：衾虎去得。”“要军多少?”“要马步军三万五千。”便令交付。（《韩擒虎话本》300）

三　指称功能

1. 中古时期“多少”的指称功能

“多少”和“几”系疑问数词在指称对象方面具有很多共同点，这些词都可以用来询问具体物、生命体、价格、时量、抽象观念（“罪”“功德”等）等。但是，二者在指称对象事物的语义特征方面存有差异：相对于“几”系疑问数词，“多少”在指称对象事物的语义特征方面受到一些限制。在本文调查的范围内，难以看到“多少”出现在（A）疑问数词短语中的中心语为单位词、带量词的名词；（B）询问个别性较高的有生物；（C）询问高度、深度、年龄、数量等。但“几”系疑问数词可以询问（A）（B）（C）的指称对象事物，如：

（A）疑问数词短语中的中心语为单位词、带量词的名词

（1）问梵志曰：“缘得斯儿?”对之如事。曰：“卖儿几钱?”梵志未答。男孙剿曰：“男直银钱一千，特牛百头；女直金钱二千，牸牛二百头。”（《六度集经》3/10c）

（2）菩萨受教，端心内净，东行索之。数日即止。深自思曰：“吾宿薄佑，生不值佛。世无沙门，君臣愦愦。无知佛者，明度无极。除冥尊师去斯几里?”（《六度集经》3/43b）⑤

（3）诸比丘不知当作几条衣。佛言：“应五条，不应六条。应七条，不应八条。应九条，不应十条。乃至十九条，不应二十条。若过是条数，不应畜。”（《四分律》22/855b）

（4）人有诣祖，见料视财物。客至，屏当未尽，余两小簏著背后，倾身障之，意未能平。或有诣阮，见自吹火蜡屐，因叹曰：“未知一生当著几量屐?”神色闲畅。于是胜负始分。（《世说新语·雅量》422）

（B）询问个别性较高的有生物

（1）即随路还，复问世尊："云何瞿昙过去世时复有几佛？"佛告婆罗门："过去世佛亦如无量恒河沙数。"（《杂阿含经》2/242a）

（2）尔时梵志白世尊曰："过去诸佛为有几所？"佛告梵志："过去诸佛数如恒沙。"（《出曜经》4/617a）

（3）梵志白曰："云何世尊于当来世，为有几许等正觉耶。"世尊告曰："将来世诸佛数如恒沙。"（《出曜经》4/617a）

（C）询问高度、重量、年龄、数量等

（1）冢上汗气彻天。遂命发冢。方见开目，张口，引声而言曰："快者醉我也。"因问希曰："尔作何物也？令我一杯大醉，今日方醒，日高几许？"墓上人皆笑之。（《搜神记》235）

（2）天神又复问言："此大白象有几斤两？"群臣共议，无能知者。亦募国内，复不能知。大臣问父，父言："置象船上著大池中，画水齐船，深浅几许。即以此船量石著中。水没齐画，则知斤两。"即以此智以答。（《杂宝藏经》4/449b）

（3）六群比丘打户，房［圣语藏本无此字］内比丘应声。六群比丘言："汝等几岁。"答言："若干岁。"六群比丘言："汝起出去，我是上座。"（《十诵律》23/245b）

（4）朗与文休书曰："文休足下：消息平安，甚善甚善。……今者，亲生男女凡有几人？年并几何？仆连失一男一女，今有二男：大儿名肃，年二十九，生于会稽；小儿裁岁余。临书怆恨，有怀缅然。"（《三国志·蜀书·许靖》裴松之注引《魏略》967－968）

在此需要补充说明的是，问年龄时要用"几"系疑问数词，但问寿命时可用"多少"，也可用"几"系疑问数词。

（5）尔时世尊复如是念：不用处天寿命多少？有于限量边际以不？尔时世尊内心智见，知不用处寿命有边，六万三千大劫寿命。（《佛本行集经》3/807c）

（6）太祖不时立太子，太子自疑。是时有高元吕者，善相人，乃呼问之，对曰："其贵乃不可言。"问："寿几何？"元吕曰："其寿，至四十当有小苦，过是无忧也。"无几而立为王太子，至年四十而薨。（《三国志·魏书·文帝丕》裴松之注引《魏略》57）

上述现象应是疑问数词"多少"的某种语义特征的反映。虽然目前很难阐明具体的语义特征，但本文暂且提出以下假说："多少"所表示的疑问的含义是，先把指称对象事物视为一个整体加以把握（不关注个体成员），然后对其整体的量级程度表示疑问[⑥]（不要求以数目回答）。采用这种假说，比较容易解释为何“多少”不适于询问（A）和（B）的情况。这是因为，两种情况中的指称对象都是个别化程度较强的事物，这类事物所具有的语义特征和“多少”所具有的“将指称对象事物视为一个整体加以把握”的语义特征相矛盾。此外，“多少”也不适于询问（C）。这可能是因为（C）中的指称对象一般都要用某个尺度上的数目来表述，似乎不适用于表示量级程度的概念。

2. 近古时期“多少”的指称功能

到了近古时期，“多少”的指称功能有了新的发展，可以出现在上述（A）（B）（C）的情况了。如：

（A）疑问数词短语中的中心语为单位词、带量词的名词

有僧与疏山和尚造延寿塔毕，来白和尚。和尚便问：“汝将多少钱与匠人?”僧云：“一切在和尚。”疏山云：“汝为复将三钱与匠人？为复将两钱与匠人？为复将一钱与匠人？若道得，与吾亲造塔。”僧无对。（《祖堂集》9/449）

（B）询问个别性较高的有生物

饶州刺史与师造大藏殿。师与一僧同看殿次，师唤某甲。僧应诺。师曰：“此殿著得多少佛。”曰：“著即不无有人不肯。”（《景德传灯录》51/362c）

（C）询问高度、年龄

（1）师到兴善大彻禅师处，禅师问：“从什摩处来?”师云：“从天台来。”禅师云：“天台高多少?”师云：“自看取。”（《祖堂集》14/653－654）

（2）当日初夜后，师教侍者唤从上座，上座便上来侍立。师问：“从上座年多少?”对云：“二十八。”师云：“太嫩在！甚须保持。生缘什摩处?”（《祖堂集》9/419）

四 疑问数词“多少”的生成机制

探讨疑问数词“多少”的生成机制时，我们需要搞清：（1）是从原来的“多少”的哪个语义发展而来的；（2）获得疑问功能（对指称对象事物表示疑问的这种疑问功能）的机制是怎样的。对于这两个问题，本文的推定是：疑问数词“多少”是从多寡概念的语义而来的，其获得疑问功能的机制为：多寡概念的“多少”频繁出现在带有疑惑性或疑问性语气的语境中，使得原本属于语境的疑惑性或疑问性的语气逐渐被“多少”吸收，结果“多少”便获得了“表示疑问”的功能。

在此需要补充说明的是，上述语境同时也是疑问数词、疑问代词的疑问用法能够出

现的语境。这种相同的语境可能促进了“多少”受其他疑问数词、疑问代词的类推作用，从而获得了疑问功能。

结 论

（甲）在中古时期，“多少”的疑问用法尚未成熟，疑问用法的出现限于：（A）间接疑问句的宾语小句中；（B）自问疑问句中；（C）存在其他具有疑问功能的词语的句法环境中；（D）前后存在其他疑问句的话语环境中。我们可以认为这种情况表明“多少”的语义重点在于表达说话者的疑惑，而要求听话者提供信息的疑问功能较弱。

（乙）“几”系疑问数词和“多少”在指称对象方面具有很多共同点，但是二者之间在指称对象事物的语义特征方面存有差异：相对于“几”系疑问代词，“多少”在指称对象事物的语义特征方面受到一些限制，难以看到“多少”出现于以下几种情况：（A）疑问数词短语中的中心语为单位词、带量词的名词；（B）询问个别性较高的有生物；（C）询问高度、深度、年龄等。但“几”系疑问数词可以用于询问（A）（B）（C）的指称对象事物。究其原因，可能是因为：“多少”所表示的疑问的含义是，先把指称对象事物视为一个整体加以把握（不关注个体成员），然后对其整体的量级程度表示疑问（不要求以数目回答）。

（丙）关于“多少”获得疑问功能的机制，本文初步推定为：疑问数词“多少”是由多寡概念的语义而来的；其获得疑问功能的机制为：表示多寡概念的“多少”频繁出现在带有疑惑性或疑问性的语气的语境中，使得原本属于语境的疑惑性或疑问性的语气逐渐被“多少”吸收，结果“多少”便得到了“表示疑问”的这种功能。

余论：中古疑问数字系统的复杂性

上面探讨疑问数词“多少”的生成机制时，指出了“多少”和“几”系疑问数词之间的功能差异，但上中古疑问数词系统比较复杂，还存在内部成员之间的其他重要的功能差异。比如，中古疑问数词系统在“要求听话者用具体数目回答还是用约数来回答”的这一功能上呈现出对立格局：“几许”“几所”“几多”“几何”只能要求听话者用约数的方式来回答（［+约数］），而“几”可以要求听话者用具体数目和约数这两种方式回答（［±约数］）。如：

［几许］

（1）后太祖宴会，有荒外归化人在坐，上问琛：“库中仗犹有几许?”琛诡答：“有十万人仗。”（《宋书·顾琛列传》2076）

（2）问主人言：“如是牛舍可有几许?”牛子报言：“从彼摩诃娑陀罗村已来，至于毗耶离城，半由旬间，置一牛舍。”（《佛本行集经》3/864b）

（3）复如是念：“非非想天寿命几许？有边际不?”是时世尊心生智，见非非想天寿命八万四千大劫。（《佛本行集经》3/807a）

［几多］

尔时彼诸婆罗门辈，阿难去后，取百数叶，隐藏一边。阿难回已，诸婆罗门，于是复问：“仁者阿难，汝复来也。乞更观此尸奢波树，有几多叶。”尔时阿难仰观树已，即知如是婆罗门等所擿藏叶若干百数。便即报彼婆罗门言：东枝合有若干百叶若干千叶。如是南枝西枝北枝。亦言：“合有若干百叶若干千叶。”（《佛本行集经》3/931c－932a）

［几何］

（1）初辟丞相府史，事孔光，光称为长者。时尝出行，有人认其马。茂问曰：“子亡马几何时？”对曰：“月余日矣。”茂有马数年，心知其谬，嘿解与之，挽车而去，顾曰：“若非公马，幸至丞相府归我。”（《后汉书·卓茂列传》869）

（2）又问：“吴之戍备几何？”对曰：“自西陵以至江都，五千七百里。”又问曰：“道里甚远，难为坚固？”对曰：“疆界虽远，而其险要必争之地，不过数四，犹人虽有八尺之躯靡不受患，其护风寒亦数处耳。”（《三国志·吴书·孙皓》裴松之注引《晋纪》879）

［几］

（1）许因谓曰：“妇有四德，卿有其几？”妇曰：“新妇所乏唯容尔。然士有百行，君有几？”许云：“皆备。”（《世说新语·贤媛》789－790）［具体数目］

（2）观见岐，疑其非常人也。因问之曰：“自有饼邪，贩之邪？”岐曰：“贩之。”宾硕曰：“买几钱？卖几钱？”岐曰：“买三十，卖亦三十。”宾硕曰：“视处士之望，非似卖饼者，殆有故！”乃开车后户，顾所将两骑，令下马扶上之。（《三国志·魏书·阎温》裴松之注引《世语》552）［具体数目］

（3）瑜曰：“有军任，不可得委署，傥能屈威，诚副其所望。”备谓关羽、张飞曰：“彼欲致我，我今自结托于东而不往，非同盟之意也。”乃乘单舸往见瑜，问曰：“今拒曹公，深为得计。战卒有几？”瑜曰：“三万人。”备曰：“恨少。”瑜曰：“此自足用，豫州但观瑜破之。”（《三国志》裴松之注引《江表传》879）［约数］

至于“多少”，其只是对指称对象事物的量级程度表示疑问，并不要求用数目回答，所以和上述语义的对立特征无关。不过，往往“量级程度”也可以用约数回答，所以可以看到用约数来回答“多少”疑问句的用例。

［多少］

周字伯南，沛国竹邑人。位至光禄大夫。子陔，字元夏。陔及二弟韶、茂，皆总角见称，并有器望，虽乡人诸父，未能觉其多少。（《三国志·魏书·胡质》742）

现代普通话中的“几”原则上不能询问10以上的数量⑦，而“多少”未受到这种限制，在这一点上“几”和“多少”形成了相对立的格局。[5](P12-24)但是中古汉语中的“几”可以用于询问10以上的数量，所以中古疑问数词系统还和现代疑问数词系统存在明显的差异。

（1）时有长老比丘来问达腻伽：“长老几岁。”答言：“尔所岁。”（《摩诃僧祇律》22/238b）

（2）其下诸婆罗门遥见阿难来欲到边，各相告言：“汝辈当知，此是沙门瞿昙弟子，于诸聪明多闻之中，最第一者。”作是语已，阿难便至。白言：“仁者。今请观此尸奢波树合有几叶。”尔时阿难观其树已，而报彼言：东枝合有若干百叶若干千叶。如是南枝西枝北枝。合有若干百叶若干千叶。作是语已，遂即舍去。（《佛本行集经》3/391c）

（3）宣王对曰：“渊弃城预走，上计也；据辽水拒大军，其次也；坐守襄平，此为成禽耳。”帝曰：“然则三者何出？”对曰：“唯明智审量彼我，乃预有所割弃，此既非渊所及，又谓今往县远，不能持久，必先拒辽水，后守也。”帝曰：“往还几日？”对曰：“往百日，攻百日；还百日，以六十日为休息，如此，一年足矣。”（《三国志·魏书·明帝叡》裴松之注五引《干宝晋纪》111）

注释：

①在此以《左传》为例补充一下上古汉语中的情况。

用法	几	几何
疑问用法	3［0/1/1/1/0］	5［5/0/0/0/0］
非疑问用法	3［0/1/0/0/2］	0

《左传》中可以看到未受否定词修饰（或受否定动词支配）的“几”用于非疑问用法（表示少数数量）的情况（做状语的2例），如沈尹戌曰：“亡郢之始于此在矣。王一动而亡二姓之帅，几如是而不及郢？诗曰‘谁生厉阶？至今为梗’，其王之谓乎！”（《左传·昭公二十五年》4/1453）

②“多少”受否定词修饰时，其所表示的语意和“几”有所不同，似乎带有“不管多少”的语义。如：“既有明才，遭朱阳之运，于时名势赫奕，若火猛风疾。当涂之士，莫不枝附叶连。宾客如云，无多少皆为设食。宾无贵贱，候之以礼。”（《三国志·魏书·方技·管辂》裴松之注引《辂别传》

826-827）

③本文引用佛典文献，据《大正新修大藏经》，所引经卷以括号标注文后，斜线前数字为卷数，斜线后数字为页码，字母表示栏次。《祖堂集》据孙昌武、衣川贤次、西口芳男点校“中国佛教典籍选刊”，斜线前数字为卷数，斜线后数字为页码。其他非佛典引文只注页码，主要引自杨伯峻《春秋左传注》（修订本）（中华书局，1990）、黄晖《论衡校释》（中华书局，1990）、余嘉锡《世说新语笺疏》（中华书局，1983）、二十四史缩印本（中华书局，1997）、汪绍楹《搜神记校注》（中华书局，1979），话本、变文等引自黄征、张涌泉《敦煌变文校注》（中华书局，1997）。

④方一新、曾丹（2007）已经指出，中古时期存在用例（2-9）这样询问事物的情状的“多少”。

⑤但是有一个用“几许”的反例。如又问：“几许里为边地。”答曰：“千里之外山，海艰隔者是也。”（《比丘尼传》50/937c）

⑥“几”系疑问数词所表示的疑问的含义是，先把指称对象事物视为由复数个体构成的集合体，然后要求听话者提供该集合体的数量信息（要求用数目回答）。

⑦木村（2008）对现代汉语中的疑问数词进行详细的探讨并指出：“几”是询问基数的疑问基数词，所以其原则上询问预测10以下的基数，而“多少”则是询问数量的疑问数量值，所以其不能询问基数（如，“一年有多少百多少十多少天?”），且不能询问纯粹的数目（“现在多少点多少分?”）。探讨疑问数词的历时演变时，我们可以参考木村（2008）的观点。

参考文献：

［1］方一新，曾丹．“多少”的语法化过程及其认知分析［J］．语言研究，2007（3）．

［2］俞理明．佛经文献语言［M］．成都：巴蜀书社，1993.

［3］井上優．「日本語と中国語における無標疑問文・有標疑問文の機能負担」，『木村英樹教授還暦記念・中国文法論叢』（木村英樹教授還暦記念論叢刊行会編）．東京：白帝社，2013.

［4］木村英樹，森山卓郎．「聞き手情报配慮と文末形式」，大河内康憲編『日本語と中国語の対照研究論文集』（下）．くろしお出版，1992.

［5］木村英樹．「中国語疑問詞の意味機能－属性記述と個体指定－」，『日中言語研究と日本語教育』創刊号，2008.

陈述类宾语的句法构成及与谓宾动词配置研究

苗守艳*

摘　要：陈述类宾语由动词性成分、形容词性成分、主谓结构、转指类定中结构构成。按照宾语的句法结构特征可分为结构完整和结构删略两大类。陈述类宾语的核心是谓词，主谓结构性的陈述类宾语数量最多。陈述类宾语与谓宾动词的配置类型主要有五大类，其中“以带动词性宾语为功能下限的谓宾动词”数量最多，宾语扩展类型也最丰富。谓宾动词配置能力的差异主要表现在支配陈述类宾语的数量和类别上，谓宾动词的支配能力和陈述类宾语的结构特征呈现为对应关系。

关键词：陈述类宾语；谓宾动词；句法结构；动宾配置

在汉语动宾结构中，有一类宾语由述谓性成分直接充当，大多数研究者从词语的语法性质出发，把这类宾语笼统称作“谓词性宾语”[1](P267)。后来研究者基本都沿用此称谓，其他如“非名宾”[2]等称谓并没有获得学界通用。基于这类述谓性成分自身具有的陈述功能，我们称之为陈述类宾语。对于陈述类宾语的性质，学者多倾向于从句说，萧国政看作从句形式并从语义指向的角度进行界定[3](P34)；张辉不仅把这类宾语看作从句，而且通过整合理论来解释宾语从句和主语之间的关系。[4]结合信息论的观点，每个陈述类宾语都应该是一个传递完整信息的小句。[5](P37-39)我们认为陈述类宾语的实质是用各种不同的句法形式来传递未知信息的句子。陈述类宾语的生成是句子复杂过程中语言系统运筹的结果，两个原本表达完整语义的句子，在求同作用机制下形成独特的动宾模式。在陈述类宾语的生成过程中，两个谓语的支配能力成为关键，能力差异造成了不同句法形式的宾语。本文描写陈述类宾语的句法构成及与谓宾动词的配置关系，不仅有助于全面认识其句法语义特征，而且有助于深入了解句子复杂化的相关机制。

一　陈述类宾语的句法构成

陈述类宾语的实质是传递未知信息的句子，其句法构成是研究配置关系的基础之一，其中心谓词的扩展情况是其支配动词能力差异的一种表现。我们从结构形式的层面按不

---

* 作者简介：苗守艳（1977-），女，临沂大学文学院副教授，文学博士，研究方向为汉语句法语义。

同句法性质对陈述类宾语做详尽分析。需要说明的是，在分析陈述类宾语的结构形式时，我们按照从左向右的顺序进行，确认最外层的结构作为陈述类宾语的句法结构。

（一）动词性陈述类宾语

动词是汉语词类的重要部分，动词是句子的中心、核心、重心，其他成分都是被动词挂住，在句子中发挥重要作用。[6]动词及动词短语都可以看作句子的核心要素，动词性成分也是陈述类宾语的主要形式。动词性陈述类宾语主要包括以下几类形式。

1. 光杆动词：这类陈述类宾语，可以看作动词单独成句。例如：

学〈打枪〉丨学〈画画〉丨练习〈游泳〉

2. 动宾结构：这类陈述类宾语是“谓语 + 宾语”形式。例如：

他喜欢〈吃拉条子〉丨我忘记〈带钢笔了〉

3. 中补结构：这类陈述类宾语是“谓语 + 补语”形式。例如：

喜欢〈交代清楚〉丨起初她们怕〈挑不惯〉丨我就不信〈卖不出去〉

4. 状中结构：这类陈述类宾语是“状语 + 谓语”形式。例如：

他愁〈不能回家〉丨由你来设计〈怎么出场〉丨你不是说〈跟永泰挺有感情吗〉

5. 联合结构：这类陈述类宾语是由两个动词性成分联合构成，既可以是单个动词联合，也可以是动词性的短语联合。例如：

面对〈考验和挑战〉丨接受〈训练和教育〉
服从〈分配和指挥〉丨这个事情就差〈没签字没盖章〉

6. 连动结构：这类陈述类宾语是两个动词构成的连动结构，其句法构成和联合结构相似，都是两个动词，只是这两个动词之间有时间顺序关系。例如：

他渴望〈穿一身体面衣服站在女同学面前〉丨我们非常乐意〈服从领导分配去大西北〉

以上六类均为动词性陈述类宾语。在这些结构中，光杆动词是陈述类宾语的常量，其他类型都是在光杆动词的基础上扩展所得的结果。在扩展中，有的动词可以扩展出以上所有动词性成分形式，如（1）–（3）；有的只能扩展出其中一种或几种形式，如

(4)；还有一些只可以扩展出状中和转指类陈述类宾语，如(5)。

(1) 练习〈写〉——练习〈写字〉|练习〈写整齐〉|练习〈用左手写〉|练习〈写和说〉|练习〈写了再说〉

(2) 提倡〈走〉——提倡〈走路〉|提倡〈走整齐〉|提倡〈用左脚走〉|提倡〈走和跳〉|提倡〈走了再跳〉

(3) 喜欢〈吃〉——喜欢〈吃拉条子〉|喜欢〈吃干净〉|喜欢〈天天吃〉|喜欢〈吃和喝〉|喜欢〈吃好就喝〉

(4) 命令〈开炮〉——命令〈向敌人开炮〉|命令〈开炮和吹哨〉|命令〈开炮后进攻〉

(5) 欢迎〈光临〉——欢迎〈天天光临〉|欢迎〈您的光临〉

光杆动词的扩展能力是和其自身的句法特征密切相关的，光杆及物动词往往可以扩展出所有动词性成分的陈述类宾语，而不及物动词则只能局限性地扩展出状中结构或者转指类陈述类宾语。

(二) 形容词性陈述类宾语

陈述类宾语由单个形容词或形容词短语充当，形容词短语包括状中、中补、联合结构形式等。

1. 光杆形容词：陈述类宾语是由光杆形容词充当。例如：

贪图〈便宜〉|小草发〈绿〉|损害〈健康〉|露出〈怯懦〉|宁静中隐藏着〈危险〉

2. 状中结构：这类宾语是由形容词和其修饰成分构成的状中结构充当。例如：

虾片一斤能出〈不少呢〉|我是说〈太鲜艳了〉|表现出〈很胆小〉

3. 中补结构：这类宾语是由形容词和补语共同充当，补语往往由“得”为形式标记。例如：

我认为〈好得很呢〉|反映〈干得漂亮〉|发现〈苦死了〉

4. 联合结构：这类宾语是由两个并列的形容词充当。例如：

颠倒了〈正确与错误〉|暴露了〈卑鄙与邪恶〉|他的作品表现了〈朴实和粗犷〉

相比较光杆动词，光杆形容词的扩展能力要弱很多，有些形容词可以扩展出以上四种形式，有的则只能扩展为一种形式，有的则只能扩展为转指类型的陈述类宾语。

（三）主谓性陈述类宾语

陈述类宾语由主谓结构充当，主谓结构包括两种形式，一种形式为“主语 + 谓语 + 宾语”，这类谓语动词一般都是及物动词，必须跟一个宾语，例如：

他总提〈我欠他一本书〉丨反对〈大国欺负小国〉丨你摸摸〈衣服是什么料子的〉

另外一种形式为“主语 + 谓语”，宾语内部的谓语是不及物动词或者形容词，不带宾语，例如：

出国前他交代〈调查报告还没写完〉丨中美均已完成〈政府换届〉丨当心〈路上很滑〉丨显露出〈我怯懦〉

主谓形式的陈述类宾语都是从光杆谓词扩展而来，可以形成联合结构，属于主谓结构层面的并列，例如：

显露出〈我怯懦你勇敢〉丨说明〈你错了我对了〉丨喜欢〈大人唱歌小孩跳舞〉

小句宾语是学界认可的一种说法，但吕叔湘先生认为主谓短语属于静态的语言单位，而小句属于动态的语言单位，并且是基本单位，具有句子的一些属性。[7]我们分析陈述类宾语的句法构成，是从静态角度进行观察，所以不采用“小句宾语”这个术语，而是用了“主谓性宾语”。

（四）转指类定中性陈述类宾语

这类陈述类宾语比较特殊，从句法功能来看，是由动词、形容词充当，但实际上谓词性成分已经发生了变化，例如：

谢谢〈你的光临〉丨促进〈祖国的统一〉丨看好〈这本书的出版〉丨刺激〈生产力的发展〉

朱德熙先生认为语言中谓词性成分可以通过一定的方式实现名词化，语义上实现指称化。[8]指称化可以在构词和句法层面发生，又分为自指和转指。在上面这些用例中，属于有标记转指形成的定中结构。

在我们自建的书面语料库①中随机抽取 1000 例陈述类宾语进行结构形式的分类统计，见表 1。

表 1　书面语料库中陈述类宾语句法构成分类统计表

功能类别	结构类别	数量	比率（%）	用例
动词性	光杆动词	127	12.7	喜欢打球
	动宾结构	201	20.1	核对有没有错误
	动补结构	33	3.3	喜欢交代清楚
	状中结构	106	10.6	不喜欢和别人聊天
	联合结构	8	0.8	面对考验和挑战
	连动结构	5	0.5	要求穿好衣服起床
形容词性	光杆形容词	46	4.6	贪图便宜
	中补结构	18	1.8	我认为好得很
	状中结构	23	2.3	是说太漂亮了
	联合结构	6	0.6	暴露卑鄙与邪恶
主谓性		348	34.8	我听说你完成论文了
转指类定中性		79	7.9	谢谢你的光临
合计		1000	100	

从表 1 的统计数据中，有如下几点发现：

1. 从统计数字来看，按照陈述类宾语句法功能，其优选序列为：主谓性 > 动词性 > 形容词性 > 转指类定中性。

2. 从陈述类宾语句法形式来看，动词性陈述类宾语内部又以“动宾结构 > 状中结构 > 光杆动词 > 中补结构 > 联合结构 > 连动结构”序列存在。形容词性陈述类宾语内部则存在“光杆形容词 > 状中结构 > 中补结构 > 联合结构”优选序列。这两个优选序列也体现了动词、形容词使用的不平衡性。

3. 在书面资料中，主谓结构的陈述类宾语数量最多，占 34.8%。数据证明，在实际运用中“主谓结构”占据着绝对的优势，这也证明了陈述类宾语实质为句子的论点。

4. 在所搜集的语例中，并列联合结构的陈述类宾语较少，可能是与陈述类宾语结构整体性相关，因并列联合结构更容易发生歧义。

综上可知，不同句法构成的陈述类宾语虽然形式多样但实质相同，都是能表达完整语义的信息小句。每个陈述类宾语都是以谓词为核心进行不同形式的扩展所得，其中主谓结构形式是陈述类宾语的核心典型成员；动词性陈述类实语远远多于形容词性陈述类宾语。

二　与陈述类宾语配置的谓宾动词类型

动词与陈述类宾语配置既与动词自身的语法功能、语义特征有关系，又与宾语的语义、句法形式密切相关。朱德熙先生在论述谓词性宾语时候，对支配动词采用的术语是“谓宾动词”，他认为动词可以分为体宾动词和谓宾动词，又把谓宾动词分为真谓宾动词和准谓宾动词。[9](P122-124)但朱先生这个分法不是在同一个层面上，更合理的说法应该是三分法：体宾动词、谓宾动词、体谓宾动词。[10]文中所讨论的谓宾动词实际上包含了谓宾动词和体谓宾动词这两类，为行文简明，我们把这两类词统称作“谓宾动词”。本文以动词所支配陈述类宾语的句法形式为依据对谓宾动词进行分类，可把谓宾动词分为以下几类。

（一）以带动词性宾语为功能下限的谓宾动词

谓宾动词所带的陈述类宾语中必须有一个动词性成分。也就是说，所带陈述类宾语的众类型中，至少包含一个光杆动词以及由光杆动词扩展出来的各种句法形式。根据陈述类宾语核心动词的扩展类型情况，又可以细分为以下几个小类。

1. 带各类句法形式的动词性陈述类宾语

这类谓宾动词的支配张力很大，可以带几乎所有句法形式的陈述类宾语。也就是说，谓宾动词支配下的陈述类宾语的核心动词非常自由，以核心动词为基础可扩展出状中结构、中补结构、联合结构和主谓结构等。因为动词也可以扩展为主谓结构，所以我们把部分主谓结构成分的也放入此类。如果宾语内部动词是及物动词，那么谓宾动词就可以带各类陈述类宾语；如果是不及物动词，则谓宾动词不能带动宾结构的陈述类宾语。陈述类宾语句法构成形式类型的集合为｛单动｜状中结构｜中补结构｜联合结构｜主谓结构｝＋｛动宾｝。

这类谓宾动词数量非常多，主要有以下几种类型。

(1) 言语类动词主要集中在表示单向传播信息的言说动词上，如“说、建议、赞美、夸奖”等。

说〈同意〉－说〈不同意〉－说〈同意结婚〉－说〈同意得很〉－说〈同意与不同意〉－说〈同意你们结婚〉

建议〈吃〉－建议〈快吃〉－建议〈吃西瓜〉－建议〈吃彻底〉－建议〈吃与喝〉－建议〈你们吃西瓜〉

赞美〈跑〉－赞美〈快跑〉－赞美〈跑得快〉－赞美〈跑与走〉－赞美〈你们勇敢地闯过激流险滩〉

(2) 心理类动词支配陈述类宾语的功能最为强大，表示情感、态度、意志、思维认知的心理动词都可以支配各种句法形式的陈述类宾语，极个别的心理动词支配张力受限。

喜欢〈跑〉－喜欢〈慢跑〉－喜欢〈跑得快〉－喜欢〈跑与走〉－喜欢〈你们跑得快〉

争取〈参加〉－争取〈不参加〉－争取〈参加晚会〉－争取〈参加得快〉－争取〈大家全部参加〉

相信〈爱〉－相信〈不爱〉－相信〈爱祖国〉－相信〈爱得死去活来〉－相信〈美人爱英雄〉

（3）现实类动词相比较上面两小类，支配能力是最弱的，数量少但类型多，表示书写类的词语都属于此种类型；另外还集中在一些表示接触感知类以及表示关系的谓宾动词上。

停止〈训练〉－停止〈额外训练〉－停止〈训练射击〉－停止〈训练到很晚〉－停止〈我训练射击〉

记录〈奔跑〉－记录〈用手奔跑〉－记录〈奔跑得快〉－记录〈儿童奔跑〉

2. 带主谓结构以外的动词性陈述类宾语

这类谓宾动词的支配能力稍微欠缺，只能带除主谓结构以外其他形式的陈述类宾语，如果带主谓结构形式的宾语，则句式发生变化，整个句式变为兼语句。陈述类宾语类型集合为｛单动｜状中结构｜动宾结构｜中补结构｜联合结构｝，此类主要是表示使动意义的谓宾动词。

这类谓宾动词数量不多，总的特点是主体和客体均为有生命意志的个体，且主体有使客体实现自己意图的动词。吴廷枚认为兼语句的第一个动词一定是表示使令意义的[11]，主谓结构做宾语的句子第一个动词是表示心理活动或论证意义的。这类谓宾动词主要有以下2类。

（1）言说动词中表示使令意义的词语，如“请、请求、祈求、动员、命令、要求、祈求”等词语。例如：

请求〈解决〉－请求〈解决问题〉－请求〈快点解决〉－请求〈解决彻底〉

请〈吃〉－请〈吃饭〉－请〈快吃〉－请〈吃干净〉－请〈跳起来唱起来〉

祈求〈保佑〉－祈求〈保佑获胜〉－祈求〈上天保佑〉（兼语）

动员〈下乡〉－动员〈早日毕业〉－动员〈老百姓下乡〉（兼语）

（2）现实类动词中情况也是以表示使动意义和表示主体对客体支配管控类的词语为主，如“指挥、指导、指点、辅导、照料”这类陈述类宾语以光杆谓词、述宾结构为主。例如：

指挥〈战斗〉－指挥〈野外战斗〉－指挥〈士兵战斗〉（兼语）

辅导〈学习〉－辅导〈学习外语〉－辅导〈小明学习外语〉（兼语）

这些谓宾动词配置的陈述类宾语限定在主谓结构以外的动词性成分。如果给陈述类宾语添加主语，则整个句式变为兼语句式。兼语句是不同表述的论元和谓词相互协调的结果，带有兼职论元的谓词团[12]，陈述类宾语结构一旦添加主语，主语成分就成为谓宾动词的受事。

3. 带转指类动词性陈述类宾语

谓宾动词支配张力受限，所带的陈述类宾语只能以转指的方式扩展出准谓宾性质的宾语。这种谓宾动词支配的陈述类宾语集合可以表述为｛单动｜转指类准谓宾｝。例如：

提要求－【自指方式的扩展】＊提很要求－【转指方式的扩展】＊提很高的要求。

这类谓宾动词的数量很多，语料中支配光杆谓词性陈述类宾语的动词基本都属于此种类型。这类谓宾动词在语义上没有具体特征，语音上趋向于单音谓宾动词。

（1）在言语类谓宾动词中，主要是表单向传递信息的词语，例如：

提〈要求〉｜提〈建议〉—提〈具体的要求〉｜提〈大量的建议〉
发〈通知〉｜发〈号召〉—发〈大量的通知〉｜发〈大量的号召〉

（2）现实类谓宾动词的情况比较复杂，散见于表示关系、存现及过程各类语义特征的谓宾动词当中，表示关系的一部分词语，表示存现的大部分词语以及表示过程的大部分词语。例如：

充满〈希望〉—充满〈生的希望〉
刺激〈繁荣〉—刺激〈祖国的繁荣〉
支配〈生产〉｜〈行动〉｜〈生活〉—支配〈农民的生产〉｜〈行动〉｜〈生活〉

4. 带动宾形式谓词和状中结构的陈述类宾语

谓宾动词所带的陈述类宾语的动词只能扩展为状中结构，如果扩展为主谓结构，则整个句式变为兼语句式。陈述类宾语类型集合为｛单动｜状中结构｝。这类谓宾结构的支配张力也很差，数量也很少，在所用的语料库中只有“喊”。

喊〈救火〉｜〈救命〉—喊〈快跑〉｜喊〈警察救火〉（兼语）

5. 限带动宾形式的陈述类宾语

此类谓宾动词支配能力最差，所带陈述类宾语必须为动宾结构词语，即使所带为光杆谓词，也必须是动宾形式。陈述类宾语类型集合为｛单动｜动宾结构｝。这类谓宾动词的支配张力也很差，数量也很少，在所用的语料库中只有“讲”。

讲〈跳舞〉｜讲〈打球〉－讲〈做买卖〉｜讲〈照顾孩子〉

（二）以带形容词性宾语为功能下限的谓宾动词

谓宾动词所支配的宾语都是以光杆形容词为下限扩展出的各类形式。因为大部分的形容词不能带宾语，所以没有述宾形式的形容词性宾语。

1. 只带转指类定中结构的形容词性宾语

谓宾动词支配张力受限，所带陈述类宾语只有以转指的方式扩展出准谓宾成分。这种谓宾动词所支配陈述类宾语的集合可以表述为｛单形｜转指类准谓宾｝。

这类谓宾动词数量也很少，比如“表扬、恢复、损害”等。例如：

表扬〈先进〉－＊表扬〈很先进〉－表扬〈他的先进〉
恢复〈健康〉－＊恢复〈很健康〉－恢复〈他的健康〉

这类谓宾动词所带陈述类宾语只能是核心谓词以转指的方式扩展，陈述类宾语变为准谓宾成分。如果是自指方式则无法扩展出状中或者中补之类的结构陈述类宾语。

2. 带扩展形式的形容词性宾语

谓宾动词支配张力受限，所带陈述类宾语只能以核心谓词自指的方式扩展出主谓结构类陈述宾语。这种谓宾动词支配陈述类宾语的集合可以表述为｛单形｜状中结构｜主谓结构｝。这类谓宾动词数量也很少，比如“控诉、显得”。例如：

控诉〈强暴〉－控诉〈不公正〉－控诉〈他们欺压百姓〉
显得〈漂亮〉－显得〈不漂亮〉－显得〈城市很漂亮〉

（三）以带短语形式的陈述类宾语为功能下限的谓宾动词

谓宾动词所支配陈述类宾语的功能下限为短语形式的陈述类宾语，既可以是动词扩展的短语，也可以是形容词扩展的短语，但不能是单独谓词形式。一部分谓宾动词可以带除光杆谓词以外的所有形式，一部分谓宾动词则只能带状中结构和主谓结构形式的陈述类宾语。

1. 带单独谓词以外句法形式的宾语

这种谓宾动词可以带以谓词为核心扩展出的各类结构形式，所配置的陈述类宾语的集合是｛动宾结构｜主谓结构｜状中结构｜中补结构｜联合结构｝，集合中所指的联合结构是属于句法层面的联合结构。状中结构也有两种情况，一是如果陈述类宾语的内部动词是不及物动词，状语和谓语可以紧密结合，属于内部状语；二是如果陈述类宾语的内部动词是及物动词，状语则是对整个动宾结构的修饰，只是按照划分次序归在状中结构的类型中，属于外部状语。

（1）言语类动词中有33个表示双向传递信息的言说动词，除“规定”以外全部属于此类，外加有明显贬义感情色彩的表单向传递信息的谓宾动词，如“批判、交代、坦白、检讨”。

交代〈好好打球〉-交代〈打扫干净〉-交代〈要打好这场球〉-交代〈我们要注意工程质量〉

(2) 心理类动词中既表示态度又包含言说意义的词语，比如“赞成、赞赏、指定”；表示思维认知的部分词语，比如“琢磨$_1$、回忆、认得、发现$_2$”等。

赞成〈参加劳动〉-赞成〈解决彻底〉-赞成〈好好学习〉-赞成〈全民学外语〉
琢磨〈参加竞选〉-琢磨〈早日实现理想〉-琢磨〈他当主任合适不合适〉

能够配置这类变化形式的陈述类宾语的动词很少，主要集中在以上两小类谓宾动词中。

2. 限带动宾结构和主谓结构形式的宾语

这类谓宾动词可以支配以谓词为核心扩展出的动宾结构和主谓结构，所配置的陈述类宾语集合是｛动宾结构｜主谓结构｝，这类词语数量也不是很多，主要集中在表示现实动词中表考量类的词语（表示主体对客体、邻体的考量行为）上，如“查$_3$、数$_1$、审查、核查、调查”等19个词语上。

查-查查〈是谁干的〉-查查〈小王干了什么〉
数-数数〈有几个人〉-数数〈衣服有几个扣子〉

3. 限带联合结构形式的宾语

这类谓宾动词只能支配联合结构的陈述类宾语，部分用例中是谓词层面的联合，在一些不是基于谓词扩展的语例中，可以表现为句法层面的扩展。可以说，联合结构可以被大部分的谓宾动词支配。在谓宾动词中只有“颠倒”必须支配联合结构陈述类宾语。如果是单独谓词就必须是有标记的联合并列形式，否则就不再是陈述类宾语。

颠倒了〈正确与错误〉｜颠倒了〈黑与白〉｜颠倒了〈是与非〉｜颠倒了〈黑白〉｜颠倒〈是非〉

“黑、白”都是形容词，“是、非”也是形容词，并列联合时必须有标记“与”，没有标记的情况下，两词连在一起成为双音名词，如“是非”“黑白”就不再是陈述类宾语。

（四）以带主谓短语为结构下限的谓宾动词

这类谓宾动词所支配的陈述类宾语功能下限为主谓结构，其扩展形式非常有限，只能扩展出联合结构。所配置的陈述类宾语集合为｛主谓结构｜联合结构｝。

带这种陈述类宾语的谓宾动词，不但支配能力很差，数量也很少，只局限在一些词语中，语义上没有特别特征，语法上主要是一些不及物动词，语音上则主要是单音词。

如“卖、咬、评、传、盯、合”等。

卖－卖〈一毛钱一斤〉Ⅰ卖〈一毛钱一斤二毛三斤〉

咬$_4$－咬〈小王和盗窃集团有关系〉Ⅰ咬〈小王和盗窃集团有关系 小明和贩毒集团有联系〉

马清华认为汉语中有并列谓语句、典型谓语句、兼语句、主谓主语句、主谓作宾句五种初始构型形式。[10]这类以带主谓结构为结构下限的谓宾动词很明显已经进入构型状态。

（五）带功能上下限均为谓词的谓宾动词

陈述类宾语的功能下限为谓词，下限也必须是谓词。这种情况又可细分为两类：一类属于谓宾动词和陈述类宾语搭配比较固定，基本可以说凝固为固定词组，谓宾动词和陈述类宾语之间任何成分都不能插入；一类中间可以插入其他成分，但插入成分之间有相似性，而且是核心谓词受事成分，比如：

落〈埋怨〉Ⅰ得〈奖赏〉Ⅰ打$_2$〈瞌睡〉Ⅰ打$_{20}$〈游击〉Ⅰ讨〈苦〉吃Ⅰ讨〈罪〉吃

谓宾动词和陈述类宾语之间句法配置关系类型非常丰富，陈述类宾语类型和谓宾动词语义类型、陈述类宾语中的核心动词密切相关。谓宾动词和宾语之间存在不等的句法距离[13]，谓宾动词和陈述类宾语之间具有很小的句法空间时，自由配置的陈述类宾语类型有局限性，而且容易与谓宾动词凝结成词；有些谓宾动词和陈述类宾语之间句法空间较大，有时候甚至可以进行停顿、加入标记，配置的陈述类宾语类型就很丰富。

三 谓宾动词和陈述类宾语配置特征

谓宾动词与陈述类宾语配置类型比较丰富，如果把谓宾动词的支配能力与陈述类宾语扩展能力进行对应考量，会发现谓宾动词与陈述类配置的一些特征。

（一）谓宾动词支配能力的差异性

前贤按照句法功能对谓宾动词进行再分类，其实质是支配能力的差异分类。我们前面按照所配置的陈述类宾语的句法形式进行谓宾动词的类别划分，是一种基于句法功能的配置能力差异再分析。

1. 谓宾动词支配宾语类别差异

按照谓宾动词支配陈述类宾语的能力，前贤已经把谓宾动词分为两大类：一类只能支配陈述类宾语；一类既可以支配陈述类宾语，又能支配指称类宾语。我们借鉴前贤经验，根据谓宾动词支配陈述类宾语的句法功能，把语料中搜集到的543个谓宾动词划分为两大类，分别统计如表2：

表 2　谓宾动词语法功能分类统计

类别	数量	比率（%）	用例
只带陈述类宾语	113	20.81	建议丨禁止丨认为
带陈述/指称类宾语	430	79.19	喜欢丨学习丨研究
合计	543	100	

从表 2 可以看出，绝大部分的谓宾动词既可以支配陈述类宾语，又可以支配指称类宾语。也就是说，支配陈述类宾语只是大部分谓宾动词支配能力的一种。只支配陈述类宾语的谓宾动词数量相对较少，主要集中在一些表［+意愿］［+使令］［+思索］［+态度］等语义特征的词语上面。谓宾动词的支配能力与其所能支配的宾语类别数成正比关系。只能支配陈述类宾语的谓宾动词在汉语动词中属于少数，而支配陈述/指称类宾语的谓宾动词是汉语动词的主要成员，数量众多。

2. *谓宾动词支配陈述类宾语的数量差异*

谓宾动词的支配能力决定了带陈述类宾语的句法形式和数量。从谓宾动词的支配能力来看，有的只支配单个谓词，或由谓词扩展的动词性、形容词性的陈述类宾语，有的只支配主谓结构形式的陈述类宾语。但大多数在功能上有明显的交叉关系，并不是完全绝对相隔的。

谓宾动词的支配能力还体现在支配陈述类宾语句法类型的数量上。我们以孟琮等编《汉语动词用法词典》为语料库，搜集到可带陈述类宾语的谓宾动词共 492 个（见表 3)。从谓宾动词对各类句法形式的陈述类宾语的支配可以看出，谓宾动词对各类宾语的支配出现很多交叉现象，交叉情况越多，说明谓宾动词支配能力越强。

表 3　《汉语动词用法词典》中谓宾动词数量统计

宾语类型	数量	比率（%）	语例
动词性宾语	108	21.95	承担警戒丨限制喝水
主谓结构性宾语	48	9.76	生气人家老实丨这裤子做完合七块钱一条
动词性宾语、主谓结构性宾语	237	48.17	全凭配合得好丨全凭领导带头干
动词性宾语（单动）、形容词性宾语（单形）	8	1.63	产生变化丨产生不和
形容词性宾语（单形）	25	5.08	认倒霉丨恢复健康
形容词性宾语、主谓结构性宾语	1	0.2	控诉不公正/控诉他们欺压百姓
动词性宾语、形容词性宾语、主谓结构宾语	65	13.21	假装走了丨假装高兴丨假装他是一个很有名气的人
合计	492	100	

根据表 3 的数据，可得出以下结论：

（1）谓宾动词对各类动词性宾语的支配能力最强，既可以是单独谓词，又可以是谓词扩展出的各种句法形式的宾语。这类谓宾动词数量也最多。

（2）谓宾动词对形容词性宾语的支配能力要稍差，支配单独形容词的只有 25 例。

（3）谓宾动词支配结构上下限为主谓短语的数量最少，只有极个别的谓宾动词可以支配主谓结构性的陈述类宾语。

从现有语料可以发现，陈述类宾语不管是动词性成分、形容词性成分，还是主谓结构性成分，实际是和谓宾动词的语法类别密切相关。在实际语料中有一些谓宾动词，主要带以动词为核心扩展的各类陈述类宾语，偶有带单独形容词或扩展的状中结构形式的宾语。这类谓宾动词数量较少且散见于各语义特征的类别中，与各类扩展形式的陈述类宾语也没有对应关系，所以我们在按照宾语扩展形式分类时并没有单独列出。

（二）谓宾动词的支配能力与陈述类宾语扩展类型的对应关系

我们把带动词性宾语为功能下限的谓宾动词简称为“谓宾动词$_1$”，把以带形容词性宾语为功能下限的谓宾动词简称为“谓宾动词$_2$”，把以带陈述类宾语为功能下限的谓宾动词，简称为“谓宾动词$_3$”，把以带主谓短语为结构下限的谓宾动词简称为“谓宾动词$_4$”，把带功能上下限均为谓词的谓宾动词简称为“谓宾动词$_5$”。

根据以上内容综合分析可以得出以下结论：

1. 如果按照谓宾动词带各句法形式陈述类宾语的类别来看，谓宾动词支配张力呈如下序列：谓宾动词$_1$ > 谓宾动词$_3$ > 谓宾动词$_2$ > 谓宾动词$_5$ > 谓宾动词$_4$。

2. 按照已归纳的可支配陈述类宾语的动词语义类型，一部分可支配陈述类宾语的动词限定在及物动词中，例如言语类动词一般都可以支配陈述类宾语，但不及物的“演说、演讲、说话”则不能带。但有一部分不及物动词也可以支配陈述类宾语，如“我生气他每次约会都迟到”。动词“生气”原本是不及物动词，但在这里可以支配陈述类宾语。

3. 在扩展形式上，所有的句法形式都可以扩展为联合结构，也就是说联合结构几乎是所有谓宾动词都可以支配的句法类型。这是因为联合结构实际上就是并列结构，既可以是语词层面并列又可以是子句并列。两个子句，并列形式属于子句跟子句之间的关系，属于子句并列。[14](P11)陈述类宾语的各种句法形式如果扩展为联合形式，除了光杆谓词之间并列属于谓词性并列，其他都应算作子句并列。联合结构的陈述类宾语既可以是有标记并列，也可以是无标记并列。常用的标记是“和、与”，多用在谓词性层面并列，而子句并列又以无标记为主。

据前可知，每个陈述类宾语都应该具有主谓结构形式，语言实际出现了各种不同的句法结构形式。如果从句法结构完整角度来看，陈述类宾语可分为结构完整和结构删略两个类型。陈述类宾语结构中的主语隐现是语言系统为了表达信息的需要，在一定条件基础上选择合适的协调策略产生的结果。

根据陈述类宾语结构中主语显现的类型划分为以下三类。

1. 主语强制性显现

主语不可以省略的，属于强制性出现的，陈述类宾语结构中的主语一旦省略，首先在句法结构上不合适，删除后整句的语义语用也都不合适。

a. 咬〈他和盗窃集团有关系〉。

b. 咬和盗窃集团有关系。

2. 主语条件性显现

主语省略以后，整句在句法形式上仍然是合格的，但是在语义或语用上发生了很大的变化。主语出现就是为了让语义表达更准确，用来消除句子的歧义，让句子语义变得单一。

a. 老师说〈我不听话〉。
b. 老师说〈不听话〉。

3. 主语自由性显现

主语删略以后，整句仍然可以合法使用，而且语义、语用层面仍然合情合用，不影响语言交际和信息的传递，唯一变化是主语带有强调意味。

a. 队长反复强调要求〈大家在操作时注意安全〉。
b. 队长反复强调要求（大家）〈在操作时注意安全〉。

根据陈述类宾语结构中主语删略的情况划分为以下三类。

（1）主语强制性删略

陈述类宾语结构的主语强制性被删除，如果添加主语，整个谓宾结构在语法、语义、语用上就发生了变化，甚至成为病句。

a. 天明时候发动〈进攻〉。
b. 天明时候发动〈我们进攻〉。

（2）主语条件性删略

陈述类宾语结构的主语是唯一的，如果添加其他主语，语法上合法，但语义或语用层面发生变化。也就是说，结构删略的是默认的唯一主语，但是添加后的其他主语则起到对句义的限定作用。

a. 我在想〈都带些什么东西去看父亲〉。
b. 我在想（我/妹妹）〈都带些什么东西去看父亲〉。

（3）主语自由性删略

这类和自由性显现一样，陈述类宾语结构添加主语以后整个谓宾结构仍然是一个合法的句子，句法形式上也不会让人觉得冗余，而且整个句子语义、语用层面仍然合情合用，不影响语言交际和信息的传递。

a. 等〈发生了事故〉，再检修就晚了。

b. 等（机器）〈发生了事故〉，再检修就晚了。

删略结构的陈述类宾语并不影响语义表达的完整性，这和语言的模糊性特点相关。模糊性是人类语言的共性[15](P47-48)，模糊语言在表现、描述事物和事件时是不明确的、朦胧的，只能是一个大致轮廓而不是具体的说明或陈述。而受话人则需要根据大致描述来把握对象或对象的特征。语言的模糊性决定了陈述类宾语删略结构存在的独特价值。

如果把谓宾动词支配能力和陈述类宾语结构扩展功能相联系会发现两者在一定程度上呈现对应关系，两者对应关系如表4：

表4 谓宾动词支配力与陈述类宾语结构特征对应分析

结构特征	句法结构完整			句法结构删略		
	强制性出现	条件性出现	自由性显现	强制性删略	条件性删略	自由性删略
谓宾动词	谓宾动词$_4$	谓宾动词$_3$ | 谓宾动词$_2$	谓宾动词$_1$	谓宾动词$_5$	谓宾动词$_3$ | 谓宾动词$_2$	谓宾动词$_1$

对表4分析，可以得出以下结论：

（1）大部分谓宾动词所带陈述类宾语都是自由显现或删略，也就是说陈述类宾语核心谓词可以自由扩展。

（2）陈述类宾语结构中主语强制显现或删略，都是谓宾动词支配力受限的表现，不是谓宾动词的主要句法功能。

谓宾动词带陈述类宾语存在能力上的差异，主要表现在支配陈述类宾语的类别和数量上。谓宾动词的支配能力与所带陈述类宾语扩展呈正比关系，所带陈述类宾语扩展类型越多，说明谓宾动词的支配能力越强，这类谓宾动词在语言中出现的频次就越高。

结　语

陈述类宾语原是表达完整信息的句子，作为一个独立的语义单位，可以表达完整的语义信息。陈述类宾语从句法构成来看，可以是动词性成分、形容词性成分，也可以是主谓结构成分，统计发现以主谓结构性成分数量最多。从句法结构特征来看，陈述类宾语可以分为结构完整和结构删略两大类；从原型理论角度看，主谓结构形式的陈述类宾语属于典型成员。另外一些具有陈述功能的发生转指后成为定中结构准谓宾成分，考虑其特殊性单独归为一类。根据支配不同句法形式陈述类宾语的能力，可以把谓宾动词划分为五大类，每类谓宾动词支配陈述类宾语的能力和数量都存在很大的差异。谓宾动词和句法各类形式的陈述类宾语之间存在配置关系，其中联合结构是陈述类宾语共有的扩展类型，并可分为语词并列和子句并列。谓宾动词的支配能力和陈述类宾语句法结构特征呈现对应关系，陈述类宾语以谓词为核心，其他形式结构是其完整或删略的扩展形式。

注释：

①语料主要有三个出处：（1）当代作家经典作品，约10万字；（2）兰开斯特汉语语料库和北大CCL语料库中事务语体、政论语体、文艺语体、科技语体四大类，选择字数不等的语料，30多万字；（3）孟琮等编《汉语动词用法词典》中各类陈述类宾语用例。所有语料中共提取543个谓宾动词，2527例陈述类宾语。

参考文献：

[1] 吕叔湘．汉语语法分析问题［M］．北京：商务印书馆，1979.

[2] 麻彩霞．论现代汉语非名宾动词［J］．内蒙古师范大学学报，1994（1）．

[3] 萧国政．现代汉语语法问题研究［M］．武汉：华中师范大学出版社，1997.

[4] 张辉．语法整合与英汉致使移动的对比研究［J］．天津外国语学院学报，2003（4）．

[5] Halliday. 功能语法导论［M］．胡壮麟导读，北京：外语教学与研究出版社，2000.

[6] 何乐士．专书语法研究的回顾与展望［J］．湖北大学学报，2001（6）．

[7] 吕叔湘．汉语句法的灵活性［J］．中国语文，1986（1）．

[8] 朱德熙．自指和转指：汉语名词化标记“的、者、之、所”的语法功能和语义功能［J］．方言，1983（1）．

[9] 朱德熙．语法讲义［M］．北京：商务印书馆，1982.

[10] 宋玉柱．关于体宾动词和谓宾动词［J］．世界汉语教学，1991（2）．

[11] 吴廷枚．关于复杂谓语的几个问题［J］．语言教学与研究，1988（2）．

[12] 马清华．求同原理下语法结构的整合［J］．山西大学学报，2014（4）．

[13] 朱斌，伍依兰．谓宾动词带谓宾的距离象似性［J］．社会科学论坛（学术研究卷），2009（12）．

[14] 马清华．并列结构的自组织研究［M］．上海：复旦大学出版社，2005.

[15] 伍铁平．模糊语言学［M］．上海：上海外语教育出版社，1999.

三音节词语的语素变异及新语素义*

曹向华**

摘　要：本文主要探讨了三音节词语的语素变异及新语素义的产生。语素的变异包括语义变异和功能变化，语义变异主要表现为语义特征的变化，功能变化则表现为处于偏正结构中心语位置的动语素、名语素呈现名词化倾向。新语素义形成的主要类型包括：旧语素义的派生和组合产生新语素义。

关键词：三音节词语；语素变异；新语素义

词由语素组成，相比于双音节，三音节词语的语素形式更为多样，除单音节语素、多音节单纯语素，还包括由合成词形成的复合语素、临时组合形成的语素组。①形式多样的语素在组合成词的过程中，语义和功能都会发生一些临时变异。语素义的临时变异，如果在构词中的复现率较高，并且发生词汇层面的语义转变，会形成新的语素义。

一　语素的临时变异

（一）语义变化

语素在辞书中的义项是人们总结、归纳出来的，具有共性、概括性。在具体构词中，因和其他语素组合形成一定的语义组合，受其影响，语素义会发生临时变异，主要表现为某一语义特征的变化。

词义中往往包含一组语义特征，不同的语义特征的作用也不尽相同。关于词语义特征的内部分类，蒋绍愚认为包括“核心义素”和“限定性义素”[1](P47)，张联荣认为包含“区别性义素”和“指称义素”[2](P189)，朱彦则认为“实义义位”包括“核心成分”和“别义成分”[3](P315)。说法不一样，但基本精神是一致的，我们认为词义的众多语义特征可分为核心成分和限定性成分两类。语素义和词义在构成上有相同之处，因此语素义也包括核心成分和限定性成分，核心成分是本质特征，限定性成分是附属特征。如动词性语素中动作行为是核心成分，与动作行为相关的施事、受事、时间、处所、工具、方式、原因、结果等则是限定性成分。

三音节词语中的语素根据语义特征的变化，分为核心成分变化和限定性成分的变化。

* 基金项目：河北科技大学博士科研启动基金。

** 作者简介：曹向华（1977－），女，河北科技大学文法学院讲师，文学博士，研究方向为汉语词汇学。

1. 核心成分的变化

如复合词“摆渡”释义为：

【摆渡】❶动。用船运载过河。❷动。乘船过河。❸名。摆渡的船；渡船。

两个动词义项均强调以船为工具渡过河流，其中“渡河”为核心成分，区别、限定性成分中隐含着从此岸到彼岸，来回往返之义。

“摆渡”做复合语素组成三音节词“摆渡车”，指称那些往返于机场候车（乘客）大厅和停机坪上飞机之间接送乘客的汽车，也泛指在几个给点之间往来接送换乘乘客的汽车以及电瓶车。

复合语素“摆渡”中原语素义的核心成分“渡河”消失，只保留限定性成分“来回往返”。“摆渡”核心成分的消失，导致复合语素的语义扩大，不再专指江河，泛指在两点之间往返来回。

2. 限定性成分的变化

部分语素参与构词时，语素义的核心成分不变，限定性成分发生变化。

如复合词“登陆”的词义指登上陆地，词义中“登上陆地”是核心成分，“渡过海洋或江河”是限定性成分。

【登陆】渡过海洋或江河登上陆地，特指作战的军队登上敌方陆地。

“登陆”可作为复合语素，组成三音节词“登陆舰”“登陆场”“登陆舱”，释义如下：

【登陆舰】运送登陆士兵和武器装备靠岸登陆的军舰。

【登陆场】军队在强渡江河或渡海作战的时候，在敌方的岸上所夺取的一部分地区，用来保障后续部队渡水或上岸。

【登陆舱】用于登陆月球、火星等其他星球的舱式设备。

“登陆舰”“登陆场”中“登陆”语素义的核心成分和区别、限定性成分均保持未变。而在“登陆舱”中复合语素“登陆”语素义中表处所的限定性成分发生变化，由渡过海洋或江河变为从太空中登陆其他星球的地面，最终语素的语义发生变异。

再如“航空”单用时是动词，词义中包含一组和动作有关的语义特征：

动作——飞行；施事——飞机；路径——空中

其中“动作”为其核心成分，施事和路径为限定性成分，当其以复合语素身份构成三音节词“航空器”时，受到组合语素“器”的影响，“航空”的施事角色由单指“飞机”扩大到“气球”“飞艇”“滑翔机”等飞行器，最终导致“航空”语素义的扩大。

（二）语法功能改变

另外还有部分语素受到三音节词名词化倾向的影响，其功能发生变化，请看以下两类：

（1）随身听、万事通、蹦极跳、桑拿浴、森林浴、黄昏恋、婚外恋、百日咳

（2）老顽固、小聪明、景泰蓝、玫瑰红、葡萄紫、莲花白、产褥热、骨痛热

以上两类情况均是偏正式名词。（1）类的中心语语素为动词性，三音节构词过程中，语义由动作向指称转移，如“森林浴”中“浴”，作为语素组成的双音词“淋浴”“沐浴”“浴袍”“浴巾”，是典型的表动作的动词，而三音节词“森林浴”中“浴”指通过到森林中呼吸新鲜空气以促进新陈代谢，进而增强身体的抵抗力，“浴”的语法功能由动词向名词转移。（2）类的中心语语素为形容词性。构词过程中一类由原来表物体色彩、特征转指具有该类色彩、特征的物体。如“蓝”本为表颜色的形容词，作为语素组成三音节词“景泰蓝”，“蓝”的语素义转而指称景泰年间，外饰多为蓝色釉料的一种瓷器。一类由原来形容人的特征转指具有这种特征的人，如“老顽固”中“顽固”原用来形容人思想保守，不愿意接受新鲜事物，作为复合语素转指思想极守旧，不肯接受新鲜事物的人。

董秀芳指出，结构的整体性质和中心语的性质应该具有一致性，中心语的性质决定结构的性质，反之结构的整体性质有时会对中心语的性质起到强制调节的作用。[4](P3) 三音节词的名词化倾向有时会导致中心语位置上的动语素、形语素的临时名词化，具有了一定的指称性，其语法功能也由动词、形容词向名词转移。

二　新语素义的产生

语素在构词时的意义变异多为临时性，但也有部分语素义在词义演变发展过程中能够形成相对固定的意义，并以该意义反复组词。新语素义的确定，有两个必备因素：语义发生本质的变化，由语法层面延伸到语义层面；构词中反复出现，构词能力强。三音节词语中新语素义的产生主要包括旧语素义的派生和组合产生的新语素义。

（一）旧语素义的派生

派生是旧语素义通过比喻、引申等方式产生新语素义。

1. 比喻

比喻原是一种修辞方式，后被借用来指词义（语素义）派生的重要方式。某些语素在组词时以比喻修辞义入词，久而久之比喻义固化，成为新语素义。

“云”在词典中包含三个同形词，最常用的是表自然现象的名词“云”，以比喻造词形成双音节名词如“云鬓”“云梯”，双音节动词如“云集”“云散”，“云”均为比喻用法，“像云一样”，但这个比喻义只出现特定语境中，脱离语境比喻义消失，因此还不能算是词汇义。而在三音节新词语中，人们用“云”来比喻互联网，两者的相同点在于：

云中蕴含着大量的微小水滴正如同互联网上包含着大量信息和数据。以比喻义“互联网技术”入词形成的三音节词较为能产，逐渐形成“云”族词群，《现代汉语词典》（以下简称《现汉》）中收录“云计算”一词，《汉语新词语》（2006－2014）中共收录40条，如：云计算、云安全、云查杀、云物流、云概念、云服务、云驱动、云健康、云快递、语音云等。随着网络技术的发达，“云”族词语还会大量产生。“云”由比喻产生的新语素义，虽然目前辞书中还没有收录，但是随着造词频率的增强、使用的普遍性，相信辞书会考虑以新语素义的形式收录。

2. 引申

语素义的引申是在原义基础上引申出新的含义，本文关于语素义的引申主要考察对象是三音节新词语的语素。该类语素义的引申，除去语言自身发展的原因，还受到网络语言求新、求奇特点的影响，因此新语素义在语体色彩上往往具有调侃、诙谐的意味。

如“神”的词义发展链条为：

神仙、精灵→神话中人物→能力、德行高超的人→高超、出奇，令人惊异

三音节新词语中“神”在“出奇、令人惊异”的基础上语素义进一步引申为“出乎意料，无法预见的”，如“神答案、神签收、神对话、神剪辑、神答疑、神字幕”等，一切让网友感到不可思议的、超出常规的“人”和“事”均能用“神”来修饰。

再如“体”，《现汉》中“体”的语素义包含三个义项：（1）物体；（2）文字的书写形式；（3）作品的体裁。在义项（3）基础上，“体”引申出新的语素义：网络上流行的语言表达形式，词语句式为模仿某部作品中的句式或某人的说话方式。多以某人、某物、某部作品、某部作品中某句话、某种说话方式命名，表达出讽刺、调侃、自嘲的意味。如“宝黛体”，因词语、句式多模仿《红楼梦》中宝玉、黛玉初次见面时的对话，故称。2011年9月22日《西安晚报》有网友模仿刘心武的半文半白，造出绝妙的“宝黛体”：“宝玉便走近黛玉身边坐下，又细细打量一番，因问：‘妹妹可曾有车?’黛玉道：‘不曾有，只玩过三轮。’”

“体”的新语素义构词能力很强，《汉语新词语》（2009－2014）中共收录95条，如：梨花体、脑残体、蜜糖体、纺纱体、红楼体、微博体、乡愁体、校内体、羊羔体、子弹体。

3. 泛化

泛化也是引申的一种，但因其比较特殊，本文把其分列出来进行探讨。语素义的泛化指的是“以‘隐喻’联想的思维方式，通过类推机制形成的一种以原语素的某种语义特征为内涵、外延扩大了的类指（泛指）义”[5](P7)。泛化义的形成和类词缀的产生有极大的关系。三音节新词语中语素义的泛化以表“人”的语素居多，如“族、党、帝、客、奴、男、女、帮、团”等，看下面“党”和“奴”两例：

“党”在《现汉》中的名词性词义或语素义包括：（1）政党，在我国特指中国共产党；（2）由私人利害关系结成的集团；（3）指亲族。“党”的语素义泛化后，指具有相同爱好或者具有共同属性的群体，固定用在三音节词尾字的位置。“党”前面的语素可以是动词性的，表示经常做某事的人群，如“割包党、卖分党、海投党、囤票党”等；

也可以是名词性的，表示喜欢某事或某人的人群，如“标题党、红包党、韩寒党”；也可以是形容词性的，表示具有某类特征的人群，如“寂寞党”。

“奴”指在旧社会中，受到压迫、剥削、奴役失去人身自由的人，《现汉》中对“奴”语素义的解释中增加了失去某种自由的人，特指“车奴”“房奴”等为偿还贷款拼命劳作的人。可以看出辞书中已经及时注意到“奴”的新语素义，专门列出称失去某种自由的人这一义项。我们同时也发现“奴”的语素义在进一步泛化，从特指“为了偿还贷款而不得不辛苦劳作的人”，泛指“累于××、苦于××”之人。如“网购奴”指痴迷于上网购物，并深受其累的人。“发票奴”指为了报销或抵扣各种费用而苦于四处找发票的人。“租房奴”指买不起房子，靠租房生活并受房租之累的人。

语素义的泛化也包括一些其他语素，如“症”作为语素组成的三音节词，《现汉》中共收录11条——自闭症、恐高症、孤独症、抑郁症、忧郁症、尿毒症、并发症、合并症、后遗症、败血症、尿崩症，均指称必须通过治疗才能康复的医学疾病。“症”和“病”是近义词，都表示疾病的含义，二者的区别在于“症”是医学类专业术语，“病”的词义更宽泛，不单指生理上的疾病，也可以指心理疾病，如“精神病”“疑心病”，有时还可用作比喻用法，如“急性病”“红眼病”。“症”语素前的限定性成分多为某种病的具体症状，“病”前修饰成分相对自由。

新词语中“症”用来表示现代人面对社会重大压力时，内心的焦虑不安以及由此引起的外在表象，如“恐剩症”指担心自己成为“剩女”（过了适婚年龄仍未婚嫁的女子）的焦虑心理。类似的如：路怒症、初老症、梦食症、脑残症、初老症、慢疲症、纠结症、锰狂症、遗嘱症。

（二）组合产生的新语素义

语素在组合过程中受到语法结构、语义结构的制约，以及其他语素义的影响，其意义会发生变异，进而产生新语素义。

1. 语法结构的影响

语法结构的组配能够引起语素义的变化，并形成新的语素义。具体到三音节词语，主要涉及偏正结构中的名词性语素进入修饰成分位置，发生语义变异。

三音节名词的主要结构为偏正式，位于“偏”位置上的语素的素性主要包括名语素、动语素、形语素，当名语素充当修饰、限制性成分时，因受语法位置的影响，其语义特征会发生变化。

关于名词的语义特征，谭景春指出，名词的意义包括两部分：概念义（理性义）和附加义。概念义（理性义）是词的基本意义，反映事物的本质特征。概念义包含两部分，其中表示性质的称为性质义素，表示类属的称为类属义素。概念义是性质义素与类属义素之和。附加义是附加在概念上的意义，包括内涵义、感情义、色彩义、搭配义等。[6](P22-23)

施春宏把名词的内部语义构成分为关涉性语义成分和描述性语义成分，“关涉性语义成分指在名词的语义内涵中起介绍、指别、涉及等作用的内容，是名词语义结构中表示‘因素’的部分，如类属（领属）、构造、工具、材料、对象、时间、空间、数量、性别、颜色等”，“描述性语义成分指在名词语义内涵中起描写、修饰、陈述等作用的内容，是名词语义结构中表示特性的部分，如属性、特征、关系、功能、动程、特定表现等，可以看成广义的述谓内容，显现出描述性语义特征”。[7](P17-18)

谭景春概念义中的“类属义素”“内在性质义”和施春宏分析名词内部语义构成成分的“关涉性语义成分”和“描述性语义成分”有相似之处。

我们借用“类属义素”“内在性质义”两个概念来分析“$名_1+名_2$”偏正结构三音节名词的$名_1$的语义变化。名词性语素进入偏正结构修饰语位置，其内在的特征义得到激活放大，类属义素逐渐隐退，语素义发生变异，语素的素性由名词转为形容词。如“处女”作为名词，其内部语义结构中的类属义素是“女人”，内在性质义指“没有发生过性行为”。而当“处女”作为复合语素参与构成三音节词时，类属义素“女人”因和中心语的名词性概念发生冲突而隐退，其性质义素凸显，并在新的语境组合中发生偏移，抽象化为“从未……过”，在语境中产生具体的含义，如“处女峰”是“从未攀登过的山峰”，“处女地”是“从未开垦的土地”。在此基础上进而引申出“第一次”，如三音节词语“处女航”“处女作”“处女秀”。“处女”作为复合语素参与构词时受到语法结构、语义结构的影响，其语义内涵发生转变，词类也由名词转为属性词。

“处女”的新语素义在《现汉》中有所收录：

【处女】❶名。没有发生过性行为的女子。❷形。属性词。第一次的：~航丨~作。

以上语素义的偏移，我们从其内在性质义中能够发现，理解起来相对容易。而有些语素的语义偏离较远，牵涉到文化、民俗的理据附加义。如“山寨”一词，其字面义为“山中的寨子”，其类属义素为“场所”，性质义素是“位于山中或山林中，用栅栏等设施和外界隔开”。考察其在历史中的具体运用，会发现包含很多的附加语义特征。

(1) 今有晁兄，仗义疏财，智勇足备。方今天下，人闻其名，无有不伏。我今日以义气为重，立他为山寨之主，好么？(CCL 语料库)

(2) 他有许多亲眷都在湘湖、豫章等处，占据山寨做贼，定然投向那边去了。(CCL 语料库)

从语料库中《水浒全传》《说岳全传》的例子中可以发现“山寨”一词，易让人联想到绿林好汉另立山头在山中安营扎寨。“山寨”蕴含的文化义包含：偏远，独立组织、机构，政府管辖之外，和主流社会对立。这些附加的文化义，在“山寨”进入三音节词后得到凸显，并在组合中逐渐产生新的含义：民间的、异于主流的；仿造的、非正牌的。组成的三音节词语如“山寨搜、山寨版、山寨帮、山寨潮、山寨品、山寨药、山寨族、山寨车、山寨风、山寨军、山寨街”。这两个新语素义（词义）在《现汉》中均有所收录。

2. 比喻造词形成的新语素义

特定的语法结构能够引起语素义的变异，特定的语义组合也会引起语素义的变异，比喻即是此类。“玻璃”是单纯词，指称一种质地硬而脆的透明的物体。“玻璃”由词降格为语素后参与构成三音节词，以比喻造词形成的三音节词如“玻璃纸”“玻璃丝”“玻璃钢”，玻璃作为喻指成分，指“某些像玻璃的塑料”。《现汉》对“玻璃”语素义的用法也进行单独标注：

【玻璃】……❷指某些像玻璃的塑料：～丝丨有机～。

名语素比喻语素义的产生同样可以通过“类属义素”和“内在性质义”来说明，名语素中包含较为丰富的内在性质义，当其进入三音节词充当修饰成分时，其“内在性质义”凸显为主要特征义。如“黄金”本义是金子的通称，在多音节词语组合中产生比喻用法。“黄金档”，电视中的黄金时间，因其收视率高，像黄金一样珍贵。“黄金周”，在我国十一、春节各为期一周的节假日，期间购物、旅游等消费活动较为集中、活跃。四音节词语如“黄金地段、黄金时间、黄金海岸”等。之所以语素义会产生变化，是因为“黄金”的内在性质中蕴含“珍贵、宝贵，价值大”的语义特征。

类似的语素再如：垃圾、钉子。

【垃圾】❶名。脏土或废弃物。❷形。属性词。比喻失去价值的或有不良作用的。

【钉子】名❶金属制成的细棍形的物件，一端有扁平的头，另一端尖锐，主要起固定或链接的作用，也可用来悬挂物品等。❷比喻难以处置或解决的事物。❸比喻埋伏的人。

以上几例，《现汉》都明确标注了比喻语素义。也有些词语中的语素出现了语义转变，但因为用例较少，《现汉》中没有标注，如“熊猫”，《现汉》解释如下：

【大熊猫】哺乳动物，体长约1.5米，外形像熊，尾短，通常头、胸、腹、背、臀、白色，四肢、两耳、眼圈黑褐色，毛粗而厚，性耐寒。生活在我国西南地区高山中，吃竹叶、竹笋。是我国特有的珍贵动物。也叫熊猫、猫熊、大猫熊。

这一解释是从生物学角度做出的。当“熊猫”作为语素参与三音节词造词时，能够产生新词：熊猫字、熊猫血、熊猫药。从《现汉》的释义，我们无法理解作为语素的“熊猫”的具体含义。此类三音节词为比喻造词，当“熊猫”和“字”“血”“药”组合后，“熊猫”的隐性认知属性凸显。熊猫作为动物，其区别其他动物的类属特征在《现汉》中做了很好的阐释，但“熊猫”还有很多内在特征，如“熊猫”作为动物界的活化石，是一种非常珍稀的动物，目前世界上只有中国才有。据此推断“熊猫”具有“珍贵”“稀有”等隐性认知属性，而当“熊猫”和另一类事物组合，进入到修饰成分，做某一类事物的修饰语时，“熊猫”的隐性认知属性凸显，产生比喻义“像熊猫一样珍稀”。“熊猫字”指像熊猫一样珍稀的字，非常罕见。“熊猫血”指像熊猫一样珍稀的血。“熊猫药”是对廉价药的谑称，因其利润微薄，厂家停止生产或极少生产而难以寻找，故称。

“熊猫”以比喻用法进入到构词中，随着使用频率的增加，表义逐渐固定化，出现“珍贵”“珍稀”的含义，这一发展过程和“黄金”有相同之处，“熊猫”的比喻义在造词中会逐渐固定下来，估计不远的将来会成为新的语素义。

语素研究是语法、词汇领域的重要内容。目前关于语素的研究，关注点多在双音节词语，而对三音节词语语素展开研究的则比较少。本文以三音节词语的语素为研究对象，分析其在组词时的语义、功能的变化，并探讨了新语素义的产生途径。希望通过本文的尝试，引起大家对三音节词语语素研究的重视。

注释：

①关于“复合语素”和“语素组”，目前学界意见不统一。葛本仪（1988）认为复合语素（合成词素）是由双音节合成词形成的语素。周殿龙（1992）、陆俭明（2004）则认为无论双音节合成词还是双音节临时组合，只要结合的紧密度较高，可看作一个整体的，均可通称为语素组。如“保健操”“一洗黑”两个三音节词中，胡先生和葛先生认为“保健”是“复合语素”，周先生和陆先生则认为“保健”和“一洗”均是语素组。本文的研究在借鉴几位学者研究的基础上，对二者进行区分，将由合成词充当的语素称为“复合语素”，将临时组合形成的语素称为“语素组”，本文涉及的主要是“复合语素”概念，区分二者，是为了研究方便，概念命名是否正确，希望得到方家指正。

②文中词语的释义选自《现代汉语词典》（第6版）、《汉语新词语》。

参考文献：

[1] 蒋绍愚．古汉语词汇纲要［M］．北京：商务印书馆，1989.

[2] 张联荣．古汉语词义论［M］．北京：北京大学出版社，2000.

[3] 朱彦．核心成分、别义成分与动作语素义分析——以“收”为例［J］．中国语文，2006（4）．

[4] 董秀芳．2+1式三音节复合词构成中的一些问题［J］．汉语学习，2014（6）．

[5] 苏宝荣，沈光浩．类词缀的语义特征与识别方法［J］．语文研究，2014（4）．

[6] 谭景春．关于由名词转变为形容词的释义问题［J］．辞书研究，2001（1）．

[7] 施春宏．试析名词的语义结构［J］．世界汉语教学，2002（1）．

[8] 胡裕树．现代汉语（修订本）［M］．上海：上海教育出版社，1987.

[9] 葛本仪．论合成语素［J］，山东大学学报，1988（9）．

[10] 周殿龙．论素组［J］，松辽学刊，1992（2）．

[11] 陆俭明．现代汉语语法研究教程（修订本）［M］．北京：北京大学出版社，2004.

《清人诗文集总目提要》订补*

——以王公弼等七位河北籍作家为中心

朱则杰**

摘　要：今人柯愈春先生所撰《清人诗文集总目提要》，从清代诗歌（包括散文）文献学的角度来说，代表了迄今为止该领域学术研究的最高成就。根据平日读书所得，本文对其中王公弼、高鐈、刘汉儒、李芳莎、戴明说、胡彧、乔钵七位河北籍作家的有关问题予以订补。

关键词：清诗；作家考证；《清人诗文集总目提要》；《清人别集总目》；河北

在清代诗歌（包括散文）的文献学研究领域，世纪之交相继出版了李灵年、杨忠两位先生共同主编的《清人别集总目》[1]和柯愈春先生所撰《清人诗文集总目提要》[2]两种巨著。两书均为16开三大册，各著录清代作家近两万人，别集约四万种。特别是《清人诗文集总目提要》（以下简称《提要》），后出转精，代表着研究的最高水平。但不难想见，这里面的疏忽、缺漏乃至错误也是难以尽免的。对这些问题进行订正和补充，正可以使两书更趋完善。特别是关系到《提要》本身以及日后《全清诗》《全清文》等内部排序的作家生卒年问题①，更是解决一处是一处，完成一家多一家。本文专取王公弼等七位河北籍作家，仍旧按照《提要》著录的先后立目排序，依次考述；有些同时涉及《清人别集总目》的问题，也附此一并予以指出。

一　王公弼

王公弼，《提要》缺少生卒年[2](卷一，上册，P9)。

按，戴明说《定园文集》有为王公弼而撰的《户部左侍郎梅和王公墓志铭》（梅和其号），其中叙及谢世说：

> 甲午，风痹疾发，遂不起。盖公剿皖时劳湿致患，至是始剧。逝之日，家无余资也。[3](P132)

* 基金项目：国家社会科学基金重大招标项目“清代诗人别集丛刊”（项目编号：14ZDB076）的阶段性成果。

** 作者简介：朱则杰（1956－），男，浙江大学传媒与国际文化学院教授，研究方向为清代诗歌。

这里“甲午”为清顺治十一年（1654），王公弼当即卒于此年。

可惜的是，这篇墓志铭关于王公弼的出生时间乃至享年之类都没有任何记载。倒是汤宾尹《睡庵稿·诗集》卷九《寿王太守诗》四首，小序提到：“直卿王公以甲子孟秋四十初度，部下治民竞为颂声。”[4](P500)这里“甲子”为明天启四年（1624）。据此可知王公弼（直卿其字）生于明万历十二年乙酉（1584）。下数至谢世，享年七十岁。

今人整理的阮大铖《咏怀堂诗集》，其中《咏怀堂诗》卷二“七言古”有《江村歌，为王梅和使君五十寿》[5](P62-63)，又《咏怀堂诗外集》乙部有七言律诗《寿王方伯梅和》二首[5](P254)，从已知王公弼生年下数应该都作于明崇祯七年甲戌（1634）。但这个时间在集内反映得不确切，无法反过来用于逆推王公弼生年，只能作为大致的参考。

二 高鐈

高鐈，《提要》缺少生卒年[2](卷一,上册,P11)。

按正如《提要》所说，高鐈曾经师事孙奇逢。今人整理的《孙奇逢集·日谱》卷十三“顺治十七年庚子”（1660）“五月”“十一日”条，有《高荐馨初度，尊设兼山堂，因为此诗》五律一首：

燕南早有誉，何事爱苏门？
山水欣相托，诗文足自存。
瓶空分鹤饷，心远彻云根。
今夕是何夕，盈盈酒一樽。[6](P527)

又《提要》所说刁包序，可见其《用六集》卷五，题作《渊颖子集序》，开头叙及：

己丑之冬，获侍征君先生（孙奇逢），又因先生以识同道诸君子。其所称门墙翘楚者，则高子荐馨其人也。高子年甫知命……[7](P298)

这里“己丑”为清顺治六年（1649），当时高鐈（荐馨、渊颖分别系其字、号）约近“知命”之年亦即五十岁。如此孙奇逢该处所说的“初度”，应该指高鐈六十岁。据此逆推，可知高鐈出生于明万历二十八年辛丑（1600）。其生日应该就在该年的五月十一日这一天，公历为6月11日。《提要》推测高鐈《渊颖集》“诗约止于顺治七年”庚寅（1650），与刁包序所说“高子年甫知命”也刚巧相吻合。

又《孙奇逢集·日谱》附录另一弟子赵御众所撰《征君先生考终录》，“岁乙卯三月”开头记载：

先生……一日假寐觉，曰：“适梦高荐馨来，为吾拜喜，且曰‘先生已得官矣’。荐馨吾老门生，作古年余；今谓吾得官，其‘岁在龙蛇’之兆乎？”[6](P1407)

这里“乙卯”为清康熙十四年（1675）；高鐈“作古年余”，其卒年大约应该在康熙十二年癸丑（1673），享年约七十三岁。

附带关于高鐈师事孙奇逢之始，《提要》记载，顺治二年其曾师事孙奇逢于北城。而《孙奇逢集·日谱》卷二十八“康熙六年丁未”（1667）“十月”“十八日”条《题孝感卷，为高郎箕源志勉》说：“高子荐馨，自甲申从游。予在新安，居比邻，勷予修《新安志》。北城、在胡，渠皆从之。又从予来苏门……”[6](P1164)所言甲申系顺治元年（1644），则时间、地点都存在差异，可以酌改。

三 刘汉儒

刘汉儒，《提要》已定其卒年为清康熙四年乙巳（1665），而“生年不详”[2](卷一,上册,P15)。

按，薛所蕴《澹友轩文集》卷七有一篇《寿刘蓼生序》，开头说：

> 余蒙上恩予暂假归省，是时大成刘侯治河阳二年矣，儒学教谕王君、训导牛君率诸子衿来言曰：“今九月某日，为侯太翁先生诞辰。邑人士沐侯之德被，服侯之教化，饮水思源，实惟太翁之泽，思以报侯者为太翁寿，敢丐为之辞。”[8](P80)

薛所蕴原籍河南孟县（今孟州，“河阳”系其旧称）。检民国《孟县志》卷五《职官·清》，“知县”列表有：“刘楷，顺天大成人，由贡生顺治十年任。”[9](P258)②此即刘汉儒（蓼生当为其号，参见下文）之子。顺治十年为1653年。其“治河阳二年矣”，掐头去尾，同时结合“教谕”列表王政举的始任时间[9](P259)，可以推断这篇寿序撰于顺治十二年乙未（1655）。

又魏象枢《寒松堂全集》卷十一有为刘汉儒次子刘楗而撰的《刑部尚书谥端敏公愚刘公行状》（公愚其号），叙及刘汉儒“蓼生……副都公娶赠夫人王氏，生七子，公其次也”[10](P765)；而刘楗出生于明万历四十五年“丁巳”（1617）[10](P768)，如此按照古人娶妻生子的一般规律，薛所蕴这篇寿序应该是为刘汉儒六十大寿而撰，逆推其生年为万历二十三年丙申（1595）。这也就是他二十二岁生次子。其享年，则刚巧为七十岁。

河北省博物馆编《河北省博物馆文物精品集》第一百二十三项为“‘一品百龄’、‘蓼生’金印”二件，据所附“图版说明”系“1968年大城县刘汉儒墓出土”[11](P217)；其中“立形狮纽，印面阴文篆书”的“蓼生”二字，应该就是刘汉儒的别号。但该书将刘汉儒所属文物误归入明代，可以推想“出土”时没有一并见到墓志之类的碑刻，不知现今是否还有留存。

又薛所蕴《桴庵诗》卷五“七言绝”内有一首《寿刘给谏母太夫人》[12](P316)，据其《寿刘蓼生序》“仲君公愚以进士为谏议”云云[8](P81)，并结合《刑部尚书谥端敏公愚刘公行状》，以及《清史稿》卷二百六十四刘楗的本传（事迹系年更为清晰）[13](P9924-9925)，可知是为刘楗母亲亦即刘汉儒的夫人王氏而作，并且时间同样应该在顺治十二年乙未（1655）前后，当时王氏同样也应该是六十大寿，可以与《寿刘蓼生序》并读。薛所蕴

《澹友轩文集》卷三还有一篇《刘蓼生诗序》[8](P44-45)，据文内所述大约撰于顺治十三年（1656）“丙申春”[8](P45)。此序《提要》未及，不知现存刘汉儒诗集卷首是否收录。唯此序称刘楗为“长公公余”[8](P45)，则应仿照《寿刘蓼生序》称“仲公公愚”才是。

《清人别集总目》也著录有刘汉儒[1](第1册,P521)，但关于作者没有任何介绍。这有可能是因为刘汉儒同姓名者太多，难以确切判断，所以暂付阙如。

四　李芳莎

李芳莎，《提要》[2](卷三,上册,P35)及《清人别集总目》[1](第1册,P787)均缺生卒年。

按，李芳莎的生年，不少介绍都是依据李芳莎主修顺治《武乡县志》自序。该志原书不传，其自序可见李裕民先生辑《山西古方志辑佚》卷七《长治、晋东南地区》“武乡县志（顺治）”条（总第一百六十一条）据乾隆《武乡县志》所录，有关文字说：

> 万历丙午岁，五美张公宰是邑……张公辑《志》，告竣于己酉，芳莎时八岁。[14](P432)

“己酉”为明万历三十七年（1609）；据此，李芳莎即生于万历二十九年壬寅（1601）。

附带关于《提要》本条引及宋荦《筠廊偶笔》，书名“廊”字误作“郭”；又其原话多已改写，所以不宜加引号。

五　戴明说

戴明说，《提要》[2](卷三,上册,P49)及《清人别集总目》[1](第3册,P2440)均缺生卒年。

按，江庆柏先生编著《清代人物生卒年表》，曾经依据《清史列传》卷七十九本传，将戴明说的卒年定为顺治十七年庚子（1660）[15](P841)。检该本传原文，叙述止于：“本朝顺治……十七年……革职。寻死。”[16](P6590-6591)这里的“寻”字通常表示时间不久，确实很容易使读者以为戴明说就卒于本年。但是，这与事实却严重不符。张玲先生《戴明说生平及作品创作年代考证》一文，对这个说法以及“卒年七十二”“生卒年为1605-1660”等说法都做过辩驳[17](P38-40)，并指出“戴氏大概的生平在万历三、四十年至康熙二十五年之间”[17](P40)。

而此前戴其润先生所著《沧州戴氏族人钩沉》一书，以戴明说开始纂修、后世不断累积的《沧州戴氏族谱》作为主要依据，提供了大量有关人物的相关资料。其中“八世祖”戴明说名下，“生平篇”开头小传，就记载有详细的生卒时间：

> 万历三十七年己酉九月二十三日子时生，康熙二十五年丙寅七月十二日戌时卒，寿七十八岁。[18](P93)

关于戴明说的生年，在其本人作品中也能够找到线索。例如《定园诗集》“五言律诗·下卷”顺治十五年（1658）所作《戊戌元旦，怃然有念》三首之一，首联云：“蘧子行年及，多非知未知?”[19](P77)这是用《淮南子·原道训》所谓“蘧伯玉行年五十而知四十九年非”的典故，意思是本年戴明说虚岁刚好达到五十岁。由此，戴明说正是出生于万历三十七年己酉（1609），与上引资料可以互证。

戴明说本人作品以及同时代其他人物的某些相关叙述，也有不尽准确甚至与前及诸说同样错误的。例如《定园诗集》“五言绝句”顺治十一年（1654）所作《甲午六月廿四，哭胞弟人望讣六首》之四：“如何年四十，不剩一同胞?”[19](P98)本年戴明说（定园其号）实际已经四十五岁，这里却自称“年四十”，既是一种泛言，也是为了更加突出诸弟早逝的悲伤。而如《孙奇逢集·日谱》卷三十六“康熙十四年乙卯”（1675）“二月”“初十日”条所录《复戴定园》一札叙及：

> 今老夫九十有二，念吾友亦六十有八，千里相隔，觌面维艰；耿耿寸心，两地可信者，惟此共学一事。[6](P1396)

戴明说晚年曾经师事孙奇逢，这里“吾友”即指戴明说。但从上文可知，本年戴明说实际还只有六十六岁。孙奇逢称其“六十有八”，一方面可能是由于记忆错误，另一方面则可能是为了强调两人高龄，有意把它往大里说。

此外还有魏象枢《寒松堂全集》卷七《寄祝沧州戴先生八十》一题[10](P420)，最令人感到困惑。一是如前所述，戴明说并没有活到八十岁。二是此题前后，分别有《丁巳元日侍班候驾，雪中口占》[10](P418)与《丁巳除夕赠刘瑞生，为余写像》[10](P426)两题，可知其作于康熙十六年（1677），然而该年戴明说还只有六十九岁。因此，此题假如是为戴明说而作，按照古人有时候提前一年贺整寿的习惯，那么标题中的“八”字一定是“七”字的误刊。现在姑且先记在这里，容待日后继续留意。

附带关于《提要》与《清人别集总目》分别称戴明说“晚号定圃”“晚号定园”，从各方面情况综合判断，“圃”字在很大程度上乃是“园”字的形近之误。

六　胡彧

胡彧，《提要》[2](卷三,上册,P50)及《清人别集总目》[1](第2册,P1570)均已定其生年为明万历三十三年乙巳（1605），而卒年尚缺。

这里就《清人别集总目》两种传记资料做些推测。

先说第二种高承埏《崇祯忠节录》卷六“畿辅丙子殉难”条叙及：“容城诸生胡彧死之。”[20](P389)这里“丙子”指明崇祯九年（1636），清兵袭扰畿辅一带，不少人为此殉节。但是，胡彧事实上并没有在这一年谢世。即如《提要》著录胡彧《愧林吟稿》二卷，包含《云中草》《含青集》各一卷，分别作于清顺治二年乙酉（1645）、十一年甲午（1654），也足以证明这一点。

再说第一种赵士麟《读书堂采衣全集》卷二十一《封翁信山胡公墓志铭》，其中虽然没有交代胡彧（信山其号）生卒时间，但关于次子胡戴仁，有一段相关记载：

后于楚作藩，恩膏沦洽。奈值夏逆猖獗，孑身避难，府库一空，至今交盘被累，弗克回籍。闻讣，哀毁于鄂渚间。[21](P460)

胡戴仁原任湖广布政使。这里所说的“夏逆猖獗”，指发生在康熙二十七年戊辰（1688）五月至七月的夏逢龙兵变。胡戴仁在其后漫长的待罪期间“闻讣”，则胡彧正常也应卒于此年之后，享年应该在八十四岁以上。

由此还想到，康熙三十五年（1696）也是“丙子”，该不会胡彧就卒于这一年，而被误作了上一个“丙子”？但高承埏早在顺治五年戊子（1648）就已经谢世④，他本人绝对不可能有这种错误；除非《崇祯忠节录》一书在长期以抄本形式流传的过程中，被哪个好事者误加上去——而这个可能性一般来说也是不存在的。

附带关于王余佑《五公山人集》卷九最末一篇为《胡信山诗序》[22](P210-211)，不知《愧林吟稿》是否有载。

七　乔钵

乔钵，《提要》已定其生年为明万历三十三年乙巳（1605），而“卒年不详”[2](卷三,上册,P52)。

按，魏裔介《兼济堂文集》卷十七有一篇为乔钵而撰的《四川剑州知州文衣乔公墓志铭》（文衣其字），可惜末尾关于生卒时间等只说：“府君生卒年月、子孙嫁娶，具本家刻志铭中。”不过，其上文所述事迹，最后为：

癸卯春，升四川剑州牧。……凡七载，竭尽心力。先是，剑素有里长隐粮之弊，公欲力清之；……上官以贿庇里长而不直公，公于是郁郁成疾，卒不起。[23](P154)

“癸卯”为清康熙二年（1663）；自此“凡七载”，分别按头尾与实足计算，乔钵应该卒于康熙八年己酉（1669）或九年庚戌（1670）。而检同治《剑州志》，卷五《官师志·国朝知州》记载乔钵下一任李向荣为“康熙十年”辛亥（1671）始任[24](P777)。如此，乔钵以卒于康熙九年庚戌（1670）的可能性居大。《剑州志》所记乔钵始任时间为“康熙三年”甲辰（1664），至康熙九年庚戌（1670）为头尾“凡七载”，也并无妨碍。

附带关于乔钵的表字，《提要》只提到“文衣”；而墓志铭开头称“字叔继，一字文衣”[23](P153)，则显然更加准确。又《清人别集总目》著录乔钵[1](第1册,P461)，不但生卒年均缺，而且字号、履历等等也基本阙如，应当予以补充。

注释：

①《清人别集总目》虽然按作家姓氏笔画排序，但各家小传也力求注明生卒年。

②又同卷稍后有本传，所记始任时间相同，见第278页。

③另“训导”列表牛中侔始任时间没有记载，见第260页。

④可参陆林《金圣叹史实研究》第十八章《〈小题才子书〉所涉交游考》“高承埏、高佑釲”条，人民文学出版社2015年3月第1版，第432－435页。

参考文献：

[1] 李灵年，杨忠．清人别集总目［Z］．合肥：安徽教育出版社，2000.

[2] 柯愈春．清人诗文集总目提要［M］．北京：北京古籍出版社，2002.

[3]（清）戴明说．定园文集［M］//清代诗文集汇编（第21册）．上海：上海古籍出版社，2010.

[4]（清）汤宾尹．睡庵稿［M］//四库禁毁书丛刊（集部第63册）．北京：北京出版社，2000.

[5]（清）阮大铖．咏怀堂诗集［M］．合肥：黄山书社，2006.

[6]（清）孙奇逢．孙奇逢集（下册）［M］．郑州：中州古籍出版社，2003.

[7]（清）刁包．用六集［M］//四库全书存目丛书（集部第196册）．济南：齐鲁书社，1997.

[8]（清）薛所蕴．澹友轩文集［M］//四库全书存目丛书（集部第197册）．济南：齐鲁书社，1997.

[9] 阮藩济，宋立梧等．（民国）孟县志［Z］．中国地方志集成（河南府县志辑第16册）．上海：上海书店出版社，2013.

[10]（清）魏象枢．寒松堂全集［M］．太原：山西人民出版社，1992.

[11] 河北省博物馆．河北省博物馆文物精品集［Z］．北京：文物出版社，1999.

[12]（清）薛所蕴．桴庵诗［M］//四库全书存目丛书（集部第197册）．济南：齐鲁书社，1997.

[13] 赵尔巽等．清史稿（第33册）［M］．北京：中华书局，1977.

[14] 李裕民．山西古方志辑佚［Z］．太原：山西省地方志编纂委员会办公室，1985.

[15] 江庆柏．清代人物生卒年表［Z］．北京：人民文学出版社，2005.

[16] 王钟翰点校．清史列传（第20册）［M］．北京：中华书局，1987.

[17] 张玲．戴明说生平及作品创作年代考证［J］．美苑，2010（2）．

[18] 戴其润．沧州戴氏族人钩沉［M］．北京：人民日报出版社，2005.

[19]（清）戴明说．定园诗集［M］//清代诗文集汇编（第21册）．上海：上海古籍出版社，2010.

[20]（清）高承埏．崇祯忠节录［M］//明代传记资料丛刊（第一辑第13册）．北京：北京图书馆出版社，2008.

[21]（清）赵士麟．读书堂采衣全集［M］//清代诗文集汇编（第115册）．上海：上海古籍出版社，2010.

[22]（清）王余佑．五公山人集［M］．上海：华东师范大学出版社，2011.

[23]（清）魏裔介．兼济堂文集［M］//清代诗文集汇编（第57册）．上海：上海古籍出版社，2010.

[24]（清）李溶，李榕等．（同治）剑州志［Z］．中国地方志集成（四川府县志辑第19册）．成都：巴蜀书社，1992.

法度与自由的交融*

——谈宋代词科骈文艺术特色

罗积勇　刘　彦**

摘　要：词科骈文大都散佚了，只留下了部分词科及第者的骈文。文章依据王应麟《辞学指南》并参考张骁飞《宋代词科考试年份、题目、中选人一览表》梳理出宋人别集与宋及之后的总集、类书、笔记，总计64篇完整词科骈文。论文对这些词科骈文进行了分类研究，得出了其应用文性质。作为词科及第之作，它们的水准也比较高。文章指出，词科骈文创作既有王安石严守法度、谨严精工的特征，又有苏轼出于准绳、自然畅达的特征。两种特征交融，形成了词科骈文雅正而又畅达的艺术风格。

关键词：词科；宋代骈文；创作手法；艺术风格

词科是宋代重要的科举类别之一，是“为了弥补王安石罢诗赋而用经义取士所造成的四六应用文写作人才的匮乏”[1](P247)而特设的科举考试科目。其设立于北宋哲宗绍圣二年（1095），延至南宋末年，其间几易名称，从最初的宏词科，改为词学兼茂科、博学宏词科，及至晚宋又降等而立词学科。两宋词科考试涉及文体众多，这些文体并非固定不变，而是经历了一个变化直至定型的过程。绍圣初设词科时不试制、诏、诰等王言之体，“章表、露布、檄书，以上用四六，颂、箴、诫谕、序、记，以上依古今体，亦许用四六”[2](P4449)。徽宗大观四年（1110）改立词学兼茂科，以制、诰代替诫谕及檄书，仍试两场四题。绍兴初又改立博学宏词科，考试“以制、诰、诏书、表、露布、檄、箴、铭、记、赞、颂、序十二件为题，古今杂出六题，分为三场，每场一古一今”[2](P4449)，此后延为定格。这十二种文体有骈文，有韵文，也有古文，但以骈文为重。真德秀曰：“十二体所急者，制、表、记、序、箴、铭、赞、颂八者而已。若诏、诰则罕曾出题，檄、露布又军兴方用，皆尚可缓。”[3](P394)“所急”的八者中，“制、表如科举之本经，所关尤重”[3](P394)。在历年的词科考试中，制、表出题的频率也很高，以高宗朝为例，自建炎二年（1128）戊申科至绍兴三十年（1160）庚辰科，词科共开10科，制、表分别出现9次

---

* 基金项目：国家教育部全国教育科学“十二五”规划课题“通过作文教学开展创新人才早期培养的理论与实践研究”（项目编号：FHB120495）、全国高等院校古籍整理研究工作委员会直接资助项目“《礼部韵略》与宋代科举”（项目编号：1031）的阶段性成果。

** 作者简介：罗积勇（1961－），男，武汉大学文学院教授，博士生导师，研究方向为古汉语词汇、修辞，中国古代科举文献。刘彦（1986－），女，武汉大学文学院古籍研究所2013级博士研究生，主要研究方向为古代文献。

和8次。由此可见，在词科考试中，制、表是重中之重，而制、表皆规定必须以四六体行文，骈文之于词科的重要性由此可以想见。

词科骈文大部分已经散佚，保存下来的是部分词科及第者的若干骈文。我们依据王应麟的《辞学指南》，参考张骁飞编制的《宋代词科考试年份、题目、中选人一览表》，全面考察、梳理宋人别集，宋及宋以后的总集、类书、笔记等，共辑录出64篇完整的词科骈文以及37篇残文。在64篇完整的词科骈文中，有制18篇、表18篇、露布9篇、檄6篇、诰6篇、诏5篇、诫谕1篇、序1篇。这又大致分为三类：一是堂皇得体的制诰文字（制、诰、诏、诫谕）；一是辞意俱佳的敷奏文字（表）；一是奋发雄壮的军书文字（露布、檄）。制诰文字是代王立言，其中制主要用于任命三品以上官员，诏、诫谕主要是帝王对行政事务的直接命令，而诰则是对中书省所提交某官的任命请求所做回复以正式发文。敷奏之表文主要是臣子向皇帝上书陈事，内容包罗万象，种类极其繁多，可分为贺表、谢表、进书表、进贡表四大类。军书文字露布和檄不尽相同，露布是告捷文书，上呈给帝王御览；而檄是讨伐文书，平行或下行给敌我双方。这些骈文虽然总体数量不多，但是涵盖面很广，包涵了宋代朝廷和官府所需的几类重要的“应用文”。而且作为词科及第之作，它们是比较高水准的词科骈文。

欧阳修倡导古文运动，提出“以文体为四六”，改造晚唐五代以来浮靡的骈体，开创了宋代骈文的新面貌。程千帆、吴新雷两位先生在《两宋文学史》上将这种“新貌”大体上归纳为五个方面：第一是注入散文的气势，少用故事而多用成语；第二是排偶中喜用长句；第三是参以散文所擅长的议论；第四是工于裁剪；第五是语句较为朴实，且多用虚字以行气。[4](P516-517)欧阳修之后，他的继承者王安石、苏轼、曾巩等人，在骈文创作上逐步分流，形成不同的风格派别。杨囦道《云庄四六余话》云：“皇朝四六，荆公谨守法度，东坡雄深浩博，出于准绳之外。由是分为两派。近时汪浮溪、周益公诸人类荆公，孙仲益、杨诚斋诸人类东坡。大抵制诰笺表，贵乎谨严，启疏杂著，不妨宏肆。自各有体，非名世大手笔，未易兼之。”[5](P30)显然，杨囦道所言即是宋代骈文的分化问题。王安石代表“谨守法度”的派别，严格遵守骈文创作的传统规范，用典精当，骈四俪六，声韵谐和。苏轼代表“出于准绳”的派别，遵循欧阳修的变革，打破骈文传统规范，典故较少，长句对偶，虚词行气，流转自如。就词科骈文而言，其继承前人骈文创作艺术是多方面的，既学习王安石的谨严精工，又学习苏轼“出于准绳”的骈文做法，形成了词科骈文所特有的雅正畅达的风格。

一 词科骈文的谨严精工

隋唐实施科举制度之后，“文学创作和文学批评上都明显出现了对于辞章的语言技法艺术法度的追求和讲究”[6](P63)。科举文体程式化、技巧化成为一种常规现象，诗赋、经义、策论、八股无不如此，骈文也不例外。王应麟云：“盖是科之设，绍圣颛取华藻，大观俶尚淹该，爰暨中兴，程序始备。”[3](P384)陈振孙也云：“绍圣后置词科，习者益众，格律精严，一字不苟措。”[7](P526)“识体”“得体”等词也成为判定词科骈文高下的重要标准。作为词科考试辅导专书的《辞学指南》中，不少条目都要求词科各体文字必须严格符合体式，如“凡作文之法见行程文可为体式”“表章工夫最宜用力，先要识体制”“文章以体制为先，精工次之”等等。在严格的规范约束下，词科骈文特别重视对体制的严格遵守，谨守四六法度，求工求稳，呈现出如王安石骈文般谨严精工的特点。

一般来说，大量用典是骈文的特点，但是如何用典，则体现了骈文的创作风格。词科骈文用典切当精工，这主要体现在三个方面。

一方面，词科骈文用典切合题目，注意区分对象，专语专用、专事专用。例如，王应麟《宁江军承宣使左骁卫上将军金州驻札御前诸军都统制授武康军节度使右金吾卫上将军兴元府驻札御前诸军都统制加食邑食实封制》“鹖冠鱼服，升峻秩于执金；犀甲熊旗，侈多仪于授钺”一联，出句第二个分句中“执金”典出《后汉书·光烈阴皇后纪》：“初，光武适新野，闻后美，心悦之。后至长安，见执金吾车骑甚盛，因叹曰：‘仕宦当作执金吾，娶妻当得阴丽华。’”[8](P268)执金吾为掌管京师治安的武官，天子出行，为之开道。对句第二个分句中“授钺”典出《孔丛子·问军礼》，汉魏旧制，天子遣将时，“天子当阶南面，命授之节钺，大将受，天子乃东向西面而揖之，示弗御也”[9](P421)。后因以“授钺”作为咏将军出征的典故。王应麟这篇制文除授的对象是武将，他这里选用的两个典故皆是与武将相关的故事，十分切题。

另一方面，词科骈文用典还严格遵守骈文格律要求。骈文是排偶对仗之作，用典必须考虑上下联长短、平仄、虚实等属对的要求，“截长为短，避重就轻，一字之间，必加审订”[3](P395)，以实现骈文文字妥帖、对偶的切、语出新意。词科骈文十分注重“裁剪”功夫，以满足骈文格律的要求。如，周必大《代中书舍人谢除翰林学士表》“萤窗夜学，烛莫望于金莲；蓬户久居，班岂知于玉笋”一联，出句第二个分句用“金莲烛”典故，据《新唐书·令狐绹传》载，令狐绹为翰林承旨，夜间与皇帝谈话，皇帝命令用自己的乘车和金莲烛送他回翰林院。对句第二个分句用“玉笋班”典故，见《新唐书·李宗闵传》：“（李宗闵）为中书舍人典贡举，所取多知名士，若唐冲、薛庠、袁都等，世谓之玉笋。”[10](P4054)后常用“玉笋班”形容人才济济一堂。周必大将“金莲烛”中的“烛”提前做句子的主语，考虑到对仗的需要，他将“玉笋班”也拆开，将“班”提前做句子的主语。两个典故剪裁融合工整，且有新意。这种做法，最早见于王安石。叶梦得《石林诗话》云：“荆公诗用法甚严，尤精对偶。尝云用汉人语，只可以用汉人语对，若参以异代语，便不相类。”[11](P422)王安石这种属对精严的风格在他的骈文中常常体现出来。如其《贺册妃表》：“《关雎》之求淑女，无险诐私谒之心；《鸡鸣》之得贤妃，则有儆戒相成之道。”两个典故皆出自《诗经》。词科骈文属对精工，严守法度，与王安石是一脉相承的。

词科骈文用典的切当精工还体现在用典的程式化上。以制文的戒词为例，“须要古事或古语为联，切于本题，有丁宁告诫之意。如傅景仁《少保侍读》用《说命》、《周官》，周子及《扬师制》用‘击楫中流’，陈自明《宗室观使制》用‘秘书仙图’，此等事既亲切，而造语妥帖，是为可法”[3](P421)。虽然不是强行规定，但反观 18 篇词科制文，戒词部分使用典故的有 13 篇之多，其中南宋博学宏词科的制文就占了 12 篇。可见，在南宋时，词科制文戒词部分使用典故已基本成为定式。

词科骈文在句式上仍以四六句式为主。洪遵《皇叔庆远军承宣使授昭化军节度使封安定郡王同知大宗正事制》一文，全文共48句，四言24句，六言18句，四、六言共42句，占全文总数的88%。全文句式基本都是四六句式，对仗工整，中正平和，其中也有两处五字对句，也十分工整。在文章的一些关键之处，词科骈文大多运用四六句式。如，“制起须用四六联，不可用七字”“制头四句四六一联”[3](P408-409)。以18篇词科制文为例，制起用四六联的多达14篇。在实际场合中，词科骈文中的制、诏、诰、表等是要向受命官员宣读，或是向帝王陈述说明的，那么，就需要选用易于宣读的句子来行文。而四字句“密而不促”、六字句“格而非缓”[12](P310)——四字句虽短，但音节并不急促；六字句较长，音节并不迂缓——四、六句的这些特质正符合宣读的需要。词科骈文中这类严守四六律令的文章，写得十分典雅，和王安石的“制诰笺表”类骈文风格接近。王安石的“制诰笺表”类骈文是严守四六的，如《百寮贺复熙河路表》，除开头的44字散句、一个五言句外，余皆为四六句式，典雅工整。

词科骈文的句式还有一个非常突出的特点是剪裁融合古人古语，它把经典语句加工成俪句，力求无痕。孙觌《代高丽王谢赐宴表》：“荡荡乎无能名，虽莫见宫墙之美；欣欣然有喜色，咸豫闻管籥之音。”出句第一个分句化用《论语·泰伯第八》中的语句：“子曰：‘大哉！尧之为君也。巍巍乎！唯天为大，唯尧则之。荡荡乎！民无能名焉。巍巍乎！其有成功也。焕乎！其有文章。’”[13](P2487)对句第一个分句化用《孟子·梁惠王下》中的语句：“百姓闻王钟鼓之声，管籥之音，举欣欣然有喜色。”[14](P2674)又如，吕祖谦《皇兄保大军节度使除检校少保河阳三城节度使权主奉吴王祭祀进封加食邑实封制》：“因心则友，朕方隆兄弟之恩；继别为宗，尔尚衍本支之绪。”出句第一个分句见《诗经·大雅·皇矣》中的语句：“维此王季，因心则友。”[15](P520)对句第一个分句见《礼记·大传》：“别子为祖，继别为宗，继祢者为小宗。”[16](P1508)这些句子或径用成句，或略作加工，熔铸成新句，自然浑成，有如己出。

除了用典、句式外，词科骈文的“谨严精工”还体现在对音律的锤炼上。“四六文应用到公牍、试卷上去，不能不订立一种格调，于是平顿之后必须要仄顿来顶接，仄顿之后必须相承以平顿，便成为绝对严格的定律了。”[17](P190)词科在考量骈文优劣时，音律谐和与否被放在非常重要的位置上。“凡作四六须声律协和。若语工而不妥，不若少工而浏亮。”[3](P393)词科要求骈文音律精准，十分严苛，“其后徐（徐凤）又试，六篇俱精诣。《代嗣王谢赐玉带表》用《礼记》‘孚尹’二字，以‘尹’为平声。凡用经释音，当以首释为证；用史释音，当以末释为正。徐用第二音，故主司疑其平侧失律。然徐非失黏，但用于隔联上一句四字内，亦何伤于音律？主司过矣，公论屈之”[18](P20)。这种衡文标准促使词科骈文更重视声律的谐和。

词科骈文对声律的锤炼，主要体现在对声调的调配上。一是多追求相间、相对和相黏的精严格律。词科骈文一句之中节奏点上的平仄多相反，以四字句为例，据我们统计，现存词科骈文（包括残文）中的四字句约有1864句，其中节奏点上的格律为“平仄”或“仄平”的约1662句，占总数的89.2%。一联之中出对句相应节奏点上的平仄也多数相反，以第一层节奏点为例进行统计分析，现存词科骈文（包括残文）共计2135联

（为了便于统计，我们将隔句联对中的两个出对句拆分，各算一个单句联对），其中出对句节奏点上平仄相对的有1535联，占总数的71.9%。各联之间，平仄多相黏。据统计，64篇词科骈文共计1558联中，仅有26处失黏。“一句之中，平仄相间；一联之中，平仄相对”，使文章产生了“低昂舛节”“轻重悉异”的音乐美。各联相黏，使文章成为一个回环往复的整体，也形成抑扬顿挫、流畅婉转的音乐美。二是重视联内句脚的平仄规则。一句之中，最重要的声调位置处于句脚。词科骈文一联内句脚字的声调大多严格遵守这一规则。据统计，词科骈文2135联中，多达2106联句脚字的声调严格遵守平仄相对的规则，占总联数的98.6%。词科骈文通过这些有规律的声调安排，利用平仄声音鲜明的对照与反差，使声音富于变化，抑扬顿挫。

二　词科骈文的“自然畅达”

词科骈文虽然“谨守法度”，但并没有因其“僵如化石”的固定格式而失去其艺术价值。曾枣庄先生曾说：“艺术就是带着枷锁跳舞，枷锁严而舞姿自如，才堪称艺术。演员走钢丝的之所以赢得观众喝彩，就是因为钢丝的活动余地太窄太小。近体诗的格律，四六文的律令，就是文学家的钢丝，限制严而又不妨其自由驰骋。”[19](P61)词科应试者在不违反骈文法度的前提下，各逞其能，学习欧、苏“以文体为四六”的作文法，锐意创造，使得词科骈文，绽放出异彩。

对偶是骈文形式要素中最重要的一个表现。词科骈文使用一些特殊形式的对偶，如流水对。张守《代云南节度使大理国王谢赐历日表》“惟中国有至仁，无思不服；故小邦怀其德，莫敢不来”，这是一个带有因果关系关联词“故”的因果连贯型流水对①。两句话前后衔接，如流水般，语义顺畅。词科骈文中经常连用几个流水对，而且这些连用的流水对之间也往往存在前后接续、一贯相承的关系，它们组成一个流水句群，使得该处文字语意流转，一贯而下。如王应麟《代皇子谢赐御书孝经十六句表》“惟夫子之发微言，为曾参而陈孝道”，这两句从语义上来看，是一个一分为二型流水对，将句子的主语与谓语分割开来，主语部分作出句，谓语部分作对句。出句中的“惟”与对句中的“为”相对，前者是助词，无实义，“夫子之发微言”是一个主谓宾结构，“之”用于取消句子的独立性；后者是动词，充当谓语，对句是一个连动结构。从形式上看，这又是一个助词与动词相对造成的假平行对。这种“既能自由达意，又能保持句子基本对称的目的”的假平行对，其“语里的不对称和语表的对称，才使人觉得有趣，使人产生一种均衡与错综之美感”[20](P97)。

词科骈文中还有反对、典故对、比喻对等多种特殊的对偶形式。反对，是出句与对句字面相反，句意相反相对或相反相成的对偶形式。利用反对字面或意义之间的鲜明的反差，来突出偶句所要表达的内容和哲理，给人以深刻的印象。如吕祖谦《唐河北招讨使谕诸郡檄》“阳饰佞谀之态，阴怀窥伺之图”一联，“阳”与“阴”反义对举，出句是说表面上装出奉承讨好的姿态，对句是说背地里却怀有暗中观望、伺机反叛的图谋，鲜明形象地刻画出安禄山阳奉阴违的小人嘴脸。典故对，是将用典与对偶两种辞格结合使用而形成的对偶类型。如张守《代云南节度使大理国王谢赐历日表》“自厌巢南之陋，不忘拱北之心”一联，出句“巢南”典出《文选·古诗十九首·行行重行行》：“胡马依北风，越鸟巢南枝。”[21](P519)越鸟为南方之鸟，故在向南的树枝上筑巢。古诗以此表达依恋故乡之意，后用为咏南人思故乡之典。这个典故的典面含有一个方位词“南”，为了对仗工整，作者在对句则选了另一个典面含有方位词的典故“拱北”，出自《论语·为政》：“为政以德，譬如北辰，居其所而众星共之。”[13](P2461)比喻对，则是将比喻与对偶两种辞格加以融合，以比喻手法叙说本体对象的对偶类型。在词科骈文中，比喻对常出现在露布和檄两种文体中。两种文书在提到讨伐对象时，常用隐喻或借喻手法咒骂、历数他们的反叛罪名，这些暗喻或借喻能够增强语辞的感染力，起到激荡我方军心、鼓舞我方士气、打击敌方气焰的作用。如王应麟《唐剑南西川节度使同中书门下平章事破吐蕃露布》“拂庐鱼溃，瓯脱兔奔”一联，用暗喻，本体是“拂庐”（军溃）、“瓯脱”（军奔），这里是省略形式，省略了“军队溃散”“军队奔逃”；喻体是“鱼溃”“兔奔”；譬喻词语没有出现。把吐蕃军队因受惊扰而乱纷纷地四下溃散比喻成鱼群溃散而逃，把少数民族屯戍军队四散逃亡比喻成野兔奔逃，形象生动地写出了敌方军队溃败的狼狈场面，读之大快人心。

丰富偶句的字数，并将不同字数的偶句交错安排是词科骈文实现行文畅达的又一重要方法。词科骈文中的偶句有两种基本句法结构模式：单句对和隔句对。从两种基本模式的对偶格式来看，其字数是十分丰赡的。单句对依字数的不同主要有双四式、双六式、双七式；隔句对在词科骈文中占优势地位，其对偶格式种类更多，主要有四六式、六四式、七四式、四七式，等等。词科应试者在骈文中常常交错使用多种形式的单句对和隔句对。例如，周必大《令监司郡守搜访遗书诏》：“汉治方兴，陈农奉求书之诏；唐文载郁，苗发分出使之权。七略之奏以成，四部之藏复盛。稽诸往谍，具有成规。朕法离照以当阳，体贲文而御宇。久矣灵台之伯偃，尽戢干戈；粲然东壁之星明，勃兴道术。乃眷藏书之府，属予稽古之心。虽铟轴牙签，渐致充盈于三馆；而漆书壁简，尚多散逸于四方。”这段文字句式多样，富于变化，文气流畅、语义流转。

词科骈文的句式也有以古文笔法，长句成骈俪的。在64篇完整的词科骈文中，有41篇出现长句对，约占总数的64%。长句表意较为丰富，逻辑较为严密，能灵活细致地表达思想。词科骈文中大多是八、九言长句对，如王云《诫谕百官修举职事诏》一文中有“故职业交修于一时，则功名著见于万世”“都畿郡邑则师帅之任，御史监司则纠绳之权”“朕有化民阜俗之意，孰得而宣布；朕有遵制扬功之谋，孰从而奉行？其何以固先帝鸿业于无穷，俾熙宁良法之勿坏？”等长句对，这些长句在情感的抒发上更能体现皇帝那种迫切想要变革政局的心理。词科骈文中也有单边含三个、四个句子的长句对，如王应麟《唐河东保宁等军行营副元帅谕晋隰慈州檄》中有“天保以上，采薇以下，内抚外绥；濮铅于南，祝栗于北，德洋恩溥”“正正之旗，堂堂之陈，莫敢我承；赫赫厥声，濯濯厥灵，有征无战”等四四四式长隔句对，打破了传统的四字、六字对偶的格式，呈现出灵活生动的状态。在单篇词科骈文中，长句对所占的比重并不大，特别是在制、诏、诰、表文中，多数仅有一联，偶有两联或三联。相比而言，在露布和檄文中，这种长句对的比重又大一些。比如，洪适《唐关内兵马副元帅复京师露布》一文出现了五联长句对，有“盖帝王羽卫之所临，岂夷狄毡裘之可据”“盖由中朝方幸于内宁，故释远方以为之外惧”“得张知节合军而少振，屯上洛郡简兵以大搜”“遂遣长孙绪出蓝田而观势，仍令第五琦摄京兆以偕行”“赖仲卿渡浐水以扬先声，而王甫噪苑中以为内应”等，其中有八言、九言、十言乃至十一言，这些长句多出现在叙述战斗经过的部分，能表达得更精确、细致、周到。露布是呈给皇帝看的告捷文书，文字风格应以典雅庄重为主，但因是军书之体，又贵在奋发雄壮，感情表达粗率豪放，长句符合这种情感表达的需要，一味“密而不促”“格而非缓”的四、六句式反而体现不出军中文书的特点。长句对偶在苏轼的骈文中十分普遍，即便是在“贵乎谨严”的“制诰笺表”中，也常常出现长句。如，其《徐州贺河平表》中有“遂消东北莫大之忧，然后麦禾可得而食”，八字对偶，以虚词承转，非常精整。又有“方其决也，本吏失其防，而非天意；及其复也，盖天助有德，而非人功”，单边各有三个句子，自然灵动。

词科骈文学欧、苏的另一个重要表现是用虚字行气。清袁仁林《虚字说》云：“虚字者，所以传其声，声传而情见焉。”[22](P11)虚字通过各种语气、语调等具体的语音调节，带来话语音律的和谐，并显现出虚字丰富多彩的情感价值，从而实现行文畅达。词科骈文中最常见的虚字是结构助词“之”，主要用于补足音节、调整节奏。如，周必大《清远军承宣使授华容军节度使提举佑神观奉朝请进封开国侯加食邑食实封制》“爵惟驭贵，莫隆谨度之名；禄以诏功，尤重奉祠之秩。眷予心膂，久亚节旄。旌代邸之旧勋，锡汉坛之新组。班庭有肃，读命无哗。清远军承宣使某天赋朴忠，躬持亮节。粤奋庸于壮岁，尝祗载于潜藩。事上不渝，居有后凋之操；禔身至肃，初无可指之瑕”一段，画线处的结构助词“之”，有的功用在于补足音节、延音加力，如“谨度之名”“奉祠之秩”“后凋之操”“可指之瑕”，结构助词“之”前是双音节词，“之”后是单音节词，音节数不平衡，插入一个“之”，即填补了音节的空位，这样就构成了语音链条上的等音节序列，形成两音节一音步的音顿周期律。而“旌代邸之旧勋，锡汉坛之新组”一联中的两个“之”字则起到了调整节奏、舒缓语气的作用，连接前后两个双音节词语，仿佛有意在两个节奏之间停顿一下，以突显前后两个节奏的存在，读起来语气舒缓柔和，没有龃龉艰辛之态。在“代邸之旧勋”一例中，“之”所连接的前后两个双音节都是仄声，这样就形成了“仄仄平仄仄”回环往复的平仄律周期，声音高下有致，读起来抑扬顿挫。这些“之”使得句子音节更加完足，读起来更加流畅。除了结构助词“之”，词科骈文中还有不少虚字“而”“以”，用以调整节奏、舒畅语气。如，刘才邵《代相公以下谢赐御制宣德楼上梁文表》“汉直苍龙而作制，岂曰辨方；唐标丹凤以扬名，仅能效吉”一联，如果删去其中的连词“而”“以”，似乎无损于句子的理性意义，但是句子的语气韵味读来却大打折扣。我们如果把原句和删掉“而”“以”之后的句子朗诵来比较看，就可以看到作为虚字的“而”和“以”在句子中的重要作用。原句读来语气上更舒缓顺畅，改句则显得局促；原句读来节奏上抑扬顿挫，改句则显得平淡。

结 语

综上可见，词科骈文既有学习王安石法度森严的一面，遵守骈文体制：用典切当精工；熔铸经史古语以成对偶，典雅工整且自然精妙、浑然天成；格律精严，音律谐和。又吸收了欧、苏用古文笔致写骈文的手法，间有长句对偶，多用虚字行气。此外，还使用特殊形式的对偶，变换句法，富于变化。集两派风格特征于一身，呈现出“法而达”的风貌。这种“法而达”是词科应试者在科举规则倒逼下创新的结果，影响着宋代骈文的创作风气。作为科举的产物，场屋时文无疑是当时文学创作的风向标。宋代士子为了求仕上达，不得不学作骈文，词科骈文就是他们最好的学习模拟的范本。而在这个过程中，词科骈文的创作技巧和艺术审美势必会渗透到士子的文章中去，形成一种新的骈文创作风气。此风盛行，使宋代骈文在濒临衰亡的境地中焕发出一线生机，获得了自身的生存空间，不至于在古文胜利之后彻底衰落。

注释：

①流水对的类型名称均采用罗积勇、张鹏飞《流水对类型新论》一文中的说法。

参考文献：

[1] 祝尚书．宋元文章学［M］．北京：中华书局，2013.
[2]（清）徐松．宋会要辑稿（1-7）［M］．北京：新华书店，1957.
[3]（宋）王应麟．辞学指南［M］//四明文献集（外二种）．北京：中华书局，2010.
[4] 程千帆，吴新雷．两宋文学史［M］//程千帆全集（第十三卷）．石家庄：河北教育出版社，2001.
[5]（宋）杨困道．云庄四六余话［M］//王云五编．丛书集成初编．北京：商务印书馆，1939.
[6] 吴承学．中国古代文体形态研究［M］．广州：中山大学出版社，2000.
[7]（宋）陈振孙．直斋书录解题［M］．上海：上海古籍出版社，1987.
[8]（南北朝）范晔．后汉书［M］．北京：中华书局，2000.
[9]（汉）孔鲋撰，傅亚庶校释．孔丛子校释［M］．北京：中华书局，2011.
[10]（宋）欧阳修．新唐书［M］．北京：中华书局，2000.
[11]（宋）叶梦得．石林诗话［M］//何文焕辑．历代诗话．北京：中华书局，1981.
[12] 周振甫．文心雕龙译注［M］．北京：中华书局，2013.
[13]（魏）论语注疏［M］//阮元．十三经注疏．上海：上海古籍出版社，1997.
[14]（汉）孟子注疏［M］//阮元．十三经注疏．上海：上海古籍出版社，1997.
[15]（汉）毛诗正义［M］//阮元．十三经注疏．上海：上海古籍出版社，1997.
[16]（汉）礼记正义［M］//阮元．十三经注疏．上海：上海古籍出版社，1997.
[17] 蒋伯潜，蒋祖怡．骈文与散文［M］．上海：上海书店出版社，1997.
[18]（宋）叶绍翁著，沈锡麟、冯惠民点校．四朝闻见录（甲集）［M］．北京：中华书局，1989.
[19] 曾枣庄．论宋代的四六文［J］．文学遗产，1995（3）．
[20] 罗积勇．论唐宋诗歌对偶之新变［J］．长江学术，2015（3）．
[21]（南北朝）萧统．六臣注文选［M］．杭州：浙江古籍出版社，1999.
[22]（清）袁仁林撰，解惠全注．虚字说［M］．北京：中华书局，1989.

印刷术普及与宋代诗经学*

易卫华**

摘　要：印刷术普及在宋人诗经学一般观念的构筑过程中发挥了巨大的作用，诗经著述刻印过程中精审的校勘在一定程度上促成了宋代诗经学疑古之风的形成。同时，由于诗经学著作极易获得，治《诗》方式也由之前的记诵向文本意思的深入理解转变，宋代诗经学的思辨之风的产生与此有着直接的关系。

关键词：印刷术；宋代；诗经学

宋代是我国古代印刷术发展的一个高峰，同时也是诗经学发展的高峰。随着印刷技术的进步，各类《诗经》著述在宋代开始大量刻印，出现了众多版本。同时，更为重要的是这种技术的进步，改善了诗经学发展的学术环境，对治《诗经》者的阅读习惯、思维方式和注解方法等都产生了重要影响。学界对此多有忽略，因此笔者不惮鄙陋，拟对这一问题进行一些讨论，以期能够从一个新的角度挖掘宋代诗经学发展的深层次动因。

一　《毛诗》著述的刻印与宋人诗经学一般观念的形成

宋代印刷术高峰时代的到来不是一蹴而就的，众所周知，印刷技术在唐代即已出现，但由于史料阙如，这一时期《诗经》等儒家文献的刻印情况仍不甚清楚，但以其时技术发展而言，当不会有大规模的刻印。而单就现见文献记载来看，五代时期儒家经籍的大规模刻印却是可以肯定的，如《资治通鉴》卷二九一周太祖广顺二年（953年）条云：

> 自唐末以来，所在学校废绝，蜀毋昭裔出私财百万营学馆，且请刻板印九经；蜀主从之。由是蜀中文学复盛。……初，唐明宗之世，宰相冯道、李愚请令判国子

---

* 基金项目：国家社会科学基金青年项目“宋代学术文化思潮与《诗经》研究”（项目编号：13CZW038）、国家社会科学基金重大招标项目“《畿辅丛书》整理及其《续编》编纂”（项目编号：16ZDA177）的阶段性成果。

** 作者简介：易卫华（1977－），男，河北师范大学文学院副教授，硕士生导师，研究方向为先秦两汉文学、诗经学研究。

监田敏校正九经，刻板印卖，朝廷从之。丁巳，板成，献之。由是，虽乱世，九经传布甚广。[1](P9495)

唐末和五代的战乱直接导致学校教育陷于停滞状态，儒家思想传播的主要渠道也随之被掐断了，但其巨大的影响仍是存在的，毋昭裔出私财经营学馆，并且请刻板印九经以及后唐冯道、李愚“请令判国子监田敏校正九经，刻板印卖”[1](P9495)等，即反映了这一时期有识之士在衰颓的世风中希望能够重新恢复儒家教育的努力，而这种努力也同时获得了统治集团的肯定和支持，不论蜀主还是后唐明宗均展现了一种“从之”的积极态度。并且，在刻板印行九经的过程中，统治者也是极为认真的，以上述后唐刻印九经为例，宋代王溥《五代会要》卷八《经籍》云：

后唐长兴三年二月，中书门下奏请依石经文字刻九经印板。敕令国子监集博士儒徒，将西京石经本，各以所业本经句度抄写注出，子细看读。然后顾召能雕字匠人，各部随帙刻印板，广颁天下。如诸色人要写经书，并须依所印敕本，不得更使杂本交错。其年四月，敕差太子宾客马缟，太常丞陈观，太常博士段颙、路航，尚书屯田员外郎田敏，充详勘官。兼委国子监于诸色选人中召能书人，端楷写出，旋付匠人雕刻。每日五纸，与减一选。如无选，可减等第，据与改转官资。[2](P128)

这次刻印活动是一种政府行为，明宗也极为重视，从底本的选择、校对、书写、刻印以及刻印后学习者的抄写等方面都做出了严格的规定，而其目的之一即在于统一儒家经典的文本标准，正如宋代朱翌《猗觉寮杂记》所云：“雕印文字，唐以前无之。唐末，益州始有墨板。后唐方镂九经，悉收人间所有经史，以镂板为正。”[3](P78)可见当时社会上流传着九经的一些不同版本，而这次刊印目的就是要“以镂板为正”，明宗还以“诸色人要写经书，并须依所印敕本，不得更使杂本交错”的强制性规定保证了这次刻印经籍的权威性。

上述刻印当然包括《诗经》，而其所刻内容也主要是诗文本以及《毛诗》序、传、笺、孔颖达《毛诗注疏》这类与《毛诗》有关的文本。这类文本的大量刻印和广泛传播，也逐渐构筑了五代时期诗经学的基础，这一时期人们关于诗经学的一般知识应当主要是由此获得的。

五代之后，书籍散亡，《宋史》卷二〇二《艺文志》云：“逮于五季，干戈相寻，海寓鼎沸，斯民不复见诗、书、礼、乐之化。周显德中，始有经籍刻板，学者无笔札之劳，获睹古人全书。然乱离以来，编帙散佚，幸而存者，百无二三。宋初，有书万余卷。”[4](P5032)这区区万余卷书根本不可能满足宋初重新构建儒家意识形态主导地位的现实需要，因此，宋初自太宗起即开始组织大规模刻印儒家经籍，为经学的复兴和发展做了必要的物质准备。太宗端拱时（988－989）诏令国子监镂刻孔颖达《五经正义》，以扩大发行面，据《玉海》等书记载，当时参与这一工作的经学家，《周易》《尚书》有孔维、李说等人；《春秋》有孔维、王炳等人；《诗经》有孔维、李觉等人；《礼记》有胡迪、纪自成等人。这一工作至淳化五年（994）基本完成，其时李至上书云："五经书疏已板行，惟二传、二礼、《孝经》、《论语》、《尔雅》七经疏未备，岂副仁君垂训之意。今直讲崔颐正、孙奭、崔偓佺皆励精强学，博通经义，望令重加雠校，以备刊刻。"[4](P9177)可见，太宗时期的士大夫们已经明确地意识到儒家经籍的缺乏对维护政治统治是极为不利的，因而儒家经籍的重新刻印比理论的建构更加现实和迫切。真宗延续了太宗发展经学的举措，咸平二年（999），真宗令邢昺总领校勘之事，舒雅、李维、李慕清、王涣等人协助重新校订《周礼》《孝经》《论语》等典籍，使镂版质量又提高了一步。景德二年（1005），真宗幸国子监阅库书，问邢昺经版几何，邢昺曰："国初不及四千，今十余万，经、传、正义皆具。臣少从师业儒时，经具有疏者百无一二，盖力不能传写。今板本大备，士庶家皆有之，斯乃儒者逢辰之幸也。"[4](P12798)从宋初到景德二年，短短四十五年的时间，国子监的书版就由"四千"增至"十余万"，可见印刷业发展之迅速，而这背后是北宋初期三代皇帝的渐次推动之功。雕版印书的飞速发展使得书籍不再像以往那样难以获得，儒家经籍"士庶家皆有之"的状况为教育活动的广泛深入开展提供了便利条件，《宋史》卷六《真宗本纪》载："诏州县学校及聚徒讲诵之所，并赐九经。"[4](P115)儒家经学教育在真宗统治时期已经逐渐普及，这又为包括《诗经》在内的经学复兴提供了社会基础和思想保证。

为更好地展现这一时期《诗经》著述刻印的情况，有必要对各类诗经学著述的刻印进行一个全面的梳理，以见宋代印刷术发达之一斑。

表1　宋代《毛诗》及其相关著述刻印情况统计

	刻印版本	著录情况
1	《毛诗》国子监单经本	尤袤《遂初堂书目》："京本毛诗。"（按，即北宋监本《毛诗》单经本）王国维《五代两宋监本考》："《毛诗正文》……然北宋胄监固已有单经本。""南宋监本《毛诗正文》，景定《建康志·书籍类》皆冠以'本监'二字，此南监本也。"
2	《毛诗》地方刻单经本	王国维《两浙古刊本考》云："《毛诗正文》……有婺本。"《江苏省图书馆图书总目》著录："《毛诗》，宋刊巾箱本。"另外还有四卷本，《天禄琳琅书目》："《毛诗》四卷，不依风、雅、颂分卷，只列诗序、经文，其小雅分什依《集传》，是南宋季年本。然'家伯维宰'、'降予卿士'之类，尚从古本，与后来诸本不同，宋活字本《唐风》内'自'字横置可证。"叶德辉《书林清话》亦云："有《毛诗》四卷，云是南宋季年本。"缪荃孙《艺风藏书记》载《毛诗》单经本还有一卷小字本。
3	《毛诗》、郑笺合刻本（官本）	陈振孙《直斋书录解题》云："《毛诗》二十卷，《毛诗故训传》二十卷，汉河间王博士赵人毛公撰，后汉大司农郑康成笺。"晁公武《郡斋读书志》亦云："《毛诗故训传》二十卷……汉郑康成笺。"其后王国维《五代两宋监本考》："北宋监本。《毛诗》二十卷，郑玄笺。"又《两浙古刊本考》："《诗古注》，此南宋监本传笺二十卷，明初板亡。"
4	《毛诗》、郑笺合刻本（私刻本）	季振宜《宋元杂板书》："《毛诗》郑笺七卷，六本。"这应当是当时的私刻本。

续表

	刻印版本	著录情况
5	《毛诗》、郑笺、释文合刻本	瞿镛《铁琴铜剑楼藏书目录》："《毛诗》二十卷，宋刊本，此南宋巾箱本，分卷与唐石经同，第一卷首行题‘毛诗卷第一’，次三行题‘唐国子监博士兼太子中允，赠齐州刺史、吴县开国男陆德明释文’，附四行题‘周南·关雎诂训传第一’，以下题‘毛诗国风’，以下题‘郑氏笺’。第二卷以后无唐国子云云。二行余悉同前，每半叶十行，行大字十七，小字廿二，传、笺下即接释文，不加识别，惟所音经注字皆作阴文，于释文多所删改，与原书及注疏本不同。宋讳‘匡、殷、桓、构、慎’字有缺笔，而‘敦’字不缺，孝宗以后刻本也。是本胜处往往与唐石经及宋小字、相台本合。"
6	《毛诗》、郑笺、孔疏合刻本	叶德辉《书林清话》："北宋各经注疏皆单行……黄唐刻注疏跋绍兴题年，谓合注于疏，在南北宋之间。"陈鲍《经籍跋文》云："正义原书与经、注别行，后来合并始于北宋之末，而《毛诗》又在南宋绍兴初……其初合时，尚无《释文》。" 王闻远《孝慈堂书目》："《毛诗注疏》，郑氏笺，孔颖达疏，二十卷，北监板，十六册。"
7	纂图重言重意互注《毛诗》	《天禄琳琅书目》："宋版监本《纂图重言重意互注点校毛诗》，二函十册，首毛诗图谱，正文全录汉毛苌传、郑康成笺，附唐陆德明音义，复加重言重意互注三例，共二十卷。朱彝尊《经义考》载《纂图互注毛诗》二十卷，引陆元辅语曰‘此书不知何人编辑，锓刻甚精，首之以毛诗举要图二十五，次之以毛诗篇目，其卷一至终则全录大小序、毛传、郑笺、陆氏释文，而采《左传》、三礼有及于诗者为互注，又标诗句之同者为重言，重意之同者为重意。盖唐宋人帖括之书也’。此书证以所言，虽无图目而体例适符，惟书中于篇目相同者为重篇，诗句相似者为似句，乃元辅所未及，盖因书名未经标出，遂不加详考耳。至于字画流美，纸墨亦佳，信为锓本之精者。"

有宋一代，《毛诗》、郑笺、孔疏刻印的版本颇多，"就人而言，有官刻、私刻、坊刻。就卷本而言，有一卷、四卷、七卷、二十卷、四十卷本。就合本而言，有诗传笺本、诗经笺释文本、纂图重言重意互注本、附释音诗传笺疏本，后者最系统完备，是为定本"[5]。并且《毛诗》及其相关著述的这种大规模刻印，对宋人诗经学基本观念的形成产生了决定性的影响。

众所周知，一种知识、思想只有为大众所普遍接受，这种知识、思想才能够真正流传广远，最大程度地发挥其作用。由上可见，与《毛诗》相关的著述刊刻种类众多，这些著述在宋代社会广泛传播，成为在国子监、书院、私塾等教学活动中的最基本、最重要的教材，其中所包含的诗经学思想也必然会伴随着这种教学活动深刻地影响宋人对《诗经》的基本认识，从而构成了宋人最为基本的诗经学观念，如陆游《家世旧闻》载其祖父陆佃事迹，云："楚公尤爱《毛诗》，注字皆能暗诵，见门生或轻注疏，叹曰：'吾治平中至金陵，见王介甫有《诗正义》一部在案上，揭处悉已漫坏穿穴，盖翻阅频所致。介甫观书，一过目尽能［记］，然犹如此。'"[6](P194)其中透露了一个重要信息，即《毛诗正义》是王安石诗经学的基础和来源，事实也正是如此，王安石在《诗经新义》中尽管努力创新，但其阐释的思路和方法基本上还是源自《毛诗正义》的，由此可见《正义》影响之一斑。此外，《毛诗序》由于集中体现了儒家基本的诗教观，其篇幅又较传、笺、疏更为短小凝练，所以在构筑宋人诗经学一般观念的过程中发挥的作用也更大，例如宋代基础教育的主体——乡先生们在教学过程中即主要以《毛诗序》教授学生，司马光《家范》中依《序》立说也是建立在阅读者对《毛诗序》充分熟悉基础之上的，由此可见《毛诗序》影响之大。可以说，《毛诗序》构成了宋代诗经学发展的底色，宋人《诗经》研究的基础几乎均来自于此。

二　刻印校勘与宋代诗经学疑古之风的产生

宋代书籍在进行雕版印刷之前，都要进行严格精审的校勘，这种校勘表面看来属于书籍刊刻的一个必要程序，而如果放到宋代学术发展的大背景下来审视，我们还会从中发现这一活动对宋代学术风气的转变也是有推动之功的。

太宗端拱时诏令国子监镂刻孔颖达《五经正义》，以扩大发行面，据《玉海》卷四三《端拱校〈五经正义〉》载：

> 端拱元年三月，司业孔维等奉敕校勘孔颖达《五经正义》百八十卷，诏国子监镂板行之。《易》则维等四人校勘，李说等六人详勘，又再校。十月，板成以献。《书》亦如之，二年十月以献。《春秋》则维等二人校，王炳等三人详校，邵世隆再校。淳化元年十月，板成。《诗》则李觉等五人再校，毕道升等五人详勘，孔维等五人校勘，淳化三年四月壬辰以献。《礼记》则胡迪等五人校勘，纪自成等七人再校，李至等详定，淳化五年五月以献。[7](P764)

此次校订《五经正义》从端拱元年至淳化五年，历时近七年，参加者包括孔维、李说、王炳、邵世隆、李觉等数十人，其中校勘《诗经》者多达十五人。尽管这次校订集数人之力，但其中仍出现了不少错讹之处，其时判国子监李至上书云：

> 本监先校定诸经音疏，其间文字讹谬尚多……盖前所遣官多专经之士，或通《春秋》者未习《礼记》，或习《周易》者不通《尚书》，至于旁引经史，皆非素所传习，以是之故，未得周详。伏见国子博士杜镐、直讲崔颐正、孙奭皆苦心强学，博贯九经，问义质疑，有所依据。望令重加刊正，冀除舛谬。[4](P12798)

此外，李至认为对《五经正义》之外的经学注疏也要加以校雠刊刻。

至咸平四年（1001）九月完成校勘，十月命杭州刻板，直到景德二年（1005）六月雕印完成。此外，政府通过法令的形式，禁止《诗经》著述的私刻，也在一定程度上保证了版本的质量。如政和二年（1112）正月二十四日，臣僚言："鬻书者以《三经新义》并《庄子》、《老子说》等作小册刊印，可置掌握，人竞求买，以备场屋检阅之用。……印行《三经义》，亦乞严降睿旨，禁止施行。"徽宗从之。[8](P1435)

淳祐八年（1248），贡士罗樾刊印段昌武《丛桂毛诗集解》，书前印有国子监禁止翻版的公文：

行在国子监据迪功郎新赣州会昌县丞段维清状：

维清先叔朝奉昌武，以《诗经》而两魁秋贡，以累举而擢第春官，学者咸宗师之。印山罗史君瀛尝遣其子侄来学，先叔以《毛氏诗》口讲指画，笔以成编。本之东莱《诗记》，参以晦庵《诗传》，以至近世诸儒，一话一言，苟足发明，率以录焉，名曰《丛桂毛诗集解》。独罗氏得其缮本，校雠最为精密，今其侄澧贡樾锓梓以广其传。维清窃惟先叔刻志穷经，平生精力，毕于此书。倘或其他书肆嗜利翻板，则必窜易首尾，增损音义，非惟有辜罗贡士锓梓之意，亦重为先叔明经之玷。今状披陈，乞备牒两浙、福建路运司备词约束，乞给据付罗贡士为照。未敢自专，伏候台旨。呈奉台判牒，仍给本监。除已备牒两浙路、福建路运司备词约束所属书肆，取责知委文状回申外，如有不遵约束违戾之人，仰执此经所属陈乞，追板劈毁，断罪施行。须至给据者。

右出给公据付罗贡士樾收执照应。淳祐八年七月给。[9]

这种精审的校勘，一方面为学习和研究提供了较为可信的版本，另一方面在不断的校勘过程中，异文等问题不断被发现，从而又在一定程度上激发了宋人的怀疑意识，如北宋刘敞即认为经传中存在错简、衍脱甚至谬误，因此大胆地改易了《诗经》中多出文字或章句：

(1)《常棣》之四章曰："兄弟阋于墙，外御其侮。每有良朋，烝也无戎。"案：此诗八章，七章合韵，惟此戎字不合韵，疑"戎"当作"戍"，戍亦御也，字既相类，传写误也。

(2)"无将大车，祇自尘兮。无思百忧，祇自疷兮。"博士读"疷"为"邸"，非也。"疷"当作"痻"，病也，字误耳。

(3)《伐木》三章，章十二句，每一章首辄云伐木。凡三云伐木，故知当三章也。今《毛氏诗》断六句为一章，盖误矣。

(4)《小旻》四章，章八句，二章章七句，乃得其理。今误为三章八句，三章七句。

(5)《北山》五章，章六句。故言六章，三章六句，三章四句非。

(6)《小明》四章，章十二句。故言五章，三章十二句，二章六句非。

(7)《假乐》故言四章，章六句。以文理考之，实六章，章四句。[10]

表面上看，这种改动似乎仅是对《毛诗》文本的一点质疑，但实际情况可能是刘敞当时所见《毛诗》版本即是如此，也就是说尽管经过多次校勘，但通行版本中可能仍存在很多文字、章句的问题。不言而喻，如果没有一个准确可信的文本做保障，那么基于文本展开的关于义理的讨论肯定也会随之出现一系列问题，因此，有必要对这些尚不完善的版本进行进一步的修订。随之带来的一个直接影响就是既然连《诗经》的文本都是有问题的，那么汉唐诗经学中肯定也存在众多的问题，而在宋儒看来，这些问题正是需要他们清理和解决的，惟其如此才能还原《诗经》的本义，宋代诗经学疑辨思潮即由此发端。尽管宋代诗经学疑辨思潮的产生，有着诸如时代政治、文化形势的需要等诸多复杂原因，但《诗经》著述刊刻过程中校勘产生的影响也应当是一个不容忽视的因素。

三 《诗经》著述的刊刻与宋人治《诗》方式的转变

如前所述，《毛诗》等著述在宋代被大量刻印出来，书籍的获得变得越来越容易，这又直接造成了宋人读《诗》、治《诗》方式的转变。清代皮锡瑞《经学历史》曾比较过汉代与后世在阅读方式和治学上的一些不同之处，其云："汉人无师之学，训诂句读皆由口授，非若后世之书，音训备具，可视简而诵也。书皆竹简，得之甚难，若不从师，无从写录，非若后世之书，购买极易，可兼而载也。"[11](P131)先秦至汉唐的书写媒介主要是简帛，竹简笨重，丝帛昂贵，一般人家是难以置备的，学习《诗经》的主要途径也只能靠口耳相传和抄写，所以其更加强调记诵之学，而且自己的手抄本也往往会被视若珍宝，独自研习，就算共享，一般也只限于一个很小的范围，比如拥有同样思想的人，或者同一个学派内部。这就直接造成了这一时期的研习者多拘于章句训诂，不敢越一家之言、一经之见。宋代《诗经》印刷品的大量出现，改变了这一局面。吴澄认为，宋代版刻的普及使得这一时期的学习者"无汉以前耳受之艰，无唐以前手抄之勤，读书者事半而功倍，宜矣！"[12]如前所述，《毛诗》及其相关著述被大量刻印出来，学习者极易获得，这就使得其学习方式也随之发生了很大的转变，对于《毛诗》序、传、笺、疏等就不用再强调诵读、记忆了，同时印本的标准化一般来说是优于手抄本的，这样可以在一定程度上排除异文带来的文字上的干扰，这样学习者就可以将精力转移到文本意思的理解上来，宋代诗经学的思辨之风当与此有着直接的关系。需要特别强调的是，宋代除了政府刻印书籍外，书肆、书院、私人刻书也非常流行，很多诗经学著作在其完成后一个较短的时间段内即被刻印出来，在社会上开始流通，如表2所示。

表2 宋人《诗经》研究著述刊刻情况统计

	《诗经》研究著述	宋代刊刻情况
1	刘敞《诗经小传》	《天禄琳琅后目》载一部北宋本："书中匡字、殷字阙笔，桓字不阙笔，可证为北宋本。"
2	欧阳修《诗本义》	清代潘祖荫《滂喜斋藏书记》云："宋刻《诗本义》十五卷，四册，宋欧阳修撰，后附《诗谱补亡》。《四库提要》作十六卷，合《诗谱》言之也。每半叶十行，行二十字。前五卷、末一卷皆钞补。卷十之末有点校周见成姓氏，中有顾元庆印，即阳山大石顾家也。"

续表

	《诗经》研究著述	宋代刊刻情况
3	苏辙《诗集传》	现存可见版本为宋孝宗淳熙七年苏诩筠州公使库刻本，卷二十后镌有“庚子淳熙七年四月十九日，曾孙朝奉大夫，权知筠州军州事，兼管内劝农营田事诩重校证刊于本州公使库”。
4	王安石《诗经新义》	陈文采《两宋〈诗经〉著述考》云，是书“凡二次改本、三次镂板。熙宁八年（1075）《三经义》成，欲以副本送国子监镂板颁行，旋安石罢相，居金陵，阅《诗义》，八月，惠卿兄弟乃于经义局改窜昔日所定经义，同年九月，安石上劄请改复，诏许，并吕惠卿所解《诗序解》删正以闻，十二月，安石上再撰《诗关雎义解》，诏付国子监镂板施行，此第一次改本，第二次镂板矣。元丰三年（1080）安石劄乞改正三经误字，旨令国子监依所奏照会改正，此第二次改本，第三次镂板矣”。
5	吕祖谦《吕氏家塾读诗记》	此书在宋代曾经被多次翻刻，陈文采《两宋〈诗经〉著述考》根据历代目录文献著录，整理出宋刊巾箱本、建宁刻本、邱宗卿重刻本、宋刊巾箱本（尤跋本）、贺春卿重刻本、宋末刻本共六类，后顾永新先生又进一步梳理出三个版本系统，即淳熙江西漕台本、建宁本和眉山贺春卿重刻本。
6	郑樵《诗辨妄》	《通志·艺文略》云：“臣为作《诗辨妄》，可以见其得失。”陈振孙《直斋书录解题》亦有著录，其书在南宋初期亦有广泛流传。
7	朱熹《诗集传》	据陈文采《两宋〈诗经〉著述考》梳理，宋刊本有江西刊本、宋宁宗时刊本、宋刊残本三类。
8	严粲《诗缉》	《诗缉·自序》云：“南宋淳祐八年，缉诸家之说，句析其训，章括其旨，使之了然易见……命锓之木。”
9	段昌武《丛桂毛诗集解》	淳祐八年贡士罗樾刊印段昌武《丛桂毛诗集解》，书前印有国子监禁止翻板的公文。
10	魏了翁《毛诗要义》	《宋元旧书经眼录》载，宋本一部，半页十八行，行十八字，首尾完整。
11	刘克《诗说》	《四库未收书目提要》：“昆山徐氏传是楼有藏本，乃宋时雕刻，前有总说，惜第二、第九、第十卷都阙。”
12	王质《诗总闻》	淳熙癸卯（1183）陈日强跋云：“宋雪山王先生《诗说》二十卷，其家椟藏且五十年，未有发挥之者，临川贰车国正韩公摄守是邦，慨念前辈著述不可湮没，乃从其孙宗旦求此书锓梓，以广其传。”

基于宋代印刷业飞速发展的状况，可以想见，当时刊刻的诗经学著作肯定不止上述这些，其品类应当更为丰富，数量也应当更多。这些著作的大量刻印，一方面使《诗经》的传播更加广泛，为宋代诗经学的全面展开提供了一个相较于汉代、唐代更为有利的学术发展环境；另一方面众多学者诗经学著作的传播，也使得宋代学者获得信息的效率极大提高，进而能够在汲取他人研究成果的基础上进行创新，这也促成了宋代学术疑辨思潮的出现，有力地推动了宋代诗经学的进一步发展。总之，《诗经》著述的大量刻印强化了这一时期研习者的思辨能力，由此也带来更抽象化的思想趋势——对道德本源问题的思考，宋代诗经学的风格也由此形成。

结 语

印刷术普及对宋代《诗经》文献的生产、传播和研究均产生了巨大影响，《诗经》著述的产量迅速增加，传播速度也随之加快，这些文献由此逐步成为社会公众的共同知识财富，不同诗经学思想的交流和对话也得到扩大，宋代诗经学的品格在这一过程中被逐渐塑造出来，并随着其后印刷术的进一步发展在后世得到延续和弘扬。

注释：

①参见易卫华《“乡先生”与宋代〈诗经〉学》，《河北师范大学学报》2010 年第 6 期；王长华、易卫华《〈毛诗〉与中国文化精神》第十二章“《毛诗》与宋代文化精神建构”，人民出版社，2014 年版。

参考文献：

[1]（宋）司马光．资治通鉴［M］．北京：中华书局，1956.

[2]（宋）王溥．五代会要［M］．上海：上海古籍出版社，1978.

[3]（宋）朱翌．猗觉寮杂记［M］．《丛书集成初编》（全一册），北京：商务印书馆，1939.

[4]（元）脱脱等撰．宋史［M］．北京：中华书局，1985.

[5]陈振行．宋代《诗经》版本述略［J］．古汉语研究，1994（增刊）.

[6]（宋）陆游著，孔凡礼点校．家世旧闻［M］．北京：中华书局，1993.

[7]（宋）王应麟．玉海［M］．南京：江苏古籍出版社，1987.

[8]（清）徐松．宋会要辑稿［M］．北京：中华书局，1957.

[9]（宋）段昌武．丛桂毛诗集解［M］．（清）永瑢等编文渊阁《四库全书》第 74 册，台北：商务印书馆，1986.

[10]（宋）刘敞．诗经小传［M］．（清）永瑢等编文渊阁《四库全书》第 183 册，台北：商务印书馆，1986.

[11]（清）皮锡瑞．经学历史［M］．北京：中华书局，2004.

[12]（元）吴澄．吴文正集［M］．（清）永瑢等编文渊阁《四库全书》第 1197 册，台北：商务印书馆，1986.

《七月》诗兼用殷历考论*

王英娜**

摘　要：《诗经·豳风·七月》中所涉及的历法，是一个较为复杂的问题。对于诗中很多“一月之差”的现象，古人多以“豳地晚寒”解释，但理有不通。本文研究认为，释为“殷历”当更加客观。《七月》诗中不仅有夏历、周历，而且也有殷历，为三历并用的记时方式。研究推议，《七月》这首诗从初创到定型，经过了一个很长的历史时期。它初创于殷商，经过了周人的传播，在此过程中被加工和补充，于是增加了周代诗歌的一些特点。

关键词：《七月》；物候；殷历

《七月》诗是《诗经·豳风》中的名篇，其中所涉及的历法，是一个较为复杂的学术问题。[①]历法问题常关涉到历史事件发生时间记载的分歧，弄不清历法，一些历史现象和矛盾就无法解释。20 世纪 50 年代，华锺彦先生撰写《〈七月〉诗中的历法问题》一文，运用《七月》诗中所载的自然现象和生产生活活动与十二个月的节气互相比对的方法，并结合诗中词句的内证详加分析，最后得出《七月》诗夏、周二历并存的结论。华先生此文影响颇大，其观点为学界所普遍接受。[②]然而，当笔者运用华先生的学术方法再次考察《七月》时，却发现其中不仅有夏历、周历，而且也有殷历的运用。关于相差一月的殷历运用情况，古人多以“豳地晚寒”解释，从而避免了殷历的说法，但经笔者考证，“豳地晚寒”说存在问题，不能作为相差一月情况的原因。也就是说，《七月》全诗应是夏、殷、周三历并用。

一　物候照应视角下的《七月》诗殷历运用

夏历、周历、殷历三者的关系是：夏正建寅，殷正建丑，周正建子。也就是说，夏历的正月是殷历的二月，周历的三月；周历的正月是夏历的十一月，殷历的十二月。兹先就华锺彦先生的《七月》诗夏、周二历运用情况，列表如后：

* 基金项目：国家社会科学基金青年项目“出土文献与先秦著作史研究”（项目编号：13CZW023）的阶段性成果。

** 作者简介：王英娜（1981 - ），女，辽宁盘锦人，盘锦职业技术学院师范教育系讲师，山东大学文学院在读博士，研究方向为中国传统文化与文学。

《七月》诗夏历、周历运用情况表

夏历运用情况	周历运用情况
1. 四月秀葽。	1. 一之日觱发，二之日栗烈。无衣无褐，何以卒岁？
2. 五月鸣蜩。 五月斯螽动股。	2. 一之日于貉，取彼狐狸，为公子裘。
3. 六月莎鸡振羽。 六月食郁及薁。	3. 二之日其同，载缵武功。言私其豵，献豣于公。
4. 七月在野，八月在宇，九月在户，十月蟋蟀，入我床下。	4. 二之日凿冰冲冲。
5. 七月流火。 七月鸣鵙。 七月亨葵及菽。 七月食瓜。	5. 三之日于耜，四之日举趾。
6. 八月萑苇。 八月载绩。载玄载黄，我朱孔阳，为公子裳。 八月其获。 八月剥枣。 八月断壶。	6. 三之日纳于凌阴。
7. 九月授衣。 九月筑场圃。 九月肃霜。 九月叔苴。	7. 四之日其蚤，献羔祭韭。
8. 十月陨萚。 穹窒熏鼠，塞向墐户。嗟我妇子，曰为改岁，入此室处。 十月获稻。为此春酒，以介眉寿。 十月纳禾稼，黍稷重穋，禾麻菽麦。 亟其乘屋，其始播百谷。 十月涤场。朋酒斯飨，曰杀羔羊，跻彼公堂。	
9. 蚕月条桑。	

华先生认为，《七月》诗中四月、五月、六月、七月、八月、九月、十月所记载的自然现象，完全与夏历相符；“一之日”“二之日”“三之日”“四之日”则是周历记载。[1]但通过对相关诗句文献的考察，笔者发现夏历部分一些诗句的物候有相差一月情况，如“六月食郁及薁”等，因此，这些诗句当是殷历的运用。对于“某之日”情况的运用，华先生认为是周历，但笔者以为一些周历记载也包含了存在殷历因素的可能。

下面，笔者运用物候照应关系分析的方法，对《七月》诗中关涉殷历的诗句，予以部分详说。

1.“六月食郁及薁”

传：“郁，棣属。薁，蘡薁也。”[2](P720)“郁，其树高五六尺，其实大如李，色正赤，食之甘。”[3](P32)疏：“车下李即郁，薁李即薁，二者相类而同时熟，故言郁、薁也。”[2](P732)疏引《本草》云：“郁一名雀李，一名车下李，一名棣。生高山川谷或平田中，五月时食。”“郁”“薁”为夏历五月食，但此处记为六月食，可见此六月为殷历。

2. “七月流火”

传：“火，大火也。流，下也。”笺：“大火者，寒暑之候也。火星中而寒暑退，故将言寒，先著火所在。”[2](P705)《夏小正》“五月初昏大火中”，《尧典》“日永星火，以正仲夏”，仲夏是五月。马瑞辰认为这是虞夏时历。《月令》“季夏之月……昏心中”，季夏为六月。马瑞辰认为这是周秦时历。[4](P451)疏引服虔云：“火，大火，心也。季冬十二月平旦正中在南方，大寒退。季夏六月黄昏，火星中，大暑退。”是火为寒暑候事也。[2](P706)对于文献所载存在五月、六月的差别问题，刘瑾据《尧典》认为“盖尧时仲夏日在鹑火，故昏而大火中。……七月则日在鹑首，而时大火西流于地之未位。然此诗上述豳俗，乃当夏、商之时，盖据周公时所见而言耳”[5](P311)。此释确当。据此笔者以为夏历、商历、周历的改朔问题不仅具有政治因素，而且也有时差变化的客观要求。商历、周历的相继后推一月也有符合星象运动的一面，只是其不能完全符合现实生活所需要，于是需借鉴前代历法应对实际问题。对于马瑞辰虞夏时历、周秦时历的观点，笔者认为当仅备一说。因为《夏小正》《月令》中的时令记载，被普遍认为是夏历。若以五月为夏历，那么七月为周历；若以六月为夏历，则七月为殷历；若以六月为殷历，则七月为周历。因此，刘氏认为豳俗所行，为夏、商之时，但以“七月”言之，则是周公以周历言。笔者以为，星宿是在夏历六月之后就向西移动④，而此处为七月，推迟一月。因此，只有是对殷历的使用，“七月流火”的情况才有可能。

3. “八月萑苇”

《大戴礼记》：“七月秀雚苇，未秀则不为雚苇，秀然后为雚苇。”[6](P21)《周礼正义·地官司徒》：“七月云：‘灌荼。荼，萑苇之莠也，为蒋褚之也。’此为萑苇之荼。”[7](P680)萑苇是两种芦类植物。萑是长成的蒹，苇是长成的葭。[8](P786)“葭，一名芦菼，一名薍。薍，或谓之荻，至秋坚成，则谓之萑。”[3](P7)秋乃以夏历七月为始，此处八月当为殷历。又《夏小正》：“七月，秀雚苇。”陈奂疏：“萑苇春生，苗至秋乃成，小正七月，豳土则八月也。”[9](P74)此处，八月当为殷历。

4. “十月获稻”

经考古发掘可知，“稻的栽培，至少旧石器时代晚期也已开始。下至商周之世，‘稻’字已见于古文字和上古文献”[10](P378)。《月令》：“季秋之月……天子乃以犬尝稻，先荐寝庙。”季秋为夏历九月，此云“十月获稻”，但十月不宜获稻。《月令》：“季秋之月霜始降”，“孟冬之月……水始冰”。清代李道平疏：“至九月阴气始凝而肃霜，十月阴道驯至而坚冰。”[11](P77)据此可知，农历十月并非获稻季节。从物候环境看，南部两熟，他处皆一熟。郭义恭《广志》记南方之稻“正月种，五月获……九月复熟。”《七月》中的“获稻”当为一年一熟稻。[10](P379)学者考证，在陕西，“水稻从远古一直都有种植，但所占比重很小”[12](P5)。豳地在渭河以北，也在秦岭以北。秦岭以北是最典型的黄土集中区之一，它是在长期干旱自然环境下形成的。但在史前和上古，黄土区域确有若干排水不良的“隰”和容易积水的沼泽，其可满足稻的要求。[13](P155)从土壤和气候看，《七月》中一年一季稻的可能性更大。⑤《月令》言夏历九月“尝稻”，那么，《七月》中的“十月获稻”所用当是殷历。

在《七月》诗中，“六月食郁及薁”“七月流火”“八月萑苇”“九月叔苴”“十月陨萚”“十月获稻”等诗句的物候均存在一月之差的现象。如果不考虑“豳地晚寒”因素，这应当是殷历历法的运用。

二　周历记载中可能存在的殷历因素

在周代，殷历并未被忽略，也没有完全被周历取代。《六历通考》云：“《诗·大明》疏云：郑注《尚书》文王受命、武王伐纣时日皆用《殷历》，是郑固亲见《殷历》者。”[14](P134)《玉海》卷九：“《前志》引《殷历》曰……《春秋》、《殷历》皆以殷。……《晋志》:《命历序》曰，孔子治《春秋》，退修殷之故历，使其数可传于后。……《唐志》:《大衍中气议》曰，《殷历》南至常在十月晦，则中气后天也。《周历》蚀朔差经或二日，则合朔先天也。传所据者《周历》，纬所据者殷历。气合于传，朔合于纬，斯得之矣。”[15](P170-171)从前人记载中，我们可以明显体会到周历与殷历并用的现象，或者说，殷历在周代仍有留存。

在《七月》中，“某之日”记载均为周历，但这种记候现象若按夏历和周历对照，我们会发现：按周历推导出的夏历比实际夏历物候记载晚一个月。这种现象并非一处，且在以“某之日”表达的一、二、三、四月中，涉及除了一月外的其他三月。这其中，极有可能是殷历的使用，但这种殷历因素隐含在“某之日”形式的周历记载中，例如：“三之日于耜，四之日举趾。”

《夏小正》:“正月……农纬厥耒。”“农纬厥耒”，意即农人修整其耕地所用之耒耜。夏历正月，周历三月，因此“三之日”合于周历。又毛传：“三之日，夏正月也。豳土晚寒。于耜，始修耒耜也。四之日，周四月也。民无不举足而耕矣。”[2](P705)夏纬瑛认为：“‘四之日’即夏历之二月；‘举趾’，即踏耒耜而耕；这是一种大典礼。《夏小正》‘二月往耰黍埠’正与《七月》篇相合，也是这一典礼。”[16](P22)但孔疏言：“《月令》季冬，‘命农计耦耕事，修耒耜，具田器’，孟春，天子‘躬耕帝籍’。然则修治耒耜，当以季冬之月，举足而耕，当以孟春之月，今言豳人以正月修耒耜，二月始耕，故云‘豳土晚寒’。”[2](P708)

按《月令》所载，季冬是夏历十二月，当为修耒耜之时。而“三之日”若推算为夏历，则为正月。孟春为夏历一月，为举足而耕之时，而“四之日”若推算为夏历，则为二月。可见，此处亦是以十二月记正月之事，以正月记二月之事。这种现象的存在，可能是豳地所用为殷历。

对于“某之日”中隐含一月之差的现象，以殷历记事的可能性很大。“某之日”记载为周历，《七月》的加工完成在周代，可以说，“某之日”部分当是周人在前代诗歌基础上完成的。在夏历、殷历记事中均无“某之日”方法，而是以“某月”记录。因此，一种很大的可能是周人在整理诗歌过程中，由于殷历与夏历记事的诗句较难区分，遂均以夏历与周历的关系进行改写，从而形成“某之日”的周历表达。其中，出现一月之差问题的诗句，极有可能是对以殷历记物候诗句的改写。

从上述情况可以看出，以周历记载的一些诗句，可能经历了殷历历法的间接转换，“某之日”的周历形式将原来的殷历记载遮蔽。

三　“豳地晚寒”说辨正

关于《七月》诗历法的探讨，古人之所以忽视殷历历法的存在，主要是因为“豳地晚寒”说遮蔽了一月之差的现象。因此，“豳地晚寒”说能否成立是殷历存在与否的关键因素。古代一些《诗经》研究者，没有充分认识到《七月》诗中三历并用的事实，对于所记之月份晚于夏历月份物候的现象不理解，便提出“豳地晚寒”说来解释，笔者认为这种说法值得商榷。

马瑞辰将传、笺、疏所言“豳地晚寒”归纳为九事。[4](P449)但这九事用“晚寒”解释并不科学，清人焦循已提出反对意见。他说：“郑氏谓‘豳地晚寒’，豳极西北，寒当早于中国，晚寒之说，恐未然也。”[17](P179)

笔者认为，焦循之言是对豳地晚寒说的最有力反驳。豳地的位置，郑玄《豳谱》云：“豳者，后稷之曾孙曰公刘者，自邰而出，所徙戎狄之地名，今属右扶风栒邑。”[2](P693)这里所说的“栒邑”是汉代地名，秦朝时已设置栒邑县，西晋改名邠邑县，北魏时称三水县，1913年改为栒邑县，1964年更名为旬邑县。[18](P534)又，杜预云：“豳在新平漆县东北。”[2](P693)“漆县”乃秦所置，东汉兴平元年后为新平郡治，十六国后秦改名新平，今为陕西省彬县。[19](P3162)今旬邑县确实在彬县东北，杜预所记无误。今旬邑县，位于陕西省咸阳市北端，地处关中平原的北界，陕北高原的南垠，地势东北高西南低。古豳地大体在旬邑县境内东北部。[19](P1202)因而，豳地一带地势较高。西周时代，朝廷所在地的丰镐一带是当时政治文化中心，现位于陕西省长安县的沣河两岸。丰镐地处关中平原腹地，南依秦岭。从地理位置上看，豳地、丰镐均在秦岭以北，而豳地处于丰镐的西北方向。秦岭北麓的长安，因受秦岭影响，气温会比秦岭南部低，但因有北山山系作为屏障，会阻挡北来气流，因此与岭南温差较小。石门山海拔1855米，是北山山系第一高峰，地处陕西省旬邑、淳化、耀州三县（区）邻接地域，其主峰和大部分山区位于咸阳市旬邑东南部，而豳地主要在石门山以北。又，陕北黄土高原，由于整个地形较高，加以北面无大山体做屏障，会比较寒冷。因此，豳地当早寒而不可能有晚寒现象。

又，在“豳地晚寒”九事中，“七月鸣鵙”不存在一月之差问题，也不应归入晚寒之列。目前对“七月鸣鵙”的解释主要有两种说法：一种是“五月则鸣”中的五月指夏历，那么七月指的就是周历，这不属晚寒之因，而是历法之变。另一种说法是孔疏引王肃云：“蝉及鵙皆以五月始鸣，今云七月，其义不通也。古五字如七。”[2](P714)也就是说七月为五月之误，那么这就更不存在晚寒问题了。

事实上，除前人已标九事外，《七月》中还有其他晚一月的物候现象，但传、笺、疏并未予以标识。“晚寒”说的形成过程是：毛传仅有一处，郑笺增加了两处，到孔疏则增加了六处。可见，“豳地晚寒”最初只有一处，乃毛氏之见，而后人又发现其他类似情况，无法解释，于是沿用前说。可以说，它是后人在毛氏思维基础上推演而出的。

但此九处仍然未涵盖《七月》中所有差一月的物候。因此，以“豳地晚寒”说解释的准确性极小。

清代学者侯度对“豳地晚寒”说也曾从另一视角提出质疑。他在《文钞·豳风物候较迟解》一文中指出，“传、笺、疏所举九事，皆非必晚寒所致”，其认为“节气则下月可移于上月，故虽异而实非异也”[20](P2381)。因此，两月均可。可以说，对于《七月》中存在一月之差的现象，侯度没有从根本上反对晚寒说，而是提出另外的可能性。换句话说，这种现象不一定都是晚寒造成的，也可能是节气原因而有上下月之差的可能性。但笔者以为，节气可移的现象偶尔有之，但出现过多，便不合常理。侯度所提九事已属不少，且就笔者所考，《七月》中这种现象并不止九事，如“四之日举趾”“六月食郁及薁”“八月萑苇”等。因此，以节气之差言之，亦不恰当。

另外，统观《七月》诗历法运用的情况，可以看出以殷历记载的物候有六、七、八、九、十月份。若以“豳地晚寒”解释，那么以夏历记载的六、七、八、九、十月份的物候为什么没有出现“晚寒”？可见，古人“豳地晚寒”解释并不恰当。

通过对“豳地晚寒”说的辨析，我们会发现，用“豳地晚寒”解释一月之差并不合适，殷历说法更具合理性。关于殷历的运用，并非应用于全诗，而是只存在于物候有一月之差的诗句。对于《七月》诗而言，它应当包含夏历、殷历、周历三种历法。

结　语

《七月》诗中夏历、殷历、周历并存的问题，其实早在毛传中已有所提及：“一之日，周正月也。……二之日，殷正月也。……三之日，夏正月也。”[2](P705)清人陈奂解释说：“夏殷周各统一正，而三正实兼行之，不敢怠弃，是其义也。”[9](P72)自古以来，“怠弃三正”被视为违逆天道之行，故毛传的解说只是着眼于政治因素，且仅就诗中“某之日”而言，并没有涉及其他有关月份的句子，不是对全诗历法问题的说解。笔者通过《七月》诗所写月份与物候比较等方法，总结了相差一月现象的诗句；又通过论证，否定了古人用以解释物候时间差异的“豳地晚寒”说，从而确立了殷历在诗中的存在。殷历的存在，在《诗经》学术史上对诗篇的编纂及时代等问题的探讨具有启示意义。学界大都认为《七月》诗创作于周代，而基于本文所论三历并存的基本判断，结合诗句中“某月”“某之日”的语言形式，笔者认为《七月》诗极有可能初创于殷商时期，周人在接受、传播的过程中，对其进行了加工、整理及补充，因而又具有明显的周代诗歌特点。也就是说，《七月》诗从初创到最后定型，应当经过了一个比我们目前所认为的要长得多的历史时期。

注释：

①目前有全周历说、全夏历说、全殷历说、豳历说、夏周两历说等，学界普遍接受的是夏周两历说。

②华锺彦《〈七月〉诗中的历法问题》，载《历史研究》1957年第2期，后被收入人民文学出版社1959年出版的《诗经研究论文集》中。华先生认为，周初，豳地人民常有习唱使用夏历的传统民歌或用

周历创造的民歌者，以致本诗出现两种历法。“凡言蚕月、四月、五月……十月皆指夏历；凡言‘一之日’‘二之日’‘三之日’‘四之日’皆指周历。”

③物候现象主要是指动植物的生长、发育、活动规律与非生物的变化对节候的反应。在“物候”一词未出现时，人们已经具有了对“物候”现象的认识和应用。《夏小正》一书就已记载我国上古人民对物候的认识。国外的物候知识起源也很早，雅典人就已经利用物候推移方法试制农历。竺可桢先生在《物候学》一书中曾指出我国最早物候现象的记载是《诗经·豳风》，并列举了《七月》中的诗句。他认为，物候知识最初来自农民的实践，后经过总结，附属于国家的历法。但对于《七月》诗中的物候和历法问题，他并未展开说明。笔者以为，由于物候现象反映了自然变化的规律，因此它具有与月份、时令等相呼应的稳定性，这直接关涉到《七月》诗中的历法问题。笔者即将这种物候现象与月份、时令等相呼应的稳定性称为物候照应。

④《辞海》：“火，星名，即心宿。每年夏历五月间黄昏时心宿在中天，六月以后渐渐偏西。时暑热开始减退。”见夏征农《辞海》（第六版），上海辞书出版社2010年版，第1181页。

⑤在1979年的调查中，关中地区仅仅栽培一季稻。参见西北大学地理系《陕西农业地理》编写组编《陕西农业地理》，陕西人民出版社1979年版，第77页。

参考文献：

[1] 华锺彦．《七月》诗中的历法问题［J］．历史研究，1957（2）．

[2]（汉）郑玄笺，（唐）孔颖达疏．十三经注疏·毛诗正义［M］．上海：上海古籍出版社，2013.

[3]（三国吴）陆玑．毛诗草木鸟兽虫鱼疏［M］．北京：中华书局，1985.

[4]（清）马瑞辰．毛诗传笺通释［M］．北京：中华书局，1989.

[5]（清）方玉润．诗经原始［M］．北京：中华书局，1986.

[6]（汉）戴德．大戴礼记［M］．北京：中华书局，1985.

[7]（清）孙诒让．十三经清人注疏·周礼正义［M］．北京：中华书局，1987.

[8] 夏征农．辞海［M］．上海：上海辞书出版社，2010.

[9]（清）陈奂．诗毛氏传疏［M］．北京：商务印书馆，1934.

[10] 黄金贵．古代汉语文化百科辞典［M］．上海：上海辞书出版社，2016.

[11]（清）李道平．周易集解纂疏［M］．北京：中华书局，1994.

[12] 西北大学地理系《陕西农业地理》编写组编．陕西农业地理．西安：陕西人民出版社，1979.

[13] 何炳棣．黄土于中国农业的起源［M］．香港：香港中文大学出版社，1969.

[14] 中华大典·天文典·历法分典［M］．重庆：重庆出版社，2012.

[15]（宋）王应麟．玉海［M］．南京：江苏古籍出版社；上海：上海书店出版社，1987.

[16] 夏纬瑛．夏小正经文校释［M］．北京：农业出版社，1981.

[17]（清）焦循．孟子正义［M］．上海：上海古籍出版社，1993.

[18] 薛国屏．中国古今地名对照表［M］．上海：上海辞书出版社，2009.

[19] 戴均良．中国古今地名大辞典［M］．上海：上海辞书出版社，2005.

[20] 徐世昌．清儒学案［M］．北京：中国书店出版社，2013.

从班固的经学价值立场看《汉书·艺文志》赋之分类*

李　娜**

摘　要：汉代儒家经学价值体系在构建过程中，对汉赋等文学样式进行着吸纳与改造。在《汉书·艺文志·诗赋略》中，班固持正统思想与经义眼光而论赋，赋之分类标准体现着班固以经学价值构建为核心的价值取舍尺度。《艺文志·诗赋略》对赋的分类，重人大于重文，重价值大于重词句，班固在赋分类问题上所要表达的重点，并不在赋体自身文学特征的区分上，而在其价值的评判上。

关键词：班固；《艺文志》；赋；经学价值

一　《艺文志》赋之分类问题与“价值”概念阐述

《汉书·艺文志·诗赋略》将赋分为“屈原赋之属”、“陆贾赋之属”、“荀卿赋之属”与“杂赋”四类，关于“赋”的分类标准问题的探讨，自古至今纷繁未决，只因流传至今的《诗赋略》的每一类赋未著“小序”给予限定和说明，而留给后人较大的猜度空间。究竟是本有“小序”而流传遗失，还是班固（或刘歆）有意为之，在未有新材料补充前，前人探讨恐均难缄后人之口。

前人对于《诗赋略》赋之分类问题的探讨，文献可见自南宋郑樵始，经明、清、民国至当代，角度多、范围广，已然成为历史性议题。其中代表性观点大多将赋作为文体，从“文学标准”的角度对其分类进行探讨，包括胡应麟、章学诚、刘师培、踪凡等人认为的前三种赋与“杂赋”为“别集”“总集”之分说，章必功、尹海江、俞纪东、李士彪、王晓庆等人的“品第优劣”分类说，姚振宗、孙少华主张的“文学体例”分类说以及章太炎、林颐山、顾实、陈国庆等人为代表的按赋的内容、风格和特点进行分类说等。①

然而以历史眼光看，赋虽为汉代文学之主流，却非汉代文化意识之主流，赋体文学

* 基金项目：2018 年河北省研究生创新资助项目“从班固的经学价值立场看《汉书·艺文志》赋之分类”（项目编号：CXZZBS2018091）的阶段性成果。

** 作者简介：李娜（1983－），男，河北师范大学文学院 2016 级博士研究生，研究方向为先秦两汉文学。

在汉代并未取得我们当下所认为应该有的地位。赋作为“古诗之流”，在汉代文化价值的评判中，是被持儒家正统观念与维护“法度”立场的班固从“经义标准”与“政教功能”的角度来确定其存在价值的[1]，加之“文学”在历史发展中“始终未能获得与经史相抗衡的地位”[2]的历史事实，故而《诗赋略》分类的文学标准似乎不能充分解释其分类的根本原因所在。为此，综合前人研究成果，我们采用与汉代主流文化意识取向相关的“价值”一词，试从“价值”角度考虑班固对赋的分类标准问题。

需要说明的是，此“价值”是基于儒家经学价值而言的。经学价值概言之是指由儒家礼教与经典所建构的“经学”在当世意识形态中所产生的影响力与统治力。汉代是儒家经学价值体系的重要构建期，在其建构过程中，经学典籍之外的文学样式（如汉赋）对其构建所具有的作用和意义，就是我们所说的此种文学样式所具有的“价值”。进一步言，“价值”即汉赋等文学样式对于“经学”维护的汉代政治运行所具有的促进作用和意义。

汉朝建立后，先秦各家思想与典籍在秦燹之余纷纷抬头，为了统一思想，武帝时独尊儒术，将儒学定为官方学术，而“六经”在其中占统治地位，儒家经学所体现的思想价值进而凸显出来。但“儒家要巩固这个新获得的地位，需要用相当时间从其他对立的各家中择取许多思想”[3](P240)，于是儒家经学根据统治需要不断将其他学术、思想纳入自身价值体系，逐步壮大自身的话语范围，并在壮大过程中不断进行着调整与改变，此后中国封建社会的运行与发展充分印证了这一点。本文所涉及的赋体文学，即在《艺文志·诗赋略》的分类中体现着经学构建中的价值需求。

前人观点与我们所说的“价值”相类的，有“经世致用”说，代表人物为当代学者王连龙、伏俊琏、牛卫东等人。他们认为班固“是从儒家经世致用的角度来衡量赋的价值的，所谓古诗之义，指诗赋之用在于讽喻”[4]，“汉赋创作、评价的标准主要是‘讽喻’”②。此观点虽站在儒家“价值”立场来立论，但多停留在对文体本身的“讽喻之义”对正统思想及统治所具有的意义的论述上，而较少涉及对作家思想观念的论述和对当世政治形势与思想脉络的整体观察。

本文主要从班固“价值”意识的形成及对《艺文志》创作的影响、赋体的发展、班固的赋学思想与赋体创作、《诗赋略》前三种赋代表人物的价值考察等几方面进行阐述，通过价值构建角度来揭示《诗赋略》赋之分类的价值取向所在。

二　班固其人的“价值”意识对《艺文志》创作的影响

1. 班固正统思想观念的形成及其时代特征

通读班固传记，其在《汉书》撰写完成之前的生平（约公元32年—公元82年）可概括如下：少负才名而久不得志、丧父归乡致生活窘迫、私撰国史而沦为阶下、兄弟救助而奉诏修史、久侍帝前却升迁困难、白虎聚议而撰集经义、历廿五载而终成《汉书》③。可见班固其人的沉浮与朝廷政治息息相关，特别是从私撰《汉书》以“私修国史”罪被下狱，到因弟班超救助而被拜为“兰台令史”可以“受诏修书”，对班固而言是一个重大人生转折，对《汉书》的完成而言也是一个有力推动。而他自身又是一心“向仕”之人，儒家的“正统思想”与向仕的“政治观念”决定了班固在《汉书》中的思想主张。其修书过程中撰写《两都赋》来“极众人之所眩曜，折以今之法度”[5](P311)，为汉朝迁都而正名，即可见其与当朝政治思想的一致性。

自身经历之外，班固思想观念的形成亦有其时代背景和家族传统。时代背景方面，班固生活的东汉前期，即“光武中兴”与“明章之治”（公元25年—88年）的六十多年间，社会相对稳定，经济文化较为繁荣，“思想文化领域与西汉相较发生了重要的变化。不仅儒家思想的统治地位进一步稳固，而且经学与谶纬结合，社会上流行着宣扬符命祥瑞、歌颂大汉皇朝的思潮。文学领域也因而充满神学意味与以‘颂美’为主流的‘颂汉’之风”[6]。这样的时代特征使我们能够理解“正统思想”“讽喻的赋学思想”“恢宏颂美的汉赋创作”“谶纬神学观念”等几个看似隔离、矛盾的观念符号统一于班固一身的原因所在。此外，在班固之前，刘向、刘歆父子的思想观念同样也体现着“正宗”“神圣”等时代特征。自武帝时期开始，主导思想已是“儒学神学化、学校寺院化、帝王教皇化的中世纪统治阶级思想的典型”[7](P192-194)，武帝以下，帝王多“好经学”“尊儒术”，以正宗思想来强化中央集权。这种时代思想之下，校正图书，选定正宗，淘汰异端成为中央集权在思想上强化手段之必然，于是出现了始于成帝河平年间刘向受诏进行的大规模校书工作。官方校书活动，主持者刘向、刘歆的政治标准和主导思想是确定的，即统一思想、强化统治。他们在工作中需要照此无形的“政治文件”而行，《七略》即在此环境下产生。刘氏父子的这种思想特色，与兼具“正统”与“神圣”观念的班固一拍而合，体现在《艺文志》中，便是班固对《七略》的“顺而继之”。班固对刘向其人及思想的认同，从《汉书》对刘向的评价中可以得到论证：“自孔子后，缀文之士众矣，唯孟轲、孙况、董仲舒、司马迁、刘向、杨雄，此数公者，皆博物洽闻，通达古今，其言有补于世。”[8](P1972)时代背景之外，班固思想观念的形成尚有家族传统。对于班固的家世渊源，侯外庐曾指出，“两汉的班氏，自始即赋有边疆豪强的传统即正宗的家学渊源”，班固祖上及其自身行迹，“皆是两汉儒学宗教化，学校寺院化，帝王教皇化，学者神父化演进程序上的产物”[7](P219)。

在自身经历、时代背景与家族传统的影响下造就的班固，集正统、神圣、讽谏、颂美于一身，是汉代儒家价值标准塑造的代表性人物。于是，在东汉章帝建初四年（公元79年）举行的钦定儒家经义，使经学“国教化”而成为“统治阶级的支配思想”[7](P227)的“白虎观会议”中，班固被选定参与其中并奉命“撰集其事”[9](P1373)。

2. 《艺文志》作为承继之作所体现的汉代赋学思想脉络

班固承《七略》而作《艺文志》，已是确论。除班固“今删其要，以备篇辑”之言外，学者对此亦多有论证。如郑樵在《编书不明分类论三篇》中言：“孟坚初无独断之学，惟依缘他人以成门户……律历艺文则蹑刘氏之迹。”[10](P835)侯外庐认为“《艺文志》乃《七略》的节本”，并引姚振宗《师石山房丛书·七略佚文序》言：“《别录》繁矣，《七略》从简；《七略》简矣，班氏裁为《儒林列传》，编为《艺文志》，则简而又简。”[7](P221)既然《艺文志》承自《七略》，班固是否也认同刘向、刘歆父子对《诗赋略》的“分类思想”呢？冷卫国通过考证指出，“‘不歌而诵谓之赋’系出自刘向《别录》，刘歆《七略》沿承了刘向的观点”，并指出刘歆“丽则”“丽淫”的赋学观念是受了扬雄的影响[11]。踪凡《刘向父子的汉赋研究》也认为班固“实际上也只对《七略》作了些‘删去浮冗，取其指要’的工作。所以《汉书·艺文志》……在客观上反映了刘向父子的文献学成果”[12]。班固在《艺文志》中认同并继承刘氏父子的成果与思想无可置疑。更甚者，清赵翼认为不仅仅是《艺文志》，班固的整个《汉书》是“全取于歆”[13](P106)的，可见“继承”对于班固撰《汉书》的重要意义。可以看出，流传至今的看似简单的《诗赋略》，实际在汉代经历了十分复杂的赋学观念的交融与演变，至少经历了自刘向、扬雄到刘歆，再到班固这样一个继承与发展的思想脉络，班固的赋学思想是渊源有自的。

总而言之，班固的思想与行迹，处处体现着当世政治统治所需要的“价值”，这种“价值”在现实中体现为“正统”，表现为“与政治的亲密性”和“对思想的继承性”，具体通过班固生平与政治的密切关系，班固对刘氏父子正统思想的继承，《艺文志·诗赋略》所体现的自刘向、扬雄到刘歆再到班固的赋学思想脉络等要素体现出来。以汉世眼光观之，《艺文志》可称为“济世之作”，即对当世政治统治与思想统一是有价值的，《诗赋略》当然也遵循这种“价值”取向。

三　赋体特征及班固的赋体创作对分类之影响

1. 赋体的发展及地位

赋体发展到班固时代，已是盛于一时。《艺文志·诗赋略》著录赋4种，78家，1005篇，除屈原、宋玉、孙卿等7家89篇之外，其余皆汉人著作。④针对繁盛的汉赋创作，著录时分类问题自然就凸显出来。考察《诗赋略》的分类，我们可以先看以下两点分析。

首先，赋作为“文体”是复杂的综合体。班固时代的赋体经过发展，已经历了一个吸纳“诗”“颂”等文体的过程，赋体在很大程度上已是诗、赋、颂等文体的综合。赋之于诗，论者多以“古诗之流”的观点将二者归为“流”与“源”的文体发展关系⑤，可见赋在发展过程中与诗有着密切的关系。“古诗之流”，多指赋所继承的“诗”具有的“讽喻之义”的政教功能而言，重在“功能继承”而非“文体继承”。而赋作为文体，在汉代的发展演变则有较为清晰的脉络。武帝之前，赋作家多以门客身份聚于藩国，政治上较为自由，赋作多个人抒怀、咏物之作，至武帝时，因藩国实力逐渐微弱，武帝吸纳文人作为“言语侍从之臣”参政议政，表达“以皇帝为核心的‘内朝’系统的意志”，使得赋作家“多从社会、政治视野中取材”，造成赋体以京都苑猎题材夸颂功德，以问答形式长铺排、多议论等内容与风格的转变，并在客观上形成“赋”与施用于最高场合的“颂”体的结合。[14]加之政治、文化、文人风格等因素的影响，汉赋的体式特征必定是复杂的，这从《艺文志·诗赋略》中多家赋作及“杂赋”的存在，以及流传至今的赋体的多样性即可得到论证。班固在删减《七略》的过程中，必然也注意到了所存汉赋的复杂与多样。

其次，赋作为“文学”地位是不高的。这可以从作家和作品两方面来看。赋作家的地位，在武帝前后是有变化的。武帝之前，藩国林立，战国遗风犹在，兼具“辩士”身份的赋作家，思想与行动均较为自由，能够发出“不同于官方标准的价值观”[1]的声音。武帝时，以经学为正统的价值观念逐步确立，赋作家多沦为“润色鸿业”的“言语侍从之臣”而趋于上之所好，“上有所感，辄使赋之”，著名赋家“若司马相如、虞丘寿王、东方朔、枚皋、王褒、刘向之属，朝夕论思，日月献纳”[5](P311)，这种生存状况，使赋作家自身即产生“为赋乃俳，见视如倡”[8](P2367)的自悔之感，其地位不言而喻。武帝之后及至东汉明、章之世，儒家正统观念渐趋强盛，“赋作家”角色在“政治家”与“史学家”面前，更显势微。另一方面，赋作家也只是以赋创作为“进仕”的手段，而并不以作赋为终极追求。在辅国安邦面前，赋作家回看其赋作，自嘲为“雕虫篆刻”的童子行为，非应“壮夫”所为[15](P16)。究其社会原因，是由于“在汉代，经学代表着权力话语，它要求表达的是体现集体意愿、国家利益的群体之志”，而表达“个体之情”的诗赋，相对于六艺、诸子而言，是被“等而下之”[16]的。汉赋之地位由此可见。而班固从“古诗之流”的角度将赋纳入儒家经义的范畴，在引导赋创作向着雅正的儒家文学靠拢的同时，也抬高了赋的地位，在理论上是对扬雄“丽以则”赋论倡导的呼应。

通过上述分析可见，赋作为“文体”因其复杂性是不易被分类的，略为分之，亦不易作序。而赋作为“文学”，因其从属地位，在一部宣扬正统观念的《汉书》中，细分的必要性是不大的，即清孙德谦所言的“不规规于尽立子目”[17]。换言之，作为文体与文学的赋的分类标准问题，已不是班固作为“政治家”与“史学家”所关注的重点问题了。

2. 班固的赋学思想与赋体创作之间的矛盾统一

班固在《诗赋略》中所倡导的赋学思想与其实际创作之间是存在矛盾的。班固为汉赋大家，且多为“献上称颂”之作⑥。将其赋作与《诗赋略》序文对照即发现，班固在汉赋的评价与创作两端所持的标准是不一致的。他在《诗赋略》序文中称诸家“竞为侈丽闳衍之词，没其讽喻之义”，而其创作的《两都赋》洋洋数千言，状物极尽铺排，何其“侈丽闳衍”！且通篇多劝而少讽，与司马相如、扬雄大赋相类。班固的“说做不一”原因为何？我们认为，这一方面反映了时代背景与文体发展的复杂所造成的文学创作的多样，另一方面也体现了“政治倡导”与“创作实际”之间的错位，即“赋体本身的文体功能与赋家对这一文体的功能期待之间存在着不小的落差”[18]。班固以思想正统著称，明、章之际朝廷又大力抬高儒术，班固倡导赋延续古诗“讽”的传统自是无可厚非，而自武帝而下的汉朝帝王对铺排、闳丽之大赋的容纳与倡导，也使得“言语侍从之臣”的“侈丽闳衍之词”延续涌现。作为辞赋大家，班固对赋体是有清醒认识的。对班固而言，至少其赋作的“不失讽喻”与其所提倡的“登高为赋，可以为大夫”的赋体功能是相一致的，其赋作既有“宣上德而尽忠孝”的臣子之忠，又不失“抒下情而通讽喻”[5](P311)的文人之义。在此意义上，班固的赋学思想与实际创作由矛盾而归为统一。

归纳上述观点，即赋作为文体的复杂性与综合性表明其是不易被分类的，建立在分类基础上的“小序”自然不易著录。处于从属地位的赋体文学作为“献纳”之作，在“政治功能”与“帝王嗜好”的双重标准下存在，这样的生存状况似乎可以表明，作为文学本身的类属问题，已不是赋被著录于《诗赋略》时分类的主要考察标准了。而班固的赋学思想与实际创作之间既矛盾又统一的现实，则更加凸显了赋的政治服务功能。因此，我们可以说，班固在《诗赋略》赋的分类上，更多映射出的是其“政治家”与“史学家”的身影，其关注的重点不在赋体自身特点的区分上，而在价值的梳理与使用上。

四　对《诗赋略》前三种赋代表人物之“价值”的考察

程千帆曾言：“夫在目录，分类不易，标准尤难。立一标准，必求无悖于全；纵有未能，亦以不远为则。”[19](P217)并针对《诗赋略》赋之分类，列举出“地域、时代、气息、主题、巨细、声音”等六种不可作为分类标准之方法，因“都略有其意，而又不能具体”。结合前文关于赋体复杂性之论述可见，《诗赋略》中“屈原赋之属”“陆贾赋之属”“荀卿赋之属”这三种赋要在文体上寻出一种全备的分类标准，对于无切实依据可考的后世学人而言是困难的，抑或对于刘歆与班固，也是如此。

在班固的观念中，“赋者，古诗之流也”，从古代诗歌应该具有的教化、讽喻、社交等社会功能来看待与评价赋，结合班固撰《艺文志》所持“政治家”与“史学家”的身份立场，我们认为，班固对《诗赋略》前三种赋之分类，仍是站在“古诗之用”的立场上进行的。其最有力的体现，即在三种赋各自代表性作家的选择上。我们可站在班固“正统”的角度对屈原、陆贾和荀卿的代表性做一分析，分析可以从“价值影响”和“赋作创作”两个方面进行。

“价值影响”方面，一是符合儒家的正统立场，一是对政治统治的积极贡献。具体而言，屈原是文人政治家忧国忧民的代表，汉人在文献整理过程中，基于屈原所体现的“忠君”“爱国”等儒家思想特质，有意将其人、其作品地位抬高，从而纳入以儒家经典为代表所塑造的“价值体系”范围，使其站在儒家话语立场而“发言”（班固之后，王逸的《楚辞章句》即进一步将屈原及其作品经典化之代表）；陆贾为汉代第一位力倡儒学的思想家，提出“行仁义、法先圣，礼法结合、无为而治”的思想，著《新语》诫刘邦下马治天下，两次出使南越，说服南越王赵佗臣服汉朝，吕后当政时又说和陈平、周勃同力诛诸吕，为汉室江山做出了不可磨灭的贡献；荀卿为儒家代表人物，班固在《艺文志》中即称其为“大儒”，在儒家地位不断提升的背景下，将存有赋作的大儒荀卿列为代表自是无可争议。

“赋作创作”方面，一是赋作起源的代表性，一是赋作成就的代表性。具体而言，屈原是楚辞个人创作的最早代表者，且作品成就卓著，对汉赋的产生与发展具有直接性影响，汉代“辞赋”并称，故将屈原列为头一类赋之代表；陆贾为汉初作家，《文心雕龙·才略》言“汉室陆贾，首发奇采，赋《孟春》而选典诰，其辩之富矣”[20](P574)，《孟春赋》作品虽未传，但由此论亦可见陆贾作品纵横、华丽之一斑，可称为汉代赋作文学之初端；荀子生卒年与屈原相近，其赋创作亦属早期，且活动范围在北方，自有区别于楚地作家的代表性，且赋作与屈原同为“作赋以讽”之代表。此外，在赋体发展过程中，荀子、屈原、陆贾三人是具有阶段代表性的，“荀子时代的赋体，只是初步具备了汉代赋体的一般特点，保留了浓厚的《诗经》与隐语气息。屈原、宋玉之徒，扬波于荀子之后，在体制、语言、风格方面有很大的继承与突破。汉初赋家，踵武其后，赋体文学逐渐走向成熟”[21]。

由三人的代表性阐述可以推测，班固所重视之处，不尽在赋之分类是否完全允当，作品之外，对人（作家）的价值考察也应是其侧重之处，至少前三种赋中每一种的代表人物是合其价值标准的。至此，我们可以推测，《诗赋略》对赋之分类所秉持的标准尺度，重人大于重文，重价值大于重词句。“价值”既包括作品的价值，又包括作家的价值。

结　语

古代文人多以“读书进仕、辅政安民”为人生追求，而“从来都不以文学创作为终极目的”[22]，班固亦然。一部《汉书》是班固思想指向与价值立场的话语体现，《艺文志·诗赋略》更体现着其对正统思想的继承与认可。结合汉代赋体文学的复杂性、从属性，赋论家所倡导的赋体功能与实际内容之间的“错位”，以及《诗赋略》代表性作家的价值代表性等阐述，可以认为，《艺文志·诗赋略》赋之分类在宏观层面上体现着一种价值需要——儒家礼教与经典所建构的“经学价值体系”在其扩张过程中对“文学”的拉拢与收纳，最终目的是宣扬与维护当世主流价值观与政治统治。

注释：

①“文学标准”以外，尚有郑樵、吕绍虞为代表的“不明类例”“没有类序”说，刘师培、段凌辰、邓稳为代表的作者地域之分说，以及孙德谦、姚名达、程千帆、张舜徽为代表的“其法草创”、模糊分类说等观点。

②见陈刚在《〈汉书·艺文志·诗赋略〉赋之分类研究述略》一文中对伏俊琏观点之概括论述，《文献》2011年第2期。

③班固撰《汉书》自永平元年（公元58年）始，至建初七年（公元82年）基本完成，历时25年。

④篇数统计依陈国庆《汉书艺文志注释汇编》，中华书局1983年版。

⑤近年来学者对赋的文体形成已多有他论，如王长华、郗文倩《汉赋文体形成新论》一文认为散体赋的源流为先秦隐语。见《文艺研究》2004年第4期。

⑥《后汉书·班彪列传下》载：“及肃宗雅好文章，固愈得幸，数入读书禁中，或连日继夜。每行巡狩，辄献上赋颂，朝廷有大议，使难问公卿，辩论於前，赏赐恩宠甚渥。”见《后汉书》第1373页。

参考文献：

[1] 曹虹．从“古诗之流”说看两汉之际赋学的渐变及其文化意义［J］．文学评论，1991（4）．

[2] 王长华."了解之同情"与历史意识建立[J].文学遗产，2012(3).
[3] 冯友兰.中国哲学简史[M].北京：北京大学出版社，1985.
[4] 王连龙.《汉书·艺文志》"艺文"古义考[J].东北师范大学学报，2008(5).
[5] 费振刚，胡双宝，宗明华辑校.全汉赋[M].北京：北京大学出版社，1993.
[6] 何新文，王慧.班固的"赋颂"理论及其《两都赋》"颂汉"的赋史意义[J].中南民族大学学报，2015(2).
[7] 侯外庐.中国思想通史(第2卷)[M].北京：人民出版社，1957.
[8] 班固.汉书[M].北京：中华书局，1962.
[9] 范晔撰.李贤等注.后汉书[M].北京：中华书局，1965.
[10] 郑樵.通志[M].北京：中华书局，1987.
[11] 冷卫国.刘向、刘歆赋学批评发微[J].文学遗产，2010(2).
[12] 踪凡.刘向父子的汉赋研究[J].文献，2002(1).
[13] 赵翼.陔余丛考[M].北京：商务印书馆，1957.
[14] 蔡丹君.西汉赋家的郎官身份对其赋作的影响[J].文学遗产，2013(5).
[15] 李守奎，洪玉琴.扬子法言译注[M].哈尔滨：黑龙江人民出版社，2003.
[16] 张朝富.《汉书·艺文志》的主旨及其文学影响[J].海南大学学报，2008(4).
[17] 孙德谦.汉书艺文志举例//二十五史刊行委员会编集《二十五史补编》[C].上海：开明书店，1936.
[18] 王长华，郗文倩.汉代赋、颂二体辨析[M].文学遗产，2008(1).
[19] 程千帆.程千帆全集(第七卷)[M].石家庄：河北教育出版社，2001.
[20] 黄叔琳注，李详补注，杨明照校注拾遗.增订文心雕龙校注[M].北京：中华书局，2000.
[21] 孙少华.孔臧四赋与西汉诗赋分途发微[J].文学遗产，2009(2).
[22] 赵敏俐.读书进仕与精思著文——论汉代官僚士大夫与文人文学之关系[J].文学遗产，2013(3).

释义学、中国释义学及中国释义学史研究的可能性问题

张亚东　杜瑶瑶*

摘　要：当今释义学理论在突出强调读者权力的同时，也为作品阐释的随意性打开了大门，作品阐释极易沦为纯个人化的冒险活动。针对释义学研究的偏颇、释义实践的随意性，释义学能否成为一门严格的科学是必须回答的问题。通过逻辑分析将意义剖为作者本义、文本涵义、读者衍义三层，论证得出释义学在不同的层次上的客观性、有定性，这就符合科学"客观普遍性"的基本规定，释义学作为一门科学也就得以可能。鉴于西方释义学内部的矛盾失序，必须紧密结合中国文论的独特性，以本土释义思想、释义实践为资源进行中国释义学研究。中国释义学史是中国释义学研究的题内应有之义，应从其与中国释义学、中国经学史、中国文学批评史的关系予以定位，明确其学术坐标。

关键词：释义学；中国释义学；中国释义学史；客观普遍性

释义学（Hermeneutik，Hermeneutics）是研究文本意义阐释方法及其规律的学问，它的译名至今尚未统一，目前有"解释学""诠释学""阐释学"等译法，我国传统学术中与之相近的有"训诂""章句""传"。为澄清混乱，本文采用"释义学"译名。首先，就释义学的定义来看，它研究的是文本的意义价值。"解释""诠释""阐释"皆为动词，相比较而言，"释义"为动宾结构，更突出文本的意义价值，直接明了。其次，"解释""诠释"容易理解为"训诂"，"阐释"有读者主观发挥的意思，它们仅能表示文本意义价值的一部分，而"释义"的"义"能统括表示文本的意义价值，因此，"释义"更为全面。最后，传统学术中的"训诂"指对古语古字的训释，"章句"偏繁杂附会，"传"偏引申发挥，清马瑞辰对三者做了较清晰的区分："章句者，离章辨句，委曲支派，而语多傅会，繁而不杀。……诂训则博习古文，通其转注假借，不烦章解句释，而奥义自辟。……传则并经文所未言者而引申之。"[1](P4-5)它们各自指向文本意义价值的一部分，因此我们取"释义学"这一更有统括性的译名而不用传统概念。

关于文学作品的释义，无论中西方，主观化、个人化的倾向皆十分突出。法国印象主义批评家法朗士说："批评家应该说：'先生们，关于莎士比亚，关于拉辛，我所讲的就是我自己'。"[2](P267)"我所讲的就是我自己"正是文学释义主观化、个人化的典型体

---

* 作者简介：张亚东（1989－），男，台州学院人文学院讲师，文学博士，主要研究方向为中国古代释义学。杜瑶瑶（1989－），女，台州学院人文学院讲师，文学博士，主要研究方向为元代文学与文论。

现。之后以海德格尔、伽达默尔为代表的哲学释义学大扬其波，继之以姚斯、伊瑟尔为代表的接受美学更是起到了推波助澜的作用。而中国亦有“仁者见之谓之仁，智者见之谓之智”[3](P362)“诗无达诂”[4](P64)“文无定评”[5](P86)的著名论断。中西方的释义学思想和理论突出强调了文本解读者的权力，为作品释义的无限性和丰富性提供了可能，这一点自然功不可没，但与此同时，它们也为作品阐释的随意性、无标准化打开了大门，作品阐释极易沦为纯个人化的冒险活动，好像“怎么都行”。这样一来也就直接导致了一个问题，即释义学何以可能。如果作品阐释完全是随意的、个人的，毫无标准可言，那么释义学能够成为一门严格的科学吗？释义学作为一门科学学科的合法性遭到了严重挑战。

一　释义学研究何以可能

科学性是现代学术的最基本特征，如果一门学问缺乏科学规范，那么这门学问也就丧失了自身的合法性，因此，对释义学能否成为一门科学的追问即是在讨论释义学自身的可能性。

要回答释义学能否成为一门科学，首先要在学理上说清科学的含义是什么。对“科学是什么”的思考和追问，属于科学哲学的范畴，科学哲学讨论的不是某个具体科学分支的特点，而是追问科学的一般性特征，即“我们并不想知道某个具体的科学分支有什么特点，而是科学本身是什么”[6](P1)。康德在《自然科学的形而上学基础》里，在总结了前人对科学的认识之后，对科学是什么给出了一个综括性的回答：“每一种学说，如果它可以成为一个系统，即成为一个按照原则而整理好的知识整体的话，就叫做科学。”[7](P2)科学作为“知识”这一规定决定了其自身的“客观普遍性”。“客观普遍性”是说当证据已经摆在每个研究者的面前，不管他个人的偏见、兴趣、立场如何，他都应无条件接受，在这种意义上知识就是客观普遍的。[8](P49)同样释义学要成为一门科学，“客观普遍性”亦是其最基本的要求，而面对当今释义学、释义实践的混乱局面，它必然排斥“怎么都行”的无标准论断。照科学的基本要求，我们的释义学研究能够有标准吗？

从逻辑上讲，释义活动包含着三个纬度，即作者、文本、读者，[9](P7)我们据此将作品的意义价值分为三个层次：作者本义层、文本涵义层、读者衍义层。那么这三层意义，它们有标准吗？

先来看作者本义层。本义即作者本人的思想情感，作者写出一部作品，其本义已经成为历史事实，这是确定无疑的。当然作者思想会出现前后的变化，但是这种变化过程同样是确定的历史事实。例如曹雪芹先有《风月宝鉴》，之后经过增删、润色、加工才成为《红楼梦》，[10]曹雪芹的思想存在前后变化，这变化过程即是一个确定无疑的历史事件。因此可以说，在作者本义层，文学作品的意义价值是确定、有标准的，而绝不能人云亦云、强制阐释，那么探究作者本义就成了学术研究者的任务职责。傅庚生先生说：“倘诗之不可以有达诂，是云读者之终不能了解作者之意趋也。”[11](P2)这里需要注意的是，认识作者本义不等于对本义进行绝对还原，严格地说，本义作为历史事实已经成为过去，它是不能被百分之百地还原的，历史学的任务不是也不可能是绝对地还原历史，而是最大限度地接近历史。正如冯友兰所言：“主观的认识总不能和其所认识的客观对象完全符合。所以认识，一般地说，充其量也只是相对真理。‘写的历史’同本来的历史也不能完全符合。……‘写的历史’永远要重写，历史学家也永远有工作可做。”[12](P3)正是在这个意义上，经典本义可以而且必须得到认知。

其次是文本涵义层。在这里，首先要弄清的问题是“文本”的概念是什么。以海德格尔、伽达默尔为代表的哲学释义学所使用的“文本”概念指的是整个世界。哲学释义学研究人理解的可能性问题，并把理解作为世界的本体，世界的本质就是人的理解，因此理解的对象“文本”就超出了“文字本”的范畴，意指“整个世界”。与哲学释义学不同，我们研究释义学能否成为一门科学，科学并不讨论本体论问题，而是研究具体问题，因此我们仅从狭义上取“文本”的原初意义，将“文本”定义为文字本，只要有文字，不管书写于何种媒介，都属于“文本”的范畴。

文本涵义是指文本本身的蕴含义，即文本应有之义、当有之义。文本涵义并不同于作者本义，高尔基所云“形象大于思想”[13](P112)说的就是这个道理，它是指作品本身具有一定的独立性，其包含的信息要大于作者本人用意。例如恩格斯在研究《人间喜剧》时说：“我从这里，甚至在经济细节方面（如革命以后动产和不动产的重新分配）所学到的东西也要比从当时所有职业的史学家、经济学家和统计学家那里学到的全部东西还要多。”[14](P446)巴尔扎克的本义并不在提供历史学、经济学和统计学方面的东西，但其文本本身在客观上包含了这些丰富的历史文化信息。不仅与作者本义相区别，而且与本义的固定性相比，文本涵义具有一定的弹性，但有弹性并不代表意义无限，而是处于一定的区间范围内，在此范围内涵义是有限定的。从文字学角度说，一个单字本身就有初义、本义、转义、借义、隐义等多重意义，作者在使用一个单字时，其用意只取单字多重意义之部分，所以字义不等于作者所取之本义，但字的多重意义不是说字义无限，从字典辞书可知单字的意义是定量的。完整的作品由单字连缀而成，单字意义的限定性决定了整部作品的涵义是有限定的，并且从作品的篇幅来说，定量的字数同样限定了文本的涵义。

最后是读者衍义层。不同读者根据个人的立场、喜好、需要进行发挥，这时意义对于不同时代的读者、同时代的不同读者来说是开放的、无限的、增衍的，是谓之衍义。衍义大致可分四种：一是“借他人之酒杯浇自己之块垒”，读者将自己的立场、利益、情感“代入”到作品当中，典型代表即经学上的“微言大义”[15]、索隐派红学及历代文字狱；二是“错解未必无胜意”，所谓“错解”是指与作者本义、文本涵义虽不一致，甚至相抵牾，但发挥得恰到好处，是谓之“胜意”，如王国维用“昨夜西风凋碧树”“衣带渐宽终不悔”“众里寻他千百度”来说学问三境界，三句的本义是写爱情，王国维拿来说学问，[16](P311)明显是错解，反而颇有胜意；三是“以述为作”，即通过解读原有文本创新的思想体系，宋明理学即是依据儒家经典创立新的哲学体系；四是对原初文本进行增删补削，例如金圣叹根据己意腰斩《水浒传》，砍去后四十回。在读者衍义层，自我发挥是读者的权利，意义的增衍也是无限的。意义增衍活动本身无标准，但释义学研究指出增衍无标准这一事实，说出它无标准性的规律，释义学的研究也就符合了科学“客观普遍性”的基本要求。

综上，我们将“文本”定义为文字本，并从逻辑上将意义分为作者本义、文本涵义、读者衍义三个层次。作者之义是固定的、有标准的；文本涵义不同于作者本义，它有一定的弹性，但也是有限度、有定量的，因此也是有标准的；读者的衍义是无限的、无标准的，但释义学指出衍义无标准这一客观规律，释义学研究即是有标准的，是无准之准。我们的释义学研究遵循逻辑分析原则，通过逐层讨论得出意义价值在不同的层次上的有标准性，这就符合科学“客观普遍性”的基本规定，释义学作为一门科学也就得以可能。

二　中国释义学研究何以可能

前文论证了释义学的可能性，并提出科学释义学的概念，接下来的问题是，西方释义学已有长足的发展，那么还有必要研究中国释义学吗？即使有此必要，那中国释义学能够成为一门科学吗？

首先，不可否认的是，西方释义学的贡献是巨大的，释义学家提出并解决了很多关键性的问题，并已经完成从局部释义学向普遍释义学、从方法论性质的释义学向哲学释义学的两次重大转向，但其自身存在的问题也比较严重。从其内部来看，门派林立，大致可分为作者中心论、文本中心论和读者中心论，各派各执一端，互相攻讦，学术研究失序的状况较为明显。就一个派系来说，其自身也存在严重的自相矛盾，袁世硕先生在《接受理论的悖论》一文中指出：“姚斯的以读者接受为中心的文学史模式的核心概念‘期待视野’、费什的读者反应批评理论、伊泽尔的‘审美相应理论’等均放逐作品文本，过度抬高读者接受的地位，理论上难以自圆其说，他们的论证中又离不开作品文本，便不自觉地回到传统的文学批评的路子，造成了理论与实践的悖论。”[17]就读者中心论来说，它也包含着不同层次，但西方理论家并未在不同层次的释义学之间划定清晰的界限，这自然动摇了整个释义学体系的稳固性。如以海德格尔、伽达默尔为代表的释义学属于哲学学科，而姚斯、伊瑟尔的接受美学属于较具体的分支学科，哲学释义学与接受美学作为不同层次上的学科一并被归入释义学的范围内，其之间的界限并未得到说明。所以，西方释义学内部存在矛盾、失序的状况，并进一步导致了文本解释实践的混乱。鉴于西方释义学自身存在的问题，我们有必要进行中国释义学研究。

其次，与西方释义学相比，中国关于文本解释的思想、方法、实践有其独特性，并且这些独特性使中国释义学研究得以可能，使其能够成为一门科学。分三点论之。

第一，从整体的思想倾向来说，与西方的读者中心论、文本中心论相比，中国释义学思想在总体上是“作者中心论”。强调作者本义、原义的思维使释义的客观性得到保证。例如“述而不作，信而好古，窃比于我老彭”[18](P66)“子如不言，则小子何述焉”[18](P187-188)“颂其诗，读其书，不知其人，可乎？是以论其世也”[19](P251)“故说诗者，不以文害辞，不以辞害志，以意逆志，是为得之”[19](P215)等论断在中国文化史上影响深远。强调作者中心是中国释义学的一个重要传统，即使存在主观性的发挥，也总是先把作者放在最显著的位置上，例如今文学派以经学缘饰政治，直接为政治服务，但他们总是说“微言大义”是孔子本人的思想。在西方释义学中，作者地位相对较低，无论是海德格尔、伽达默尔的读者中心论还是贝蒂、利科尔的文本中心论，都不大重视作者的地位，因此“一千个读者有一千个哈姆莱特”盛行，造成了“无标准论”“作者之死”的困境。

第二，中国历史上校勘学、训诂学十分发达，与西方相比，这是中国释义学的一大优势，它不仅恢复了古文本的原初面貌，保证了文本的客观性、真实性，同时也使古本的意义得以正确解释。胡适说：“至于治古书之法，无论治经治子，要皆当以校勘训诂之法为初步。校勘已审，然后本子可读；本子可读，然后训诂可明；训诂明，然后义理可定。”[20](P270)从校勘学来说，早在《论语》中就有“吾犹及史之阙文也。有马者借人乘之，今亡矣夫”[18](P167)，可知孔子对文献真实性的重视，到刘向、刘歆校理群书，以补阙订伪为首要任务，尤其是清代卢文昭、顾千里校勘遍及四部，王念孙、王引之校勘群经，钱大昕、钱大昭兄弟校勘诸史，成就很大，发明了很精细的校勘方法，[21](P120-121)这就使文献得以去伪存真，恢复原貌；从训诂学来说，它“是书本子上的考古学，因为古今文字之含义不同，后人读古人之书，假使无有训诂学的工具，在古人原为浅显之语，后人遂成为不能了解之词”[22](P1)。而中国训诂学十分发达，从东汉的贾逵、马融、许慎、郑玄到唐陆德明、孔颖达，再到清乾嘉学派训诂学发展得更加完善、深入。“由文字以通乎语言，由语言以通乎古圣贤之心志”[23](P21)，文字训诂使我们能够确定原初文本之义，并进而确定原作者之义。可见，中国的校勘学、训诂学是中国释义学科学性的一个重要体现。

第三，与西方拼音文字相比，汉字属表意文字，其字形本身就表示确定的意义，并且中国历代积累了大量的字典辞书，汉字的表意属性、历代的辞书决定了中国释义学的客观性、准确性。李约瑟曾说：“在公元前十四世纪的甲骨卜辞中发现的中国书写文字和今日所写所说的语言之间，存在着一种从未间断过的传统，所以，用苏美尔语或古埃及语同汉语相比是说明不了问题的；就连希伯来语也未必比得上汉语。许多比较简单的技术术语最先就是以甲骨文的形式出现的。再者，在字体定型化和标准化之前所使用的古代象形文字也时常透露出一种工艺上的特点。比方说，‘舟’字的古代写法画出了中国使用已久的横材隔舱结构，而不带艏材、艉材或龙骨的形迹。‘弓’字的古代写法正好表现出那种用几种材料复合制成的弯弓。”[24](P5-6)又说：“在中国语文方面，还存在着连续不断的字书传统，这种传统至早可以上溯到公元前三世纪，无论是稷下学派的学者们，或者是《吕氏春秋》的那批作者，还是齐国《考工记》的编纂者，都经常为他们所用的术语下定义，或把它们用在不致发生误解的上下文中。许慎的字书《说文解字》今天仍然和当时一样有用。所以我们之所以能够叫出复杂的汉代青铜弩机所有零件的名称，部分原因即由于刘熙在他的《释名》中曾十分清楚地描述了它们，并指出了它们的名称。”[24](P6-7)字义的确定、辞书的完备使我们能够搞清文本、作者之义。相比较而言，西方语言文字几次中断，音符文字本身就具有很大的不确定性，这就造成了西方解释学忽视作者本义、无标准论盛行的状况，正如伽达默尔说“所有理解性的阅读始终是一种再创造和解释”[25](P235)，从而走向了随意性。

因此，鉴于西方释义学内部的矛盾失序，我们必须进行中国释义学研究。相比较西方释义学的“无标准论”倾向，中国释义学的“作者中心论”传统，发达的训诂学、校勘学，历代的辞书字典积累以及汉字的独特性，保证了中国释义学研究的客观性、准确性，也就保证了自身的科学性，从而使中国释义学研究得以可能。

三　中国释义学史的学术定位

上文论证了中国释义学研究的可能性，那么为何要提出中国释义学史这一议题呢？

首先，中国释义学这门学问就包含中国释义学史研究，研究中国释义学史是中国释义学研究的题内应有之义。任何一门学问都包括它自身的学术史研究，因此除了对中国释义学进行横向的理论研究，还有必要梳理其纵向的中国释义学史。

其次，中国历代存在大量的文本释义思想和实践，这本身就构成释义学的历史，这要求我们对历史资源进行分析、总结。例如先秦时期孔子有“述而不作”，孟子有“以意逆志，是为得之”“知人论世”，荀子有“不陵不犯”，而先秦法家中也多有关于法律条文解释的理论，例如韩非子对法律解释权的强调。两汉时期，经学一统，董仲舒“诗无达诂”在中国解释学史上进一步发展了读者中心论，与董氏不同，郑玄提出了注释六经的重要原则，倡导尊重作者和文本，为解释学方法论的研究做出了重要贡献。至六朝开始对儒、道做出新的解释，即“以述为作”，代表是何晏的《老子注》，王弼的《老子注》《周易注》，郭象的《庄子注》。他们的解释已不同于汉经学家偏重繁琐考据、名物训诂的特点，而是通过重释儒、道，建立了新的本体论哲学——玄学。隋唐时期，除了以陆德明、孔颖达为代表的经学释义学外，佛教盛行，佛典译著丰富，翻译理论发达，这在中国释义学史上占有重要地位。宋元明时期，朱熹有《四书章句集注》，通过注解四书，不但形成了较为严密的释义学方法论，如“格物致知”[26](P6)，而且更重要的是借助解经集理学之大成；陆九渊接续朱熹“我注六经”思想，做了重大补充和推进，是谓“六经注我、我注六经”[27](P399)，通过此释义学模式，陆氏开心学之先河，至王阳明进一步发挥，倡“天下无心外之物”[28](P107-108)，建立更为彻底的心学；惠栋、戴震、段玉裁、王念孙、王引之、钱大昕、王鸣盛等乾嘉学者解经著作等身，在音韵学、文字学、训诂学、校勘学方面下足了功夫，成就极高，为中国经典释义学方法论积累了宝贵经验。面对丰富的释义学资源，我们需要进行中国释义学史研究，对历代释义学的理论、思路、模式进行总结、明变、求因、评判。

就中国释义学史的学术品格而言，它是一门学术史，是一门有待建立的新学科，那么中国释义学史在学术门类中的具体坐标是什么呢？这是研究这门新学科必须明确的问题，下面从三个方面予以定位。

1. 中国释义学史与中国释义学之关系

中国释义学与中国释义学史的关系是辩证的，它们具有同一性。一方面“史”中包含着丰富的释义学思想、实践，这些资源为中国释义学理论提供史料支撑，中国释义学理论正是从史料中提炼、归纳、总结出来的，没有中国释义学的历史，中国释义学无异于空中楼阁，强调作者中心论正是中国释义学的一个重要方面。又如中国历代校勘学、训诂学十分发达，积累了丰厚的释义学思想、方法、实践，前贤的劳动成果保证了古文本的原貌，并且为解读文本提供了重要的方法论，使文本的客观性得到保证，而强调文本涵义的客观性、有定性是中国释义学的重要特点；另一方面，中国释义学为中国释义学史研究确定边界、范围，也是评价历代释义学理论和实践的标准，只有建立中国释义学这一科学性标杆，我们才能对历代释义学做出客观、公允的评价，否则只能是无的放矢，迷失研究方向。例如，中国释义学确定了“文本”的概念是文字本，那么我们就知道“道，可道也，非恒道也”[29](P221)“白马非马”[30](P40)不属于中国释义学史的研究范围。因此，中国释义学与中国释义学史是辩证的关系，缺一不可。

2. 中国释义学史与中国经学史之关系

要搞清中国释义学史与中国经学史的关系，必须搞清的是释义学和经学的关系。经学与释义学既有紧密的联系又有较大的区别。从联系来说，第一，经学和释义学在研究范围上有较大面积的交集，即“经”。按照经学史家周予同的定义，“经是指中国封建专制政府‘法定’的以孔子为代表的儒家所编著书籍的通称”[31](P8)。而经学研究范围自然就是官方法定的儒家经典，例如汉代“五经”、唐代“九经”、宋元明清“十三经”。释义学是研究文本意义价值解释方法论及其规律的学问，而“经”是文本家族中的最重要的成员之一。第二，在中国历史上，释义学往往作为经学研究的副产品而存在，许多极其重要的释义学思想、方法、模式就是在经学研究中形成的。例如董仲舒“诗无达诂”、朱熹“我注六经”、王阳明“六经注我”，这些释义学思想都是在经学研究的过程中形成的，毫不夸张地说，经学对释义学的发生、发展具有极其重要的催生、促进作用。两者间亦有重大区别，首先，从文本范围上说，释义学要比经学广得多，经学的范围是官方法定的儒家经典，而释义学的文本范围绝不局限于此，它包括一切文字本，例如六经之外的诸子、佛经、诗文、小说等。其次，从研究范围上说，释义学的范围包括一切文字本解释的理论、实践，而这些理论、实践大大越出了经学的领地，例如佛经释义理论和实践。明确了释义学和经学的联系、区别，我们可以说，中国释义学史与中国经学史在文本范围上有很大的交叉，释义学史一度作为经学史的支流存在，但随着其他释义学思想的不断汇入，渐成为独立的系统。

3. 中国释义学史与中国文学批评史之关系

先搞清释义学和文学批评的关系，才能讲中国释义学史和中国文学批评史的关系。释义学和文学批评，两者同样既有联系又有区别。从联系上说，早期“文学”的概念十分宽泛，“兼有文章博学二义：文即是学，学不离文”[32](P72)，因此在很长的历史时期内文学批评的对象“文学”与释义学的对象“文本”是一致的，例如这个时期的《诗经》不仅作为文学批评的对象，也是学者释义的对象，此其一。其二，魏晋时期，文、笔区分，“始有专门论文之作，而且所论也有专重在纯文学者”[37](P72)，文学获得独立，它已同最广义的“文本”相区别，但由于文学作为一门语言艺术，它富有很强的想象性、虚构性、情感性，因此，它仍然是“文本”中最重要的门类之一，文学自身的丰富性、复杂性总是向释义学发出挑战，进而促进释义学的发展，例如“作者之用心未必然，而读者之用心何必不然”[33](P107)“文者见之谓文，淫者见之谓淫”[34](P10)就是在评点词曲中形成的释义学思想。其三，释义学是对文学批评的再批评，是元研究，文学批评是现实论、当下论，注重个人感受和当下时效性，它本身是一种释义活动，而释义学是对如何释义的研究，是对文学批评的反思研究。例如对于《西厢记》，批评者可以从不同的角度、立场进行评点、阐发，是直接的释义活动，但“文者见之谓文，淫者见之谓淫”就是对如何释义的反思研究，指出了释义活动的规律。除了联系，还应明了两者间的区别。首先，两者性质不同，释义学是一种理论研究，是较为彻底的学术性求真活动，它研究释义的方法、释义活动的规律，其思维方式是纯粹理性的。与之相比，文学批评注重当下，有很强的主观性、实用性，多用直觉思维，停留在审美判断、价值判断的层次。其次，两者的范围不同，文学批评的对象是文学作品，而释义学的文本范围包括一切文字本，例如历史文献、佛经皆在文本范围内。可见，中国释义学史与中国文学批评史既有密切的联系，同时又泾渭分明，各有界限。

综上所述，本文从科学知识“客观普遍性”基本规定出发，遵守逻辑分析原则，将释义学的意义价值剖析为作者本义层、文本涵义层、读者衍义层。经过逐层分析，可知作者本义、文本涵义有准，读者衍义为无准之准。各层次意义皆是有准的，我们的释义学研究也就符合科学“客观普遍性”的基本规定，其作为一门科学也就得以可能；面对西方释义学内部的矛盾失序，我们必须进行中国释义学研究，中国释义学的“作者中心论”传统，发达的训诂学、校勘学，历代的辞书字典积累以及汉字的独特性，保证了中国释义学研究的科学性，使中国释义学研究得以可能；中国释义学史研究是中国释义学研究的题内应有之义，我们从它与中国释义学、中国经学史、中国文学批评史的关系方面予以定位，明确其学术坐标。

参考文献：

[1] 马瑞辰．毛诗传笺通释［M］．北京：中华书局，1989.

[2]〔法〕法朗士．文学生活//伍蠡甫主编．西方文论选［M］．上海：上海译文出版社，1979.

[3] 郭彧．周易译注［M］．北京：中华书局，2006.

[4] 曾振宇，傅永聚．春秋繁露新注［M］．北京：商务印书馆，2010.

[5] 翁曾翰．翁曾翰日记［M］．南京：凤凰出版社，2014.

[6]〔德〕汉斯·波塞尔．科学：什么是科学［M］．刘文潮译．北京：生活·读书·新知三联书店，2002.

[7]〔德〕伊曼努尔·康德．自然科学的形而上学基础［M］．邓晓芒译．上海：上海人民出版社，2003.

[8]〔德〕伊曼努尔·康德．判断力批判［M］．邓晓芒译．北京：人民出版社，2002.

[9] 潘德荣．西方诠释学史［M］．北京：北京大学出版社，2013.

[10] 沈治钧．从《风月宝鉴》到《红楼梦》[J]．红楼梦学刊，2001（1）．
[11] 傅庚生．文学鉴赏举隅［M］．北京：北京出版社，2003.
[12] 冯友兰．中国哲学史新编（上册）[M]．北京：人民出版社，2007.
[13] 李衍柱，朱恩彬主编．文学理论简明辞典［M］．济南：山东教育出版社，1987.
[14] 中共中央马克思恩格斯列宁斯大林著作编译局．马克思恩格斯选集［M］．北京：人民出版社，1995.
[15] 曹顺庆．"《春秋》笔法"与"微言大义"——儒家经典的解读模式及话语言说方式［J］．北京大学学报，1997（2）．
[16] 王国维．文学小言//傅杰主编．王国维论学集［M］．北京：中国社会科学出版社，1997.
[17] 袁世硕．接受理论的悖论［J］．文史哲，2013（1）．
[18] 杨伯峻．论语译注［M］．北京：中华书局，1980.
[19] 杨伯峻．孟子译注［M］．北京：中华书局，1960.
[20] 胡适．胡适文存二集［M］．上海：亚东图书馆，1924.
[21] 张舜徽．中国文献学［M］．郑州：中州书画社，1982.
[22] 胡朴安．中国训诂学史［M］．北京：中国书店，1983.
[23] 戴震．古经解钩沉序//彭铎主编．群书序跋举要［M］．济南：山东教育出版社，1985.
[24]〔英〕李约瑟．作者的话//中国科学技术史（数学卷）[M]．中国科学技术史翻译小组译．北京：科学出版社，1978.
[25]〔德〕伽达默尔．真理与方法（上册）[M]．洪汉鼎译．北京：商务印书馆，2011.
[26] 朱熹．四书章句集注［M］．北京：中华书局，1983.
[27] 陆九渊．陆九渊集［M］．北京：中华书局，1986.
[28] 王阳明．王阳明全集［M］．上海：上海古籍出版社，1992.
[29] 高明．帛书老子校释［M］．北京：中华书局，1996.
[30] 王琯．公孙龙子悬解［M］．北京：中华书局，1992.
[31] 周予同．中国经学史讲义［M］．上海：上海人民出版社，2007.
[32] 郭绍虞．中国文学批评史［M］．天津：百花文艺出版社，1999.
[33] 谭献．复堂词录序//张正吾．中国近代文学作品系列（文论卷）［M］．福州：海峡文艺出版社，1992.
[34] 张国光．金圣叹批本西厢记［M］．上海：上海古籍出版社，1986.

郭沫若和傅抱石：反传统与传统坚守者的统一阵线

马　云*

摘　要： 郭沫若是反传统文化的急先锋，傅抱石是传统文化的坚守者。抗战期间，两位对于传统文化有着完全不同立场的人却走到了一起，结成了一种具有象征意味的“文化统一阵线”。他们的结合缘于民族情怀、浪漫主义精神以及史学情结。郭沫若和傅抱石的统一阵线启示我们：反传统与坚守传统相辅相成。反传统与坚守传统并行才能使我们的文化更加强大和丰富。

关键词： 郭沫若；傅抱石；文化立场；统一阵线

郭沫若是五四新文化运动的主将之一，反传统文化的急先锋。他的诗集《女神》是现代新诗的奠基作。《女神》彻底抛弃了中国旧诗传统的束缚，以一种大无畏的精神追求精神的自由和个性的解放，以火山爆发式的激情破坏旧世界，对于一切革命的“匪徒”高呼万岁，毫不妥协地与旧世界、旧传统、旧文化决裂。五四落潮后，郭沫若也有过彷徨，他的《瓶》、《星空》和《前茅》表现出一种复杂和矛盾的情绪，但是那种革新和革命的精神依然存在。

傅抱石是传统文化的坚守者。他的山水画和人物画都是对中国传统文化的承传。虽然研究者认为傅抱石绘画擅于“融变”，但是这种革新和“融变”是在坚守传统文化的前提下实现的。在20世纪中国绘画史上，傅抱石属于坚守传统的一派，他在精神气质上显得更为传统，是一个极力捍卫传统中国画的艺术家，甚至被人批评：“盲目强调中国古画的好，盲目轻视西洋画。”[1](P40)

在抗战期间，这两位对于传统文化有着完全不同立场的人却走到了一起，结成了一种具有象征意味的“文化统一阵线”。这是耐人寻味的。他们的契合点是什么呢？什么原因让他们走到了一起？他们的结合有什么意义？

一

抗战期间，郭沫若主持政治部第三厅的工作。第三厅主要负责宣传工作，郭沫若在

---

* 作者简介：马云（1954－），女，河北师范大学教授，文学博士，博士生导师，研究方向为中国现当代文学。

报上发表寻找征聘傅抱石的启事，傅抱石看到征聘启事后，随即奔赴重庆，来到郭沫若身边，在第三厅任秘书。从这一刻起，两个人的故事即成艺坛佳话。其后，郭沫若对傅抱石的影响可谓巨大。傅抱石在第三厅的时间并不长，第三厅改组后，郭沫若离职，傅抱石也随之离去，但是俩人的合作没有结束，可以说才刚刚开始。在重庆金刚坡，他们的住处不太远，两人过从甚密。傅抱石画好一批画会拿去让郭沫若题画，这是对郭沫若的极大敬重。郭沫若也深知这一点，他在《题画记》中说："中国画需要题跋是一件很有意义的民族形式。题与画每每相得益彰。好画还须有好题。题得好，对于画不啻是锦上添花。但反过来，假使题得不好，那真是佛头着粪。题上去了，无法擦消，整个的画面都要为它破坏。抱石肯把他辛苦的劳作拿来让我题，他必然相信我至少不至于题得怎么坏。"[2](P316-317)因此，郭沫若对此极为用心。他提醒自己："辞要好，字要好，款式要好，要和画的内容、形式、风格恰相配称，使题辞成为画的一个有机的部分，这实在不是容易的事。"同时，郭沫若也知道，经验表明，好的画比较好题。好的画可以启人心智，诱发题画的兴趣。面对傅抱石的画，郭沫若并不急于题写，而是反复观看、思考。在这些画中，傅抱石画得最大的一张是《屈原》，其次是《陶潜像》。这两幅人物画很让郭沫若费心思量。一个是放达冲淡的人，一个是雄浑浓烈的人。相对而言，郭沫若对屈原有更多感应和共鸣，而对于陶渊明也是尽量体贴他的心境，题诗也学他的风格。郭沫若在《陶潜像》上题写了《中国有诗人》的五言古诗。把陶渊明与屈原进行比较，认为两人都是中国最伟大的诗人，各有千秋，譬如日月。在这里，创作了《女神》的新诗人郭沫若回归了传统，为了题画创作了大量的五言和七言古诗。

郭沫若不仅为傅抱石题画，而且积极热情地为傅抱石画展出谋划策，与傅抱石一起举行书画联展。1942 年 10 月，傅抱石在重庆举行第一次个人画展，其中就有郭沫若题诗的《屈原》《陶渊明像》等作品。1944 年，在昆明举办郭沫若书法、傅抱石国画联展。为此，老舍撰写了《沫若、抱石两先生书画捧词》一文，对两人书画大加赞扬。

在创作上，郭沫若和傅抱石互相唱和，交相辉映。1942 年 4 月，郭沫若创作的历史剧《屈原》在重庆上演，引起巨大反响。傅抱石创作了国画《屈原》给以支持和回应。在郭沫若影响下，屈原及其《九歌》成为傅抱石绘画创作的重要题材。1946 年，傅抱石作《二湘图》《山鬼》《湘夫人》，1947 年再次创作《湘夫人》。直到 20 世纪五六十年代，傅抱石创作了大量《九歌》题材的作品。郭沫若和傅抱石的"文化统一阵线"，可以说一直延续到 20 世纪 60 年代傅抱石去世。

二

郭沫若与傅抱石在日本相识，郭沫若固然欣赏傅抱石的才华，但最重要的是欣赏傅抱石的民族精神。让郭沫若印象深刻的是傅抱石在东京的艺展，5 天时间把东京的名流都动员来观展了，日本美术院的院长正木直彦都到场了。这次艺展可以用"轰动"一词来形容。这些日本人有的买了他的图章，有的买了他的字，有的买了他的画。郭沫若去看艺展的时候，正遇上日本著名画家横山大观在场，横山被人群前呼后拥着，飘飘然的傲岸神气，大有王侯的风度。而这些人是来看傅抱石的雕刻、书法和绘画的。郭沫若感到傅抱石真为中国人和中国文化增光！“替中国人确实是吐了一口气。”[3](P305)从那时起，他对傅抱石起了由衷的敬意。1947年10月，郭沫若为推介傅抱石画展还念念不忘地说：“二十年前抱石在日本留学，作品已早为日本人所称许。”[4](P11)

傅抱石坚守传统绘画技巧，首先缘于他对中国文化深厚的民族情感。早在20世纪二三十年代，有人提倡中日绘画结婚或中国画和欧洲画恋爱，将会生出“宁馨儿”。对此，傅抱石坚决反对。他说：“还有大倡中西绘画结婚论者，真是笑话！结婚不结婚，现在无从判断。至于订婚，恐在三百年以后。我们不妨说近一点。”他还说：“中国绘画既有这伟大的基本思想，真可以伸出大指头，向全世界画坛摇而摆将过去！如入无人之境一般。”[5](P11)他如中流砥柱，力排众议，坚决主张中国画的名字不能改，传统更不能丢。一个世纪过去了，中国绘画有幸得到了传承和发展。时间证明傅抱石是富有远见的。

1940年，傅抱石发表了《从中国美术的精神上来看抗战必胜》一文，深刻分析了中国绘画中的“不移”“不淫”“不屈”的精神，认为：“中国美术的精神，日本是不足为敌的，我们应该有珍贵的自信，努力去发扬光大！殚精竭虑，来完成这雄浑而伟大的画面！迎接胜利的到来。”[6](P89)有研究者认为，傅抱石潜心研究明末清初画家石涛，源于倡导民族绘画精神，石涛被视为遗民精神的代表。傅抱石刚到重庆就出版了《明末民族艺人传》，郭沫若为之作序。这在很大程度上是配合抗战宣传的需要，抒发家国之痛，表现民族气节。傅抱石论八大山人也是抒发自己心中的感慨。八大山人不忘亡国之痛，在绘画中仍然表现故土河山。郭沫若在《国画中的民族意识》一文中对古画的民族意识做过探究，对“山河之痛的古人情怀”表示认同。他发现山水画有一种倾向，“人物必古衣冠，楼台必古建制”，是出于极现实的深刻的民族意识。郭沫若在给傅抱石画作题诗时发现：“抱石所示诸画，如屈原，如陶潜，如野遗与费密游，如鹤野题石涛画，似均寓有家国兴亡之意，而于忠臣逸士特为表彰。”郭沫若在题诗中进一步发挥了傅抱石的民族意识，告诫人们国破家亡时更要提高民族自信心：“犹有山川犹有树，莫因零落便灰心。”“纵令衣冠今古异，吾侪依旧主人翁。”[2](P325)

抗战期间，郭沫若与傅抱石关于《屈原》创作的唱和，更是一种民族精神和爱国主义思想的合奏。为了唤起民众的抗日热情，郭沫若创作历史剧《屈原》，把屈原作为爱国主义的象征，抒发热爱祖国、忧国忧民的爱国情感。傅抱石也把屈原当作国魂，一画再画。傅抱石的《屈原》画作更激起了郭沫若对屈原的思念。他在傅抱石《屈原》画作上题了38句五言长诗，为屈原的不屈赞叹，为不能安置英雄的民族叹息，也为屈原苦于有我而未达于“忘我”的殉难而反思。郭沫若和傅抱石把屈原的民族情感和爱国主义精神推向了一个前所未有的高度。

三

郭沫若与傅抱石相投的另一个原因是两人都具浪漫气质。郭沫若幼年便喜欢庄子，他说：“起初是喜欢他那汪洋恣肆的文章，后来也渐渐为他那形而上的思想陶醉。这嗜好支配了我一个相当长远的时期。”[7](P464)郭沫若的泛神论思想其实源于庄子。五四时期，郭沫若《女神》中的诗人形象横空出世，犹如天马行空；新文化运动的思想解放精神触发了郭沫若个人的积郁，使他找到了喷火口和喷火的方式。他以火一般的革命激情、浪漫主义的想象创造了一个敢于反抗旧世界、勇于创造新世界的诗人形象。他的历史剧创作同样表现了浪漫主义的风格，特别是《屈原》中诗人的形象，剧作家与剧中人物的浪漫主义性格融为一体，集中展示了郭沫若如雷鸣电闪般的激情和波涛澎湃的情感世界。罗成琰《现代中国的浪漫主义思潮》一书认为：“郭沫若是中国现代文学史上最典型的浪漫主义作家，他在‘五四’时期写下的诗歌、历史剧和小说，都是严格意义上的浪漫主义作品。一部《女神》奠定了郭沫若在文学史上的崇高地位。它以阔大的境界、磅礴的气势和粗砺的形式，构成了郭沫若所特有的雄浑、豪迈的浪漫主义风格，也呈现出当时文坛所少见的崇高之美。”可以说，《女神》是“五四新文学浪漫主义思潮中最大的洪峰，也是中国现代文学史上一块浪漫主义丰碑”[8](P267)。在中国现代文学史上，浪漫主义思潮此起彼伏，郭沫若是一位引领者。罗成琰认为：“郭沫若 40 年代创作的历史剧是继《女神》之后又一次浪漫主义诗情的强烈爆发。它想象丰富，感情奔放，气魄宏大，理想色彩浓郁，且把自己的主观情感融进剧中人物身上，常常成为‘夫子自道’。”更为重要的是郭沫若历史剧“失事求似”的精神，“集中显示了郭沫若历史剧的浪漫主义的精髓”。[8](P21-22)在这方面，傅抱石可以说与郭沫若心心相印，他们的诗画创作可以互相诠释，互为注脚。难怪傅抱石总要让郭沫若题画，他们的精神世界是如此的相通和融洽。

傅抱石是一位激情型的画家。有人说：“李可染是饮茶的画家，而傅抱石是饮酒的画家。”[9](P10)傅抱石有一方闲章“往往醉后”，经常钤于得意之作上。他在 20 世纪 40 年代画了不少饮酒题材的画，如 1943 年作《临江对酌图》，1944 年作《醉僧图》，1946 年作《人人送酒不曾沽》。据说傅抱石作画前每每饮酒助兴，甚至边画边饮。他喜欢“酒后吐真言”的真性情，喜欢八大山人和石涛那样“元气充沛”的文人画。他在著述中提倡和追求“飞动”的画风，反复引申董其昌等人关于“烟云变灭”“山气欲动”等画语，力主“飞动”之论。强调中国画必须先使它“动”，能“动”才会有办法。与中国传统绘画表现平淡宁静的画境不同，他的画幅中山水人物都是舞动的。傅抱石性情放达，喜欢自由。在他的画面上经常可见一幅辽阔的水域，笼在烟雨飘渺的境界里，山水间一叶扁舟自由自在地驰行。然而他生活的年代却是腥风血雨，动荡不安的。现实与理想的冲突使他表现出某些狂躁和焦虑。他 20 世纪 40 年代的绘画《万竿烟雨》（1944）、《潇潇暮雨》（1945）充分表现了那个时代的峻急和风雨飘摇的症候。不少人谈到傅抱石都说他的绘画有宇宙精神，陈传席说傅抱石是当代的吴道子，他的绘画是一种“吞吐宇宙的艺术”，“抱石作画大多是解衣盘礴，猛刷横扫，如风旋水泻，毫飞墨喷；若电闪雷鸣，似惊涛扑岸；类狂飙戾天，如浓云惨淡，若宇宙洪荒，似离合恍惚”[10](P587-588)。中国画有工笔和写意之分，但傅抱石的绘画显然不是“写意”所能包容的。他是中国画浪漫主义画风的代表。傅抱石的绘画形象笔飞墨舞，飘飘欲仙。他的人物画虽然脱胎于东晋顾恺之的《女史箴图》，但是加入了现代浪漫主义的情愫。郭沫若对傅抱石浪漫主义风格的人物画十分欣赏：“羡君凝彩笔，矫健似轻鸥。”[11](P267)

四

郭沫若与傅抱石还有一个契合点是对史学的喜好。郭沫若说他自己是有点历史癖和考证癖的人。他自称对先秦历史是下过功夫的。亡命日本10年，因为日本的刑士与宪兵的监视，郭沫若开始研究中国古代社会，研究殷墟甲骨文字和殷周青铜器铭文，取得了重要成果。抗战爆发后回国在第三厅工作，因忙于宣传，曾一度中断了史学研究。第三厅改组后，郭沫若又回到历史研究的轨道。20世纪40年代是郭沫若研究中国历史的重要时期，他的许多有影响的历史研究成果都是这个时期产生的。关于历史人物方面的有《屈原研究》《论曹植》《王安石》《李白与杜甫》等。著名的《甲申三百年祭》也是这个时期完成的。还有《管子集校》《盐铁论读本》《青铜时代》《十批判书》等。郭沫若喜欢以批判的眼光研究历史，他说："我比较胆大，对于新史学阵营里的多数朋友们每每提出了相反的意见。我坚持着殷、周是奴隶社会，重新提出了更多的证据和说明。我对于儒家和墨家的看法，和大家的见解也差不多形成了对立。"[7](P467-468)郭沫若擅作翻案文章，其史学思想的新颖和敏锐也是少见的。郭沫若的历史剧创作离不开他的历史研究。对于屈原，他早在1935年就出版了学术论著《屈原》，接着先后又写了《革命诗人屈原》《屈原考》《屈原的艺术与思想》《屈原思想》等，1942年又写成《屈原研究》，这些为他的历史剧《屈原》奠定了坚实的基础。

傅抱石一直致力于绘画史研究。综观傅抱石一生可以看到，对于绘画史的研究贯穿始终。他不仅喜欢读画史，与所学无关的专史也喜欢读。他从青年时代就开始治史，一生没有间断。像他这样在绘画史和绘画实践中均擅长的画家并不多。傅抱石是一位学者型的画家，他在中央大学师范学院艺术科一直讲授绘画史。从时间流程梳理一下他的绘画史著述，可以说蔚为大观。1925年著《国画源流概述》，1926年著《摹印学》，1931年著《中国绘画变迁史纲》，1933年撰《论顾恺之至荆浩之山水画史问题》，1935年著《中国美术年表》《中国国民性与艺术思潮》《中国绘画理论》《明末四奇僧》，1936年著《论秦汉诸美术与西方之关系》，1937年著《民国以来国画之史的观察》《六朝时代之绘画》，1940年著《刻印源流》《中国篆刻史述略》《中国古代绘画研究》《中国古代山水画史的研究》《关于钱人黄牧父》《中国绘画之进展》《从中国美术精神上来看抗战必胜》，1942年著《石涛上人年谱》，1943年著《中国之工艺》，1947年著《明清之际的中国画》。直到他去世，关于绘画史的理论从未中断。

傅抱石对于绘画史的研究也得到了郭沫若的帮助。有研究者认为，傅抱石对中国画史认知的转折点，是1940年对《画云台山记》与中国古代山水画史诠释上的改变。而对《画云台山记》的研究正与郭沫若的支持和帮助分不开。当时傅抱石不满于日本学者伊势专一郎的观点，他认为中国山水画的发端，不能不求之《女史箴图》。傅抱石准备撰文驳斥。郭沫若表示完全支持，并且与傅抱石一起将《画云台山记》逐字逐句分析，还帮助考订了一处标点。傅抱石信心百倍，回到寓所，奋笔疾书，很快写就了《论顾恺之至荆浩之山水画史问题》一文，以有力的论据，批驳了伊势的错误。郭沫若在傅抱石的画史研究中也更新了某些历史知识。郭沫若在《题〈画云台山记图卷〉》的题辞中说："傅抱石成《中国古代山水画史》，以解释顾恺之《画云台山记》为中心，并附以图卷；索题，因成四绝。"郭沫若注云："山水画旧谓始于唐，近人或主张导源于刘宋时代之宗炳与王微。读抱石《画史》及此图卷，知其源更远矣。"[12](P323)郭沫若在题傅抱石历史人物画作时，始终在与傅抱石就史实问题进行对话和交流。郭沫若和傅抱石都是在治史和创作两方面同时取得巨大成就的人，他们的结合绝非偶然。

五

抗战期间，为了中华民族最根本的利益，国共两党建立了抗日民族统一阵线。在文学艺术领域也结成了最广泛的统一阵线，成立了"文协"。郭沫若与傅抱石在这样的时代背景下相遇，有着特殊的意义。郭沫若是五四新文化运动的主将、反传统的勇士，傅抱石却是中国传统绘画的坚定捍卫者。但是，他们没有因文化立场的不同而心生嫌隙，而是相互尊重，互相欣赏。他们有意无意地为"统一阵线"做了示范。

从整体来看，傅抱石坚守传统，但郭沫若欣赏的傅抱石却在创新。1941 年，郭沫若在《题傅抱石画山水小幅》中说："抱石入蜀画风改，青城峨眉到笔锋。师法自然创奇格，好在新旧能通融。"[12](P323)他看到傅抱石进入重庆以后山水画的变化，即师法自然。四川的山水影响了傅抱石的山水画创作。绘画史认为，傅抱石的山水画，一生中有六变，入蜀以后是一个重要的转折点。郭沫若敏锐地看到了傅抱石的变化，并且给予肯定。同年，郭沫若在《题〈画云台山记图卷〉》中以"画史新图此擅场，前驱不独数宗王"称赞傅抱石能够出新。郭沫若认为傅抱石能够新旧兼容，在继承中创新。"人物善能传神，山水独开生面。盖于旧法基础上摄取新法，而能脱出窠臼，体现自然。"[13](P1)的确，傅抱石创造的皴法被称为"抱石皴"。当代研究者认为傅抱石是 20 世纪中国山水画创新的代表人物，擅于山水画，笔墨"融变"。

从 1941 年至 1945 年，郭沫若在重庆为许多画家的画作题诗，除了傅抱石，为李可染画作题诗最多，其他包括赵望云、关山月、龚孟贤、陈之佛等，这些人都是中国画画家。在这样的气氛中，郭沫若表现出了对中国传统文化的熟稔，以及向传统文化回归的倾向。不过，郭沫若关注的依然是中国画的革新。他称赞赵望云和关山月的画"不为旧法所囿，且力图突破旧式题材之藩篱，而侧重近代民情风俗之描绘"[12](P118)。古代文人画强调"雅"，郭沫若认为"画道革新当破雅，民间形式贵求真。境非真处即为幻，俗到家时自入神"[12](P121)。郭沫若认为中国画的革新首先应当从题材入手，应当表现时代精神，表现民情。

中国自古有"文人相轻"的陋习，特别是同时代人，思想认识和政治文化立场稍有不同，往往互相抵触和冲突。直到今天，学界有些人因为思想认识不同而相互敌视、势不两立的情况也十分常见。郭沫若与傅抱石的"统一阵线"说明，保守派与革新派不是绝对的，保守中有革新，革新中也有承传。

郭沫若与傅抱石的"统一阵线"意味深长。近一个世纪以来，反传统与坚守传统的论争从未中断。特别是21世纪以来，在全球化的文化浪潮中，中国文化的现代化与向传统回归并重，“出国潮”与“国学热”同行，对五四文化精神的坚守与质疑相伴。郭沫若和傅抱石的统一战线启示我们：反传统与坚守传统并非完全对立，而是相辅相成。反传统可以改变我们传统中存在的陋习和僵化，坚守传统可以使我们传统中有价值的东西保存下来，反传统与坚守传统并行才能使我们的文化更丰富，更科学。

参考文献：

[1] 万新华．傅抱石绘画研究（1949－1965）［M］．北京：人民美术出版社，2014.

[2] 郭沫若．题画记//傅抱石研究会编．傅抱石研究文集［M］．上海：上海书画出版社，2009.

[3] 郭沫若．竹阴读画//郭沫若选集（第四卷）［M］．北京：人民文学出版社，1997.

[4] 郭沫若．勖抱石——为傅抱石画展作//傅抱石研究会编．傅抱石研究文集［M］．上海：上海书画出版社，2009.

[5] 傅抱石．中国绘画史纲［M］．北京：北京出版社，2015.

[6] 傅抱石．从中国美术精神上来看抗战必胜//承名世．傅抱石艺术随笔［M］．上海：上海书画出版社，2001.

[7] 郭沫若．十批判书·后记//郭沫若全集·历史编（第二卷）［M］．北京：人民出版社，1982.

[8] 罗成琰．现代中国的浪漫主义思潮［M］．长沙：湖南教育出版社，1992.

[9] 卜登科．傅抱石山水画艺术研究［M］．天津：天津人民美术出版社，2017.

[10] 陈传席．中国山水画史［M］．天津：天津人民美术出版社，2001.

[11] 郭沫若．题《傅抱石画》八首//郭沫若全集·文学编（第二卷）［M］．北京：人民文学出版社，1982.

[12] 郭沫若．题《画云台山记图卷》//郭沫若全集·文学编（第二卷）［M］．北京：人民文学出版社，1982.

[13] 郭沫若．傅抱石画集·序［M］，北京：人民美术出版社，1958.

人性的归趋

——沈从文、老舍对传统文化的态度及其当下意义

陈广通　王卫平*

摘　要：沈从文与老舍虽然处于不同的文化系统中，但又共同处于中国现代文学第二个十年的“革命文学”话语之外，他们共同持有与主流意识形态迥异的民族未来发展的“文化”策略：老舍认为传统文化惰性阻滞国家进步，沈从文却在“常”与“变”的转换中看出了民族精神的长处，并将它视为家国雄起的文化依据。但是二者的不同并不是二元对立式的冲突，而是在求同存异中归趋到人性本身，分别表现在文学地图的横向选择、叙述时间的纵向对比和以二者归结出的人性呼唤。他们二人关于传统文化的交集与矛盾对于中国当前火热进行中的城市化进程也有启示意义。

关键词：传统文化；人性；家国想象

回顾五四以来的新文学研究史，似乎颇少有人把沈从文与老舍做比较研究。原因很简单，表面上看，无论是作品的总体风貌、艺术方法还是语言风格，二者之间并没有明显的相似性，也没有显在的可供研究者在比较中相互生发的艺术问题。但是当我们回到历史现场，“设身处地”思考一下，就会发现二者在文学立场上的某种契合。他们的创作成熟期都在20世纪三四十年代，这段历史时期，中国社会正在发生剧烈、深刻的变动，执文坛牛耳者是左翼文学、革命文学。这一文学主潮无疑带着明显的意识形态色彩，甚至可以说它把文学纳入其革命话语的系统之下，作为行之有效的宣传工具。从起初的无产阶级革命文学的倡导到毛泽东1942年《在延安文艺座谈会上的讲话》，无不对文学的这种工具性做了最充分的强调。这也是可以理解的，毕竟当时中国内忧外患，处于空前的战争乌云笼罩下。“中国向何处去”是每一个有良知的中国知识分子都要思考的最紧迫、最切要的问题。但是革命文学的主流话语并没有湮没另一些同样关心民族出路的作家的声音。正是在这些声音中，我们分辨出了沈从文与老舍。他们对于民族国家未来道路的想象并不是与战争、政治直接相关，而是走的另一途径——文化。

至少在20世纪二三十年代，沈从文与老舍是独立于革命文学主流话语之外的自由主义作家。老舍以自己独特的视角观察着社会人生，从文化角度谛视古老中国的传统文明以及渐近的西方文明，剖析国民精神，深刻揭示中国之所以沉滞不前、腐朽堕落的历史、

* 作者简介：陈广通（1982－），男，吉林大学文学院在读博士生，研究方向为中国现代文学。王卫平（1957－），男，辽宁师范大学文学院教授，博士生导师，文学博士，研究方向为中国现代文学。

人性原因。作为京派代表作家的沈从文也反复声明文学相对于政治的独立性，他反对把文学作为各种主义的工具而任意差遣，注重文学应在审美创造中寓有道德意义。他的思考方向仍是文化，企图从文化的视角出发，看取中国的“常”与“变”，在此基础上开掘古老中国的优良文化传统并以此作为中华民族复兴、发展的强劲动力。正是从这同样的文化视角的采用中，我们看到沈从文与老舍站在了一起。

可是，即使是同样采取文化分析这一手段，二者在观点、方法上仍有很大不同。这种不同不是二元对立的冲突与矛盾，而是异中趋同、同中有异。经过仔细分析这种差异，我们的视野将大大开阔，思考的空间也将得以广泛拓展。重要的是二者对于传统文化的复杂思考将给我们当前正在进行的城市化进程带来什么样的启示。

一　不同文学版图的相互渗延

沈从文的文学家园在乡村，他反复声明自己是个“乡下人”。他与当时那种带着强烈功利目的而有意接近乡村的革命作家不同，他对于乡村、土地的感情是发自肺腑的。沈从文是真正的“地之子”，他把自己的根深深扎在梦里梦外的那片湘西神土，他的一切哀乐、悲欢皆系于此，他对民族国家的想象也以湘西的传统道德文化为根基。赵园说：“‘地之子’从来都不是所有现代史上知识者的自我意识。”[1](P4)沈从文是属于少数几个独立于意识形态主导、不在政治掌控之下的“地之子”之一。可是赵园又说：“他（沈从文）的乡村描写中更多的是知识分子、士大夫趣味。”[1](P11)笔者对这个观点并不完全赞同。不论从创作还是论文中都显示出沈从文并无传统士人的那种闲适、旷逸的凌空高蹈与沽名钓誉，他本人还在《论海派》中对所谓的“名士才情”加以指斥。他切切实实地把古老中国的文化精神高扬起来、实践起来，以此作为民族国家振兴发展的不二法门。这就是传统文化积淀下来的忠诚、耿直、坚韧、雄强、质朴和自然、优美、温柔、纯净的人性。沈从文不遗余力地在他的乡村人物谱系中开掘、表现这些人性。前者如柏子（《柏子》）、老船夫（《边城》）、虎雏（《虎雏》）、老水手（《长河》）以及《生》《夜》《黔小景》中的老人们，后者如翠翠（《边城》）、三三（《三三》）、夭夭（《长河》）等，几乎形成了两个系列。他以这些乡下人物为参照，拿城市中人做对比，让读者认识到我们这个古老民族过去的“伟大”与当前的“堕落”。沈从文把他笔下这些拥有“优美、健康、自然”天性的乡村老人、青年与少女作为他重造民族品德，进而实现重造民族国家的文学理想的寄托。他一如既往、矢志不渝地爱着湘西神土上的那些人、那些事和那些风景，为这些人、事、风景的逝去而扼腕叹息、痛心疾首。在不止一篇文章中，沈从文表达着对于那些“让人忧愁”的美逝去之后的焦虑。湘西那些“光景实在美丽动人，永远使人同时得到快乐和忧愁”[2](P147)，当这些光景渐渐离我们远去，谁还能够在那里“抱残守缺”，参拜着作者苦心孤诣造就的人性“小庙”？

虽然沈从文对古老的乡村文化如此钟情，但他的目光绝不囿于湘西一隅。当20世纪二三十年代现代文明的浪花刚刚波及湘西之际，他已敏锐地感觉到了“入侵”的后果。所以他把现代工业文明造就的城市文化作为参照纳入考察视野，要以“乡下人”的优美、健康、自然、朴野、雄强、开阔的人性来反观“城里人”的虚伪、委顿和“阉寺性”，进而使作品具有了些许讽刺意义（虽然他的讽刺艺术并不算成功）。沈从文对现代文明和城市文化以及由此造就的“城里人”虽不能说是深恶痛绝，但也肯定是鲜有好感。这一点在他的《八骏图》《腐烂》《平凡故事》《绅士的太太》《某夫妇》《有学问的人》《蜜柑》等作品中表现得清清楚楚，并在《三三》中做了直接的对比：三三活色生香，“城里人”病入膏肓。

老舍生长在千年古城、帝王之都，本身又是旗人后裔（虽然地位相对不高），所以他的文学版图顺其自然地在城市。《老张的哲学》《赵子曰》《离婚》《骆驼祥子》《四世同堂》《我这一辈子》《月牙儿》等主要作品的故事都发生在北京。《二马》的故事虽然没有发生在北京，可讲的也是正宗北京人在国外的小说。虽然在市井，可是萦绕着老舍的仍然是“乡土中国”似的旧梦情怀。老舍批判的是封建制度生成并遗留下来的保守、慵懒、自私、怯懦等国民性弱点，精神仍是五四的，但他的态度与五四式的激进是有反差的。他批评国人的精神弱点是一种含笑的揶揄，而不是无情的鞭挞。更多一些对于古老文明的痛惜之情，像是一个望子成龙的家长对于不成器的子女恨铁不成钢的惋叹。老舍在骨子里对传统文化还是有那么一丝留恋。但是留恋归留恋，有错还得说。传统文化与民族性问题仍然表现在“人”的身上，老舍通过对于小说中一个个人物的剖析来完成对国民性的思考。比如《老张的哲学》中老张的钱本位思想，《赵子曰》里凡人出人头地的“英雄理想”，《离婚》里张大哥的苟安、妥协、卑怯的庸人哲学……凡此种种，在漫长的中国历史发展中日积月累成了个大大的脓包。老舍就是要用他那多讽的微芒笔尖刺它一刺，慢慢流尽毒素，以使老迈中国恢复健康。

关于对“城里人”的讽刺，可以说老舍是沈从文的补充。可是虽然二者讽刺的都是“城里人”，但在具体对象上还是有明显的不同。概而言之，沈从文讽刺的是城市中的上等人，老舍揶揄的是城市里的小人物。沈从文的讽刺对象不是大学教授就是哪家太太，要不就是小姐公子，底层人物不能说没有，但是数量极少。老舍作品中虽也不乏知识者、上层市民，但是作为主要人物的多是在社会上没有什么地位的小角色。但老舍的讽刺更见深刻、透骨。因为他自小生长在帝王之都，对城里人的脾性、气质了如指掌（程度正如沈从文对于湘西古旧农村人物美德的把握），与沈从文不同，他侧重于观察、揭示人性的另一方面，即保守、苟安、狡猾、市侩、迂钝……这些仍是存在于古旧中国胞体之内的，与沈从文所极力歌颂的正成反向。在这一正一反、一褒一贬之间我们才更全面地了解了国人的品性。也正是在这一褒一贬之间我们看到了“乡下人”与“城里人”的分野与类同，“城里人”就一定先进聪明吗？不一定。“乡下人”就一定质朴诚实吗？也不一定。二者并无孰优孰劣的问题，关键是看能不能在历史发展的大潮中正视自己，反思自己，以期达到既顺应潮流又保持住自己的纯良。中国城市化进程发展了近一个世纪，到今天这一进程正如火如荼漫延开来。乡间街巷修了柏油路，农民工们进城落户，城与乡正从两个方向相向而行越走越近。那么身处其间的人们该如何厘定自己的位置，如何确定某些事物、精神的保有与舍弃、接受与排拒？这是一个重大而难以回答的问题。是用“城”的文明观念压抑村舍农人的朴野，还是用“乡”的自然天性排斥城里人的红装素裹？当“城里人”面对着由人口激增带来的日益剧烈的生存竞争，他们该如何发展自己？当“乡下人”失去土地之后，他们该何去何从？问题不是一个一个，而是一队一队地接踵而来。是不是我们早该扬弃城—乡二元对立的思维模式，把二者尽可能地融为一体（我国今年已有少数省份取消了城、乡户口区分，这是在政策方面迈出的可喜一步）。关于上述问题，当代作家已有了不少可贵的探索，例如贾平凹、关仁山，甚至被冠以“先锋”之名的格非等。但上述问题都是一些发展中的问题，随着城市化进程的大规模推进，肯定还会出现新的问题，而老的问题也将改头换面不断困扰人们。所以后进作家应该跟上，而不是浅尝辄止。

二 纵横比较中的交错思考

“小说是回忆”，我们发现沈从文用以表现他的文学理想的小说大多是对于故乡生活的回忆，或者是在回忆的基础上加工而成。不论是写儿童的《代狗》《我的小学教育》《玫瑰与九妹》《炉边》《腊八粥》，还是写成人故事的《边城》《长河》《柏子》《凤子》等，写的都是过去的事与过去的人，是童年经历、观察到的生活经过长时间酝酿发酵后在某种契机触发下完成的。他也有相当一部分写都市生活的小说，但那里不是他理想人性的活动区域，而是现代文明培育下病态扭曲的人性的展示台。人们说沈从文有两幅笔墨，一幅写乡村——供奉着他“人性”理想的“希腊小庙”，另一幅写城市——作为他富有人类救赎意义的“湘西特异生命形式”的对立面出现。沈从文是通过二者的比较来突出湘西乡民的自然、优美、健康的人生形式。前者是后者的存在理由，后者是前者的必要补充，失去前者，后者将毫无意义。正是在这种两相对照中，沈从文完成了他对于传统文化滋养下的人类道德精神的赞美与对于现代文明的假、恶、丑的批判。对照的两极一边是回忆中的湘西故土，一边是作者正在经受的当下现实，显然二者存在于不同的时空领域中。湘西乡村代表着政治、经济、文化发展的落后，都市代表着政治、经济、文化的先进，归根结底是一个时间的问题。所以沈从文的“两个文学世界”的对照实际上是时间向度上的过往与现在的对比，是一种纵向的对比。

沈从文在“过去”和“当前”的对照中，探讨“民族品德的消失与重造”的问题，要在这慢慢流淌的时间长河中看到过去的美丽如何渐行渐远，代之而起的则是所谓的“新”所带来的满目疮痍。这种感慨的最好注脚是《边城》《长河》，还有散文集《湘西》《湘行散记》。沈从文从这种对照中看到了“最明显的事，即农村社会所保有那点正直素朴人情美，几乎快要消失无余，代替而来的却是近二十年实际社会培养成功的一种唯实唯利的庸俗人生观。敬鬼神畏天使的迷信固然已经被常识所摧毁，然而做人时的义利取舍是非辨别也随同泯没了”[3](P56)。翠翠天真活泼、纯净无邪，然而在命运的无常安排下她失去了最亲的人和刚刚萌发的爱情。美丽的东西总是那么容易消逝。《长河》中的夭夭，难怪作者叫她“黑中俏”，她和翠翠一样活泼天真、纯美自然。在那幅橘林劳作的田园风景画中，大家都在摘橘子，她是一会儿也待不住，“一只蚱蜢的振翅，或一只小羊的叫声，都有理由远远的跑去”。一起摘橘子的长顺、二姐、嫂嫂、长工等人都打趣她，她俨然就是大家的一个小开心果。夭夭有意固守着牧歌一般的田园生活。然而“除非我们留心到他（沈从文）用讽刺手法表露出来的愤怒、他对情感和心智轻佻不负责态度的憎恨，否则我们不会欣赏到小说牧歌性的一面”[4](P145)。于是在夭夭身边出现了丑恶的化身——保安队长，这个伴随“新生活”而来的不速之客的存在时刻威胁着天真无机心的夭夭的美丽。在《长河》完成的第一部里，他还仅仅是觊觎，可是如果作者有机会把作品写完，我们不敢想象夭夭的结局。

老舍的小说世界中也有对照，不过与沈从文的纵向对照不同，老舍运用的是横向对比方法。老舍由于国外游学、工作的经历，目睹、感受了西方文化之后，再回头看中国传统文化时就多了一份参照，更多了一份透彻与犀利。虽然在之前的《赵子曰》和之后的《离婚》《四世同堂》等作品都多少涉及东西文化比较的问题，但老舍有意、着力做对照的还是《二马》。谈到《二马》的创作动机时，老舍说：“写这本东西的动机不是由于某人某事的值得一写，而是在比较中国人与英国人的不同处，所以一切人差不多都代表着些什么；我不能完全忽略了他们的个性，可是我更注意他们所代表的民族性。”[5](P14)在国内时老舍就对英国文化有所了解，到了英国后更是感触尤深，出于在两相比较中分析探讨中国文化的劣根性，在对比中见出中国人的保守、无尊严、慵懒、爱面子等愚昧落后的思想。老马这个人物身上几乎包揽了以上所述中国人的所有缺点，他保守、懒散、苟安，兄长留下的古董店他根本就没打算正经经营一下。为了那点面子，他连让房东太太弄点吃的也张不开口，“好几次要下楼去向房东说，总觉得还是不开口好。站起来走了几步，不行，越活动越饿。又坐下，从新装上一袋烟；没抽，把烟袋又放下了。又坐了半天，肚子不但响，也有点疼了”。他硬是环顾左右而言他，就是不开那个口——和她耗到底。最后可算是通过“拿破仑”让温都太太知道了本意，大嚼冷饭之后却忘了刚才的寒碜处，“回到椅子上一坐，打了几个沉重的嗝儿，然后撅短了一根火柴当牙签，有滋有味的剔着牙缝”。在这段小情节中我们也看到了相比之下英国人的“事事讲法律的，履行条件”处。同样在这部作品中，作者让我们看到了英国人的“进取精神，独立的国民意识，守秩序、爱清洁、遵守时间、爱惜时间，把经济活动与时间紧紧相联系的观念”[6](P5)。在这一系列对比中，以西方文化的优点来反衬中国传统文化劣处，透露出的是老舍对于传统文化强烈的批判态度。

但在另外一些作品（也包括《二马》）中，我们发现老舍对于西方文明也并不是一味地抬高，比如在《离婚》《四世同堂》等作品中对于“新派市民”身上表现出来的“洋”气的厌恶。对于他们的洋化生活状态与作风的嘲讽与讥刺，表现出老舍对于资本主义文明的排拒态度。《离婚》中的张天真“漂亮，高鼻子，大眼睛，腮向下溜着点，板着脸笑，所以似笑非笑，到没要笑而笑的时候，专为展列口中的白牙。一举一动没有不像电影明星的，约翰巴里穆尔是圣人，是上帝。头发分得讲究，不出门时永戴着压发的小帽垫。东交民巷俄国理发馆去理发，因为不会说英语，被白俄老鬼看不起；给了一块五的小账，第二次再去，白俄老鬼敢情也说中国话，而且说得不错。高身量，细腰，长腿，穿西服。爱‘看’跳舞，假装有理想，皱着眉照镜子，整天吃蜜柑。拿着冰鞋上东安市场，穿上运动衣睡觉。每天看三份小报，不知道国事，专记影戏园的广告。非常的和蔼，对于女的；也好生个闷气，对于父亲”。这种崇洋逐新、空虚无聊的“新青年”是老舍所鄙弃的。老舍当然很清醒，以这样的文化精神作用于中国社会有百害而无一利，所以在《月牙儿》等作品中老舍进一步反思了五四新文化运动所倡导的个性解放与思想自由等观念。在与《月牙儿》同类的“表现底层市民命运的作品里，也贯串着批判排拒资本主义文明的主题”[7](P76)。

在对于传统文化的态度上我们看到沈从文与老舍大体上是一扬一抑，一褒一贬的。但是在这里笔者要提醒大家注意的是他们表现各自态度所用的不同方法：沈从文用的是纵向比较，老舍用的是横向比较。在这一纵一横之间出现了交点，那就是同样对于现代文明的排斥倾向。从晚清开始，西方各种思潮（科学的、哲学的、文学的、心理学的等）滚滚而入，五四时期达到高潮，现代知识分子唯西化是尚。也有冷静思考的，比如林纾、吴宓等人，但是新文化提倡者们把他们作为异类给打倒了。广大知识分子对于西方文化的引入仍是一种盲目的状态，能真正奉行鲁迅所提倡的“拿来主义”的人还是少数，这时候我们回想一下洋务运动时期的“中学为体，西学为用”也并不是毫无道理。但是新潮的知识分子已无暇多想，他们要做的是彻底斩断传统的文化脐带，以迅速使新文化站稳脚跟。当然不排除这种“激进”姿态中包含的策略意义，不过激进者们已来不及深思对于传统的“转化”，而是果断地“革命”。当历史进入 20 世纪 30 年代，五四热潮稍微冷却之后，沈从文与老舍对于中西文化的思考就显得弥足珍贵了。他们能够在政治革命风起云涌的夹缝中觅得一份宁静，对传统与现代做冷静的分析，是对于知识分子道德底线的坚守。

21 世纪已经在不知不觉中走过了十几年，改革开放也已历经了 40 年，中西文化的比较早已不是什么新课题。问题是，当前中国社会的局部（或是地理上，或是领域上）仍是泥沙俱下、鱼龙混杂。说人性颓荡浮躁、蝇营狗苟或许有点过分，但自私自利者有之，骄奢淫逸者有之，弄虚作假者有之。我们怎么面对有关利益、道德的取舍，怎么处理个体与群体的关系等是一个需要永久思考、不断体悟的问题。沈从文与老舍的创作给我们留下了深刻的启悟，从这一方面说，现代作家并没落伍，他们的文学生命是永恒的。

三　抑扬起伏后的人性归趋

上文说到沈从文与老舍对于传统文化的态度大体上一扬一抑，一褒一贬。这里我们用了一个限定性词“大体上”，之所以如此限定是因为二者在褒扬或是贬抑的同时都有一个自我反思的过程。

虽然沈从文自称“乡下人”，并反复自况“乡下人照例有根深蒂固永远是乡巴佬的性情……他保守，顽固，爱土地”[8](P51)，但他的眼光并不狭隘。沈从文时刻注意着世界、社会、人生的发展变化，所以并不是盲目地一味吹捧湘西人生、人性的完美与伟大，而是在颂扬的同时发现了某些危机。他当然明白，人是活在一定社会环境中的人，在湘西古朴纯美的自然里，那些朴野又纯净的人们自然是如鱼得水。可是，世界是会变的。当外来的现代文明侵入以后，古老文化滋养下的人是不是也应该主动求变，以防被时代的洪水所淹没。湘西给了沈从文美丽的梦与寂寞的愁，他时时“关心到这地方人将来的命运，虽生活与自然相契，若不想法改造，却将不免与自然同一命运，被另一种强悍有训练的外来者征服制驭，终于衰亡消灭”。《七个野人与最后一个迎春节》即是一个极好的例子，在北溪村马上就要成为“有了官”的地方时，那“七个野人”还梦想固守着他们早先自由自在的生活，“一致否认这种荒唐的改革。他们愿意自己自由平等的生活下来，宁可使主宰的为无识无知的神，也不要官”。可是他们已经与时代脱节，没有准备好如何应对突如其来的“变”。结果“用十个军人伏侍一个野人，于是将七个尸身留在洞中，七颗头颅就被带回北溪，挂到税关门前大树上了”。《长河》中的生活也在变，那幅优美宁静的牧歌图画已经沾染上了“新生活”的污渍。“作品既见出‘乡下人’主观精神与现实环境不相平衡而出现的可笑情状，又见出因‘常’与‘变’的冲突而产生的人物悲剧命运。”[9](P483)翠翠是那样温柔、纯净，老船夫是那样朴倔、豪爽，顺顺的义气、干练，大老、二老的少年英雄，但《边城》的美丽只能存在于过去，悲剧落幕后，留给我们的只有作家那一声无奈轻叹。

老舍是地地道道的北京“城里人”，但是对于中国知识分子来说，“北京甚至可能比之乡土更像乡土，在‘精神故乡’的意义上”[10](P6)。所以老舍对北京、对北京市民生活方式所代表的熟透了的传统文化充满了感情。即使是批判，他对于传统文化滋养下的人性态度仍然是温婉的，上文也提到他对于国人精神弱点的批判是一种含笑的揶揄，而不是无情的鞭挞。究其原因，大概是出于老舍对于古旧中国文化的热爱、对于社会底层民众的同情和对于西方现代文明的排拒。这里我们关注的正是老舍在整体批判立场上所表现出来的对于民族传统的再思索。在伴着温情的微笑下，老舍对他笔下的市井小民给予沉郁的讥讽。但在对西方文明失望后，老舍又对传统文化中的“正能量”进行了深层次的挖掘。他正是在“对传统文化、民族性格潜在的力量的挖掘中，去寻找民族振兴的理想之路。在《四世同堂》中老舍就这样明确地指出，传统文化‘是应当用筛子筛一下的’，筛去了‘灰土’，‘剩下的是几块真金’，这种‘真金’，就是‘真正中国文化的真实的力量’，虽然也是‘旧的’，但‘正是一种可以革新的基础’”[7](P77)。除了《四世同堂》，我们在老舍其他作品中的“理想市民”身上也见到了这种“筛”剩下的“真金”。比如《离婚》里丁二爷的义气深重，《赵子曰》里李景纯的踏实、诚挚，《二马》里李子荣的勤劳、机智、肯干，即使是作为批判对象的老马也并不是一无是处，他也有宽容、忍耐、大度的一面。有人说老舍与沈从文从属于不同的文化系统，在二者之间进行比较的基础是薄弱的。但是，我们将老舍在传统文化中“筛”出的“真金”与沈从文关于野蛮人性的呼喊比较一下，很容易看出二者对于民族出路的共同指向。确实，湘西与北京各有自己的文化形态，然而它们的底蕴共同来自中华文明，从丁二爷、李景纯、李子荣甚至转变后的钱默吟身上我们不难看出湘西儿女的任侠慷慨和脚踏实地。

至此，我们看到了沈从文与老舍二人对传统文化的态度并不是二元对立式的，而是在有一个主导方面的同时又能兼顾到时代的发展，在此背景上做文化的改进。这种改进从何做起？他们的答案由始至终是人性的方向。沈从文强烈渴求人性的健全发展，但是在现代文明的侵蚀下，众多曾经美好的生命都已只剩下一具空壳。所以他寂寞了，忧愁了。老舍倒是始终以微笑的姿态俯视笔下众生，他肆意调笑着小市民的苟且、守旧、庸俗，西崽们的洋奴嘴脸。甚至那些并非他主要批判对象的人物——知识分子，也尝到了他的讽刺锋芒。[11](P181-185)与沈从文赞美人性中的美好一面相反，老舍嘲笑的是人性中的丑恶面。正是这些由封建制度积淀下来和资本主义文明滋养出来的丑恶人性的凝聚，阻滞了中国社会的发展进步。所以要救中国还得从改造国民性做起。不过改造作为“种”的存在的国民精神谈何容易？这必定任重道远，须付出数辈人的努力方可成就。

沈从文、老舍生活的时代固然是兵荒马乱、烽火连天，处于那样的社会背景下，人性的优点或弱点势必都将暴露无遗。他们处在革命的年代，而“革命的起源正是为了人性，是为大多数人过上真正的生活而革命”[12](P215)。今天呢，虽然我们以和平、发展为主题，人性的缺点仍随处可见，比如贪婪、色欲、自私等，难道这些不是阻碍现代中国发展的极端重要的因素吗？中央决策相当给力，但是制度、体制并不能解决所有问题，比如贪污受贿。它的根源还是在人性，故而关于人性的探讨与改造还得继续下去。

参考文献：

[1] 赵园．地之子·自序［M］．北京：北京大学出版社，2007.
[2] 沈从文．从文自传［M］．长沙：湖南美术出版社，2006.
[3] 沈从文．《长河》题记//刘洪涛，杨瑞仁编．沈从文研究资料［M］．天津：天津人民出版社，2006.
[4] 夏志清．中国现代小说史［M］．上海：复旦大学出版社，2005.
[5] 老舍．我怎样写《二马》//老舍生活与创作自述［M］．北京：人民文学出版社，1982.
[6] 孙钧政．老舍的艺术世界［M］．北京：北京十月文艺出版社，1992.
[7] 温儒敏，赵祖谟主编．中国现当代文学专题研究［M］．北京：北京大学出版社，2002.
[8] 沈从文．习作选集代序//刘洪涛，杨瑞仁编．沈从文研究资料［M］．天津：天津人民出版社，2006.
[9] 凌宇．从苗汉文化和中西文化的撞击看沈从文//刘洪涛，杨瑞仁编．沈从文研究资料［M］．天津：天津人民出版社，2006.
[10] 赵园．北京：城与人［M］．北京：北京大学出版社，2014.
[11] 王卫平．中国现代知识分子小说史论［M］．北京：中国社会科学出版社，2009.
[12] 孔庆东．笑书神侠［M］．北京：中国文联出版社，2012.

作为哲学家的陈铨的长篇小说*

陈思广　徐家盈**

摘　要： 作为一名哲学家，陈铨对叔本华哲学和尼采哲学的深刻理解使他形成了悲观主义的人生观，并从尼采哲学的角度看待世界，将其作为解释和解决当时中国各种问题的思想资源，悲剧和“民族文学”也成为他的小说创作理路。这使得陈铨在长篇小说创作实践中，不仅以叔本华的“悲观主义”哲学和尼采的“超人哲学”观念凝聚人物形象，还以对“人”的形而上讨论设计人物对话，甚至小说的根本立意都围绕“生存的痛苦”而展开，其小说萦绕着鲜明的“叔本华味”和“尼采味”。这种浓郁的哲学意味使得陈铨与其他新文学作家区别开来，不仅以其哲理玄思填补了中国哲学小说的空白，也以精巧的结构艺术为现代长篇小说结构艺术的发展做出了重要贡献，其文学史意义不应忽视。

关键词： 战国策派；陈铨；长篇哲学小说；悲观主义；超人哲学

在中国新文学长篇小说作家中，陈铨是一个特殊的存在。作为哲学家，他深受叔本华和尼采的哲学思想的影响，也因之形成中西交融的人生观与世界观；作为长篇小说家，他的长篇小说既有文学的意味又弥散着浓郁的哲学色彩，成为理性的但又是形象的文学表达，这也使得人们将陈铨与其他的小说家鲜明地区别开来，其长篇小说创作也因之呈现出独特的文学史意义。

一　作为哲学家的陈铨

众所周知，作为哲学家，陈铨的哲学思想来源主要有二：叔本华的“悲观主义”哲学和尼采的“超人哲学”。对叔本华哲学和尼采哲学的深刻理解使得陈铨形成了悲观主义的人生观，并从尼采哲学的角度看待世界，将其作为解释和解决中国当时各种问题的思想资源。这影响并生成了陈铨的文学创作观，使得他对“悲剧”这一艺术形式推崇备至，并将这一观念融进他的“民族主义文学”创作过程中。

陈铨与德国哲学渊源深厚，求学时期就钻研德国哲学尤其是叔本华和尼采的哲学书

* 基金项目：国家社会科学基金项目“中国现代长篇小说编年史（1922－1949）”（项目编号：17BZW153）的阶段性成果。

** 作者简介：陈思广（1964－），男，四川大学文学与新闻学院教授，博士生导师，研究方向为中国现当代小说。徐家盈（1998－），女，四川大学文学与新闻学院 2017 级硕士生，研究方向为中国现当代小说。

籍，归国以后又以学者身份继续进行叔本华哲学和尼采哲学的专门研究，是“我国研究德国哲学和德国文学有数学者”[1]之一。在清华求学之际，陈铨读到王国维用叔本华悲观主义哲学对《红楼梦》进行分析的《〈红楼梦〉评论》，觉得“叔本华和曹雪芹的悲观思想，充满了我的心灵”[2]，于是他“立刻写了一篇几千字的书后”[3](P1)，并以“涛每”的笔名发表在《清华文艺》第1卷第2号上[4]。而思想“明显受过叔本华的影响”[3](P1)的哈代小说，则以文学的形式向陈铨输送了叔本华的悲观主义哲学。留美时期，陈铨成为叔本华哲学的拥戴者。他说：“到美国以后，习西洋哲学史，开始阅读叔本华的书籍。他思想清楚，说理透彻，尤其是他的文章，简洁漂亮，使我心悦诚服。”[3](P2)1929年创作于美国的《冲突》便体现出了陈铨对叔本华哲学的推崇。留德时期，陈铨又接受了德国哲学的影响。在其导师——著名黑格尔研究专家理查德·克罗纳尔教授的指导下，陈铨作为哲学院的学生系统研究学习了康德、黑格尔等人的哲学思想。回国后，陈铨继续保持对哲学的兴趣，以学者身份对叔本华哲学和尼采哲学进行了专门而深入的研究，并根据自己的研究成果陆续发表了丰硕的论文和研究专著①，不仅是当时“介绍和推崇叔本华思想最为积极的代表人物”[5]之一，还与林同济一起被赞为“中国真可以深探尼采渊默之思的有学之士”[6](P3)，在助推叔本华哲学和尼采哲学在中国的传播接受方面做出了重要贡献。

对叔本华哲学和尼采哲学的深刻理解影响了陈铨的人生观和世界观。在叔本华哲学的影响下，陈铨形成了悲观主义的人生观。尽管陈铨对王国维直接套用叔本华悲观主义哲学分析《红楼梦》持有一定的怀疑态度，但作为第一篇真正影响陈铨思想的文章，王国维的这种分析把陈铨“带进了一个悲观主义的世界”[7](P29)，使得陈铨被叔本华式悲观主义所浸润，并一直对叔本华“这一位最初影响我思想文艺的西洋哲学家……不胜徘徊”。“每当极无聊赖时，把他的书籍打开，还可以减少我许多的愁闷。”[3](P2)20世纪三四十年代，尼采哲学也成为陈铨的思想武器，他开始用尼采哲学看待世界，并将其作为解释和解决中国当时各种问题的思想资源。特别是全面抗战开始后，他以尼采的“权力意志”和“超人”哲学为支点，形成了自己的“英雄崇拜”“民族主义”等文学概念，并与战国策派同人一起，试图用尼采的学说为中国当时的政治、文艺等种种问题找到解决的路径，鼓舞民众奋勇抗敌的决心。

叔本华哲学和尼采哲学还进一步影响了他的创作观。叔本华认为，悲剧是“文艺的最高峰”，它“以表出人生可怕的一面为目的，是在我们面前演出人类难以形容的痛苦、悲伤，演出邪恶的胜利，嘲笑着人的偶然性的统治，演出正直、无辜的人们不可挽救的陷落”[8](P350)。受叔本华的影响，陈铨也对悲剧这种艺术形式推崇备至。他认为，以“人生的谜团”为对象的希腊悲剧“是真正的高美种的艺术……它的结构是最有力的方式；它的人物命运充满了壮烈的战争；它的背景和诗歌，达到了神妙的地步；它表示的情感热烈而不感伤，它选择排列的材料，刚好匀称而谐和”[9](P30-31)。这种推崇使得陈铨在创作小说时常向“悲剧”靠拢：《冲突》中三位中国留学生的三角恋爱惨剧，表现了在盲目意志的支配下人们的痛苦；《彷徨中的冷静》中彻底的悲观主义青年王德华，演出了“人类难以形容的痛苦、悲伤”；《天问》里本分的陈鹏运被无辜夺妻，横死街头，善良的张慧林被林云章玩弄于股掌，半生凄惨，展示着“邪恶的胜利”和“正直、无辜的人们不可挽救的陷落”。同样，在尼采的“权力意志”的哲学思想影响下，陈铨又形成了新的创作理路。他认为“世界上第一流的文学，就是能够提高鼓舞生命力量的文学”[10]，强调在新的“战国时代”要表现“新时代的精神”[11]，呼吁文学为培养“民族意识”即民族的权力意志服务[12]。回荡着尼采哲学的《狂飙》即为陈铨在“民族文学”理论指导下完成的一部“民族文学”的“有力的作品”[13]。

相较于新文学其他作家而言，作为哲学家的陈铨有着坚实的哲学基础。对叔本华哲学和尼采哲学的深刻理解使得陈铨形成了悲观主义的人生观，并从尼采哲学的角度看待世界，将其作为解释和解决中国当时各种问题的思想资源。这影响了陈铨的文学创作观，使得他对“悲剧”这一艺术形式推崇备至，也使得他开展“民族主义文学”创作时，其所有的长篇小说都萦绕着浓郁的哲学色彩。

二　作为小说家的陈铨

正因为陈铨深受叔本华和尼采哲学的影响，他所创作的所有长篇小说均带有浓郁的哲学色彩，不论是《天问》《革命的前一幕》《冲突》，还是《彷徨中的冷静》《死灰》《狂飙》，都形象地传递了叔本华和尼采的哲学观念，展示了陈铨对叔本华哲学和尼采哲学的理解，也因之形成了以下三个方面的特点。

第一，以叔本华的“悲观主义”哲学和尼采的“超人哲学”观念凝聚人物形象。在陈铨的小说创作中，常常出现两类明显带有叔本华哲学与尼采哲学色彩的人物形象：一类是叔本华式的悲观主义者，他们持有叔本华的悲观主义，认为“宇宙人生是无意义的，意志是盲目的，生存是痛苦的，自杀是没有用的”[14]；另一类则是尼采式“超人”英雄的化身，他们拥有尼采之“超人”气质，是引领社会进步的“天才”、人类中的“强者智者”，是天生的统治阶级。

悲观主义者是陈铨小说中最为普遍的人物形象。他笔下的许多人物都具有悲观主义色彩，即便不是典型的悲观主义者，也时时涌出“莫名其妙的悲哀”。《彷徨中的冷静》中对生活积极坚定的李采苹，望着窗外的风景会“不觉一阵心酸，一股热泪，夺眶而出”[15](P363)；《革命的前一幕》中天真活泼的徐梦频，上了大学之后心中“常常充满了一种莫名其妙的悲哀”，“觉得一切都是虚幻”[16](P127-129)；《冲突》中为人圆滑的刘翠华，在结婚前心里“常常有一种无缘故的悲哀，有时不知不觉，眼泪就到眼边了”[9](P81)。而在这些悲哀者的群像中，又以陈云舫、萧华亭和王德华三位男主人公的表现最为突出。《冲突》中的陈云舫对世界的看法悲观到了极点，“觉得一切的一切都是黑暗的，冲突的，盲目的”。他从根本上反对宇宙人生的存在，“他只想消灭它，推翻它，以求一切众生的解脱”，只要“宇宙人生一消灭，一切众生的痛苦都解除了”。[9](P3)陈云舫这些悲观的看法，正是叔本华悲观主义的回声。如果说，陈云舫是因求爱被拒而导致人生观发生了根本性的变化尚有情可原，《死灰》中的萧华亭则自始至终都颓废到极点，几乎是叔本华哲学思想的形象翻版。他厌倦一切，认为“世界上的一切都无意义”，他的心里常常“充满了悲哀的情绪”，只“觉得生存中充满了痛苦”[17](P131)。他精神上的颓废和悲哀太过深沉，“天大的力量，也不容易把他挽回转来”，冷荇的爱情给他带来的也只是暂时的慰藉而并非永久的解脱，他只想“找个地方去休息，一个没有人迹的地方。如果休息的地方找不着，我看我只有自杀”[17](P131)。而《彷徨中的冷静》中的王德华，更是陈铨完全依据叔本华的悲观主义建构出来的彻底的悲观主义者。王德华认识到了宇宙人生的无意义，认为“也许一切都是假的”，一切感觉也许都只是“一种幻象”。他认识到了支配人生的意志的盲目，也意识到了在盲目意志的支配下人的生存的痛苦：“一个人的生命，好像处处无形中受着一种伟大力量的支配，个人自己完全作不了主，只有听从他，依服他，好像狂飙巨浪中的孤舟，浮沉上下。但是孤舟没有知觉，人心还有知觉，所以只有人才感受着命运的痛苦。”[15](P181)在这种彻底的悲观主义的支配下，他失去了人生的信心和目标，内心只有压迫和彷徨，早已“没有力量再生活”，只希望停止一切的思想和知觉。陈铨认为，叔本华的悲观主义“决不是失望颓废无聊的悲观主义”，而是哲学的悲观主义和智慧的悲观主义。[14]在陈铨的小说中，这些悲观主义者耽于形而上问题的思索，他们的痛苦是出于“过于仁慈的心和过于灵敏的感觉力”[15](P269)，是为“世界一切众生”而不是为个人的痛苦，是天才们参透宇宙人生之后而产生的“丰富的忧愁”。他们的悲观，正是陈铨所谓叔本华式“智慧的悲观主义”。

其实，陈铨的“超人”情结早在《彷徨中的冷静》里的刘华廷身上便投射出来。刘华廷是晚清革命党的地方领袖。他为了革命四处奔走，散尽家财，常冒险进城安排革命工作。他“素来无论在社会或者在家庭都当惯了领袖”[15](P330)，人格中带着伟大的“丈夫气”，使得别人不由自主地瞻仰崇拜他。尽管在这篇小说中陈铨对刘华廷尚着墨较少，但此时的刘华廷已经具有了陈铨后期小说中“超人”形象的雏形。《死灰》中的工人落亚芒也是一个“英雄”，他身材强壮高大，是勇敢的战士，在战场厮杀四五年之久，多次负伤都没有阻止他继续打仗的热情；他有领袖的气度，相信“德国民族在世界上只会作领袖，不会作随从”，认定“德国民族应该出来领袖世界”[17](P88)。在德国两党斗争激烈之际，他毅然选择加入国社党冲锋队，要让德国民族“创造一个新世界新文化”。而《狂飙》中的李铁崖，则是“超人”式英雄的典型代表。李铁崖本身便是一个英雄主义者，孙中山死去之后，他坚定地认为“一定会有像孙中山先生那样的人物出来，重新领导中国民众，对内统一，对外独立”[18](P23)；他是天才，留学于日本帝国大学，“是政治系最好的学生”；他是勇敢的战士，在辛亥革命中，他敢于牺牲，意志顽强，令革命党的同僚都十分佩服；他是天生的领袖，领导能力超群，深得“一般农人的信仰”，“一盘散沙的民众”在他的领导下立即组织起来并迅速发展壮大，成为无锡当地重要的抗日力量；他是社会的改革家，即便在垂危之际，也不忘向薛立群讲述自己的社会改革理想。李铁崖集尼采式“超人”的优秀品质于一身，是陈铨按照“超人哲学”塑造出来的完美的英雄人物。如尼采所言，这些“超人”有时并不被外人所理解。刘华廷的革命工作被王德华的母亲称为“不安分”，落亚芒爱国爱民族的血性言论被冷荇讥为只是为了赚钱而说的“骗人的话”，但他们“没有半点追悔”[19]，而是一往直前，无论遇到什么困难都不屈服。这些“超人”式英雄形象在宣扬了尼采哲学思想的同时，也回荡着战国策派的尚

“力”意识和民族意识，是陈铨小说的独有创造。

第二，以对“人”的哲学思辨设计人物对话，强化小说的理论色彩。陈铨常在小说中插入关于哲学的议论，其中最常见的是将对“人”的思考——包括人生的意义、人的责任与自由等形而上问题的讨论作为人物的对话，展现叔本华哲学和尼采哲学思想。《冲突》中，刘翠华与张明琼本在闺房密语爱情的烦恼，张明琼却突然化身为叔本华的代言人，同刘翠华谈起了叔本华哲学。在一问一答之间，张明琼直接阐述了“欲望就是一切痛苦的源泉”、“自杀不能彻底消灭欲望”以及“彻底消灭欲望要依靠个人的聪明去领悟”等叔本华哲学义理。《彷徨中的冷静》里，王德华常与表妹李采苹进行哲学上的辩论。李采苹本在同王德华商量他与落霞的婚事，王德华却突然向采苹问道：“表妹，你相信人一死，思想就会停止吗?”由现实问题突然跳转到哲学问题，作者自己也觉突兀，于是试图用采苹“怎么凭空地来这样一个怪问题”的对答以冲淡这种不和谐感。《死灰》中，不仅受过高等教育的萧华亭与张佩清大谈哲学问题，就连没有受过多少教育的德国下层女子冷荇竟也能与博士萧华亭展开灵魂、死亡和生存痛苦等形而上问题的讨论，甚至以“世界上最傻不过的人，就是一天到晚只想着过去和将来，抛弃了现在的人”一句驳倒了萧华亭。《狂飙》中，并不十分相熟的青年男女李国刚与黄翠心，在单独相处时竟也针对人的道德、责任、自由和生存目的等哲学问题展开了大段激烈的辩论。这些哲思，有些确是书中人物情到深处、思到深处自然而然发出的叩问，但更多的则是作者代替书中人物进行的发声，人物之间的对话背后多是作者哲学思想的映射。这固然强化了陈铨小说的理论色彩，但也损伤了人物形象的生动性。辛郭便指出，这种“自我性”的文体“会使读者们有种不好的观感。觉得一切对话、文字，都是陈教授的，而不是属于书中人物的”[13]。

第三，以叔本华式的“生存的痛苦”作为小说的立意，书写人由于盲目意志的剧烈冲动而导致的生存的悲剧。陈铨常以叔本华哲学观念为小说立意，并因之形成小说的构思，其长篇小说往往成为叔本华哲学思想的形象化阐释。《天问》全篇即是叔本华式“生存痛苦”的艺术展现。小说中，林云章、张惠林和陈鹏运的三角恋带给他们的是惨淡的结局和精神的苦痛。在林云章想要得到张惠林的强烈欲望的驱动下，陈鹏运被他谋杀，惨死公园；张惠林因丈夫被害而悲痛流产，再嫁林云章也渐遭冷遇，垂危之际竟得知丈夫就是杀害前夫的元凶，恨极质问天道不公；成功占有张惠林带给林云章的也并不是欲望的满足，而是越来越深沉的悲哀，“一旦目的达到，他的幻想立刻也就消灭，他发现张惠林也不过是一个寻常的女人”[20](P137)，再加上丢官等接连而来的打击，林云章曾经的一切奋斗都失去了意义，他整日沉迷赌博、酗酒、抽烟甚至宿娼，妄图消灭精神的痛苦，最终在即将死去的张惠林面前吐露实情，自刎而死。生存的痛苦、人生的曲折无常在这里无解，只能沦落到无用地向天发出注定得不到解答和回应的痛苦的质问。而《冲突》是陈铨对叔本华“欲望就是一切痛苦的源泉”的哲学观念的注解，其所有情节冲突均靠主人公们的欲望推动。小说中，陈云舫、刘翠华、黄则凌三个留学生都受着盲目意志的支配，最终导致了无法挽回的悲剧。陈云舫隐瞒已婚身份，与美丽的留学生同学刘翠华暧昧不清。嫉妒不已的黄则凌使计让刘翠华得知了真相。刘翠华恨极陈云舫的隐瞒，转而假意同黄则凌相好，却又因为陈云舫严重的病情而原谅了他，于是又抛弃了黄则凌而同意与陈云舫结婚。最后，发狂的黄则凌在陈刘二人的婚礼上枪杀这对新人，自己也饮弹而亡。在这个彻头彻尾的悲剧中，“欲望就是一切痛苦的源泉”，它操控着人们“傀儡一般地登场”，使他们“生一天就不能不痛苦一天”[9](P50)。就算是意在彰显民族主义的强力的《狂飙》，也用大幅篇章为读者展示“生存的痛苦”。薛立群与黄翠心的结合同样从头到尾笼罩着痛苦的色彩。在与青梅竹马的王慧英恋爱时，薛立群又无法自拔地爱上了王慧英的好友黄翠心。这一精神上的出轨使得他的良心不断受着谴责，他不断压抑着自己，痛苦地发出“人为什么要活在世上”[18](P217)的追问。在薛立群终于选择抛弃王慧英、同黄翠心结婚后，他对王慧英的无法忘怀、黄翠心的怀疑嫉妒、糟糕的婆媳关系、女儿小英的早夭令他们好不容易结成的婚姻一直蒙着一层阴影。在这些小说中，恋人们或喃喃自语“永远不要离开我”，或坚定宣誓“永远爱你”，然而在各种盲目意志的支配下，他们看似坚贞的“永远”诺言只会使他们生离死别的最终结局更显悲哀和凄凉。正如《天问》的女主人公张惠林临死之前所说：“人生总是痛苦的，失意固然痛苦，得意也未尝不苦痛。全世界的人类，都是可怜虫……人生是一个错误，一天有人生，一天错误就不能终了的。”[20](P211)在陈铨“痛苦的”小说世界中，人们受着盲目意志的支配，永远追逐着而永远得不到满足，只能发出“变成一个人真苦”的无奈呼号，在生存意志痛苦这个解不开的连环中悲哀浮沉。

此外，陈铨有时甚至直接利用小说这一文体形式宣扬阐释哲学。在《叔本华生平及其学说·序》中，陈铨明确指出，在提笔写作《天问》时，他有意在思想方面传播叔本华的哲学主张：“单是《天问》的题名，就带不少悲观主义的色彩。至于婚姻问题的见解，也根据叔本华的意思。”[3](P1)《冲突》中的小说人物对“欲望”“人生”“自杀”“生存痛苦”的许多看法与观点显然是叔本华哲学与尼采哲学的直接复刻；《狂飙》中精心塑造的革命者李铁崖形象，不仅是陈铨“民族主义”的发言人，更是尼采哲学的发言人，他“人生不是求生存，乃是求权力。求生存的人，可以作奴隶，只有求权力的人，才可以作英雄”[18](P430)的高呼与尼采的“权力意志”哲学形成直接映照。

陈铨的长篇小说弥散着鲜明的哲学色彩，不仅人物形象是叔本华悲观主义哲学和尼采超人哲学的化身，还常令人物对“人”的问题展开哲学讨论，甚至小说的根本立意都围绕叔本华“生存的痛苦”而展开。这使得陈铨的长篇小说成为他所理解的叔本华哲学和尼采哲学的思想中介，甚至直接成为某种哲学思想的形象化阐释。这种浓郁的哲学意味尽管有时使得陈铨的小说理论色彩过于浓重，但也令他的小说别具一格，构成了他区别于其他新文学作家的独特风貌。

三　陈铨长篇小说的意义与价值

陈铨的这些哲学意味浓厚的长篇小说有着区别于其他新文学作家的独特风貌，不仅以其哲理玄思填补了中国长篇哲学小说的空白，也以其精巧的结构艺术为现代长篇小说结构艺术的发展做出了重要贡献。

首先，陈铨的长篇小说填补了中国长篇哲学小说的空白。自张资平1922年2月15日出版《冲积期化石》至1928年9月陈铨《天问》面世，新文学共出版长篇小说16部左右②，就思想内容和写作主旨而言，这16部长篇小说在凸显“人”的同时，或指向现实和人性批判（如张资平《冲击期化石》、孙梦雷《英兰的一生》、老舍《老张的哲学》），或表现情爱的浪漫酸甜（如张闻天《旅途》、黄俊《恋爱的悲惨》、张资平《苔莉》），几乎没有一部长篇小说是作家刻意为达到阐释某种哲学、宣扬某种哲学之目的而作。因此，在叔本华哲学影响下写就，又意在阐释叔本华哲学主张的《天问》可以说是新文学第一部真正意义上的长篇哲学小说，陈铨则是中国现代文学史上第一位以长篇小说这一文体形式为手段阐释哲学思想的作家，填补了中国长篇哲学小说的空白。而《天问》也并不是陈铨偶然挥就的兴趣之作。正如萨特“在自己的长篇小说和戏剧作品中……通过自己的人物的行动和言论来体现存在主义的哲学原理”[21](P25)那样，陈铨在其后的创作中延续其哲学小说的创作范式，不仅以叔本华悲观主义哲学和尼采超人哲学凝聚人物形象，还常以“人”的形而上思考为人物对话的主题，甚至小说的根本立意都围绕特定的哲学观念展开，其小说同萨特的小说一样与其哲学体系紧密相连。尽管与萨特浑融地将自己的存在主义哲学理念文学化相较而言，陈铨仅仅是转述和阐释叔本华以及尼采的哲学观念，显出思想上的幼稚与文体上的青涩，但在中国新文学草创时期，他的这些哲学小说无疑有着重要的开创之功。

其次，它们为现代长篇小说结构艺术的发展做出了重要贡献。在现代长篇小说的发轫期，进行长篇小说创作的新文学作家们仍处在艺术摸索阶段，而陈铨的早期小说则以其精巧的结构艺术为现代长篇小说的创作提供了重要的借鉴。《革命的前一幕》围绕徐梦频和陈凌华、许衡山三人的三角恋爱展开，线索清晰明了，结构井然有序、不枝不蔓，良友公司在广告中称其“紧张的结构，美丽的散文，不但远超出《天问》的成就，并且是今日中国文坛上可喜的收获”③。《天问》讲述张惠林和林云章、陈鹏运的三角恋爱悲剧，全书无一闲笔，线索分明，“融合传统章回小说和西洋小说技法于一体，形成了自己的特色，表现出很强的长篇小说体裁的文体意识”[22]，收获文坛一片赞赏之声。吴宓盛赞《天问》：“结构精严，章法完密，全局布妥，乃始著笔，通体照应，用力不懈。中国旧小说惟《石头记》乃能及此。”[23]顾仲彝认为《天问》结构老练，直言：“在许多新作品中间我认为最满意的长篇是《天问》……前后照应，线索分明。”[24]溜子也对陈铨给予了极高的评价，他直接称陈铨的《天问》为“结构的小说”，甚至断言其“替中国新的小说杀出了一条新的血路……在将来的小说史上，这部《天问》单凭它的结构就要占重要的一页”[25]。讲述留美学生三角恋爱惨剧的《冲突》则钩衔甚密、结构紧凑，吴宓赞其“结构甚佳，接凑极紧……尤见结构之巧”[26]。尽管陈铨后来的几部长篇因结构散漫而多得否定之声，但我们无法否认，在现代长篇小说的发轫期，陈铨的长篇小说为现代长篇小说结构艺术的发展做出了重要贡献，“给我们的新小说开辟了一条可以走的新途径”[27]。

当然，陈铨的小说长期被他人所忽视，在政治因素之外也固有其创作之失。一方面，其小说充斥着大量的哲学议论与思考，甚至不惜脱离人物身份使人物在日常生活中大量展开形而上的哲学问题的探讨，这固然达到了陈铨通过小说阐释哲学理念的目的，但同时也使得其小说理论色彩过于浓厚而与小说应有的文学形象性发生冲突。与同样通过小说阐释哲学思想的废名相比，陈铨这种直截插入的处理方式显然不甚高明。另一方面，受其戏剧创作的影响，陈铨的小说也常采用戏剧化的写法，多大段人物对话而少心理描写和环境描写，损害了人物形象的生动性。此外，尽管陈铨早期的长篇小说在结构艺术上有十分出色的表现，但他后期的创作——尤其是《彷徨中的冷静》和《狂飙》——结构散漫、叙述冗长，一直为评论家所诟病。黄照便批评《彷徨中的冷静》"骨干软弱，演进呆滞"，甚至毫不留情地讽道："如果五千字的短篇写不了，至多三四万字的中篇是够从容处置了。"[28]但总的来说，虽然在小说的艺术性上有些许遗憾，但陈铨这些哲学意味浓厚的长篇小说填补了中国长篇哲学小说的空白，也为现代长篇小说结构艺术的发展做出了重要贡献，其文学史地位和意义应该得到充分的肯定。

综上所述，作为一名哲学家，陈铨对叔本华哲学和尼采哲学的深刻理解使他形成了悲观主义的人生观，并从尼采哲学的角度看待世界，将其作为解释和解决当时中国各种问题的思想资源。这影响了陈铨的创作观，叔本华式悲剧和"民族文学"成为他的小说创作理路。这使得陈铨在其长篇小说创作实践中，不仅以叔本华的"悲观主义"哲学和尼采的"超人哲学"观念凝聚人物形象，还以"人"的形而上讨论设计人物对话，甚至小说的根本立意都围绕"生存的痛苦"而展开，萦绕着鲜明的"叔本华味"和"尼采味"，其长篇小说不仅成为陈铨所理解的叔本华哲学和尼采哲学的思想传递中介，甚至直接成为某种哲学思想的形象化阐释。这种浓郁的哲学意味尽管有时使得陈铨的小说理论色彩过于浓重，但也令他与其他新文学作家区别开来，并获得了文学史价值：不仅以其哲理玄思填补了中国哲学小说的空白，也以精巧的结构艺术为现代长篇小说结构艺术的发展做出了重要贡献。

注释：

①论文包括《从叔本华到尼采》（1936）、《叔本华的贡献》（1940）、《叔本华与红楼梦》（1940）、《尼采与近代教育》（1937）、《尼采的思想》（1940年）、《尼采心目中的女性》（1940）、《尼采的政治思想》（1940）、《尼采的道德观念》（1940年）、《尼采的无神论》（1941）、《尼采与红楼梦》（1941），专著包括《叔本华生平及其学说》（1942）、《从叔本华到尼采》（1944）。

②即张资平的《冲击期化石》《飞絮》《苔莉》《最后的幸福》，王统照的《一叶》，黄俊的《恋爱的悲惨》，秦心丁的《洄浪》，张闻天的《旅途》，孙梦雷的《英兰的一生》，叶小凤的《前辈先生》，老舍的《老张的哲学》《赵子曰》，洪灵菲的《流亡》《前线》《转变》，含沙的《爱的牺牲》和高沐鸿的《红日》。见陈思广《中国现代长篇小说编年》，四川大学出版社2008年版，第1－19页。

③见《申报》（上海版）1934年11月1日。

参考文献：

[1] 上官美博．从叔本华到尼采［N］．申报（上海版），1947－7－17.

[2] 陈铨．叔本华与红楼梦［J］．今日评论，1940，4（2）．

[3] 陈铨．叔本华生平及其学说［M］．上海：独立出版社，1942.

[4] 涛每．读王国维先生《红楼梦》评论之后［J］．清华文艺，1925，1（2）．
[5] 吴道兰．二十世纪中国的叔本华研究［D］．重庆：西南大学，2007.
[6] 郜元宝．尼采在中国［M］．上海：上海三联书店，2001.
[7] 季进，曾一果．陈铨　异邦的借镜［M］．北京：北京出版社出版集团、文津出版社，2005.
[8]〔德〕叔本华．作为意志和表象的世界［M］．石冲白译．北京：商务印书馆，1982.
[9] 陈铨．恋爱之冲突//中国现代文学馆编．陈铨代表作［M］．北京：华夏出版社，1999.
[10] 陈铨．盛世文学与末世文学［J］．当代评论，1941，1（3）．
[11] 陈铨．论新文学［J］．今日评论，1940，4（12）．
[12] 陈铨．民族文学运动［J］．民族文学，1943，1（1）．
[13] 辛郭．读狂飙［J］．民族文学，1943，1（1）．
[14] 陈铨．叔本华的贡献［J］．战国策，1940（3）．
[15] 陈铨．彷徨中的冷静［M］．上海：商务印书馆，1935.
[16] 陈铨．革命的前一幕［M］．上海：良友复兴图书印刷公司，1940.
[17] 陈铨．再见，冷荇［M］．上海：大东书局，1946.
[18] 陈铨．狂飙［M］．重庆：正中书局，1942.
[19] 陈铨．尼采的思想［J］．战国策，1940（7）．
[20] 陈铨．天问［M］．上海：新月书店，1928.
[21]〔苏〕叶甫尼娜．评法国现代派小说［M］．白嗣宏译．上海：译文出版社，1985.
[22] 孔刘辉．人性拷问与哲理玄思——论陈铨的长篇小说《天问》［J］．现代中文学刊，2012（4）．
[23] 馀生．评陈铨《天问》［N］．大公报（天津版），1928－11－19.
[24] 顾仲彝．评四本长篇小说［J］．新月，1928，1（10）．
[25] 溜子．评陈铨《天问》［J］．文艺杂志，1931，1（2）．
[26] 馀生．评陈铨冲突［N］．大公报（天津版），1930－6－9.
[27] 常风．陈铨：《彷徨中的冷静》［J］．书人，1937，1（2）．
[28] 黄照．读《彷徨中的冷静》［J］．文学季刊（北平），1935，2（2）．

“屈原问题”背后的“社会意识学”*

——兼及闻一多民主思想的一个侧面

王东东**

摘　要： 抗战胜利前后发生了一场有关屈原身份的争论，孙次舟、闻一多、郭沫若、邱汉生皆加入了这一争论。闻一多于此的意义并不在于具体的事实考辨，而是意在当代的价值渲染，以及由此完成的对“时代精神”的领悟。借助于屈原话题以及与之相关的士大夫研究，闻一多涉入了作为时代精神的民主思想，在深刻性上并不逊色于西人，而是包含了一种特有的激情和明晰性。

关键词： 屈原问题；社会意识学；士大夫；民主

“屈原问题”的发生并非偶然，而是与20世纪中国“民主诗人”的问题纠缠在一起。从五四时期开始，就一直存在一个想象中的民主诗人的召唤过程，这个过程不但发生在翻译中，如田汉通过对惠特曼的译介而发出的召唤、“中苏文化协会”在1937年和1942年对普希金的两次隆重纪念等，也发生在对古代诗人的评价和形象的重塑中，如冯至在20世纪40年代对杜甫传的书写，都渗透着中国在20世纪前半叶普遍要求的民主理念，并且从另一方面反映出民主与诗歌关系的紧张。“民主诗人”在中国现代文化中最早是以一种“幽灵”人物的形式存在着，即它总是通过对外国诗人和已逝诗人的想象和重构来完成现代中国的“文化政治”承诺。而纵观整个20世纪40年代的文化史，可以发现一位影响颇大的“幽灵”人物，这就是屈原。他经历了一个由“文学弄臣”到“人民诗人”的形象重构过程，而这又和20世纪40年代勃兴一时的以屈原为纪念对象的“诗人节”联系在一起，在郭沫若的历史剧《屈原》中甚至对现实的政治斗争发生了作用。屈原作为一个民主诗人的幽灵存在起到了其他人无法企及的作用，从而构成了一个复杂而多重的话语事件。然而，全面叙述有关屈原的话语并非本文的目的所在，本文将集中讨论在闻一多的视角下屈原话语所发生的变形，比如闻一多引发的屈原是“爱国诗人”还是“人民诗人”的争论，在必要时则补充进其他人的话语。

---

* 基金项目：2017年度河南省哲学社会科学规划项目“中国现代民主诗歌研究”（项目编号：2017CWX028）、河南师范大学博士科研启动经费“中国新诗与启蒙”（项目编号：qd15201）的阶段性成果。

** 作者简介：王东东（1983－），男，河南师范大学文学院副教授，研究方向为中国现当代诗歌。

一　问题的缘起：屈原是“文学弄臣”吗?

事情还要从1944年成都的“诗人节”说起，考古学家孙次舟在茶会上口头抛出了“屈原是文学弄臣”的说法，引起大哗，众人遂群起而攻之，这年9月孙次舟又在成都《中央日报》上发表了《屈原是“文学弄臣”的发疑——兼答屈原崇拜者》，嗣后有众多文人学者参与争论，时间长达两三年之久。诗人节本来是中华全国文艺界抗敌协会在重庆建议定端午节为诗人节而设立的节日，后来得到众多方面的支持。1941年第一届诗人节举行时，国府要员于右任、陈立夫、孙科、冯玉祥、梁寒操都曾参加，其后几届也热闹非凡，在民族危难的关头被赋予了崇高而极为重要的意义。而孙次舟以学术讨论的名义对纪念活动中的“崇高客体”发疑，引起反驳自然不足为奇。真正有趣并且需要关注的还是那些发疑和反驳的具体思路。孙次舟的思路相对比较简单，作为顾颉刚的学生他长于疑古派的思维，屈原只不过是他选中的众多“疑古辨伪”的对象之一。孙次舟提出了四个方面的证据：其一是说《史记·屈原传》没有“史源”，只是传说，这是典型疑古派的作风；其二是说屈原是“陪伴着君臣们开心寻乐”的“弄臣”；其三是用宋玉的身份来旁证屈原，宋玉“祖屈原之从容辞色”；其四紧接二、三而来，与二、三实属一类，“《离骚》是屈原被谗后将自杀的一封绝命书”，而屈原被馋则“完全是内宫的弄臣姬妾的一种争风吃醋”。闻一多的《屈原问题》给予了孙次舟不少同情之理解，闻一多将第四点概括为“《离骚》内证”，而且大段引用了孙次舟对《离骚》诗句的解读，如孙将“众女嫉余之蛾眉兮，谣诼谓余以善淫”释为“后宫弄臣姬妾争风吃醋”，将“初既与余成言兮，后悔遁而有他”解成“男女情人相责的口吻”，将“曾歔欷余郁邑兮，哀朕时之不当，揽茹蕙以掩涕兮，霑余襟之浪浪”读为“但知自伤命薄，做出一副女儿相”，将“闺中既以邃远兮，哲王又不寤。怀朕情而不发兮，余焉能忍而与此终古”认作“终以热情难制，决定自杀”等，闻一多在第一节的最后引用孙次舟的话说：

> 他——屈原是要让怀王欢乐而不妨国政，以期“及前望之踵武”的。然而他究竟是一个“富有娘儿们气息的文人”。孙先生还申斥道，“‘无能的’把事情闹糟，即使能够知耻的以死谢国人，那也逃不了孔子‘自经于沟渎’，是‘匹夫匹妇之谅也’的严正批评的。”总之，他“是文人发展史上一个被时代牺牲了的人物，”（因为男色的风习，在古代中国并不认为是不道德的。）但我们也不因此就“剥夺了他那《离骚》在文学史上的地位。”[1]

闻一多对待孙次舟文章的态度不可谓不周正全面。在转述后者的观点时，他将孙次舟的第二个证据说成是“战国末年纯文艺家没有地位”，这多少流露了闻一多的用心，他并不反对“弄臣”的事实认定，他真正忌讳的是“文学弄臣”的说法，这会让“楚狂”失去其文学的内在精神。闻一多自述作文缘由，孙次舟在《屈原的最后申辩》中转录了李长之给孙次舟的信：“昔闻一多先生亦有类似之说，以屈原与梅兰芳相比。”孙次舟并且说“闻一多先生大作如写成，定胜出拙文远甚”，故他出面讨论乃出于不得已。虽然如此，闻一多却不是要做孙次舟的“同盟军”而是要“冒险作个调人”：“孙先生以屈原为弄臣，是完全正确的指出了一桩历史事实，不幸的是他没有将这事实在历史发展过程中所代表的意义充分的予以说明，这便是误会之所由发生吧！我以为，事实诚然有些讨厌，然而不先把意义问个水落石出，便一窝蜂的涌上来要捣毁事实，以图泄愤，这是文艺界朋友们太性急点，至于这时不赶紧宣布意义，让意义去保护事实，却只顾在事实的圈子里招架，也不能不说是孙先生的失策。其实事实讨厌，意义不一定讨厌。话说穿了，屈原在文学史上的地位，不惟不能被剥削，说不定更要稳固，到那时，我相信我们的文艺界还要欢迎孙先生所指出的事实，岂只不拒绝它？”事实与意义之间的划分，同时也是社会身份与文学意义之间的划分，强调屈原的社会身份并不能否定他的文学意义。不过闻一多所谓的意义却有多重，它还包括时人赋予屈原的各种意义，也就是时代对屈原的功利性选择和象征性的阐释，这正是屈原问题追究下来有趣的地方。

二　在事实与价值之间：邱汉生和郭沫若的加入

闻一多的解释与时代精神多有契合，他对中国社会历史分期的讨论十足个人化，闻一多说：“除一部分尚未达到奴隶社会阶段的原始民族外，全人类的历史便是一部奴隶解放史。在我们的历史上，最下层的离开贵族（奴隶领主）最远的农业奴隶，大概最先被解放。”这些话的诗意明显大于历史含义。奴隶领主“身边”的奴隶解放时间最晚，这就包括屈原这些“文学侍从之臣”，“他们不幸和主人太贴近了，主人的恩泽淹灭了他们的记忆，他们失去自由太久了，便也失去了对自由的欲望。他们是被时代牺牲了。然而也是被时代玉成了。玲珑细致的职业，加以悠闲的岁月，深厚的传统，给他们的天才以最理想的发育机会，于是奴隶制度的粪土中，便培养出文学艺术的花朵来了”。然而，更重要的是，反抗性和人的尊严也在此过程中产生了：“奴隶制度不仅产生了文学艺术，还产生了‘人’。本来上帝没有创造过主人和奴隶，他只创造了‘人’……被馋，失宠和流落，诱导了屈原的反抗性，在出走和自沉中，我们看见了奴隶的脆弱，也看见了‘人’的尊严。先天的屈原不是一个奴隶，后天的屈原也不完全是一个奴隶。他之不能完全不是一个奴隶，我们应该同情，（那是时代束缚了他。）他之能不完全是一个奴隶，我们尤其应该钦佩，（那是他在挣脱时代的束缚）。”[1]如果说古典文学有其“腐朽性”，但这种腐朽性应该缘于社会条件的限制，并不能从根本上取消古典文学的人文价值，这也许才是闻一多高明的地方，也是真正的人文眼光。社会身份并不能决定文学意义的高低，这本是文学研究者应该具备的常识，但作为疑古派学人的孙次舟却敢于无视文学研究的准则，也许还是因为他对屈原作品的把握有所偏差，闻一多也认为孙次舟只称许屈原的“忠款与热情”而忽略了他的“孤高与激烈”。对屈原品格的认识，闻一多早在1935年就认为屈原之死“泄忿最合事实，洁身也不悖情理，忧国则最不可信”[2]。闻一多认为班固对屈原的批评比较符合实际：“屈原露才扬己，竞乎危国群小之间，以离谗贼。然责数怀王，怨恶椒兰，愁神苦思，强非其人，忿怼不容，沈江而死，亦贬絜狂狷景行之士。”然而他不认同班固的儒家标准，反而觉得庄子的话最适合描述屈原：“刻意尚行，离世异俗，高论怨诽，为亢而已矣；此山谷之士，非世之人，枯槁赴渊者之好也。”[3](P475-476)闻一多的未完稿《真的屈原》就树立了这样一个遭到嫉恨的“不合作主义者”的形象。

与孙次舟不同，闻一多认为屈原也有“干预政治”的机会，并且有可能是一个政治家，“一个文化奴隶（孙先生叫他作‘文化弄臣’）要变作一个政治家，到头虽然失败，毕竟也算翻了一次身，这是文化发展的迂回性的另一方面”[1]。闻一多还肯定了《离骚》中的神话写作，然而在这神话的层层包裹里也会偶尔流露出家国意识，“但说着说着，优伶丢掉了他剧中人的身分，说出自己的心事来，于是个人的身世，国家的命运，变成哀怨和愤怒，火浆似的喷向听众，炙灼着，燃烧着千百人的心”，这里他显然修正了对屈原之死“忧国论”的态度，由此他认为《离骚》是艺术和教育的结合，减免了《诗经》的朴质性而又恢复了《诗经》时代的教育意义，“这文学艺术里面还包含着了作为一切伟大文学艺术真实内容的教育意义，因此，奴隶不但重新站起来做了‘人’，而且做了‘人’的导师”。[1]如果认定了屈原的奴隶身份，而最终这个奴隶却又做了“人的导师”，这个评价不可谓不高，而闻一多的思路不可谓不委曲。

在反驳孙次舟的众多文人中，闻一多可谓独树一帜，也就难怪有人将他当作了孙次舟的“同盟军”，文史学者邱汉生就在1946年发表《与闻一多先生论屈原问题》，力陈屈原并非奴隶自然也并非“文学弄臣”（男妾），而是属于司马迁所谓“楚之同姓”的有高度文化教养的贵族，并就《离骚》的艺术特色和文化心理做了精彩分析，说理明确且材料丰富，颇可一观，虽题为反驳闻一多但实际上也是反驳孙次舟。邱汉生提出了屈原并非奴隶的诸多证据：《离骚》开篇就自述了“家世”，《渔夫》说出屈原曾官“三闾大夫”；“攀附高贵的祖宗”乃后世常见，但古代的奴隶就未敢造次；屈原有姓，奴隶无姓；在古代文字曾是“禁物”，奴隶无文化教养；希腊罗马有教养的奴隶乃由俘虏而来，本是贵族，而屈原的文化教养则是楚国的文化教养，不可能是俘虏而来；《左传》表明楚国很尊重知识分子，而在古代“知识就是高贵与能力的象征”，故不能以汉朝的文学弄臣来比拟屈原。[4]更有趣的是邱汉生对屈原多以女子自拟的辩护性解释，从“香草美人，十九寓言”也就是以夫妇喻君臣来解释这只是一种比喻，“恋爱诗”并非一定要是实指，“闻先生这一怀疑是有理由的。但是这只能是一个怀疑，不能就肯定的说，屈原跟楚王闹同性恋爱”。除了上述古典文学的常规，邱汉生还找到了文化学上的理由，女性在一切民族的传说中都保持过很尊严的可敬的地位，因为历史上出现过“女性中心”的阶段。较中原文化落后的楚文化还保有女性崇拜的特征，女性都是全德全能的象征，屈原用以自况的湘夫人、湘君和山鬼，庄子的秒姑射仙人都是如此，而屈原和庄子都是南方文化的承继者，具有这一文化上的原始性。这是屈原并非“妾媵”的第二个理由。理由之三是屈原同时刻画了自己“高冠长剑”的男子形象，更在《离骚》中以男子的深沉感情抒写对女子的爱慕。芳草香泽与高冠长剑都被屈原认为是“修身行洁的最好征象”。

邱汉生独独赞同了闻一多关于楚辞的“神话说”，并给出了自己的理解，战国时楚文化中“还保留有浓重的神权社会的色彩”，他引用了王逸的说法：“昔楚国南郢之邑，沅湘之间，其俗信鬼而好祠。其祠必作歌乐鼓舞以乐诸神。”“楚有先王之庙及公卿祠堂，图画天地山川神灵，琦玮谲诡，及古贤圣怪物行事。”邱汉生认为屈原和庄子都是南方文化的产物，《远游》中甚至表现出与庄子类似的思想：“漠虚静以恬愉兮，澹无为而自得。闻赤松之清尘兮，愿乘风乎遗则。”最后，邱汉生总结自己的观点说：

> 一个人并非奴隶，而说他是奴隶，因此加以蔑视，或另行在这奴隶身上找出伟大的地方，而加以崇拜，我觉得都是不必要的。是怎样就怎样，一切还他一个真实，是研究文学史的人的科学态度。
>
> 屈原是楚国的贵族，他的光辉的人格，与伟大的诗歌，我崇拜。他的政治上的遭遇以及最后凄然的沉渊自杀，我同情。这就是我的这篇文章的结论。[4]

邱汉生在这里对孙次舟和闻一多都有回应，他强调文学史研究者的“科学态度”，在闻一多所谓的“事实”层面，屈原并非一个反叛的奴隶而是一个伟大的贵族。郭沫若也先后发表了《屈原不会是弄臣》和《从诗人节说到屈原是否是弄臣》，反驳孙次舟的说法，同时认为闻一多的“屈原诚然是文学弄臣，但他能够革命”[5]的思路论证不够：“因此我感觉着屈原是文学弄臣，甚至是龙阳之说，证据不够。并不是想在这儿替屈原争身份，只想求其真实。假使真是一位文学弄臣，而能怀抱着那样强烈的人民意识，这比本来是贵族的还要难于说明，因为那样的见解是过于以意识决定存在了。”[5]然而，以闻一多的历史和考据功底，他何以敢于冒天下之不韪认为屈原是一个奴隶，难道仅仅是为了在“奴隶身份”与“人民意识”之间做一个调人？闻一多并非一时疏忽，他认同屈原的奴隶身份是在他自己的思想脉络上的反应，也就是说“奴隶身份”在于他更多是思想性的定义而非历史学上的定义，这一点在闻一多《屈原问题》篇末表现了出来，他这样解释孙次舟在“事实”和“价值”之间的“颠倒”进而“居然把事实看倒了头”：“恕我不敬，我的解答是下面这一连串东西：士大夫的顽固的道德教条主义——统治阶级，剥削阶级的优越感——封建生产关系的狭隘性的残余意识，因为上述的这些毒素，因为压迫者对于被压迫者的本能的嫌恶，孙先生一发现屈原的那种身分，便冒火……为了嫌恶奴隶，他们与孙先生是同样的勇敢，因为在这社会制度下，对于被压迫者，人人都是迫害狂的病患者啊!”[1]可以看出，闻一多的真正矛头乃是“士大夫的顽固的道德教条主义”，“奴隶意识”正好产生于“士大夫意识”，闻一多“奴隶”一词用法的象征性超过了事实性，这样他才可以宣称屈原是一个“家内奴隶”[1]，并且“家内奴隶”的说法包含了孙次舟所称的“文学弄臣”。

三　士大夫研究：自由人的前景

只有和闻一多的“士大夫研究”结合起来，才能理解他的“家内奴隶”说的思想动因。在《什么是儒家——中国士大夫研究之一》中，闻一多认为：“中国社会自文明初发出曙光，即约当商盘庚时起，便进入了奴隶制度的阶段，这个制度渐次发展，在西周达到它的全盛期，到春秋中叶变成强弩之末了，所以我们可以概括的说，从盘庚到孔子，是我们历史上的奴隶社会期。但就在孔子面前，历史已经在剧烈的变革着，转向到另一个时代，孔子一派人大声急呼，企图阻止这一变革，然而无效。"[6]在这个社会历史时期，贵族和寄食于贵族的智识分子"分掌政教"，共同管理奴隶；但是同时智识分子也可以缓和主奴矛盾，而充当一种"缓冲阶层"。闻一多将"礼乐"的理想还原到了奴隶社会时期，也不能说没有道理。闻一多激烈地批评了后来独占"缓冲阶层"的儒家："是非问题是和儒家的社会地位根本相抵触的。他只能一面主张'成事不说，遂事不谏，既往不咎'，一面用正名（君君臣臣，父父子子）的理论，维持现有的秩序（既成事实），然后再苦口婆心的劝两面息事宁人，马马虎虎，得过且过。"闻一多的考据功夫派上了用场，他认为儒家知识分子也是"奴隶"："我疑心'中庸'之庸字也就是'附庸'之庸字，换言之，'中庸'便是中层或中间之佣。自身既也是一种佣役（奴隶），天下那有奴隶支配主人的道理?"[6]这种属于"缓冲阶层"的特殊的奴隶，闻一多又称之为"管家"或"管家阶级"，他在"知识青年从军"的热潮中还发表了一次别出心裁的演讲，通过对比古今知识分子，表明当代的知识青年"先尽义务，不怕权利不来"，充当了"民主怒潮中最英勇的急先锋"："只有那由部分的没落的贵族，和部分的超升的奴隶组成的士大夫阶级，因为替帝王当管家，任官吏，而特蒙恩宠，他们才享受'人'的权利，既不必十分劳力，也不需要卖命。只是遇到财产的安全发生了问题，管家这才有时不能不在比较没有生命危险的'运筹帷幄'的方式之下，尽其捍卫之责，那便是所谓儒将了。"[7]贵族可以没落，奴隶也可以超升组成士大夫阶级，已经成为闻一多的思维模式，那么他后来将屈原看作奴隶也不存在什么障碍。闻一多要揭露的恰恰是"士大夫意识"，《什么是儒家》的结尾说："儒家思想是奴隶社会的产物，然而中国士大夫的意识观念是什么，也就值得深长思之了!"《关于儒·道·土匪》一文则又将"儒、道"等同于"偷儿、骗子"，而"墨"则为"土匪"。[8]

闻一多又将孔子和独裁主义联系在一起："他是封建社会中从事精神劳役的一种寄生阶级，因此他必然，也只能在这阶级的立场上来因袭和接受。"[3](P478)即使奴隶社会的思想产物延续到了封建社会，也并没有改变这种思想的性质，闻一多显然暗示了士大夫意识也就是主人意识或管家意识，奴隶在这种思想意识里只能遭到"本能的嫌恶"。奴隶与贵族的关系实际上是被压迫者和压迫者的关系。在闻一多的词典里，奴隶等同于"被压迫者"。闻一多几乎将奴隶社会当作人类社会的隐喻，至少反映了人类社会的基本结构，抑或说主奴关系是人类社会的基本结构，他对这一点始终不能释怀，在谈妇女解放问题时他也说："现在的社会是不合理的，因为这社会里有阶级，阶级的产生由于奴隶制度。奴隶制度产生的因素有两个：一是种族，二是两性。在两个种族打仗的时候，甲族的人被乙族的俘去了，作为生产工具，即是奴隶，原来平等的社会就开始分裂成主奴两个阶级。奴隶的数目愈来愈多的时候，这两个阶级的分别也愈为明显，倘没有另外的种族，那么一切不平等，阶级产生的可能性也就减少。"[3](P414-415)在《战后文艺的道路》中，闻一多根据"主奴关系"将中国社会分成了三个阶段：奴隶社会阶段、自由人阶段和主人阶段。自由人阶段即相当于封建社会，自由人也即解放了的奴隶。也许是感到自已对“奴隶”一词的用法缺少历史学依据，闻一多又提出了“真性奴隶社会”的说法：“真性奴隶社会在战国时是没有了，在春秋时即已逐渐瓦解。但奴隶社会的遗留太多，太明显，《史记·滑稽列传》淳于髡为齐国赘婿，髡是受剃了发的髡刑的，名字都已证明他是奴隶了。其他屈原，宋玉，东方朔，枚皋，司马迁都是奴隶，司马迁受宫刑是奴隶的标帜，这些人比真性奴隶社会的奴隶身体稍自由。”[9]真性奴隶社会大约指中国社会历史分期上的奴隶社会。闻一多对“奴隶”一词的用法包含了思想、艺术和历史三个层面，思想层面最重，历史层面则最轻。这三个层面自然会发生冲突，比如在他的眼里连王维都是奴隶，但他另一方面却又说：“建安前是奴隶文艺，建安后是自由人的文艺。奴隶的反面不是自由人，奴隶的反面是主人。”在艺术层面则王维所处时期既然为“自由人的文艺”阶段，已与奴隶无关，而在思想层面，则自由人还可以是奴隶：“自由人的实际地位是自己选择自己的道路，愿不愿作奴隶？儒家愿作奴隶，道家不愿作奴隶。”而在屈原所属的奴隶阶段情况则是：

> 在阶级社会里的文艺都是悲惨的，一般有天才的奴隶为要主人赏识，主人免其劳动而养活他，他就歌功颂德，宣扬统治者的思想，为主人所豢养，他帮助主人压迫其同类。技术奴隶如傅说的板筑。因此我们可以说：一、技术是不自由的劳动；二、文艺是不自由的不劳动；三、治术是自由的不劳动；四、帮闲文人寄生者是不自由的不劳动。
>
> 当艺术家作为消闲的工具时是消极的罪恶，但当艺术家去替统治者作统治的工具时，就成了积极的罪恶。
>
> 除了人民自己的文艺之外，一切的文艺都是奴隶作的。今日的文艺传统不是如《诗经》那样由人民的传统来，而是由奴隶来，所以往往作了奴隶的子孙而不自察。[9]

与有技术的奴隶不同，“有天才的奴隶”是无形的“精神奴隶”。但是自由人或曰“士大夫”也可以变成“有形奴隶”：

> 士大夫只想做官，只想到最高的理想最大胆的手腕是作一人之下万人之上的宰相。这种人不需要革命，无革命的观念和欲望，故士大夫从来不需要革命。农民从来不得到主人给他的面包渣，骨头，故他可以反抗，可以成功。
>
> ……
>
> 自由人不是主人，但像主人，似是而非。士大夫作自由人就够了，无需为主人，等自由人的自由被剥夺了，成了有形的奴隶，他就可以回头来帮助别人革命。最不能安身的是奴隶农民，因为他无处藏身，他就要起来积极地革命。[9]

闻一多诸如此类的言论都可以让人联想到黑格尔讨论过的“主奴关系”，虽然我们无法找到闻一多受到黑格尔直接影响的确切证据，但不妨碍对二者的相似性做一个客观的考察，其实，闻一多通过他读到的马克思主义著作完全可以接触到黑格尔的思维方式，而且黑格尔的"主奴关系"可能会暴露出闻一多真正的思想意图。闻一多在所谓"技术"和"治术"之间引入了劳动的因素，这和黑格尔不谋而合，正是劳动使奴隶产生了自我意识并开始了求"承认"的斗争：

> 在主人面前，奴隶感觉到自为存在只是外在的东西或者与自己不相干的东西；在恐惧中他感觉到自为存在只是潜在的；在陶冶事物的劳动中则自为存在成为他自己固有的了，他并且开始意识到他本身是自在自为地存在着的。奴隶据以陶冶事物的形式由于是客观地被建立起来的，因而对他并不是一个外在的东西，而即是他自身；因为这形式正是他的纯粹的自为存在，不过这个自为存在在陶冶事物的过程中才得到了实现。因此正是在劳动里（虽说在劳动里似乎仅仅体现异己者的意向），奴隶通过自己再重新发现自己的过程，才意识到他自己固有的意向。[10](P131)

主奴关系可以解释为"世界历史"的基本结构。闻一多所谓的"自由人"也就代表了主奴关系中的意识形式。奴隶和主人本是外在的身份形式，如果严格地按照黑格尔的理论来讲，只存在奴隶和主人的身份差别，并不存在闻一多所谓的"自由人"。闻一多所谓的"自由人"只能是发生于主奴关系中的意识的拟人化，抑或可以简洁而粗率地说，士大夫意识也就是"主奴意识"的表现。真正的自由人只能存在于"主奴意识"被否定之后，但这一自由人已大约相当于"普遍同质国家"中的自由平等的个体公民，已非闻一多所谓的"士大夫"。抑或准确地说，自由人蕴含了一个自由人在被扬弃之后的前景，那就是自由平等之公民个体。无论如何，自由人仍然包含了闻一多所设想的新的历史主体，而正是这一点决定了他对战后文艺道路的思考。

四　社会意识学或隐含的民主思想

作为"自由人"的士大夫代表了一种特殊的在"奴隶"与"主人"之间不断流动的意识状态，当他由"奴隶"流动到"主人"一边时，他就成了主人的"管家"甚至"一人之下万人之上的宰相"，闻一多对这个过程的描述可以让人联想到黑格尔的断言：在东方只有一个人也即皇帝是自由的，而其他人则都不是自由的。这些可以在闻一多1944年末的演讲中找到思想印证：

> 只在不断发展的历史过程中的西洋人，才有一个彻头彻尾的自由人的观念。
> 孙中山先生首先接受这观念，便要实现一个没有奴隶的中国。
> 他似乎以为没有奴隶主，便没有奴隶。[11](P379)

又说："奴隶不因奴隶主的不存在而不存在。"闻一多所设想的历史最后的"主人阶段"也就可以理解为理想的"普遍同质国家"[12](P229-238)。闻一多对"奴隶"、"自由人"

和“主人”三阶段的设想本身也构成了一种“普遍历史”的描述和图景，闻一多自出机杼，在深刻性上应该说并不逊色于西人，富有一种闻一多特有的激情和明晰性，虽然缺少“精神现象学”层面的论述，但他对“自由人”的用法中实际上包含了“自我意识”的全部内涵。吴晗说闻一多“晚年思想搞通了”似乎也可以从这个意义上去理解。然而在另一方面，闻一多的论述中缺少“自我意识”的层面而只能以“士大夫意识”为替代，也足见中国社会缺少黑格尔意义上的“市民社会”产生的土壤，而必须诉诸民主革命的方式追求“普遍同质国家”。在这个意义上，虽然缺少“自我意识”的论述，却构成了一种特殊的“社会意识学”，闻一多在给学生开列的书目中就有《社会意识学大纲》②，极有可能，这本苏联的马克思主义著作会间接使他受到黑格尔思维方式的吸引，甚至会成为他接触黑格尔思想的中介，这正是问题的有趣之处，闻一多的“主人－奴隶”在某种程度上也平行于“资产阶级－无产阶级”，但他并没有采用后者的词汇。闻一多的士大夫研究构成了一种特殊形式的知识分子批判，最大程度地体现出“民主政治”的时代精神。闻一多说：

> 所以我对于战后文艺的道路有三种看法：
>
> 一、恢复战前。
>
> 二、实现战前未达到的理想。
>
> 三、提高我们的欲望。
>
> 前两种都较消极，第三种却是积极的提高，因为打了仗后，人民理想的身价应与今日的通货膨胀一样的增高。今日有人要内战，我们当然要更高的代价，这是历史发展的必然性。战后之文艺的道路是要作主人的文艺。[9](P18)

“主人的文艺”也即民主的文艺。闻一多的“批儒”再次显示出五四语境的延伸能力。而“士大夫意识”的对立面也就是“人民意识”。闻一多批评屈原、批评士大夫都是为了最终达到人民意识。闻一多最终也将屈原塑造成了“人民的诗人”：“屈原虽没写人民的生活，诉人民的痛苦，然而实质的等于领导了一次人民革命，替人民报了一次仇。屈原是中国历史上惟一有充分条件称为人民诗人的人。”[13]其原因有四：（1）屈原被从“封建贵族阶级”打落而在身份上属于人民群众；（2）屈原作品采用了人民的艺术形式；（3）屈原作品还是政治的，“用人民的形式，喊出了人民的愤怒”；（4）屈原的言行与人民配合，“行义”而获得人民崇敬。[14]至此，闻一多眼中的屈原完成了从“文学弄臣”到“人民诗人”的彻底转变。闻一多对屈原问题的关注又与端午节关联在一起，而且表现出类似的思维方式。早在 1943 年他就撰文指出“端午”的起源乃是对“龙图腾”的崇拜，以后又专门作了《端午考》这一“纯学术”的研究，但并不反对时人将端午节与屈原联系在一起，并且对“纪念屈原”活动背后的时代精神大加赞赏：“从越国到今天，应该是怎样求生得光荣的时代，如果我们还要让这节日存在，就得给他装进一个我们时代所需要的意义。但为这意义着想，哪有比屈原的死更适当的象征？是谁首先撒的谎，说端午节起于纪念屈原，我佩服他那无上的智慧！端午，以求生始，以争取生的光荣的死终，这谎中有无限的真！”[14]对于屈原问题这桩“公案”，还是郭沫若讲得较为清楚：“无可否认，屈原是成为了一个偶像。他是人民意识的形象化，人民文艺的形象化。这样的偶像，不仅不应该打倒，而且也没有方法打倒……但也有一种与政治的逆流无直接关系的偶像破坏的主张，那便是‘屈原是文学弄臣’的崭新学说的出现……在孙先生本人可能没有什么政治的意义。不幸孙先生的新说，恰好发表在政治逆流激荡的时候……因而便遭受到剧烈的反击。”[5]孙次舟宣称自己采用的是“科学”方法，然而他的“科学”方法却最终受到了闻一多“民主”的思想倾向的纠正，而闻一多的“科学”方法则保持在《端节的历史交易》和《端午考》中。

注释：

①科耶夫：《黑格尔导读·代序》，姜志辉译，译林出版社，2005，第3－31页。“自我意识的承认和超越”，第53－60页。

②闻黎明、侯菊坤：《闻一多年谱长编》，湖北人民出版社，1994，第628页。闻一多在1941年给何善周开的书目，据后者讲有“摩尔根的《古代社会》，恩格斯的《家庭、私有制和国家的起源》，陈望道译的《社会意识学大纲》，郭沫若的《中国古代社会研究》和《甲骨文研究》”等。《社会意识学大纲》由陈望道、施存统合译，1929年由大江书铺出版，此后多次再版。作者A. 波格达诺夫自述这是一本“关于意特沃罗儿（ideology）的科学的系统的教科书”，也就是关于“意识形态的科学”。波格达诺夫曾被视为“经验批判论者”，和A. 卢那卡尔斯基一起被列宁批判过。

参考文献：

[1] 闻一多．屈原问题［J］．中原（2卷2期），1945－10.
[2] 闻一多．读骚杂记［N］．益世报·文学副刊，1935－4－3.
[3] 闻一多．闻一多全集（第2卷）［M］．武汉：湖北人民出版社，1993.
[4] 邱汉生．与闻一多先生论屈原问题［J］．读书通讯，1946（111）．
[5] 郭沫若．从诗人节说到屈原是否是弄臣［N］．新华日报，1946－6－7.
[6] 闻一多．什么是儒家——中国士大夫研究之一［J］．民主周刊，第1卷第5期，1945－1－13.
[7] 闻一多．伟大的事实　不朽的意义——给教导团诸君致敬［N］．正义报，1944－6－4（2）．
[8] 闻一多．关于儒·道·土匪［N］．中央日报，1944－7－20（2）．
[9] 闻一多．战后文艺的道路［J］．文汇丛刊，1947（4）．
[10] 黑格尔．精神现象学（上卷）［M］．贺麟，王玖兴译，上海：商务印书馆，1981.
[11] 闻一多．新时代与士大夫手稿//转引自闻黎明．闻一多［M］．北京：群言出版社，2012.
[12] 福山．历史的终结及最后之人［M］．黄胜强等译，北京：中国社会科学出版社，2003.
[13] 闻一多．人民的诗人——屈原［J］．诗歌月刊，1946（3－4）．
[14] 闻一多．端节的历史教育［N］．生活导报，1943（32）．

“八一”厂女导演与“上海”情结

——王苹电影中的阶级、革命与性别

周雪花*

摘　要： 作为八一电影制片厂最早的导演之一，王苹执导的影片展现出阶级、革命、民族、国家的意识形态，塑造了英姿勃发富有拯救情怀的军人形象，传达出新中国的政治意志，建构起主流影片的叙事风格。但另一方面，国统区左翼知识分子的生活经历又使她的作品不时显现出政治边缘处女性追求个性解放与独立的情感诉求。这些特征整合到王苹的电影之中，在以上海为地理空间的电影影像中表达得更为鲜明。

关键词： 王苹电影；八一电影制片厂；上海影像

作为新中国第一位女导演，王苹不仅创下了新中国电影制片史上的多个第一，如拍摄了第一部军事教育片《河川进攻》(1951)、摄制了八一电影制片厂第一部故事片《冲破黎明前的黑暗》(1955)、执导了第一部大型音乐舞蹈史诗彩色影片《东方红》(1965)，而且其摄制的故事片《柳堡的故事》(1957)、《永不消逝的电波》(1958)、《霓虹灯下的哨兵》(1964) 等影片都成为中国电影史上的经典之作。王苹是以军人的身份、以革命者的主流形象登上新中国影坛的，其作品与主流意识形态相契合，但是王苹电影的艺术成就并不是一句主流所能概括的，如果细细品味王苹的影片尤其是她的故事片就会发现，在主流叙事之中还有一种独特的风格在，那就是通常被认为的清新与细腻。有评论者把这归于女性的性别气质或许不无道理，但这还不是全部，这种气质是经历过五四新思想洗礼的个性解放的情感诉求。经过长时间的沉淀，这种情结已经渗透于王苹的艺术生命之中，并在其作品中得以显现。于是，意识形态中阶级、民族、国家等权力话语与政治边缘处的性别、个性等左翼知识女性的个体情结形成一种强大的内在张力。在冲突与张力中寻找平衡与支点，王苹的电影成为红色经典叙事与个性情感传达的珍贵文本。

一　“八一”厂导演与军事电影

导演的身份是王苹在新中国最为重要的身份，在此之前，她主要是作为一名演员活

---

* 作者简介：周雪花（1970－），女，河北师范大学文学院副教授，文学博士，研究方向为中国当代小说与电影。

跃在舞台剧和电影艺术之中。王苹所在的八一电影制片厂原名是解放军电影制片厂，创建于20世纪50年代的北京，是隶属于总政治部的电影制片厂。虽然创立的时间稍晚于长春电影制片厂（即"东影"）和北京电影制片厂，但"八一"厂有着自身独特的性质，那就是它的军事性，正如其建厂时所拟定的方针：紧密结合军教任务，有计划有步骤地一面建设，一面生产，从小到大，稳步发展。[1]

可以说，"八一"厂最主要的特色就是摄制军事题材电影，以服务于军事教育，从而服务于党的领导。作为"八一"厂最早的筹备者之一，王苹曾任制片厂筹委会筹备处的副秘书长，电影处的副科长。新中国是一个女子能顶半边天的时代，女性可以和男性一样从事各类生产。而且，"八一"厂筹备之初，大部分的工作人员多是从各部队调来的新人，没有多少电影方面的专业知识，而王苹不仅具备丰富的电影表演经验，又一直跟随宋之的参加革命活动。多年的革命经历和电影经验，使王苹能够在新的电影厂脱颖而出并被委以重任。"八一"厂第一部军事教育片《河川进攻》就由王苹担任总导演。王苹不负众望，经过几个月的充分准备，《河川进攻》取得了拍摄的成功，而这一成功拉开了王苹的电影导演之路。之后，王苹先后摄制了"八一"厂第一部故事片《冲破黎明前的黑暗》，以及极具影响力的《柳堡的故事》、《永不消逝的电波》和《霓虹灯下的哨兵》等影片。可以说，"八一"厂导演的身份使王苹的电影在题材和主题方面有着极强的可识别性，革命军事的题材选择、军人形象的塑造、国家主流价值观的彰显是其电影最为鲜明的标签。这些电影的特色以及作品所产生的影响力，奠定了王苹在新中国电影史中举足轻重的位置，也使她的电影成为新中国红色经典电影谱系中的代表性作品。

二　国家意志中的阶级、革命与国家建设

作为八一电影制片厂的导演，王苹电影有着鲜明的"八一"厂的特质，那就是军事题材的选取以及在军事题材中展现出国家意志。在新中国成立之初，史诗性追求是文学艺术家们的主导性追求，而在新中国的政治文化语境中，阶级性得到了极为重要的强调，阶级分类法是最为主要的创作原则和方法。

早在新中国成立前的1942年，在《在延安文艺座谈会上的讲话》中，毛泽东主席就强调文艺创作中的阶级属性，他说："我们的文艺，第一是为工人的，这是领导革命的阶级。第二是为农民的，他们是革命中最广大最坚决的同盟军。第三是为武装起来了的工人农民即八路军、新四军和其他人民武装队伍的，这是革命战争的主力。第四是为城市小资产阶级劳动群众和知识分子的，他们也是革命的同盟者，他们是能够长期地和我们合作的。"[2](P855)毛主席又强调："我们要为这四种人服务，就必须站在无产阶级的立场上，而不能站在小资产阶级的立场上。"[2](P856)"为什么人"和"如何为"成为解放区文艺创作的指导思想。新中国成立后，以《讲话》的精神为指导，在全国范围内开展了对文艺创作者的思想整顿与改造，其中，对电影《武训传》的批评拉开了一系列精神改造的序幕。在那篇极富情感与声势的社论文章《应当重视电影〈武训传〉的讨论》中，毛主席指出："在许多作者看来，历史的发展不是以新事物代替旧事物，而是以种种努力去

保持旧事物使它得免于死亡；不是以阶级斗争去推翻应当推翻的反动的封建统治者，而是像武训那样否定被压迫人民的阶级斗争，向反动的封建统治者投降。”并且义正辞严地指出：“这难道是我们所能够容忍的吗?”[3]因为不能容忍，所以要进行思想教育和规训，而且在接下来的十几年中阶级意识一再地被强化，“千万不要忘记阶级斗争”作为一个口号在1962年被强有力地提出。①阶级意识被强化使文艺创作者逐渐形成了一种思维定式，那就是在阶级观念上建立起来的二元对立写作模式，即剧作家刘川（笔名黎弘）总结的：“工人剧本：先进思想和保守思想的斗争；农民剧本：入社和不入社的斗争；部队剧本：我军与敌人的军事斗争。”[4]

在阶级性得到强调和放大的政治文化语境中，王苹的电影也不可避免地带有程度不同的阶级倾向，在获得第二届百花奖最佳导演奖的电影《槐树庄》（1962）中，地主/农民、入社/不入社、积极/落后等分界极为鲜明，三部军事电影《柳堡的故事》（1957）、《永不消逝的电波》（1958）、《霓虹灯下的哨兵》（1964）依时间排列，拍摄时间愈往后，阶级色彩愈浓重。但是，王苹的可贵之处在于，她能于阶级分类之上，赋予影片更为丰富的意识形态内容，那就是阶级性与民族解放、国家建设以及个体拯救的相互交织，使影片的表现内涵更为丰富，增强了电影的思想感染力，从而更充分地体现出国家意志的宏大主旨。

1. 阶级性中民族主义的情感传达

诚如新中国成立初期的文艺作品，王苹电影中阶级性也是有明确体现的，但是其电影中的阶级叙事又和民族解放以及人民拯救融合在一起，民族解放的正义性和拯救人民的情感诉求最大限度地冲刷着阶级概念化的痕迹，使电影呈现出主题上的层次性和生动性。

《霓虹灯下的哨兵》由同名话剧改编而来，话剧的舞台性使故事时间较为集中，是上海刚解放的1949年。此时新中国刚刚成立，社会主义现代化建设即将开始。时间的集中使空间最大限度地扩展，社会的各阶级/阶层矛盾冲突得以全方位展现。剧中概念化的政治观念极为明显，主旨是毛主席在七届二中全会中的讲话精神——不要被“糖衣炮弹”打败，而影片中的指导员就是政治观念的化身。但是，我们依然被这部影片打动，主要是影片在政治和阶级之上还和民族解放、人民拯救的主题直接相关。电影中民族主义情感的展现主要集中在两个情节：一是美国大使的嚣张以及在群众的围攻和指斥下低头认罪；另一个是在迎接童阿男归队的欢迎会上，周老伯的沉痛回忆与诉说。周老伯诉说了侵略者在南京路上的霸道与野蛮：英国的马队、东洋鬼子的大刀、美国强盗的吉普车，在南京路上横冲直撞……于是，捍卫人民当家作主的国家政权，反对阶级敌人的蓄意破坏，抵制资产阶级思想的侵蚀也就合情合理了。此外，上海解放、秧歌队进城、美国大使被群众团团围住，在这个俯拍的镜头中，美国大使显得极为狼狈和渺小，与新中国民众的豪情与斗志形成强烈反差。这是关于社会主义/资本主义的全球化想象，是“一切反动派都是纸老虎”的寓言式表达。

与《霓虹灯下的哨兵》相比，《永不消逝的电波》的阶级性表现得更为含蓄些。影片的时空跨度比较大，地理空间是延安—上海，时间跨度为1938—1949年。地理空间体现了鲜明的阶级对立，延安解放区所代表的民族解放的正义性和上海国统区所代表的民族分裂与卖国行径的可耻性。这也使我们理解了，为什么在电影的开头和结尾都要以影像的方式突出延安的地标性建筑和八路军的形象。影片的故事时间是抗日战争和解放战争的12年间，是中华民族进行浴血奋战、迎接民族解放和国家独立的过程，是以李侠为代表的地下党机智、英勇、顽强地与敌人——包括日寇、汪精卫政府、蒋介石政府——的周旋。影片以电台为切入口，将各种政治力量都统一在上海地下工作者李侠的革命意志和机智的斗争策略上来。这种时空交织法的运用，使阶级性和民族国家话语相互交融，民族解放的正义性得到了肯定与张扬。

2. 阶级性中军人的英雄主义与拯救情怀

在新中国成立之初的电影中，工农兵形象是最为主要的形象，长影、北影、"八一"厂都曾以工农兵标识作为制片厂的厂标，而"八一"厂的主打形象是军队和军人。军人形象既是国家的主流形象，是"八一"厂的特色，也是王苹电影中的主导形象。军人形象的塑造使王苹的电影在阶级性之上充满了阳光昂扬的气息，并且具有了崇高伟大等审美风格。《柳堡的故事》中的副班长李进、《永不消逝的电波》中的地下党李侠、《霓虹灯下的哨兵》中的好八连都是军人形象，他们都以军人的形象出现在屏幕上，以英雄主义和拯救情怀唤起人们的爱戴和敬仰之情。

《柳堡的故事》的主线是新四军副班长李进与房东女儿二妹子的爱情故事，两人的恋情一开始受到了全连干部和战士的质疑，而随着剧情的发展，他们的爱情得到了支持和认可，这种转变源于一次集体班会。在这次班会上，副班长痛陈了二妹子一家受到的阶级欺压以及将要面临的阶级迫害，那就是恶霸姐夫对二妹子的窥视与霸占。于是，全连对副班长和二妹子的爱情质疑转移到了对二妹子的阶级拯救中来。如同《白毛女》中的拯救，《柳堡的故事》在阶级拯救中具有了时代和情感的合法性。可以说，阶级性是推动情节发展的重要因素，而拯救者新四军战士则更为光彩照人，他们青春、阳光、生机勃勃又富有人格的魅力。在电影的开场，新四军英姿勃发地来到了村庄，对愁云惨淡的乡村而言，新四军犹如从天而降的救星，驱散了笼罩在乡村上空的阴霾，他们的青春与朝气赢得了民心与爱心。如同二妹子的弟弟小牛介绍副班长时所说，他打死过七八个鬼子，他还会写字、描花，如此年轻帅气有才华的战斗英雄，怎能不俘获年轻姑娘的芳心？

《永不消逝的电波》中的李侠是个地下工作者，似乎与军人没有太多的联系，但影片却一再突出李侠的军人形象。在影片开始，李侠以八路军的军人形象出场，并着重指出他是一个参加过长征、有着丰富斗争经验的老红军。而且为了更丰富生动地体现宏大主题和主流叙事，影片大量运用了多种意象以示强化，如影片的片头就极具象征性，用较长时间的摇镜头和大远景镜头展示延安的延河、窑洞和宝塔山以及八路军的群像。此外，青松、宝塔、有节奏传递着信号的电波，这些经典的标志性符号构成了政治性的象征意蕴。由于影片的主要故事场景发生在上海，延安的故事和人物的身份完全可以通过侧面方式予以介绍，但影片却在开头、结尾的时空中对延安和李侠的军人身份以影像的方式给予了重点展现。尤其是影片结尾，李侠头戴耳机的大特写冉冉出现并被定格，其共产主义战士的光辉形象以及所体现出的崇高伟大的精神如电波般“永不消逝”。

通过阶级、民族、国家、军队等多种主题的融合，王苹使她的电影呈现出国家意志的宏大主旨，并构筑成红色经典电影的系列篇章。

三 政治边缘的性别与个性

王苹以八一电影制片厂导演的军人身份融入到国家意识形态的主流叙事之中，但作为出生于五四新文化运动时期的女性知识分子，在她的主流叙事中还潜藏着一种个性情结，这一情结构筑了王苹红色电影的独特之处。细细分析会发现，那是隐藏于宏大叙事之下的小布尔乔亚情结，表现为温情的爱情表述、女性独立人格的释放以及写意风俗画般的电影语言风格。

王苹出生于 1916 年，正值五四新文化运动高潮期，而她求学的 20 世纪 30 年代，追求个性解放的新思想已然在全国遍地开花。王苹 19 岁时，作为小学教员的她出演了话剧《娜拉》中的女主角娜拉。自《娜拉》被引入国内，娜拉就以大胆冲破家庭束缚、追求个性自由解放的形象鼓舞着新青年，尤其是新女性的成长。这次的出演为王苹的一生埋下了伏笔。诚如鲁迅先生的追问：娜拉出走后会怎样？在 20 世纪 30 年代，在民族国家处于生死存亡的历史时刻，娜拉式的女青年出走后并不是如鲁迅预言的那样回来或死亡，她们中的许多人投入到了民族解放运动之中，王苹就是其中之一。尤其是与剧作家宋之的的相识与结合，使王苹更倾向于进步与革命。但与丁玲等投奔延安解放区不同，王苹在国统区的时间更长些，她更是以左翼女性知识分子的身份投入到民族救亡运动之中，直到 1953 年才加入中国共产党。国统区的经历无疑使她一直保有着娜拉式的追求个性解放的小知识分子情调。

因此，王苹的电影中有着两条极为鲜明的思想印迹，革命的主流思想意识和五四精神影响下的追求个性解放的小布尔乔亚情结。可以说，小资产阶级知识分子的个性追求、左翼民族电影的艺术风格对她日后执导电影产生着不可忽视的影响。正是这种一直不曾泯灭的情结，成就了王苹为后世所称道的电影：《柳堡的故事》、《永不消逝的电波》和《霓虹灯下的哨兵》。

在军事题材电影中，尤其是新中国成立之初的电影，爱情故事通常是文艺表现领域的盲区或禁区，而在 1956 年“双百”方针提出后较为宽松的时间间隙中，爱情书写如雨后春笋般涌现出来，这也表明了大多数知识分子潜意识深处的情调与审美追求。

《柳堡的故事》摄制于“双百”方针提出后的 1957 年，讲述了发生在 1944 年江南水乡柳堡的一段爱情故事。故事的时代背景是新四军奉命驻扎在柳堡打鬼子、打伪军，而故事的主体却是副班长李进与房东姑娘二妹子的一见钟情和爱情发展。可以说，爱情是故事的主体，温馨是爱情的基调。二人的相识、相见以及情感表露的戏份拍得含蕴而甜蜜，尤其是月夜相见一场，先是全景——月夜、柳树下，二妹子喊了声“副班长”；接下来镜头拉成了中景，二妹子说“我有事”；然后是二妹子的特写；镜头又拉成远景，只看到二人的身影，却听不到二妹子的诉说，月夜、柳树相伴男女主人公一同静默。如果没有后面的情节介绍，完全感觉就是青年男女在倾诉内心的情感与衷肠。副班长和二妹子都不是知识分子，但电影中的爱情却充溢着小资的温馨情调，这只能说是导演的审美趣味与倾向注入到了影片之中。副班长和二妹子的爱情推进除了含蕴的语言表现外，影片还运用了一个重要元素来传达人物的潜意识心理，那就是民间情歌的传唱。“九九艳阳天”作为影片的主旋律一直在电影中回响，那四段节奏相似内容不同的情歌，将年轻人欲言又止的情感与对未来的憧憬巧妙地传达了出来，清新、甜蜜，透着蓝天、白云与阳光的气息。

为了烘托浪漫温馨的气氛，影片还配以如诗如画的自然风光。小桥、流水、绿色的稻田、不停旋转着的风车、在田野中绽放的油菜花，这些自然景观以大远景的景别设置，为影片增加了更多的诗情画意，江南水乡的自然、清新、甜美扑面而来。在这些物像中，垂柳是电影中最为标志性的景观：二妹子的出场是在柳树下；二妹子初遇副班长边洗衣服边唱“九九艳阳天”也是在河边柳树下；最后有情人终成眷属，二人甜蜜相依也是在大柳树下……影片中的柳树和新中国成立后摄制的另一部著名的戏曲片——黄梅戏《天仙配》中的大树有异曲同工之妙，它们都成了爱情与忠贞的见证，只不过柳树没有像老槐树那样开口说话。

在《永不消逝的电波》中，爱情叙事也是影片的亮点之一，而且具有较为明显的小资情调。出于工作的需要，地下党员李侠和何兰芬扮作假夫妻，日久生情，两人从假夫妻成了真伴侣。而真假夫妻的剧情转换不是体现在日常生活的衣食住行中，而是通过温馨浪漫的情感表达来表现，其中月亮的意象多次被提及和出现。李侠和兰芬结婚时正值八月十五，月亮圆了。三年之后，又是月圆之夜，一轮明月悬挂在天边，兰芬打开窗子，李侠也来到窗前，两人一起凭窗眺望。虽然这里的月亮不是《一江春水向东流》中的明月，已然构成了影片的一条情感主线，但月亮意象的设置，可以说是紧张剧情中的一点休憩与惬意，是浪漫情感的表达与抒发，透露出作品隐含的另一种情调。

爱情叙事温馨中浸透着浪漫，但我们也发现，王苹电影中的爱情都是建立在青年人共同的理想与信念基础之上的。影片中的女性形象大都含蕴温婉，但又有别于传统女性的逆来顺受而表现出独立的个性、自由的意志。她们以平等的姿态，与所爱的人一起担当，共同战斗，表现出现代女性的个性特质。这和左翼时期的新女性有共通之处，而且她们比那时的新女性更为幸运。

《柳堡的故事》中二妹子是一个温柔、善良、执着的女子，她不屈就恶霸势力，大胆地追求自由与幸福的生活。她对副班长充满爱慕之情，并且与所爱的人共同进步，达到身份与地位的平等。影片前半部分展现副班长和二妹子相爱的过程时间推进比较舒缓，而在二妹子被解救出来后，剧情进展得比较快，我们也看到了二妹子身份的变化：她从一个梳着大辫子的农家女儿，成为剪着齐肩短发的妇女干部，而且她也不再叫二妹子了，而是有了学名——田学英。从乡村女子的无名到有了社会身份的学名，从部队的仰慕者到成为与部队并肩作战的积极分子，在平等的身份与地位中，二妹子也迎来了甜蜜美满的爱情。

《永不消逝的电波》中何兰芬是以一名党员的身份与李侠并肩作战的，共同的理想与信念使他们真正走到了一起。《霓虹灯下的哨兵》中喜子媳妇春妮则是拥军模范，在被喜子嫌弃时，她义无反顾地离喜子而去，并写信对喜子的变化提出了批评。最终在党组织的关怀下，喜子认识到自己的错误，与春妮和好如初。春妮和陈喜的故事其实是秦香莲—陈世美故事原型的现代叙写，然而春妮没有成为现代版的秦香莲，是因为春妮生活在了新中国，男女平等的观念已经深入人心，春妮在维护自身的平等与权利时得到了社会的肯定与支持。电影中春妮的戏份虽然不多，但夫妻之间产生矛盾裂痕一段却是影片中极为感人的段落，是新中国新女性形象的塑造与阐释。

四　另一种上海影像的呈现

谈及王苹及其电影，不可忽视的一个地理与政治空间是上海。上海是王苹熟悉的生活空间与场景，20世纪40年代王苹曾在上海参加民族救亡活动，并参演了以上海为故事背景的电影《一江春水向东流》《八千里路云和月》。这些经历对王苹导演风格的形成起着潜移默化的作用，其具有代表性的电影《永不消逝的电波》和《霓虹灯下的哨兵》都是以上海为地理空间的。在这两部影片中，既表现出新中国电影的昂扬斗志和崇高之美，又有着左翼电影追求个性解放与女性独立的特征。

上海是20世纪三四十年代的影都，制作出大量精良的电影，也产生出大批优秀的演员。在30年代，上海就已经是"一个繁忙的国际大都会——世界第五大城市，又是中国最大的港口和通商口岸，一个国际传奇，号称'东方巴黎'，一个与传统中国其他地区截然不同的充满现代魅力的世界"[5](P4)。作为国际性大都市，关于上海的想象就是关于现代性的想象，关于现代生活方式的想象。但同时，上海又是一个被妖魔化的场域，是少数人的天堂和多数人的地狱，是堕落之地与罪恶之都，其"负面形象在某种意义上又被中国左翼作家和后来的共产党学者强化了，他们同样把这个城市看成罪恶的渊薮，外国'法外法权'所辖治的极端荒淫又猖獗的帝国主义地盘，一个被全体爱国主义者所不齿的城市"[5](P4)。

《霓虹灯下的哨兵》就充分地体现出关于上海的现代想象。故事发生的时间是上海刚刚解放的1949年，主要地点是上海最为繁华的南京路。国际饭店、咖啡厅、跳舞馆、花花绿绿的橱窗、琳琅满目的商品构成了南京路最具特色的标志性场所和景观，而穿着入时却心狠手辣的摩登女郎和这些景观一起构成了关于上海的经典叙述。"霓虹灯"是对上海南京路的形象概括，但霓虹灯不是被赞美的对象，而是灯红酒绿、纸醉金迷的隐喻，是对人的精神进行腐蚀的有毒因子，是"糖衣"包裹之下的"炮弹"，是魔鬼撒向人间的眼睛。

与南京路相对照的是隐在黑暗角落中的贫民窟，是贫民生活的地带。1950年的城市贫民依然处于社会的底层，受到地痞恶霸的欺压。但与20世纪40年代左翼电影中被欺压者无力无助的境况不同，在社会主义时代，城市贫民正日益成为新中国的主人。《霓虹灯下的哨兵》中童阿男的姐姐阿香的形象就很有象征意义，与《一江春水向东流》中的素芬在受尽苦难后投身黄浦江的命运不同，阿香在新社会政治权力干预下，走出了地痞恶霸欺压的阴影，从沿街叫卖的卖花女成为花店中的一名员工。而那些曾经被艳羡的资产阶级则成为被专政和改造的对象。

从南京路上霓虹灯标语的变换也能看出时代精神的显著变化。初入上海南京路，三排长陈喜被南京路上绚烂璀璨的城市风景所迷惑，在“香风”中放松了警惕，迷失了方向。影片抓住一个典型的细节来表现，那就是袜子和袜店。橱窗中各式各样的袜子在霓虹灯照耀下不停地旋转，而时隐时现“袜中之王”的绚丽标签闪耀着魅惑之光。在影片结尾，高楼上的霓虹灯也在闪烁，但打出的不是物质消费性名称，而是闪亮的三行政治性标语：毛主席万岁、中国共产党万岁、中华人民共和国万岁！这是精神对物质的取代，是新中国对旧上海改造后的城市新颜。

与《霓虹灯下的哨兵》稍有不同，《永不消逝的电波》中的上海是抗日战争和解放战争时期的上海，即尚未解放的上海、白色恐怖下的上海。日本宪兵队、国民政府、监狱，以及在深夜不时响起的警笛构成了影片的背景性叙事。但另一方面，影片也表现了市民的日常生活场景，这和地下工作者李侠所扮演的公开身份相关，如丝绸装裱商、修理电器的手工艺者、杂货店小老板。在这些公开的身份中，上海市民的生活景观得以展开，是外来者对上海的观念融入。因为融入，也就有了上海的市民气息。李侠说服兰芬要像一个真正的上海太太一样，以起到更好的掩饰作用，并教她打麻将。此外，那些说着上海话的太太们、买商品的顾客、看病的患者等，构成了一个富有生活气息的市民化的上海。但影片又与左翼电影表现城市底层民众的苦难不同，《永不消逝的电波》中的市民生活也是一种环境渲染，影片更侧重展现的是共产党的地下工作者在白色恐怖下的另一种战斗，是光明来临之前的政治性上海。地下党员孙医生所说的“天快亮了”，表达的就是关于革命和解放的寓言，也预示着上海将会以一种全新的姿态呈现在新中国的政治与文化版图中。

对王苹而言，上海和北京“八一”厂是两个具有重要隐喻意义的空间，北京“八一”厂是红色政权的象征，是国家意志的体现，而上海则是带有个体生活经验与记忆的历史空间。王苹以阶级、革命的姿态构筑电影的核心与主线，又以女性知识分子的细心和体贴讲述日常生活与情感。因此说，王苹的电影是关于阶级、革命与解放的新中国红色电影的经典叙述，也是关于上海的个体情感记忆与对左翼进步电影的接续，是上海电影叙事谱系中20世纪60年代的影像呈现。

注释：

①1962年9月24日，毛泽东主席在中共八届十中全会提出阶级斗争必须年年讲、月月讲、天天讲，并提出千万不要忘记阶级斗争的号召。

参考文献：

[1] 八一电影制片厂建厂40周年［J］．八一电影，1992（7-8）．
[2] 毛泽东．在延安文艺座谈会上的讲话//毛泽东选集（第三卷）［M］．北京：人民出版社，1991.
[3]《人民日报》社论．应当重视电影《武训传》的讨论［N］．人民日报，1951-5-20.
[4] 黎弘．第四种剧本——评《布谷鸟又叫了》［N］．南京日报，1957-6-11.
[5] 李欧梵．上海摩登［M］．北京：北京大学出版社，2005.

三个谜语三重活法*

——俞平伯《重过西园码头》再解读

李艳敏**

摘 要：《重过西园码头》集中代表了俞平伯组织小说的艺术才能。他在小说写作中层层设谜，使得该文本文体难辨，作者不明。同时他又借鉴了《狂人日记》和《红楼梦》的叙事技巧，采用双重第一人称自述体和文内注释的方式概括了具有三种不同意蕴和内涵的人生态度和生活方式，并最终抛弃了佛家顺世论的消极厌世态度，确立了一种面对生活与生死的现实而洒脱的活法。

关键词：俞平伯；《重过西园码头》；主旨之谜；率性而活

作为新旧交替时代的文学家，俞平伯作品之“涩”是公认的，周作人 1931 年在《枣》和《桥》的序里提到：“据友人在河北某女校的调查，废名君的文章为第一难懂，俞平伯第二。”[1](P112)推究这涩味不仅来自其文字与思想，也来自作者有意为之的谜障。他好像一个调皮的打谜者，是谜面设置的高手。“诗只是谜儿，让您猜我手中底谜吧。”（《呓语》之三）[2](P260)这说的虽是诗，但也适用于其文。读其诗文确如猜谜，若猜不中就只能始终如处于云里雾里，不知所云。若能猜中，倒也并非有什么玄言大义，也不能带来一般谜语揭开后所引起的快感。只不过这谜底会使你更深理解俞平伯对于现世人生那种“能够怎样活着就怎样好了”“总由他吧”的态度。

这种“爱怎么活便怎么活”[3](P91)的率性而活的态度，是在看破生死之后的坦然与豁达，而《重过西园码头》其实就是表达他这种生活观点的代表作品。俞平伯写重游感受的作品主要包括新诗《如醉梦的踟蹰》和《哭声》、杂论《重来者的悲哀》两篇、散文《重来之“日”》以及本篇小说《重过西园码头》。“重游”主题带着中国文学里“物是人非”的感伤传统，而这篇小说除此以外，还因其思想内涵和表现手法方面的特性被朱自清赞为“奇文”。该文作于 1928 年 8 月，初收入俞平伯散文集《燕知草》下册，20 世纪 30 年代又被周作人收入《中国新文学大系 · 散文一集》。实际上它是俞平伯根据自己的生活体验精心创作的一篇现代小说，带有浓郁的佛禅意味，对理解俞平伯的思想和创

* 基金项目：河北省研究生创新资助项目“俞平伯创作的佛学意蕴”（项目编号：CXZZBS2018092）的阶段性成果。

** 作者简介：李艳敏（1976 - ），女，河北师范大学文学院博士生，衡水学院讲师，研究方向为中国现当代文学。

作手法至关重要，理应引起人们的关注。而目前学界的研究还不够，沈观生的《现代文艺园地一奇葩》是最近的一篇相关研究文章，作者主要从文之“奇”处入手对作品进行了解读，但对文本中蕴含的佛禅思想并未提及，忽略了俞平伯设置的主旨之谜。

20世纪20年代新文学发生之初，小说和散文的文体界限并没有那么清晰。即使现代小说之父鲁迅，他的几个短篇如《社戏》《一件小事》《故乡》等若以散文去读似乎也并不为过。而在周作人所选的《散文一集》中，就包含废名的《竹林的故事》和俞平伯的《重过西园码头》这两篇小说。俞平伯写过三篇短篇小说，都发表在《新潮》上，所以在《中国新文学大系·小说一集》里，鲁迅把他归为新潮小说群成员。他的第一篇小说《花匠》也是可以当作散文来读的，被鲁迅收入《中国新文学大系·小说一集》，且给以“《花匠》以为人们应该屏绝矫揉造作，任其自然”[4](P124)的评价。《重过西园码头》应该是他所有的文学性作品中篇幅最长的。王瑶在《中国新文学史稿》中评其代表作《燕知草》：“他的文字不重视细致的素描，喜欢‘夹叙夹议’的抒写感触，很像旧日笔记的风格。文言文的词藻多，因为他要那点涩味；絮絮道来，有的是知识分子的洒脱和趣味。”[3](P74)但俞平伯在文学创作方面明显缺少叙事的兴趣，他的专长在抒情和说理，不管是其早期新诗还是后期散文都是如此。对其创作的抒情性，前人已有很多论述，尤其是李清宇在其博士论文《抒情的传统下的自我与文学》中对此做过专门而深入的研究。即使这篇小说，也不脱此窠臼。《重过西园码头》以抒情议论为主的小引占据了一半的篇幅，其后即有叙事也多杂以评议性的文字，突出了俞平伯写作的长处，而避开了其叙事方面的不足。在这篇小说试笔之作中，俞平伯糅合了古今中外不同的小说写法，借鉴了《红楼梦》和鲁迅《狂人日记》的叙事技巧，并混合了他喜欢的西方侦探小说元素，任意驱遣着笔下的语言，形成了一个由叙事和语言构成的迷宫。多种叙事手法的使用，抒情说理的合理调配，语法修辞和方言俗语的综合运用都使其成为现代小说史上一个独特的存在。这篇小说中蕴含的作者之谜、文体之谜和主旨之谜多年来争讼不一，因此有必要对此进行一番辨正和澄清。

一　作者之谜

此文在《燕知草》中出现以后，多年来确有不少人上了俞平伯的当。因俞平伯在序中称“此等体例殆前无古人”，“读者当可谅予之草草也，且对于亡友身后之责亦云粗尽矣”[2](P125)，为把此文收入自己的散文集做了一个此地无银三百两的解释。而朱自清在《燕知草·序》文末的赞誉使此文的真正作者更加扑朔迷离，加之俞平伯也确实在1933年以“心馀”为笔名发表过《没有题目的诗》[5](P555)，以至于到了1990年还有人言之凿凿地以为世上真有一个赵心馀，认定这篇《重过西园码头》不是俞平伯的，而是赵心馀的作品。[6]其实《中国新文学大系·散文一集》中周作人曾收入此文，归在俞平伯的名下。以周作人和俞平伯的关系而言，文章作者肯定不会搞错的。而俞平伯后来也对此笔名进行了说明：“赵，造也；心馀，姓俞，可见其人子虚乌有。”[7](P109)既然“赵心馀”是子虚乌有的，那这篇《重过西园码头》是俞平伯写的小说无疑。其中人物和事件在现实中都有相对应的原型，如序文中出现的L即俞平伯最小的内弟许宝禄。在俞平伯的散文《出卖信纸》中，也是以L指代许宝禄，他和俞平伯都爱读《福尔摩斯探案集》。据俞平伯家人回忆，这两个人常常是许宝禄扮演福尔摩斯，俞平伯扮助手华生，共同玩儿探案的游戏。[8](P174)小说是源于生活的，难免会产生读者错认作者的情况。但如巴尔特所说："叙述者和人物主要是'纸上的生命'。一部叙事作品的（实际的）作者绝对不可能与这部叙事作品的叙述者混为一谈。……（叙事作品中）说话的人不是（生活中）写作的人。"[9](P29-30)就这篇作品来说，小说虽然使用了双重第一人称，即赵心馀和文稿发现者与注评删改者"平伯"，但他们并不等于真正的作者俞平伯，只是程度不一地带着俞平伯的某些影子，是以俞平伯为本体幻化出来的心相，就像《红楼梦》里的石头、情僧、神瑛侍者一样，他们是真正作者为表达他对佛学与人生关系的看法而精心设计好的叙事圈套。读者在阅读过程中产生的作者之谜正表现了俞平伯这篇小说在叙事策略上的成功。

二 命案之谜

《重过西园码头》显然充分发挥了俞平伯写作上的长处——以抒情和议论为主，但其缺陷也是明显的，叙事上虽然讲究方法，但也不可避免地在序文处留下了部分叙事漏洞。

在序文中，主人公赵心馀的死因并没有交代清楚，这是作者设置的又一谜语。俞平伯在小说中以手记"未完成"状态敷衍了过去。就序所言，何以死者所在旅舍的老板不去报警而直接通知作为死者同学的"我"，实在是有点匪夷所思的。另外，扮演主探案者的L还没有进行取回饮料的化验鉴别，这检验品就被其弟误食无余，这也有点不合常理。喝完饮料的孩子说滋味是甜的，证明杯中所余不是苦杏仁，暗示赵非自杀。考虑到写作的时代背景及主人公的职业，却也不能排除蓄意暗杀。赵心馀的死如果是他杀，死于谁之手？这又属于侦探小说的推理范围，姑且不论。而若说是自杀看起来又似乎毫无理由，因为文中赵心馀的内心独白中只有预感的幻灭与死亡，且其小说正在写作中，即使精神上受到打击也不至于在手记未完成时自寻短见。若以小说的"不可靠叙述"特性来看，序言中陈述的赵心馀"非病非杀"是不可信的，而其自杀因素在序中也已经被叙述人排除。那么其死因自然会有两种可能，一是猝发心肌梗死（由其"仆地"而亡推论），二是被谋杀（由其遗物中有德国巨匙却没有箱子推理得来）。联系这篇小说写作的时代背景，以及茅盾《幻灭》的发表时间（1927年），其中可能蕴含更深的含义。小说中作者对赵心馀的职业交代不多，仅有的信息是赵"奔走党国能者多劳"的陈述，和序中的片语交代——服务于"某集团军"。其死因的究竟答案已不可知也不必知，因作者只要读者知道赵心馀的结局是死亡即可。而这桩命案在小说中的功能，除了增加悬念外，就是一个为正文未完所设置的托词，也表达了作者对生命无常的理解。关于"生死"，俞平伯在小引里已经让主人公说了不少，行文至此再次触及"幻灭"便有些难以为继，于是让主人公死去就一劳永逸地解决了这个问题。这样突兀的结尾给习惯了有头有尾阅读经验的读者造成了强烈的心理冲击。俞平伯再为之加上序，让文本以未完成稿的形式给人们留下一个耐人寻味的无头案，其中的内蕴由各人自参自悟，他是不负责解释的。

三　主旨之谜

小说共由三部分组成：题目、序文、小引和正文。题目“重过西园码头”来自文中一处关键地点“西园码头”。以主人公两次经过此处的不同感受，尤以第二次感受总括全文，题下署名赵心馀。主文本是小引加正文，副文本是序，“副文本”参与了正文外的大故事组织，造成较为复杂的思想内蕴。小说的序文全用文言，署名则是平伯，主要述命案疑云，释文章及题目由来，表明题目是在赵心馀死后加上的。这其实是俞平伯玩的一招障眼法，却给后人理解小说的真正作者带来了麻烦。小引和正文（托名赵心馀作）使用的是调和中外古今各种语言的新文学语言。文中括弧内的评注有专门的“平按”或者“平注”以区别于赵心馀所作的注解。小引部分至“逝者暂住在别人的记忆里”一段，洋洋洒洒，长篇大论，谈主人公对人生和死亡的看法。正如“平伯”在序言中所评“篇幅冗长，与正文不称”[2](P195)，朱自清也说这小引实在是“下笔千言离题万里”，但又盛赞作者“能从万里外一个筋斗翻了回来”。[2](P125-126)待到这番生死宏论终于发完，下文才转入正文，采用了倒叙、插叙或补叙进入对往事故人的回忆中，但其中的实在事件却很少，且都是轻描淡写一掠而过。死者沈彦君一生虽不够长，但若写去，至少也应该比小引的议论要多。可吝啬的作者给他安排的镜头却只有那么几个，也都是以散漫的笔法絮絮而谈。赵心馀的生死之思和他对沈彦君生死的感受与评议成为全文的主要内容，文末注评曰“此文未完”，以“没有结尾的结尾”留下无尽的猜想给读者，收到了言有尽而意无穷的效果。

关于此文主旨，学者刘绪源曾经做过如下评语：

> 在俞平伯所有的诗文中，这一篇（《重过西园码头》）的禅味最浓，虽然其中也批判了“佛家以生死对待流转无极”的迷信思想，但通过繁复的抒情议论，通过两次经过西园码头（第二次是沈彦君死后，棺材抬过这里）的描写，层层渲染的正是“色即是空空即是色”的佛学观念。[10]

在笔者看来，刘绪源的禅学解读固然有理，但更应注意到序文和括号内的注评在解构主文本方面的深层内涵。笔者以为，作者其实是在借小说主人公赵心馀之口畅谈人生与死亡，呈现出一种普遍存在于人间俗世中的庸俗佛学观，并借评注者的口吻对此进行了解构。而就俞平伯个人感情来说，这篇小说也可看作他为亡亲安巢丈人所作的忏悔文。

该小说隐含了三种对于人生以及死亡的看法，统而言之，是作者关于佛学化生活与生死的文学性阐释。文中长者沈彦君向往出世，又贪恋世法，在佛法与世法上不能融通，学佛虽精于经论，实际上却未能看破放下，对世间有着不舍的爱恋，代表了传统士大夫阶层知识人的普遍生活状态。晚辈赵心馀“关怀生死过切”，常以佛法看人生之虚空，也仅限于小乘佛教的一般境界，因此也无法真正解脱苦海，而亲人的去世更加重了他对无常的理解和对人世的厌倦。作为外叙述人的“平伯”同情赵之遭遇，但并不认同其消极的生活理念，序言和括号内的评注程度不同地否定了赵的人生观念。真正作者俞平伯则试图通过小说文本跳出佛禅范畴，实现对儒士固有消极佛学思想的改造和超越。《重过西园码头》的主旨因此也就有了以下层层上升的三层人生境界：一是因欲望和贪恋而痛苦的人生，以沈彦君为代表；二是“无可奈何”的“玩世”人生，以赵心馀为代表；三是超越和解构前两种人生的“随缘任运”的人生。乍看起来，似乎这三层意思文中均有呈现，实际上则是浸染过传统哲学思想的俞平伯经过自身的吸收转化后，禅宗那种“随缘任运”的活法，代替了五四时激进浮躁的平民主义和五四后彷徨失路的刹那主义，在此时成为他新的精神取向。这三种人生在小说中恰似俞平伯思想上的三级跳。

按照热奈特的叙事理论，本篇小说可分为两个叙述层次：外部层次是第一层次，其叙述者“平伯”是外叙述者，采用的是第一人称主观评议叙述模式；内部层次是第二层次，其叙述者“赵心馀”是内叙述者，采用的是第一人称主观叙事模式。第一层次的“序”类似古典话本中的“头回”，和第二层次之间既有因果关系又有语义关系。也就是说，本文的“序”既指明了该故事的背景和缘由，又和第二层次构成了一种意义上的对比。内叙述者赵心馀的叙述相当于古典话本中的“正话”，但这篇小说的“正话”因大段的第一人称独白而带有了西方现代小说的特点。这种叙事类型和《狂人日记》相似，又不尽相同。其不同在于，《狂人日记》全程采用的是狂人的视角来进行内心独白式的陈述，“余”没有对正文中的独白进行任何评议。而本文中的“平伯”在文中时不时以评注的方式对赵心馀的言词观念评头论足。赵心馀在文中持一种游世的态度，然而这个角色最后的结局是死亡，这也意味着俞平伯对这一重自我的否定。赵心馀之死和鲁迅笔下的《孤独者》魏连殳、郁达夫《沉沦》中的“他”一样，都带着作者本人精神自杀的意义。赵心馀死后，“平伯”为其遗文作序，虽见同情，却表现出对赵心馀的观点不以为然，并对赵之“胡言谵语”进行“略加删削，附以注评”[2](P195)，进行解构和再阐释——虽然这解构和阐释也还不出佛学范围，但它提醒读者及时跳出故事灰色的情感阴影，也表达了俞平伯对主人公那种消极虚无人生态度的不以为然。小说在这种虚虚实实、真真假假中给人一个缠夹的谜面，隐含了三种生存状态、两种人生观，发人深思。

第一层，陷于贪欲中的人生之痴。赵心馀的舅父兼岳父沈彦君的一生，“时时结想，处处流连，半成虚愿，在旁人看来未见得不是傻”，以佛法观其实就是放不下对尘世的执着和贪恋，概而言之即俞平伯在诗剧《鬼劫》中称为“衣食住”“名利”“当世威权身后浮名”。沈氏曾经“嗜好很多，性情极厚”，“壮年有能吏之称，而一近暮年思路日窄，执着日深，于人情物理的洞达渐不如前了”。这位老人“也和其他的老人一般的怀想从前，悲观现在，不放心他的儿女，尤其不放心他的小儿子”。[2](P210)虽说沈的行为在世人看来是人之常情，但以佛法而论，这其实还是执着于生的不明智之举。而贪痴无明最容易引起情绪上的不安分，因此“唯独最后这两年以来，简直忧煎倍急，意绪萧寥”[2](P210)，最后终于带着他的遗憾离开人世。心馀自述起初对沈之“痴执”很觉“不以为然”，晚年的沈彦君就这样被赵心馀置于同情和批判的地位。但在沈氏死后追思，感到“对于平时所爱敬的尤非所宜”，这种出于“死生之痛亲旧之情”和“知己之感”而发出的忏悔，为文本增加了一重情感因素。

沈彦君的人生代表了多数传统官僚士绅阶层的生存现状。他们不同于下层劳动人民，有一定的经济基础，衣食无忧，但其人生的困境并不因此而有所减少。从他在雷峰塔倒后执迷于搜集藏经和塔砖看，他对佛教和佛学是有着浓厚的兴趣的。但这种兴趣只是出于知识的获取，而非基于生命内在的追问。因此，他的学佛只是局限于表层知识和名理概念的范围之内，却并未能够深入经藏，也就无法达到智慧如海，更不要说结合实际生活，看破生死，放下世法了。他在战乱中的仓皇失措、东奔西走和对于住所的举棋不定，既表现了当时军阀混战的社会环境，也表现了普通人在危及生命的特殊时期那种惶惶不安的情状。任你满腹经纶，富贵传家，却也一样有着常人共有的因“欲”而带来的“畏”和“烦”。

第二层，陷于“空”中的人生之惑。如前所言，主人公赵心馀是部分的俞平伯，其思想在某种程度上和俞平伯暗合。小引中的独白以佛法基本理念观照一般人的生死，由人生皆苦得出却是“死非不乐”的结论，对“空”进行了个人化世俗化的阐释。而这些宏论其实与后面的故事是紧密相关的。如果说前面的文字只是空论，其后的回忆性散文化叙事则是现实人在生死过程中的关键节点的演出，凸显了一种“无可奈何”的人生观。

早在1918年俞平伯就写了人生中的第一首新诗《奈何》，这种“奈何”之感，在研究《红楼梦》中得以延续，且与其相伴一生。早年“关心生死过切”，从弃新诗到散文，他的作品中到处常见关于生死问题的哲学思考。“人生非苦非乐，亦苦亦乐”，这是俞平伯一度认可的。1922年俞平伯作《迷途的鸟底赞颂》表达对生的困惑。晚年他曾在致叶圣陶的信中说起自己童年寄名为僧的事实，及对寺院、佛像的爱好，自以为“其向望多半是感性的而非理性的”。他自认学佛“从《起信论》入门”，《起信论》即是马鸣菩萨所作《大乘起信论》的简称，由此可见俞平伯倾向于大乘佛学思想。他坦言：“翻阅《坛经》对禅宗兴趣较净土为多。”[11](P124)但在本文中，俞平伯借赵心馀之笔对佛教人生皆苦的说法进行了调侃性的嘲弄，这种对佛教思想的排斥可以同时存在于一个人的身上。在文中他宣称自己对宗教不是不喜欢，但觉得端坐在莲台上的菩萨不怎么舒服，字里行间表现了一种对佛教的不敬之词。他以为“若一面采佛家生为苦之说，而一面用我们自己的死即灭之见，那么死非但不可悲可怕而实在可爱可钦”[2](P200)。在他看来，“生固然很苦，但也并不全然苦，这是老实话，我不愿作矫情的戏论。如见春花秋月不能说不美丽，逢俊侣良朋不能说不幸运，得赏心乐事不能说不痛快。硬把乐说成苦，真是何苦!”[2](P200)这其实是一种看似聪明实则偷懒的人生观，而以下关于人生无可奈何的感叹和对佛教顿渐观念的细腻解析带有强烈的情感性思辨色彩，从上一处注评到下一处注评之间文段颇长，但并未见外叙述者“平伯”对此说法的评价，显然对内叙述人的“妙论”采取了一种默认的态度。这可以说也是俞平伯的人生感受。他曾经写出这样的诗句：“我们原不解超人间底所以然；真感到的，无非人间世底那些‘不得不’!”（《哭声》）[12](P98)“上路的樵者，偏有荆棘去等着。怎样的讨厌，又怎样的‘无可奈何’!”（《回音》）[12](P154)又在这篇小说中提到桓子野夜闻清歌徒唤奈何的典故，且在注释中引用友人来信以表明其

“无可奈何”的人生之感。从以上这些内容看，他确实在对佛学的反向思考中认识到其“心学”的合理之处，并肯定了它对人心的慰藉作用。

第三层，回归本来的人生之“常”。“平伯”是另一阶段另一部分的俞平伯，其思想也部分反映了俞平伯的思想活动。文中共有八处括号注明“平按”的地方，有四处属于注释性，其中前两条是对原文增删的说明，后两条之一是解释文义“跷辫子”，文末部分属于解释正文未完的旁注。这几条评注在本文中除了说明文义外起到了加强故事真实性的作用。另外四处属于评议性文字，主要表达对赵心馀说法的意见。第一处意见即表明自己对赵说“陈言便是中庸之言”的异议，这是俞平伯五四运动以后持续关注的一个问题。紧接着后面就是第二处批评赵心馀这段文字“口气幼稚，牢骚突发，无理取闹”。后面的两处分别是“这又在算账，又在用陈言”和“又在信口胡溜”，对主人公所说的话用了贬义色彩浓厚的语气。这些注评和序文共同代表了另一种不同于赵心馀的人生观。相对于前面根于贪的“痴”和源于疑的“惑”，这是出于知的“常”，其功能和《狂人日记》中的序一样，淡化了正文中浓郁的生存虚无感。

如上文所说，俞平伯对佛教有着自然的亲切，然而其思想又是极为复杂的，他对人生的佛学思考带着强烈的人间性，巧妙消解了因避世而带来的颓废因素，和禅宗重视现世人生的“日用妙道”较为一致。在其第一首新诗《奈何》中即提出“我是谁?”的终极追问。1921年9月，俞平伯写了《生活的疑问》提出要过一种有价值的生活，而他所谓有价值即纯洁（平等）、调和（共同生活）、扩大（大我）。文末指出：“我们既离不了现在，能够怎样活着就怎样好了!”[2](P530)1922年他在《迷途的鸟底赞颂》中认定“生是迷惑的源泉”，1923年又在读《毁灭》时表明“我愿意怎样活着就怎样活着”的生活态度。之后，在1928年《重过西园码头》中作者借主人公之口说出：“人生一个破瓦罐，不回头最为得体，虽然不免回头更是人情。”[2](P203)俞平伯的《忆》和《燕知草》就是他在频频回头中记录下来的人情之美、世间之暖。而这篇小说继雷峰塔的“两文双歌”成为俞平伯怀念知己兼长亲的又一作品。俞平伯的舅父许引之农历1924年10月19日去世，这给他的人生经历中增添了生死离别的悲哀。幼年曾祖曲园先生的离世对俞平伯来说，痛苦固然痛苦，却不如这相知相伴了多年的至亲。而“至亲无文”也使得俞平伯在舅父去世后，迟迟无法下笔以抒写这哀思。写作此文是在俞平伯完成舅父遗愿——《雷峰塔考略》、塔砖及经文考和塔砖歌、藏经歌，痛定思痛之后。整理经卷与对舅父一生行状的回忆和思考，使得俞平伯对人生与生死的思考比之前更为透彻。如果说此前俞平伯着眼的是生之迷惑与空虚，此时他看重的则是生的本体意义。

事实上，在20世纪二三十年代，尽管中国不乏近佛的现代知识分子，也有以大乘佛教精神入世的新青年们，但佛教通常只能充当他们用来自慰的精神迷幻药。时代和社会的现状，不可能给他们一个安于参禅的外部环境。而他们也无法做到忘我或无我，无法放下现代知识分子阶层普遍关心的民族国家。俞平伯对佛教哲学的深思和明辨使他明白，只有认清了一般学佛者的迷茫状态，才可能和时代拉开距离，获得一种内在的安宁。1923年以后，他本着“不离不著”的原则，在学术生活、文学创作和世俗人际交往中获得了他偏爱的闲适和趣味，却也在革命文学大潮高涨的文坛成了一个不合时宜的人物。

和文中的沈彦君一样，他虽能以佛法看破生死，却认识到世事的无奈与一己的无力，对世事采取了一种“尽人力，信天命”的态度。而对生死，人到中年后，他就“有得活不妨多活几天，还愿意好好的活着；不幸活不下去，算了”[2](P270)的态度。

通过以上三种人生的对比，俞平伯这篇小说的主旨也就不言而喻。他肯定的是舍弃无谓的唯心唯物之争，回到“本色”的日常生活，珍惜当下的生命，而所谓的佛道儒，对他来说并不重要。从艺术成就上来说，这篇小说固然没有《桨声灯影里的秦淮河》和《湖楼小撷》《陶然亭的雪》那样的洁媚风流，但也没有那样浓到化不开的柔腻和丰腴，而是变原有的惝恍靡丽为灵动跳脱，确如朱自清所说“一个筋斗十万八千里”。这种跳跃性很强的思维方式给读者带来极大的挑战，也在作品思想方面多了一层对人生意义的质疑，但主人公的形而上质疑在文本中又被“四两拨千斤”的注评所翻转，这些迥异于以往作品的俞氏文风，成为以后俞平伯写作杂论的主要源头。

参考文献：

[1] 周作人．永日集　看云集　夜读抄［M］．长沙：岳麓书社，1988.

[2] 孙玉蓉编．俞平伯全集（第二卷）［M］．石家庄：花山文艺出版社，1997.

[3] 张贤亮．我有一个红学家的“外公”//孙玉蓉编．古槐树下的俞平伯［M］．成都：四川文艺出版社，1997.

[4] 蔡元培等．中国新文学大系·导言集［M］．上海：上海文艺出版社，1968.

[5] 孙玉蓉．俞平伯研究资料［M］．天津：天津人民出版社，1986.

[6] 胡漠察．关于《重过西园码头》［J］．读书，1990（3）．

[7] 孙玉蓉．俞平伯年谱（1900—1990）［M］．天津：天津人民出版社，2001.

[8] 韦柰．旧时月色：俞平伯身边的人和事［M］．北京：中国华侨出版社，2012.

[9] 张寅德编选．叙述学研究［M］．北京：中国社会科学出版社，1989.

[10] 刘绪源．民族文化与俞平伯的文学创作［J］．文学评论，1987（5）．

[11] 孙玉蓉编．俞平伯全集（第八卷）［M］．石家庄：花山文艺出版社，1997.

[12] 孙玉蓉编．俞平伯全集（第一卷）［M］．石家庄：花山文艺出版社，1997.

“追光蹑影”与“通天尽人”

——论谢灵运诗的审美特征

张　晶*

摘　要： 谢灵运开中国诗史上山水诗之先河，而且在审美方式上有其独到之处。本文借王夫之的“追光蹑影”与“通天尽人”来指谓谢灵运山水诗的审美方式。“追光蹑影”指诗人以感兴的思维方式、繁复的笔法，捕捉山水景物的瞬间情态，使“体物”的审美创造方式臻于极致；“通天尽人”指由山水审美而生的理悟。二者在谢诗中是完整的结构。

关键词： 谢灵运山水诗；审美方式；追光蹑影之笔法；通天尽人之情怀

关于谢灵运的研究，学界已有颇多成果，笔者也有文章涉及。陶谢并称，以陶为先，在文学史上陶渊明也是魏晋南北朝时期最有代表性的作家，谢灵运的分量似乎略逊一筹。但从历代诗学大家的评价来看，也未必尽然。如唐代的皎然、清初的王夫之对陶谢地位的评价，就是以谢为南北朝最重要的诗人的。本文无意于作一篇陶谢优劣论的文章，而是从对大谢诗及其评价的感悟中，把握其在中国诗歌美学发展中的贡献，揭示其在审美方式上的不同要素。

王夫之论诗有“以追光蹑影之笔，写通天尽人之怀，是诗家正法眼藏”[1](P681)之语，这在王氏诗学观念中，是最高的价值标准。而这种诗学观念，却是以谢灵运为其典范的。王夫之对谢诗的评价，是迥然秀出于陶诗的。如评谢灵运的《邻里相送至方山》时说：“情景相入，涯际不分，振往古，尽来今，唯康乐能之。”评《登池上楼》说：“始终五转折，融成一片，天与造之，神与运之。”评《石壁精舍还湖中作》说：“凡取景远者，类多梗概；取景细者，多入局曲。即远入细，千古一人而已。”诸如此类的评价，可谓“至矣，尽矣，蔑以加矣”（严羽《沧浪诗话·诗辨》）。“追光蹑影之笔”意谓诗人以当下的审美感兴，捕捉山水特色的即时情态，创造出生香活色的审美意象；“通天尽人之怀”意谓由山水审美而生发的“赏心”理悟。

一

谢灵运开山水诗之端，这在文学史上乃是常识。但谢诗之所以在中国诗史有其独特

* 作者简介：张晶（1955－），男，兰州大学文学院特聘教授，中国传媒大学资深教授、人文学院院长、博士生导师，研究方向为文艺美学、中国古代文论。

的地位，其成就究在何处？笔者以为“以追光蹑影之笔，写通天尽人之怀”最能得其仿佛。依笔者之见，对于山水诗的创作，谢灵运以感兴的思维方式、繁复的笔法，捕捉山水景物的瞬间情态，使“体物”的审美创造方式臻于极致。所谓“体物”，出自陆机《文赋》“诗缘情而绮靡，赋体物而浏亮”的命题，逐渐发展成一个具有丰富内涵的审美范畴。谢灵运的山水诗，便为充实和提升“体物”范畴提供了创作实践和艺术精品的支撑。钟嵘在《诗品》中置谢灵运为上品，其评语谓：“其源出于陈思，杂有景阳之体。故尚巧似，而逸荡过之，颇以繁芜为累。嵘谓若人兴多才高，寓目辄书，内无乏思，外无遗物，其繁富宜哉！然名章迥句，处处间起；丽典新声，络绎奔会。譬犹青松之拔灌木，白玉之映尘沙，未足贬其高洁也。”[2](P9)钟嵘对谢灵运的评价具有辩证的眼光。“以繁芜为累”，略见贬义；而“兴多才高，寓目辄书，内无乏思，外无遗物”，则是准确地道出了谢灵运山水诗的创作特点。钟嵘以“直寻”为审美观念，推崇“自然英旨”，认为以“吟咏情性”为宗旨的诗歌创作，不应以“使事用典”为上乘，其云：“若乃经国文符，应资博古；撰德驳奏，宜穷往烈。至乎吟咏情性，亦何贵于用事？‘思君如流水’，既是即目；‘高台多悲风’，亦惟所见；‘清晨登陇首’，羌无故实；‘明月照积雪’，讵出经史？观古今胜语，多非补假，皆由直寻。颜延、谢庄，尤为繁密，于时化之。故大明、泰始中，文章殆同书钞。近任昉、王元长等，辞不贵奇，竞须新事，尔来作者，寖以成俗。遂乃句无虚语，语无虚字，拘挛补衲，蠹文已甚。但自然英旨，罕值其人。”[2](P4)所谓“自然英旨”，就是与使事用典相对的“直寻”，即在对外物的直接感兴中写成的诗作，这里就是以谢灵运的诗为典范。再看钟嵘在《诗品》中对颜延之与谢诗的比较。《诗品》以颜延之诗为中品，其评语谓：“其源出于陆机。尚巧似，体裁绮密，情喻渊深，动无虚散，一句一字，皆致意焉。又喜用古事，弥见拘束，虽乖秀逸，是经纶文雅才。雅才减若人，则蹈于困踬矣。汤惠休曰：‘谢诗如芙蓉出水，颜诗如错采镂金。’颜终身病之。”[2](P13)颜谢优劣，由此而定。“芙蓉出水”和“错采镂金”几成谢诗和颜诗的定评。颜诗与谢诗相比，价减一等，也是共识。从钟嵘对颜诗的评语看，一是字句绮密，缺少灵动透脱，二是喜用古事，颇为拘束。而谢诗则是清新自然，如同“芙蓉出水”。这种明显的优劣比较，使颜延之抱恨终身。这也恰恰体现出谢灵运诗的特征所在。

对谢诗的审美方式而言，“体物”之美是其最大的亮点，王夫之所说的“追光蹑影”真可以作为谢诗体物的最佳形容。谢灵运在其山水诗中最为擅长描绘山水物色的瞬间形态，他将云霞曙色、山石涧水的即时样态以细腻入微的笔法加以表现。谢灵运山水诗的写作模式，基本上都遵循一个叙述行旅—描写景色—以玄言或理悟作结的程序[3](P61)，而真正受到文学史家高度重视的主要还在于他的山水物色描写。这种山水描写，并非纯然客观的摹写，而是以诗人的行旅心态所生发的审美感知与物色相接的产物。以《登上戍石鼓山诗》为例：

旅人心长久，忧忧自相接。故乡路遥远，川陆不可涉。汩汩莫与娱，发春托登蹑。欢愿既无并，戚虑庶有协。极目睐左阔，回顾眺右狭。日没涧增波，云生岭逾叠。白芷竞新苕，绿蘋齐初叶。摘芳芳靡谖，愉乐乐不燮。佳期缅无像，骋望谁云惬？

诗人在这首诗里表达了一个旅人的情怀。乡路遥远，川路难涉，诗人借登山临水之欢娱，遣羁旅独处之忧思。“极目睐左阔”后面的几句诗，把登山所见及山上景物做了灵动而细致的描绘。“日没涧增波，云生岭逾叠”，是在诗人眼中云生波起、气象蒸腾的景象。而“白芷竞新苕，绿蘋齐初叶”又以极为细微的笔触，勾画出水中植物的生机变化。王夫之对此诗的评语既是对这首诗的个案评价，也是对谢灵运山水诗的整体感悟，其云：“谢诗有极易入目者，而引之益无尽；有极不易寻取者，而径遂正显然；顾非其人，弗与察尔。言情则于往来动止、缥渺有无之中，得灵蠁而执之有象；取景则于击目经心、丝分缕合之际，貌固有而言之不欺。而且情不虚情，情皆可景；景非滞景，景总含情。神理流于两间，天地供其一目，大无外而细无垠。落笔之先，匠意之始，有不可知者存焉，岂徒兴会标举，如沈约之所云者哉！”[1](P736)无疑，这是船山先生从本诗引发的对谢灵运山水诗的总体印象。这段评述可以拆分出这样几个方面：一是谢氏山水诗是“击目经心”“现量”感兴的产物，既有鲜明的视觉意象，又有“不易寻取”的底蕴；二是物色描写中都有着生命的灵动、情感的含摄；三是既有“大无外”的广大无尽之势，又有“细无垠”的微至，二者却是相互涵容的。不妨从这几方面来感受谢灵运的山水佳作。

谢诗本来是颇见雕琢之功的，而且其用意也多深致；但又被目为“自然”，形容为“芙蓉出水”，而他的“自然”，主要是体现在山林丘壑、烟云泉石的意象呈现。明代诗论家许学夷指出，谢诗的高超之处在于“妙合自然”：“灵运佳句即将妙合自然。至如‘杳杳日西颓’通篇圆畅，亦尽自然矣。今人笃好灵运，于其俳偶雕刻处字字摹仿，不遗余力，至其妙合自然者，则未有一语也，安知所谓‘初发芙蓉’哉！”[4](P110)许氏认为谢诗在美学风格上最大的优点不在于俳偶雕刻，而在于妙合自然，而谢诗的妙合自然，又是不与俳偶雕刻相冲突的，而在于以俳偶雕刻的笔法，写出山林丘壑的鲜活情态。于是，许氏又说：“汉魏诗兴寄深远，渊明诗真率自然。至于山林丘壑、烟云泉石之趣，实自灵运发之，而玄晖（谢朓）殆为继响。灵运如‘水宿淹晨暮’等句，于烟云泉石，描写殆尽。黄勉之谓‘如川月岭云，玩之有余，即之不得’，冯元成谓‘语不能述，画不能图’是也。”[4](P110)“描写殆尽”当然是对山林丘壑、烟云泉石的物色刻画，细致灵动。但又不止于此。许学夷所引黄、冯二人对谢灵运山水诗的评价，集中于一点，那就是除“描写殆尽”的意象刻画之外，还有许多由这种意象所蕴含的心灵化、精神化的东西。所以王夫之说“有极易入目者”，指的便是意象呈现；“有极不易寻取者”，指的则是心灵化、精神化的东西。后者可以从前者中引出，前者可以使后者寄托显然。“通天尽人”，更多的是属于这种“不易寻取者”。

二

王夫之以“现量”作为诗歌创作的最佳方式，他在《姜斋诗话》及《古诗评选》等论著中对此反复申说。而王夫之的"现量"理论，多以谢灵运的诗歌创作为其典范。王夫之论"现量"时说："'僧敲月下门'，只是妄想揣摩，如说他人梦，纵令形容酷似，何尝毫发关心？知然者，以其沉吟'推敲'二字，就他作想也。若即景会心，则或推或敲，必居其一，因景因情，自然灵妙，何劳拟议哉？'长河落日圆'，初无定景；'隔水问樵夫'，初非想得，则禅家所谓'现量'也。"[5](P52)"现量"本是佛教逻辑的基本范畴之一，指不经推理的直接感知方式。王夫之在其《相宗络索》中谈及"现量"、"比量"和"非理"三种思维方式。所谓"现量"是："现者，有现在义，有现成义，有显现真实义。现在不缘过去作影；现成一触即觉，不假思量计较；显现真实，乃彼之体性，本自如此显现无疑，不参虚妄。"[6](P382)另外有"比量"和"非量"，"比量"是经过逻辑思维的推理归纳，"非量"则属幻想一类。最为明显的区别是在现量和比量之间。英国哲学家渥德尔在《印度佛教史》中对"现量""比量"阐释得颇为清楚，他说："现量是没有分别的知识。这里解释为无分别（avikalpaka），未通过分类（visesana）或假立名言等的转换（upacara，比喻，更严格说是转换）的知识，它是在五官感觉的各个方面直接缘境如色境等等而显现的。比量是通过中词得来的知识，它认识一个主体是属于某一类别的，属于某种特殊性质（中词）事物的一类。主体也可以属于其他类别，如果选定了其他特性。但是比量只认识类别的特性（共相），而现量认识对象自身的特性（自相），是无类别的。"[7](P420)通过渥德尔的论述，我们大致可以知道，"现量"是主体的当下直接感知，不经过推理归纳等思维环节；而"比量"则是把握"共相"的推理类比。王夫之以"现量"论诗，其三重含义"现在义"、"现成义"和"显现真实义"，都具有了美学内涵。著名美学家叶朗先生进而阐释道："一是现在义，就是说，'现量'是当前的直接感知而获得的知识，不是过去的印象。一是'现成'义，所谓'一触即觉，不假思量计较'，就是说，现量是瞬间的直觉而获得的知识，不需要比较、推理等抽象思维活动的参与。一是'显现真实'义。就是说，'现量'是真实的知识，是显现客观对象本来的'体性'、'实相'的知识，是把客观对象作为一个生动的、完整的存在来加以把握的知识，不是虚妄的知识，也不是仅仅显示对象某一特征的抽象的知识。'现量'的这三层涵义，不仅和'非量'相区别，而且和'比量'相区别。"[8](P463)"现量"说经过王夫之的阐发，具有了普遍性的意义，尤其是诗歌创作领域，"现量"是与感兴的审美范畴相通的，而重在强调作诗时那种没有预设主题、在与外物的直接感知中获得诗兴的方式。在王夫之的视野中，谢灵运恰恰是现量说的最佳实践者。如他认为："'池塘生春草''胡蝶飞南园''明月照积雪'，皆心中目中与相融浃，一出语时即得珠圆玉润，要亦各视其所怀来，而与景相迎者也。"[5](P50)所谓"心目融浃"，就是"现量"的描述，王夫之所举是以谢诗为案例的。宋代诗论家叶梦得《石林诗话》对此有在艺术思维方式上的独到见解，他说："'池塘生春草，园柳变鸣禽'，世多不解此语之工，盖欲以奇求之耳。此语之工，正在无所用意，猝然与景相遇，借以成章，不假绳削，故非常情所能到。诗家妙处，当须以此为根本，而思苦言难者，往往不悟。"[2](P426)叶氏以谢灵运的名句"池塘生春草，园柳变鸣禽"为例，提出其所主张的"诗家根本"，不在于刻意求奇，而在于情景猝然相遇，也即当下的审美感兴。对于谢灵运《登池上楼》中的这两句，历来多有赞誉，但很多人认为它是以“奇”制胜的，而叶梦得则认为其佳处恰在于诗人是在无所用意、猝然与景相遇的状态下写出来的。叶梦得将这种情况视为能够产生精品佳作的根本，而那种“思苦言难者”则不理解这一点。谢灵运的山水描写，多有这种即时捕捉特定的山水情态。这种在特定时刻、特定情景下的山水意象，呈现在诗中，使之带着自然造化的生香活色。譬如，《富春渚》“宵济渔浦潭，旦及富春郭。定山缅云雾，赤亭无淹薄。溯流触惊急，临圻阻参错”；《游南亭》“时竟夕澄霁，云归日西驰。密林含余清，远峰隐半规。久痗昏垫苦，旅馆眺郊岐。泽兰渐被径，芙蓉始发迟。未厌青春好，已睹朱明移”；《登江中孤屿》“江南倦历览，江北旷周旋。怀新道转迥，寻异景不延。乱流趋孤屿，孤屿媚中川。云日相辉映，空水共澄鲜”；《石壁精舍还湖中作》“昏旦变气候，山水含清晖。清晖能娱人，游子憺忘归。出谷日尚早，入舟阳已微。林壑敛暝色，云霞收夕霏。芰荷迭映蔚，蒲稗相因依”；《入华子冈是麻源第三谷》“南州实炎德，桂树凌寒山。铜陵映碧涧，石磴泻红泉。既枉隐沦客，亦栖肥遁贤。险径无测度，天路非术阡。遂登群峰首，邈若升云烟”；《游赤石进帆海》“首夏犹清和，芳草亦未歇。水宿淹晨暮，阴霞屡兴没。周览倦瀛壖，况乃陵穷发。川后时安流，天吴静不发。扬帆采石华，挂席拾海月。溟涨无端倪，虚舟有超越”；《入彭蠡湖口》“客游倦水宿，风潮难具论。洲岛骤回合，圻岸屡崩奔。乘月听哀狖，浥露馥芳荪。春晚绿野秀，岩高白云屯”。这些诗中的山水描写，都是以明净的笔致，表现当下的物态变化，把进入诗人视野的物色此时此刻的细微样态，表现得十分生动，具有鲜活的生命感。在这方面，王夫之对谢灵运山水诗有许多评价，如评《入彭蠡湖口》所说：“抉微挹秀，无非至者，华净之光，遂掩千秋。”[1](P742)在对《入华子冈是麻源第三谷》的评语中说得更有趣味：“此乃须捉着，不尔飞去。”[1](P742)意谓诗中的描写是“活泼泼地”，充满动态。

谢灵运山水诗基本上都是当下描写，“即事而得佳胜”（王夫之语），而不以回忆情景为意象创造的资源。其实，回忆对于诗歌创作来说，其功能是非常重要的，黑格尔就曾认为，“回忆属于表象，不是思想”[9](P184)。在诗歌创作中，回忆是一种审美表象。回忆有着由隐到显、由内而外的运思力量，使人们精神世界深处幽闭着的东西得以敞亮，并且形成有序的结构。回忆可以使原本是日常经验的琐碎记忆审美化，使那些本来并不完美的东西变得完美。接受美学的代表人物之一尧斯尤为重视作为审美能力的回忆，他说：“回忆作为一种审美能力，它不信任历史学家带有偏见的选择和传记作者理想化的回忆，而是在观察不到的情感生活的积淀中寻找失去的历史真理。”[10](P123)从诗史的情形看，相当多的诗词作品，都有着回忆的因素。这种例子数不胜数。回忆是将本来并不在场的情景，还原为在场的意象，如元稹的《遣悲怀》：“昔日戏言身后意，今朝都到眼前来。衣裳已施行看尽，针线犹存未忍开。尚想旧情怜婢仆，也曾因梦送钱财。诚知此恨人人有，贫贱夫妻百事哀。”李商隐的《无题》：“来是空言去绝踪，月斜楼上五更钟。梦为远别啼难唤，书被催成墨未浓。蜡照半笼金翡翠，麝熏微度绣芙蓉。刘郎已恨蓬山远，更隔蓬山一万重。”晏几道的《临江仙》：“梦后楼台高锁，酒醒帘幕低垂。去年春恨去来时。落花人独立，微雨燕双飞。记得小蘋初见，两重心字罗衣。琵琶弦上说相思。当时明月在，曾照彩云归。”此处所举诗词，都是在整体结构上以回忆为线索的。诗人是将眼前的景象与回忆的意象叠映在一起，而通过回忆所创造的意象，具有鲜明的重构性。诗人以回忆的手法，将其他非典型的东西略去，而将那些最富心理能量的情境，尤其是与当下情景形成对比交映的意象，推送到读者眼前。如崔护的《题都城南庄》中“去年今日此门中，人面桃花相映红。人面不知何处去，桃花依旧笑春风”最能说明问题。谢灵运的山水诗创作，都以“击目经心”的当下性为其基本方式，诗中意象鲜活而具生命感，回忆几乎是不存在的。“追光蹑影”最能形容谢灵运山水诗的审美方式。

三

谢灵运山水诗在山水描写之外，多有由此而生的感悟，这也是常常令人诟病的所在，称为“玄言尾巴”。如《登池上楼》中后半部分“索居易永久，离群难处心。持操岂独古，无闷征在今”，《石壁精舍还湖中作》中的“虑澹物自轻，意惬理无违。寄言摄生客，试用此道推”，等等。似乎在谢诗中已成为一种模式。萧驰先生对此指出：“这种从观而悟也是完成周勋初所谓三段式结构的基础，谢灵运山水诗的代表作基本上都遵循一个叙述行旅—描写景色—以玄言或理悟作结的程序。”[3](P61)以盛唐诗歌为标准来看，这种玄言与理悟和前面的山水描写难以达成一个浑融完整的审美境界。其实这可以视为诗史发展中的一个环节。萧驰业已指出谢诗的这种结构是受到大乘佛学的深刻影响所致。这是一种客观的存在。谢灵运与大乘佛学渊源颇深，他自身也可称为佛教思想家，撰写有若干重要的佛学论著。谢灵运与当时的佛教领袖慧远有密切的交往，在佛学思想上深为服膺慧远的理论。慧远早年师从著名佛教领袖道安，历 25 年。后到庐山从事佛教传播与讲堂活动，在东晋时代影响至为深远。慧远存世之文，主要有《沙门不敬王者论》《明报应论》《三报论》等 5 篇，书信 14 篇，还有一些铭、赞、记、诗等，收在《弘明集》、《广弘明集》和《出三藏记集》等文献中。慧远在庐山开坛讲经，传播因果报应和“神不灭”思想，虽然“景不出山，迹不入俗，每送客游履，常以虎溪为界焉”[11](P221)，却吸引了很多忠实信徒往依庐山受教。文士中如刘遗民、宗炳、雷次宗等，都在庐山亲炙慧远门下。谢灵运也在这个时期与慧远过从甚密。慧远于晋义熙八年（412 年）五月，在庐山立台画佛像，次年九月九日刻铭于石。慧远自己作《万佛影铭》记载此事，又请谢灵运作铭文。谢灵运作《佛影铭》。慧远圆寂后谢灵运又作《庐山慧远法师诔》，以志其哀。诔文中深切表达了他对慧远的敬慕之情，云：“风啸竹柏，云霭岩峰。川壑如泣，山林改容。自昔闻风……心往形违。始终衔恨，宿缘轻微。”[12](P354)表达其对慧远的崇敬及未能到庐山亲炙其门的遗憾。

当时佛教学者竺道生提出轰动一时的“顿悟”说，在佛教界引起广泛的争议。著名学者汤用彤先生概括道生的“顿悟”义说：“竺道生主大顿悟。大顿悟者，深探实相之本源，明至理本不可分。悟者乃言‘极照’（或称智慧）。极照者冥符至理。理既不可分，则悟自不可有阶段。”[13](P470)谢灵运在佛教理论上主张“顿悟”说，作《辨宗论》等文。而他通过折中儒释的途径倡导“新论”，其中说：“同游诸道人，并业心神道，求解言外。余枕疾务寡，颇多暇日，聊伸由来之意，庶定求宗之悟。释氏之论，圣道虽远，积学能至，累尽鉴生，不应渐悟。孔氏之论，圣道既妙，虽颜殆庶，体无鉴周，理归一极。有新论道士以为寂鉴微妙，不容阶级，积学无限，何为自绝。今去释氏之渐悟，而取其能至，去孔氏之殆庶，而取其一极。一极异渐悟，能至非殆庶。故理之所去，虽合各取，然其离孔、释矣。余谓二谈救物之言，道家之唱，得意之说，敢以折中自许，窃谓新论为然。聊答下意，迟有所悟。"[14](P220)谢灵运还描述了"顿悟"所臻境界："再答：夫明非渐至，信由教发。何以言之？由教而信，则有日进之功；非渐所明，则无入照之分。然向道善心起，损累出垢伏。伏似无同，善似恶乖，此所务不俱，非心本无累。至夫一悟，万滞同尽耳。"[14](P222)道生所言"顿悟"，以佛教自身为立场，而谢灵运则是站在统合儒释的折中立场上提倡"顿悟"的。这一点着实重要，因其开启了其后中国思想传统的一个新的方向。汤用彤先生于此指出："中国传统谓圣不能至固非，而圣不能学则是。印度传统谓圣可至固是，而圣能学同非。生公（指竺道生）去二方之非，取二方之是，而立顿悟之说，谓圣人可至，但非由积学所成要在顿悟得自悟也。自此之后，成圣成佛乃不仅为一永不可至之理想，而为众生均可企及之人格。神会和尚曰：'世间不思议事为布衣登九五，出世间不思议事为立地成佛。'实则成佛之事，在魏晋玄谈几不可能，非徒不可思议也。自生公以后，超凡入圣，当下即是，不须远求，因而玄远之学乃转一新方向，由禅宗而下接宋明之学，此中虽经过久长，然生公立此新义实此变迁之大关键也。康乐承生公之说作《辨宗论》，提示当时学说二大传统之不同，而指明新论乃二说之调和。其作用不啻在宣告圣人之可至，而为伊川谓'学'乃以至圣人学说之先河。则此论在历史上有甚重要之意义盖可知矣。"[15](P289)谢灵运在佛教"顿悟"说上的深入研究，使我们可以得知谢灵运对"顿悟"的理解与态度，在其思想方法上是具有头等重要的意义的。而"顿悟"并非一种抽象的思维方式，而是在对具体事物的观照中瞬间生发的。言"顿悟"者又喜言"照"，也即面对现象的本质直观。在生灭变化的山水物色中生发出与此密切相关的人生理悟，这在谢灵运山水诗既是正常的，也是普遍的。如在《永初三年七月十六日之郡初发都》后面的"从来渐二纪，始得傍归路。将穷山海迹，永绝赏心悟"。所谓"赏心悟"，就是面对山水所获取的理悟。《晚出西射堂》后面有"含情尚劳爱，如何离赏心？抚镜华缁鬓，揽带缓促衿。安排徒空言，幽独赖鸣琴"。在《游南亭》的后面，诗人也写道："逝将候秋水，息景偃旧崖。我志谁与亮？赏心惟良知。""赏心"，就是指在山水游赏中所获美感和理悟。在《田南树园激流植援》的后面则写道："赏心不可忘，妙善冀能同。"从山水之游而生理悟，这在诗人来说，是非常必要的过程，这也如同与谢灵运同时的画家宗炳在其画论名作《画山水序》中所说的"畅神"。《从斤竹涧越岭溪行》的后面所写尤能道出谢灵运山水诗的路数："情用赏为美，事昧竟谁辨。观此遗物虑，一悟得所遣。"通过欣赏景物而得美感，如果被事象本身遮蔽，则无从辨析。正是在山水之赏中得到顿悟，才能超越"物虑"。

如果说谢诗中的山水描写是"追光蹑影之笔"，那么诗中由"赏心"而得的"理悟"乃是"通天尽人之怀"。诗人由山水审美而升华，将天地与人生之理自然托出。这种理悟并非早做安排，或者既成的玄学、佛学观念，而是通过山水游赏而自然生成的感悟。其实，诗人在山水诗中的"追光蹑影之笔"并非仅是客观的描写，而是一种审美知觉观照山水的产物。谢灵运所说的“悟”，也即是“照”，他说：“伏累灭累，貌同实异，不可不察。灭累之体，物我同忘，有无壹观。伏累之状，他己异情，空实殊见。殊实空、异己他者，入于滞矣；壹无有，同我物者，出于照也。”[14](P223)就其山水诗来看，谢灵运所讲的“照”，是一种排除了其他思虑的审美观照。它一方面使诗人的眼光“追光蹑影”，当下现成；另一方面则是“通天尽人”，达于理悟。萧驰认为：“显然，谢灵运也从慧远那里继承了对于山水自然特殊的‘视感文化’，其诗中的‘遗情舍尘物，贞观丘壑美’‘观此遗物虑，一悟得所遣’是更直接的表示，其山水诗之能被学者们归为‘视觉型’或‘绘画式’，亦盖出于此。”[3](P60)这段论述是将其“追光蹑影”和“通天尽人”连通为一体的。

王夫之对《游南亭》的评语指出：“即如迎头四句，大似无端，而安顿之妙，天与之自然。无广目细心者，但赏其幽艳而已。且此四语承授相仍，而吹送迎远，即止为行，向下条理无不因之生起。呜呼，不可知已！虽然，作者初不作尔许心，为之早计，如近日倚壁靠墙汉说埋伏照映。天壤之景物，作者之心目，如是灵心巧手，磕着即凑，岂即烦其踌躕哉？天地之妙，合而成化者，亦可分而成用；合不忌分，分不碍合也。”[1](P733)王夫之主张诗中“神理”，也是指这种“通天尽人之怀”的审美理性。

参考文献：

[1]（明）王夫之．古诗评选（卷五）//船山全书（第14册）[M]．长沙：岳麓书社，1996.
[2]（清）何文焕．历代诗话[M]．北京：中华书局，1981.
[3]萧驰．佛法与诗境[M]．北京：中华书局，2005.
[4]（明）许学夷．诗源辨体[M]．北京：人民文学出版社，1987.
[5]（明）王夫之著，戴鸿森笺注．姜斋诗话笺注[M]．上海：上海古籍出版社，2012.
[6]（明）王夫之．相宗络索//石峻等编．中国佛教思想资料选编（第八册）[M]．北京：中华书局，2014.
[7]〔英〕渥德尔．印度佛教史[M]．王世安译．北京：商务印书馆，1987.
[8]叶朗．中国美学大纲[M]．上海：上海人民出版社，1985.
[9]〔德〕黑格尔．哲学史讲演录（第二卷）[M]．北京：商务印书馆，1960.
[10]〔德〕尧斯．审美经验与文学解释学[M]．顾建光，顾静宇，张乐天译，上海：上海译文出版社，1997.
[11]（南北朝）慧皎．高僧传[M]．北京：中华书局，1992.
[12]（南北朝）谢灵运．谢灵运集[M]．长沙：岳麓书社，1999.
[13]汤用彤．汉魏两晋南北朝佛教史[M]．北京：中华书局，1983.
[14]（南北朝）谢灵运．与诸道人辨宗论//石峻等编．中国佛教思想资料选编（第一册）[M]．北京：中华书局，2014.
[15]汤用彤．谢灵运《辨宗论》书后//汤用彤学术论文集[M]．北京：中华书局，1983.

西谛藏书与郑振铎的戏曲研究*

张鸿声　董　晨**

摘　要：“人弃我取”是郑振铎先生藏书活动中始终坚持的藏书原则之一，在这一原则的指导下，郑振铎先生以其敏锐的学术眼光收藏了大量的戏曲、小说类书籍，并以此为基础，在戏曲研究方面取得了卓越的成就。本文通过分析和梳理郑振铎先生在戏文研究、杂剧研究、杂剧理论研究、书目文献编纂等方面的成果，深入探寻西谛藏书与郑振铎先生戏曲研究之间的密切关系。

关键词：郑振铎；西谛藏书；戏曲研究

作为较早开始系统收藏戏曲类图书的著名学者，戏曲类藏书是西谛藏书中所占比重最大的一部分，也是郑振铎先生藏书中最为著名者。在郑振铎先生看来，这些为中国古代官方正统的文学观念所鄙视的“淫哇之声”、“俗艳”之物虽然“不为学士大夫所重视”，却同样是“文学上极其伟大的资产”，“不容得我们不加以特殊的研究”。按赵万里《西谛书目序》所言，郑振铎先生不仅寻访、收藏了大量的中国古代戏曲、传奇、俗曲精本和罕见本，而且还以此为基础，开展了大量的相关研究工作，成为20世纪中国古代文学研究史上开展戏曲研究的“导夫先路者”之一。由于郑振铎先生《中国俗文学史》一书将“戏曲”分为“戏文”“杂剧”“地方戏”“讲唱文学”四类，故本文亦基本按照其上述分类，①分别探讨西谛藏书与郑振铎戏曲研究的关系。

一　西谛藏书与郑振铎的戏文研究

按郑振铎先生《中国俗文学史》一书中的定义，所谓“戏文”，是“受了印度戏曲影响产生的，最初包括《赵贞女蔡二郎》及《王魁负桂英》等，到了明代中叶，昆山腔产生以后，戏文（那时名传奇）更大量出现”[1](P6)。可见郑振铎先生所谓“戏文”就是指宋元南戏和明清传奇。②若我们进一步结合西谛藏书中的戏文加以考察就会发现，这种联系首先体现在郑振铎先生对戏文故事梗概的叙述和文献的梳理上。以《插图本中国文

---

* 基金项目：国家社会科学基金项目“中国现代作家藏书研究”（项目编号：15BZW135）的阶段性成果。

** 作者简介：张鸿声（1963－），男，中国传媒大学研究生院院长，文学院教授，博士生导师，研究方向为中国现当代文学。董晨（1987－），女，中国传媒大学中国语言文学博士后流动站在站博士后，研究方向为中国现代作家藏书研究、中国古代文论。

学史》为例，书中在谈到“今存的宋人戏文”时首先引述徐渭《南词叙录》中关于“宋元旧篇”的记载，说明“这一类戏文，除了《琵琶记》盛行于世外，皆湮没无闻”，并以此为基础，结合自身藏书资源，将“我们研究宋元戏文所知的材料”罗列出来（包括《永乐大典》中发现的“戏文三部”、沈璟的《南九宫谱》、张禄的《词林摘艳》、无名氏《雍熙乐府》中的戏文残文），最后说明“我们所确知的最早的宋人戏文，不过下列数种而已”。[2](P566)而在叙述每一种“宋人戏文”时，郑振铎先生均从作者姓名、当时的流传情况、后世演变、戏文残存情况等多个方面加以详细梳理，使后学者更加清楚地了解这些“宋代戏文”的渊源流变及其保存情况。值得注意的是，书中还特别选取了西谛藏书中明凌氏刊本《琵琶记》中《赵贞女》戏画和明刊本《焚香记》中《王魁负桂英》戏画作为配图，使读者能够更为直观地了解到这些“宋代戏文”的大略面貌，较之于同时代其他文学史可谓独树一帜，由此亦突显出此类藏书在其研究过程中起到的重要作用。而在《插图本中国文学史》“戏文的进展”一节中，郑振铎先生开篇即对“有残文留存于今的重要的若干本元戏”加以考述，而这一考述过程所参考的主要资料之一便是郑振铎先生以其西谛藏书为基础撰写而成的《宋元戏文辑逸》。

对明清传奇中新资料的发掘同样是郑振铎先生戏文研究中的一大亮点。在《钞本百种传奇的发现》一文中，郑振铎先生详细记述了自己访书过程中在一家旧书店待售的“钞本的传奇”中发现百十种珍贵传奇抄本的经过，对于这种发现新资料的喜悦之情，郑振铎先生在文章中有着这样的描绘：

> 在归途中，我的心满盈盈的如占领一国一城似的胜利的骄傲。但同时又有些恐慌，不知有没有人比我更早的得到了这个消息，或更捷足的获得了它们。……在专心的搜求着古传奇杂剧的十余年间，几曾在同时见到过像这一种大批的待售的名目呢？那一夜，在大半夜的惊喜态度中过去，并不曾合眼。[3](P588)

而郑振铎先生之所以会如此兴奋，主要还在于这些传奇抄本所具有的文献价值。按文中所言，这些抄本不仅“并不易得”，而且其中不乏“从来不曾有过刻本，有的连名目也是初次见到”的；“更可喜者，沈璟之作有三种，汪廷讷之作有两种，朱素臣之作有五种，张大复之作有三种，毕万侯、朱佐朝之作各有二种”[3](P590)，这些都是明清戏曲史上的著名作家，且其中亦不乏颇具影响力者（如当时流行的京剧《九更天》就是根据朱素臣《未央天》改编而来）和赖以保存传世者（如毕万侯所作传奇仅有六种传世，其中《报三恩》《竹叶舟》即赖此抄本得以保存），更足见郑振铎先生发现的这批抄本具有非常高的文献价值。

另一个典型的例子是郑振铎先生为集齐《古柏堂传奇》所做的努力。这一颇为艰难的访书过程在其为西谛藏书中清嘉庆刊本《古柏堂十四种曲》（十六卷）所作题跋中有着颇为详尽的叙述：

> 偶捡架上古柏堂传奇，见只有十四种，缺第十五种。忆昨晚在隆福寺大雅堂，

睹其从山东购来书中有镫月闲情第十五种双钉案一册。因即驱车至大雅堂，携此册归，恰好配成全书，大是高兴。一书之全其难如此，岂坐享其成之辈所能了然乎？[4](P27)

就其艺术特点而言，鲜明的独创性是唐英《古柏堂传奇》中最具特色之处。《古柏堂传奇》中有相当一部分剧作是建立在前人剧作基础之上的“补易、翻改”之作，而在具体的创作中，唐英或在戏文辞藻上翻新出奇，使之更加朗朗上口；或从演唱唱腔上做出变化，将原来的梆子腔改为昆腔，尽显“新时派”；或在“排场”上做文章，通过“重把排场摆”见其新意，可谓灵活多样。据相关资料记载，吴梅在郑振铎先生家中看到此书后立即要求借阅，郑振铎先生立马爽快借出，毫不私藏，成为藏书史上学人之间互通有无的一段佳话。

值得注意的是，郑振铎先生对于明清传奇中“新资料”的发掘并不止于文字层面，对于那些因其插图精美而著称的罕见刊本，郑振铎先生亦有着极大的收藏热情。《劫中得书记》所载明末刊本《韩晋公芙蓉影传奇》就是这一特点的代表。在郑振铎先生看来，书中的戏文故事不过是“佳人才子传奇”的老套路，并无特别之处，但其特色之处恰在于书中“首附插图十二幅，作圆形，与一笠庵原刻本‘一人永占’之图相同，皆明末清初之流行板式也”[5](P15)，而这一点也正是其“殊罕见”之处。

这种藏书与戏文研究之间的密切关系不仅体现在郑振铎先生对作品源流的考辨和新资料的发掘上，亦体现在其对戏文刊本中所配插图的细致考辨上。这一点在郑振铎《元刊本琵琶记》一文中有着非常典型的体现：文章开篇即提出疑问，指出这部由“武进董氏用珂罗版影印”的“元刊《琵琶记》”虽然“大类元刊的本相”，但其卷首所附“笔致潇洒，镂刻精工”的十幅插图，却“甚似明万历以后的作品”。而这种疑问在随后作者见到明末凌濛初刊本《幽闺记》后得以进一步证实——“其插图的调子与董印的《琵琶》插图十分相同，即图幅边上所引本文句子的题词，其笔法也是相类的”，由此他得出了“元刊《琵琶记》的插图也是凌氏《琵琶》上的”，[6](P9-10)这一结论亦在其见到凌氏刊本后得以坐实。笔者认为，若我们结合西谛藏书中同类作品的收藏情况进行考察就会发现，这一严谨细致的考辨过程亦离不开郑振铎丰富戏曲类藏书资源的助力作用。而这种通过刊本中的插图对刊本年代进行考证的方法在郑振铎为其收藏的明末著坛刊本《清晖阁批点玉茗堂还魂记二卷》所作题跋中亦有非常典型的体现。按郑振铎跋语所言，世人所见的《还魂记》均为“冰丝馆刊本”，“暖红室所刊亦是翻冰丝馆本”，“明万历原本则见者益少矣”；而自己的收藏中恰好有“万历刊石林居士序本”，较之于世人所见的通行本而言，书中插图便是其最为出彩之处——“插图出虬村诸黄手，尤流丽可爱，线条细如毛发，而人物神态活跃有生色，他本皆不及远甚。”[4](P27)诚如前文所引赵万里《西谛书目序》所言，这些“校刻精良且插图精美”的戏曲类藏书资源不仅使郑振铎先生于日常生活中练就了一双善于辨别刊本插图的“火眼金睛”，更是其开展戏曲研究和文化遗产保护工作的重要助手。

此外，郑振铎一生编纂了许多戏文研究的相关书目，这些书目的编制亦多以其藏书资源中的戏文类书籍为基础。由于受到中国古代正统文学价值观的限制，“中国的剧本极不容易搜集，而研究戏剧的书籍，更是极难求购”[7](P387)。有鉴于此，郑振铎自20世纪20年代起便开始着力于戏曲研究书目的整理和编订工作，戏文研究的相关书目亦自然成为其关注的重心。如其在《关于中国戏曲研究的书籍》一文中罗列了《传奇研究》等戏文类书籍供后学者参考，20世纪30年代自行影印《清人杂剧初集》《清人杂剧二集》时亦将《西谛所印杂剧传奇目录》附于书后。抗日战争时期，在经历了两次失书之痛后，郑振铎撰写了《中国戏曲史资料的新损失与新发现》等论文，详细记述了毁于日军炮火的涵芬楼、周氏言言斋等处的戏曲类藏书，其中亦有颇多涉及戏文资料的内容。

二　西谛藏书与郑振铎的杂剧研究

在郑振铎留下的80多篇（部）研究戏曲的相关著作、论文中，以元明清杂剧研究为主题的专著和论文占了很大比重。若我们结合西谛藏书中的戏曲类藏书进行考察，则其与藏书之间的密切关联主要体现在以下几个方面。

首先，这种密切关联体现在郑振铎先生对杂剧刊本的搜集和整理上。就其研究资料而言，在元杂剧研究刚刚起步的20世纪20年代，不论是作为研究对象的元杂剧刊本还是与之相关的参考资料都十分匮乏，大部分研究者手中除臧懋循编纂的《元曲选》外，几乎找不到任何可资参考的有效资料；此外，由于研究资料的匮乏，相当一部分研究者在研究过程中存在概念不清、分类不明的问题，或将散曲与杂剧相混，或将杂剧与小说、传奇并列。正是痛感于上述种种问题的出现，郑振铎自涉足杂剧研究起即致力于杂剧刊本的搜集和整理工作，力图正本清源，从根本上解决这些问题。正是以西谛藏书中的丰富资源为基础，郑振铎先后撰写了《关于中国戏曲研究的书籍》《巴黎图书馆之中国小说与戏曲》《中国戏曲史资料的新损失与新发现》《元曲叙录》《西谛所印杂剧传奇目录》《元明以来杂剧总录》等一系列涉及杂剧研究的相关书目，其中《元明以来杂剧总录》是继姚梅伯《今乐考证》、王国维《曲录》、任中敏《曲录校补》后出现的又一部较为完整的杂剧总录，全书旨在“编辑一部较《曲录》更为有用的戏曲总录”，为研究者“供给一部分比较重要的研究资料”。全书“以作者为纲，体别为纬……于每书序跋凡例，假如有的话，也每必载之。有未见者，则从诸总集及文集里辑抄出来”[7](P742)。虽然我们现在仅能见到序文、第一卷和第二卷（全书原计划为五卷），但对于当时及后来的研究者而言，这些辑录翔实、考据严谨的材料确实堪称其初涉戏曲特别是杂剧研究时不可或缺的重要资料。《元曲叙录》则主要采取作家生平与作品故事梗概相结合的提要式写法，在充分利用其藏书资源的基础上对关汉卿、马致远、王实甫、纪君祥、郑光祖等32位作家的作品进行介绍，值得注意的是，较之于一般书籍提要式的内容介绍而言，《元曲叙录》中“内容提要”是细化到剧目的每一折故事、登场人物和所唱曲牌的，这就在很大程度上方便了那些并未见到某些剧目全本的研究者充分了解其概貌，并在此基础上继续进行相应研究。总之，郑振铎之所以能够编纂像《元明以来杂剧总录》《元曲叙录》这样内容丰富、资料详实的大型书目，西谛藏书在其中所起到的助力作用是毋庸置疑的。

除整理和编纂书目外，郑振铎亦十分重视对杂剧刊本和相关研究资料的求访和搜购。除前文所述为国家抢救《脉望馆抄校本古今杂剧》外，他还曾于1931年于孙祥熊家访得明蓝格抄本《录鬼簿》(后附续编一卷)，由于“其中戏剧资料均为第一手，少纵即逝”，于是他向主人“力请一假，约以次日归”，并在当夜即与同行的其他两位好友合作，三人“通夜无眠”地抄写完成，后“由北京大学付之影印”。[4](P28)对于当时及后世的研究者来说，郑振铎的这一发现有助于推进元明文学史及其相关研究的深入发展，其本身的文献价值、参考价值亦是非常重要的。后郑振铎于上海书市再见此书，“不能不动心，索六十金，乃举债如其数得之”，[4](P32)其访书之执着、爱书之心切，堪称一代学人之楷模。

这样的贡献同样体现在郑振铎对清人杂剧的搜集整理和出版刊印上，其中尤以《清人杂剧初集》和《清人杂剧二集》的辑刻为典型。在刊刻此书的过程中，郑振铎不仅辑录了过去流传甚少的诸多杂剧刊本，为清人杂剧研究提供了新的资料，还在《清人杂剧初集序》中对整个清代杂剧的发展历程做出述评。在他看来，清人杂剧优点在于其“无不力求超脱凡蹊，摒绝俚鄙”[3](P730)，缺点则在于“失之雅，失之弱”。他将整个清代杂剧的发展历程划分为四个阶段，即“顺康之际，实为始盛……雍乾之际，可谓全盛……降及嘉咸，风流未泯。然豪渐消杀，当为次盛之期……下逮同光，则为衰落之期”[3](P730-731)，并在每一阶段中选取几位最具代表性的作家作品加以简要述评，对于当时及后世研究者来说，这样的资料辑刊和述评均具有非常重要的参考价值。值得注意的是，无论是这两本书的辑录刊印还是郑振铎在序言中对清代杂剧发展所作的述评，西谛藏书中的丰富资源同样是其不可或缺的重要助力。如《清人杂剧初集》收录了张韬《续四声猿》，该书流传极少，刊本更是极为罕见；而西谛藏书中有清张韬撰《续四声猿》一卷，系清刊本，可见郑振铎在辑刊过程中动用了自己的藏书资源。不仅如此，郑振铎还以其藏书资源为基础，在该集跋语中对张韬的创作成就予以高度评价，称其“杂剧尤为当行”“精洁严谨，无愧为纯正之文人剧。清剧作家，似当以韬与吴伟业为之先河”，[3](P738)这就从整个清代杂剧发展史的角度肯定了张韬个人的创作成就及其贡献，对当时及后来的研究者亦多有启迪。

其次，这种密切的关联还体现在郑振铎对杂剧理论的研究上。以元杂剧研究为例，在谈到元杂剧的起源问题时，郑振铎认为，元杂剧是继承前代多种艺术发展而来，恰如其在《宋金元诸宫调考》一文中指出的那样：“从宋的大曲或宋的杂剧词而演进到元的杂剧，这其间必得要经过宋、金诸宫调的一个阶段。”[8](P127)而在详细论析诸宫调与元杂剧在体制、演唱形式、歌曲等方面的传承，并通过举例来说明“诸宫调给予元杂剧的不可磨灭的痕迹，那便是，组织几个不同宫调的套数，而用来讲唱（就元杂剧方面来说，便是扮演）一件故事”时，董解元《西厢记诸宫调》便成为文中引用频率最高的例证。笔者通过查阅相关资料发现，西谛藏书中有明黄嘉惠刊本《董解元西厢记》二册，按书中题跋所言，是书系郑振铎“偶过修绠堂”所得，“虽夺去序、图，尤神采动人”，故“亟为收得”，[4](P27)此外，按书中题跋所言，郑振铎“初读西厢记诸宫调，乃用坊间排印本。再读则用西厢十则本。后得西厢六幻本，则未遑三读之矣。曾见朱墨本，又见海阳适适子本，今复得黄嘉惠本，共凡六本”[4](P26-27)，可见郑振铎经眼所见的《西厢记诸宫调》版本更为丰富，因此，其之所以会如此频繁使用到《西厢记》特别是董解元《西厢记诸宫调》中的相关内容，亦是其藏书资源、阅读经历使然。

此外，在分析和讨论元杂剧某一剧目的渊源流变时，西谛藏书中的相关资源同样具有非常关键的作用，这一点在郑振铎对《西厢记》的研究中有着尤为典型的体现。笔者通过梳理《西谛书目》中的相关资料发现，郑振铎的曲类藏书中共有 24 种以“西厢”命名或带有“西厢”二字的书籍，较之于同类题材的其他元杂剧刊本而言，这一主题的藏书可以说是最多的。从杂剧研究的角度来看，郑振铎曾先后撰写过《西厢记的本来面目是怎样的》《重刻元本题评音释西厢记》两篇以“西厢记”为主题的文章，其中《西厢记的本来面目是怎样的》一文围绕“何为《西厢记》古本”这一问题展开讨论，从杂剧体例、演唱体制等角度入手进行分析，详细考述了王实甫《西厢记》从“真正最古的”明嘉靖郭勋辑《雍熙乐府》中的《西厢记》到通行本《西厢记》的流变过程，最终得出“元本《西厢记》当有分五卷的可能，或竟不分卷，全部连写到底；假如分五卷，每卷也当连写到底，并不分为若干折；原书在现在的本子（即凌本）的每本（除第五本外）之末，皆有《络丝娘煞尾》。第一本之《络丝娘煞尾》当是脱去的；第二卷之《端正好》‘不念法华经’一套，当是很重要的正文一部分；《西厢记》的宾白大部分应为后人补撰”[3](P578-579)等六条结论，并将《雍熙乐府》所辑《西厢记》与凌濛初本（即“现在的本子”）加以对比，认为《雍熙乐府》本在某些情节的安排上更合情理，堪称“‘古本’胜于‘近本’的一例”。文中所引述的材料几乎全部来自西谛藏书中的相关资源，再次突显出藏书资源与其学术研究之间的密切关系。

三　西谛藏书与郑振铎的散曲研究

作为继词之后流行于金元文坛的诗歌体裁，散曲研究虽然在 20 世纪初成为专门之学，但较之于诗、文、小说等其他体裁而言，一直备受近现代学者的冷落。作为现代散曲研究的拓荒者之一，郑振铎藏书与其散曲研究的密切关系首先体现在散曲类书籍的搜购和专题书目的编制上。与前文提到的戏文、杂剧研究一样，郑振铎对于散曲类书籍的求访和搜购亦抱有极大的热情，这一点从其相关藏书的题跋上可以略窥一二。他曾在为其所藏明万历三十三年陈氏继志斋刊本《新镌古今大雅北宫词纪六卷南宫词纪六卷》所作跋语中叙述其求访此书的艰难过程：

> 初收的几部，但求其少烂板短板而已。后乃进而求其初印无缺字者，但终不免每卷均有缺页、并页之处。北宫词纪卷五及卷六的目录中，间有各附插图一页的。得之，惊喜不置。不意最后乃获初印的北宫词纪和南宫词纪各半部……数年之后，复得一初印的残本，恰好配成全书。……于是，这本百衲衣式的南北宫词纪，终于成为一部完整无缺的本子了。[4](P30)

恰如郑振铎多次提到的那样，这种曲折而艰难的求书过程是一般人很难理解的，但对于他来说，自己这样做并非“没甚意义地玩弄版本”，而是为了能够更好地开展相关研究工作——既然研究元明文学的人不能“舍散曲而不谈”，那么“作为科学研究必备之书，其能没有最完整不缺的好本子作为研究的根据么?”[4](P30)类似的例子还有郑振铎对于明嘉靖刊本《乐府馀音》的求访，虽然此前他已经收藏了不少明刊本散曲，但“独无此廷和作”，而其为之四处求访的过程，亦颇费周折：

> 乐府馀音一卷，明杨廷和撰，明嘉靖刻本。……二十年前尝于北京图书馆见到此本一部，欣羡不已，即抄录一部存于行箧。文奎堂从粤东购得莫天一、李文田旧藏书不少，予仅得其数种。此虽非莫、李所藏，然实罕见善本也，亟收得之，为玄览堂中的妙品之一。[4](P31)

正是以其丰富的藏书资源为基础，郑振铎亲自辑抄了《西谛所藏散曲目录》，这也是自散曲研究成为专门之学以来的第一部专门目录，对于当时及后来的研究者们均具有非常重要的指导意义。其次，郑振铎还充分利用其藏书资源，撰写了《跋图书集成词曲部》《盛世新声与词林摘艳》《元明以来女曲家考略》等专题研究论文。其中《跋图书集成词曲部》一文旨在指出《古今图书集成》（词曲部）在文献搜集、编纂体例等方面的“错谬之处”，避免后学者“以这一部分材料作为‘南针’”而误入歧途；《盛世新声与词林摘艳》一文重在梳理和考辨《盛世新声》与《词林摘艳》这两部“在《雍熙乐府》未刊行前，选录南北曲最富的曲集”的版本源流，其中还特别提到了自己寻访、搜购这两本书的经历，更加突显其散曲研究与藏书的密切关系。此外，郑振铎《中国俗文学史》中专列“元代的散曲”一节，其中钟嗣成《录鬼簿》、杨朝英《太平乐府》《阳春白雪》、周德清《中原音韵》是书中考述作家作品时引用频率最高的书籍，而西谛藏书中仅钟嗣成《录鬼簿》一书就有明抄本和普通抄本两种，周德清《中原音韵》则有元周德清撰《中原音韵》二卷（清刊本，一册）和元周德清撰、明王文璧增注《中原音韵增注》二卷（明刊本，四册）两种，可见其《中国俗文学史》中对于元曲作家作品的详细考述亦是以其丰富的藏书资源为基础的。

四　西谛藏书与郑振铎的讲唱文学研究

按郑振铎《中国俗文学史》中的论述，所谓“讲唱文学”，就是“以说白（散文）来讲故事，而同时又以唱词（韵文）来歌唱之”的一种文学形式，其主要类型包括变文、诸宫调、宝卷、弹词和游戏文章等。以中国传统的文学价值观而论，这部分文学作品较之戏曲、小说而言更属“下里巴人”，可谓“末流中的末流”。而在郑振铎先生看来，这些作品在中国俗文学史上恰恰“占了极重要的成分，且也占了极大势力”，具有非常独特的研究价值。诚如赵万里《西谛书目序》中提到的那样，郑振铎先生自年轻时代“就对宝卷、弹词、鼓词等讲唱文学发生浓厚的兴趣”，并竭力求访、搜集与此相关的各类书籍。他曾以其藏书为基础，自编过所藏弹词、宝卷、鼓词的目录，在《西谛弹词目录》中，他更是在文章开篇直接表明自己编纂这一目录的根本目的在于唤起大家对这一类文艺著作的重视，“希望同志能在各处搜罗，或以购得之书见让，或以目录见示，俾将来能成一更完备的目录，且能为一番有系统的研究”[8](P256)。此外，他还撰写了《佛曲的俗文与变文》《佛曲叙录》《从变文到弹词》《再论民间文艺》《民间文艺的再认识问题》等专题论文，《中国俗文学史》中亦专列“宝卷”“弹词”“鼓词与子弟书”三章来详细阐述各类讲唱文学的起源、发展及各类型中颇具代表性的作品。他在“宝卷”一章中特别谈到自己“在北平得到了不少明代（万历左右）的及清初的梵箧本宝卷”，并列出尤为重要的 21 种。不仅如此，他还特别善于从自己的藏书中发掘资源，将《目连救母出离地狱升天宝卷》作为其中“最早且最好的一个例子”，在详细介绍其版本样式的同时引用大量原文说明其主要内容和特色所在，这就使得后学者能够更为全面而直观地认识“宝卷”这一类型的讲唱文学。对于当时及后来的研究者们来说，上述这些论著中的相关章节或专题论文都具有“导夫先路”的特殊意义，试想如果没有郑振铎的大量收藏和潜心研究，“这些民间艺人的文学创作，怕早就湮没无闻了”[9](P4)。

注释：

①由于“地方戏”与西谛藏书之间关联较少，故本文不再进行论述。此处仅讨论“戏文”“杂剧”“散曲”“讲唱文学”与西谛藏书的关系。

②郑振铎《中国古典文学中的戏曲传统》一文即采用这种说法，将“戏文”定义为“南方的戏曲，或叫南戏，也就是后来的传奇”。

参考文献：

[1] 郑振铎．中国俗文学史//郑振铎全集（第 7 卷）[M]．石家庄：花山文艺出版社，1998.

[2] 郑振铎．插图本中国文学史（下）[M]．长沙：岳麓书社，2003.

[3] 郑振铎．郑振铎全集（第 4 卷）[M]．石家庄：花山文艺出版社，1998.

[4] 北京图书馆．西谛书目（下）[M]．北京：北京图书馆出版社，2004.

[5] 郑振铎．劫中得书记 [M]．上海：上海古籍出版社，2006.

[6] 郑振铎．西谛书话 [M]．北京：读书・生活・新知三联书店，2005.

[7] 郑振铎．郑振铎全集（第 6 卷）[M]．石家庄：花山文艺出版社，1998.

[8] 郑振铎．郑振铎全集（第 5 卷）[M]．石家庄：花山文艺出版社，1998.

[9] 北京图书馆．西谛书目（上）[M]．北京：北京图书馆出版社 . 2004.

中国古典诗学中的文学超越价值祈向论略

姜文振*

摘　要：在中国古典诗学关于文学精神价值的丰富理论表达中，文学的超越价值观念在儒道诗学中均有深厚的积累并塑造了中国传统文学始终指向人的心灵的独特风貌。儒家诗学的超越追求着以儒家哲学文化为底蕴的理想人生境界，道家文论美学更凸显了其在审美与自由向度上的心灵超越取向。孔子之后的儒家文学价值观念因其强烈的入世情结而使其超越的诉求始终联结着功利之维，道家哲学文化影响下的文学审美价值诉求则敞开了以“自由”为核心的心灵超越的可能空间。超越与自由作为文学精神价值的高标，体现着对于文学与人生之密切关联的深刻体认，彰显着人的精神与生命或可到达的至高境界。作为中国传统文学价值观中心灵之维的最高指向，它引导着世世代代文人知识分子在文学艺术中寻求自我超越的实现，以文学艺术创作实现自我生命境界的成全和自我生命自由的外化。

关键词：古典诗学；文学价值；心灵超越；生命自由

文学创作作为一种精神生产，总是反映着人在精神层面的多样需求。文学的超越价值，则是文学指向人的心灵、诉诸生命自由的重要价值维度。在中国古典诗学中，关于文学超越价值的探讨有其深厚的儒道文化渊源并积累了丰富的理论成果，为后世的文学创作和文学价值问题研究提供了可资借鉴的宝贵理论资源。

一

古典诗学中的文学超越价值祈向在儒家诗学中有着充分的表达。儒家诗学的超越追求着以儒家哲学文化为底蕴的理想人生境界。这种理想的人生境界在孔子那里体现为“仁”的境界。儒家以“仁”为人生境界之高标，倡导在对于“仁”的超越性追求中致力于个体生命的成全，这种成全在孔子的思想中即体现为一种快乐的人生哲学。孔子之“乐”，是一种以“仁”为核心而达到自我德性完善与心灵安宁祥和的人生境界时所体验到的精神愉悦，而不是那种放纵的“骄乐”“佚游”“晏乐”，它体现为一种安贫乐道的怡然自得，因而是自在而纯真的情感体验。《论语·述而》中说：“子在齐闻《韶》，三月不知肉味，曰：不图为乐之至于斯也。”[1](P70)孔子的这种艺术审美的高峰体验，正源

* 作者简介：姜文振（1967－），男，河北师范大学国际文化交流学院教授，文学博士，研究方向为中西比较诗学、当代文化与文论。

自他那种问向自我内心、不为功名富贵所累的快乐哲学。在孔子的快乐人生哲学思想的影响和导引下，自荀子至汉儒在美善统一的理论观念之下讨论诗教的价值功能时，都将文学的教育价值功能最终归结于“乐”，亦即强调文学之教从根本上而言是一种感动心灵的“乐感”教育，是在教育引导人趋向于“仁”与“礼”之“善”中体会人生之“乐”。因而，在“美善相乐”中，“乐”即是途径，又是结果，从而不同于西方传统的“寓教于乐”中对于“乐”的实用功能的片面强调。从其对后世的影响上看，在儒家诗学中，以“仁”“乐”为核心的超越便体现为对于个体生命“不朽”的追求，希冀在“不朽”的精神生命延续中超越生存的有限性而实现一种彰显着终极关怀的精神自由。《左传》中记载：

> 二十四年春，穆叔如晋。范宣子逆之，问焉，曰：“古人有言曰，‘死而不朽’，何谓也?”穆叔未对。宣子曰：“昔匄之祖，自虞以上为陶唐氏，在夏为御龙氏，在商为豕韦氏，在周为唐杜氏，晋主夏盟为范氏，其是之谓乎?”穆叔曰：“以豹所闻，此之谓世禄，非不朽也。鲁有先大夫曰臧文仲，既没，其言立。其是之谓乎！豹闻之：‘太上有立德，其次有立功，其次有立言。’虽久不废，此之谓不朽。若夫保姓受氏，以守宗祊，世不绝祀，无国无之。禄之大者，不可谓不朽。”[2](P566-567)

在穆叔看来，即使是那种“保姓受氏，以守宗祊，世不绝祀”的“禄之大者”也称不上是“不朽”。富贵功名、高爵显位，世人侧目的威势，纵横驱驰的霸气，都难以逃脱生命存在的有限性而终成过眼烟云，“旧时王谢堂前燕，飞入寻常百姓家”，正所谓沧海桑田、世事无常。因此，《左传》中穆叔提出真正的不朽，当属“立德”“立功”“立言”。这个“三不朽”，实际上正是一种对于人生超越价值的理想体系建构。这种建构方式意味着在《左传》的时代，对于人生的意义与价值的探索已经成为哲人们不断追问的问题，孔孟、老庄都以不同的方式表达了其定位于人的价值与意义的观念，而《左传》“三不朽”的表达则显然代表了当时更为具体的一种人生高标。在“三不朽”中，“立言”虽然位列其三，但这并不意味着“立言”不重要，“立德”与“立功”指向人生实践层面，而“立言”则指向了包括文学（诗）在内的写作层面。这说明“写作”已经成为当时人们所普遍肯认的一种实现生命超越的方式，具有重要的社会价值与意义。

曹丕关于文学“不朽之盛事”的判断，继承了《左传》提出的“立德、立功、立言”三不朽的人生价值观。在这个问题上，曹丕显然更为通脱，因为在他的论述中，“立德”“立功”“立言”是可以统一的，“立德”“立功”可以通过“立言”来实现，而且“立言”更重要的意义在于它使人的生命得以延续而“不朽”，通过“立言”，人可以实现对于生命之有限的超越。曹丕看重的不仅仅是寿命的长短、人生荣乐的多少，更是可以传诸后世的声名：“生有七尺之形，死唯一棺之土，唯立德扬名，可以不朽，其次莫如著篇籍。”[3](P109)因此，曹丕痛惜那些“贫贱则慑于饥寒，富贵则流于逸乐，遂营目前之务，而遗千载之功”的生命无端的消耗，赞赏那种“不以隐约而弗务，不以康乐而加思”的进取精神和坚定信念，追求“寄身于翰墨，见意于篇籍”而使“声名自传于后"[3](P238)的人生价值，希望以此达至生命的"不朽"、人生的超越。

这种对于"不朽"生命的追求成为后世文人倾心追求的人生目标。儒家的刚健有为、积极进取的精神在"不朽"的追求中内化为文人知识分子的价值理想，使得他们向外关心江山社稷、民生疾苦，渴望介入现实、建功立业，向内则强调自我道德修养，追求心性健全、德行完善，并通过心灵与天道的相通实现"天人合一"的心灵境界。由此凝聚而成的"内圣外王"在历代诗文杰作中都成为一种隐然的价值理性引导着文学艺术的价值探求，"明道""贯道""传道""载道"乃至"文便是道"（朱熹），"道"既指向形而下层面而导引文学介入现实、为世所用，又指向形而上层面而成为人心与天地相融通的道德境界，成为一种以儒家君子人格为指归的人生境界。它将个体的生命价值与外部世界紧密相连，将心灵的充盈与德性的完满与对外部现实充满"仁"心的关怀视为实现精神生命超越的正途，由此实现达于天道的精神生命的自由，因而能够将形而上的人生境界落实于形而下的世俗人生，在成全社会性的自我中实现个体生命的超越。

因此，以儒家思想为主体的超越的最高状态，乃是具有道德意义的天人合一。张世英先生认为："审美意识高于道德意识，审美意识给人的自由高于道德意识给人的自由。"[4](P274)由此来看同样讲究艺术的超越性的道家文论美学，则可看到儒道文论美学在超越的具体指向上的分别。

二

如果说儒家文论美学更强调一种具有入世精神与道德品格的超越价值，因而有着"内外兼修"意味的话，那么道家文论美学则更凸显了其在审美与自由向度上的心灵超越取向，因为道家美学及文论直接将超越价值指向定位于个体生命的自由（"逍遥游"），在天人合一的哲学框架内实现心灵的绝对自由，"在天人物我一体的境界中，超越与内在合而不分：人的终极关怀可以在人的自身期望中完成"[5](P185)。这一主导取向，源自老子与庄子聚焦于自然无为、心灵自由的人生哲学。

老子并未对文学价值问题发表多少直接的意见，但他的哲学与美学思想，特别是在价值论领域里所确立的自然价值论，却深刻地影响了中国文学艺术与美学的发展，也在以儒家为主流的中国传统文学价值观的总体框架中融入了哲人的生命智慧。在他的哲学美学思想中所呈现的"道""自然""虚""实""味""美""妙"以及"无为""虚静""玄鉴"等一系列范畴，不仅成为后世中国文学艺术创作的重要理论资源，引领着中国美学与艺术超然于物外的形而上追求，而且被不断地接受、阐释、推演而成为一种文学艺术的生命化价值取向，成为与儒家的功利主义文学价值观对立互补的文学价值观念体系。

老子的哲学美学思想以"自然无为"的价值观念表达着对于自然、自由、自在的生命的眷注。"自然无为"意味着顺任自然、不假人为，意味着自由自在、不受束缚，也意味着摆脱物欲私求而不妄为。只有这样的生命存在才是合乎"道"的生命存在，而"道"本身则意味着"自然"。老子说："人法地，地法天，天法道，道法自然。"[6](P103)

因而，人的最理想的生命形态即是“自然”。“自然”意味着自己如此，用以说明不加任何勉强人为的成分而任其自由伸展的状态。这个概念的提出，反映了老子哲学鲜明的现实人生向度。“老子是个朴素的自然主义者。他所关心的是如何消解人类社会的纷争，如何使人们生活幸福安宁。他所期望的是：人的行为能取法于‘道’的自然性与自发性；政治权力不干涉人民的生活；消除战争的祸害；扬弃奢侈的生活；在上者引导人民返回到真诚质朴的生活形态与心境。”[7](P14)因此，老子虽不言功利，却在力主摆脱现实功利的缠绕而顺任自然中表达着更高的价值追求。

在老子的哲学思想中，“道”的范畴无疑是引领或涵盖着其他哲学美学范畴的核心概念。虽然在《老子》不同章节中出现的“道”其意涵并不统一，“有些地方，‘道’是指形而上的实存者；有些地方，‘道’是指一种规律；有些地方，‘道’是指人生的一种准则、指标、或规范”[7](P23)，但诸种意涵又都可以在“自然”的基础上统一起来。作为宇宙的本源和本体的“道”本身既无目的亦无意志，但它创生了万事万物，并贯穿于万事万物发展变化之始终，“独立不改，周行不殆，可以为天下母”[6](P100－101)。“道”的这种自然玄妙的状态虽不能直接诉诸人的感知见闻，但它却通过现象界的万事万物显现着自身。由此，形而上的“道”又无处不落实于人与万物的生命化存在之中，成为人的生命存在与对待自然万物的具体方式，其基本的规定性便是“德”。老子认为形而上的混一的“道”在创生的活动中内化于万物，落实到现实世界、作用于人生而成为“德”。“形而上的‘道’落实到人生层面上，其所显现的特性而为人类所体验、所取法者，都可以说是‘德’的活动范围了。”[7](P34)这种作为人的行为所依循的“道”（“德”）蕴涵了丰富的精神内容，表现出鲜明的特性：自然无为，致虚守静，生而不有，为而不恃，长而不宰，柔弱，不争，居下，取后，慈，俭，朴，等等。这些概念作为具有中国传统哲学与文化特色的理论资源，滋润着、启示着后世中国人的生命存在及作为人的生命的显现方式的文学艺术。

“道”（“德”）的基本精神及由此衍生出的一系列重要范畴，在后世的文学思想乃至文学价值观念的生成中扮演着重要的角色。“道”恍惚玄妙的特性，导致“道”作为存在的本体、对“道”的体悟与对“道”的言说之间所存在的深刻的矛盾，故有“道，可道，非常道”[6](P3)“知者不言，言者不智”[6](P227)等表述，启示了庄子和魏晋玄学的“言意之辨”，也直接影响了“文已尽而意有余”[8](P39)“不著一字，尽得风流”[9](P205)“言有尽而意无穷”[10](P24)等直接关乎文学的审美价值的诗学观念的形成。“道”具有“无”和“有”双重属性，“无”意味着超感性的恍惚玄妙，亦意味着无规定性、无限性；而“道”作为“万物之母”又意味着“有”，它包含着规定性、差别和界限。[11](P28)因此，宇宙万物是“无”与“有”的统一，同时也意味着“虚”与“实”的统一。有无相生，虚实相生。因着这种统一，天地万物才生生不息、运化无穷。这一思想，引领着后世以意境论为核心的诗学理论的发展。而“道法自然”的思想以及“希言自然”[6](P94)“大音希声”[6](P171)等表述所启示的“自然”“拙朴”，更成为后世文学艺术中意境创造的一个基本价值指标。

庄子的哲学美学思想是对老子的继承和发展。在价值问题上，老子的“自然无为”

实际上是一种以退为进的价值取向，包含着更关注生命存在质量的现实性维度，从而几可视作一种“以出世的精神做入世的事业”的价值策略。而庄子更注重通过体“道”而实现对于现实人生的困境、苦难的超越。以“逍遥游”为标志的超越精神强化了人的主观精神和意志，从而导引了中国式的浪漫主义文学的发展，也为尚情主义、唯美主义的文艺观念提供了价值向度上的理论支持。

在庄子看来，只要人保持着其原初的“无为”的自然本性和体道的本真心灵，在生活或艺术实践中通过“心斋”“坐忘”消除“庆赏爵禄”“非誉巧拙”之类遮蔽本心的功利打算与个人欲望，达到“无己”“无功”“无名”[12](P20)的“外天下”“外物”“外生”的精神状态，那就完全可以通过对“道”的体悟把握而超越“技”的技术性层面，达至妙契大道的绝对自由——庖丁解牛、轮扁斫轮、津人操舟、佝偻者承蜩、梓庆削木为鐻等，都是在一种“虚静”“恬淡”的心境中进入“以天合天”[12](P657)的自由境界。

这种“以天合天”的自由的最高境界，就是“逍遥游”。“逍遥”，意味着对于功利计较、实用目的的彻底摆脱而达到不受任何束缚限制的自由自在，“游”则是一种“不知所求”“不知所往”[12](P396)的自由放任状态，从流飘荡，任意东西。“逍遥游”的境界使人“无己”“丧我”，在对“道”的观照中体验“至美至乐”，是一种高度自由的精神境界。在这种境界中，可以“乘天地之正，而御六气之辩，以游无穷”[12](P19)，可以“乘云气，御飞龙，而游乎四海之外”[12](P31)，实现对于物质性现实的精神超越。有学者认为庄子将人生的自由境界仅仅定位于“心斋”“坐忘”的精神境界有宿命论的嫌疑[11](P115)，因为庄子曾说“死生存亡，穷达贫富，贤与不肖毁誉，饥渴寒暑，是事之变，命之行也”[12](P218)，“知其不可奈何而安之若命，德之至也”[12](P161)，似乎表现为一种否定人的主观能动性的宿命论，这使得其精神境界的“自由”只能局限在精神领域而无法在现实世界实现真正的超越。但是考察中国传统文学理论的发展，我们又分明可以看到庄子关于精神自由的价值观念实际上成为历代文人、诗家在各种穷困阻碍面前葆有独立与尊严、持守人格与本性、舒展生命与灵性的精神食粮。从这个意义上说，庄子关于自由价值的论述有着非常的现实意义，因为自由既体现在现实层面的不受束缚、自由自在，更体现在精神层面的自由心灵、自由表达。最大的不自由不是来自外界，而是心灵的禁锢。外在的东西诸如死生、穷达、贫富、毁誉等往往是不可控的，纠缠于其中只是自寻烦恼，而内在自我的心灵自有无限宽广的空间可以自由驰骋。对于文学艺术来说，创造者需要从名缰利锁、红尘扰攘中超脱出来，使身心均不役于物、不拘于利、不囿于欲，才能实现对自然大美的观照，才能在现实层面实现艺术的自由创造，享受自由创造的真正乐趣。如此创造的文学艺术作品也才能具有解放心灵、感荡精神、使人追求更高的审美境界的形而上超越价值。

三

在中国思想文化的发展历史上，儒家思想文化在多数时段均占据了意识形态的主导地位，但道家思想文化又始终与之并行发展，形成了儒道互有消长、互补互渗的思想文化格局。魏晋时代，儒学衰颓，体现着“人的觉醒”的玄学开始发展起来。玄学以道家思想改造儒家思想，在反儒的总体倾向中包含着向着儒学的某种回归。但在名教问题上，玄学表现了与儒家的纲常礼教相对的人生取向，强调对个体人格的尊重，对人的情感价值、自然人性的肯定。这一人生价值取向的形成乃是先秦以来儒道思想论争在魏晋玄学中的一种解决方式。儒家以“仁”“礼”教化天下，倡导“内圣外王”的君子人格，强调君子以“修齐治平”为己任的社会职责。而道家思想却认为所谓君子人格、“修齐治平”等使人“有为”的思想观点导致人心混乱、社会纷争、人的自然本性丧失，因而提倡“自然无为”的人生价值观。经过了汉初短暂的黄老之学盛行与后来“独尊儒术”的儒家思想独断，魏晋士人在汉末儒学衰颓之中重振道家自然无为的思想，许多知识分子如王弼、郭象等都试图以道家思想改造儒家的纲常名教，追求“自然”与“名教”的统一或融合。嵇康则表现出思想观念独异于一般士人之处，其价值思想鲜明而激进，核心观念即是“越名教而任自然”：

> 夫称君子者，心无措乎是非，而行不违乎道者也。何以言之？夫气静神虚者，心不存于矜尚；体亮心达者，情不系于所欲。矜尚不存乎心，故能越名教而任自然；情不系于所欲，故能审贵贱而通物情。物情顺通，故大道无违；越名任心，故是非无措也。是故言君子，则以无措为主，以通物为美；言小人，则以匿情为非，以违道为阙。[13](P368)

嵇康强调“越名教而任自然”，就是突破儒家礼法纲常名教对有个性的人的束缚拘牵，使人能够循着自己的自然本性自由发展。对于长期困顿于封建礼法的个体而言，嵇康的这一思想继承了庄子的自然与自由观念，主张“心不存于矜尚”“情不系于所欲”，放弃妨碍人性自然的牵绊，建构个体自由的人格，倡导自然天放的率真和不计利禄的旷达，体现了一种通脱自然的人生价值观。嵇康认为这才是“不违乎道”的君子人格，它不同于儒家那种以社会为本位的贵德尊礼、奋发有为的君子人格，却因着对于重个体本位的人格自由的强调而对后世发生长久而深远的影响，也融入了后世注重自由与审美的文学价值观念与文学创作之中。

魏晋之后，儒道文学价值观念中的超越诉求在诗学文论的发展中呈现为互补之势。道家的自然无为与逍遥游的价值思想和以“仁”为核心、以刚健有为为标志的儒家文学价值思想，构成了中国传统文学价值观的主导发展路径中并行的两条线索。人类生成于自然，又有别于自然。作为有意识的生命活动，人的一切活动毕竟都是社会现实生活中的活动，有着明确的外向性指向和意志目的；同时，作为一种宇宙间的有限性存在，人又无往而不在追求解脱束缚与限制的自然与自由。正是这“两种心灵的力量彼此互动，促成了儒道互补的文化格局”[14](P22)，也使得魏晋之后诗学文论中的文学价值观念变得更具包容性和张力，文人知识分子在文学价值的探求中，既可在顺达时积极进取而使文学有为于现实社会人生，又可在身处逆境时“退”“隐”以持守独立的自我生命，寻求以文学来表达心灵的自在与精神的自由。张弛有度而进退有路，儒道互补的文学超越价值观念使处身于漫长的封建社会中的人文知识分子有了广阔的心灵、精神的回旋空间——李杜、元白、王孟、韩柳、苏辛……无不是既在儒家哲学文化的熏染中得到了体道怀仁、兼济天下的精神力量，又在道家哲学文化的浸润中获得了穷困、失意之后的精神慰藉与心灵安顿。丰满的精神与蕴藉的心灵，为传统文学灌注了充盈的生命韵味。

当然，如果我们深入审视超越的审美向度，则可确认，正是道家哲学美学那种抛却现实功利、追求精神生命的自由的价值取向，在文学艺术的创作与欣赏层面发挥着更为强大的影响力，使得文学的心灵自由与超越特性成为历来创作者们的理论共识。如果说孔子之后的儒家文学价值观念因其强烈的入世情结而使其超越的诉求始终联结着功利之维，虽亦重视审美的意义，却终难达至纯粹意义上的心灵自由境界，那么道家哲学文化影响下的文学审美价值诉求则敞开了以“自由”为核心的心灵超越的可能空间，而这种超越，实即远离各种尘世功利而向“自然”的复归。

四

由上述讨论可见，在中国传统文学价值观念中，文学价值心灵之维的超越取向在儒道哲学美学及文论中都有呈现而又互不相同。余英时先生曾说：“在中国历史上，维护精神价值和代表社会良心的知识分子主要来自两个思想流派，即儒家和道家。这两派都是着眼于‘人间世’的……他们都用一种超越性的‘道’来批判现实世界。所不同者，儒家比较注重群体的秩序，道家较偏重个体的自由；儒家较入世、较积极，道家较出世、较消极而已。”[15]虽然儒道两家在心灵超越的向度上有着明确的分别，但他们的共性在于都主张自我超越，因而都具有文学形而上学的理论特征。立足于当今时代的文化语境和理论观照视野，我们可以对传统文学价值观中的这份理论遗产进行历史反思与文化批判，但当我们徘徊于当代文化转型中的信仰困惑、价值迷局与生命意义追问时，重新审视古人在审美与艺术中所彰显出的心灵超越祈向，当可获得诸多哲学感悟与生命启迪。

张世英先生认为，按照人的自我的发展历程、实现人生价值和精神自由的高低程度，人的生活境界可以分为欲求境界、求知境界、道德境界和审美境界。[16](P182-198)对于生活中的芸芸众生而言，四种自我实现的生活境界是相互纠缠又逐级上升的，“求知”与“道德”境界都无疑是对“欲求”境界的超越，“审美”境界则是自我超越的最高层次的实现，而每一层的超越都意味着新的自由的获得。审美境界作为自我超越，呈现为心灵层面的自由。张世英先生认为，中西传统生活中的人在实现自我的方式上有着不同的追求，“中国传统是要在时间之内的无限绵延中实现自我，西方是要在超时间的无限中实现自我”[17](P258)，实现自我的目标本身则有着鲜明的超越特性，现实层面的人毕竟是有限性的存在，超越之实现势必归依于心灵。中国传统哲学美学及文论中所追求的超越境界更多地指向心灵自由的层面并呈现为一种由外部世界向自我心灵的复归，体现着中国传统文学价值思想的内向性特征。这种对于心灵超越的审美境界的寻求，源自人类共同面对的生命与现实之中可能遭遇的种种困境。人作为有限的存在者，绝不甘心于困境中的沉沦与消亡，而是在指向心灵或现实的向度上不断探求以实现超越，在这种探求中彰显着心灵的广阔与生命的伟大，因而鲍桑葵曾说："有限存在者永远是超越自身的，而超越自身也就是进入自身。这一历程一方面是自我扩展和自我实现的条件，另一方面又不可避免地带有某种程度的矛盾、摩擦和牺牲。宇宙生命就是在这种自我超越所包含的张力和波折中展开的。"[18](P163)

文学是人心灵的产物。在中国传统文学价值观念的多维呈现中，心灵之维意味着文学所具有的重要的精神价值，也是属人的需要的一个具有本质意义的重要方面。从"需要"的角度来考察，文学的精神价值是文学满足人的精神文化需要的价值呈现。马克思指出："人们首先必须吃、喝、住、穿，然后才能从事政治、科学、艺术、宗教等等。"[19](P374)当人获得了其赖以生存的物质基础，或者在争取更好的生命质量的实践活动中，精神方面具有超越性的需要的产生便成为必然。人作为"有意识的生命活动"，绝不会满足于生存层面物质需求的满足而总是有着更高层次的精神价值追求。正如朗加纳斯在《论崇高》中所说："作庸俗卑陋的生物并不是大自然为我们人类所定的计划；它生了我们，把我们生在这宇宙间，犹如将我们放在某种伟大的竞赛场中，要我们既做它的丰功伟绩的观众，又做它的雄心勃勃、力争上游的竞赛者；它一开始就在我们的灵魂中植有一种所向无敌的，对于一切伟大事物、一切比我们自己更神圣的事物的热爱。因此，即使整个世界，作为人类思想的飞翔领域，还是不够宽广，人的心灵还常常超越过整个空间的边缘。"[20](P129)文学作为精神生产的产品，总是反映着人在精神层面的多样需求。在文学价值的多元构成中，指向心灵之维的文学的精神价值是其最重要的维度之一，而超越则是体现着精神价值之必然的一种心灵祈向。从广义上说，文学价值的各个维度均属于指向心灵的精神价值，因为文学价值本身既是人们关于文学的价值理想的呈现，又是人按照理想文学的标准对于文学进行的真、善、美向度上的判断。即使是文学的功利价值，它对于政治国家、社会生活和人的存在产生功能性影响也须经由心灵层面的接受与改变而得以实现。但正如蒙培元先生所说："中国哲学是一种人的哲学，人的哲学不仅要找到人的存在，而且要寻找人的意义和价值，它必须超越有限自我而实现'大我'或'真我'。这就是一种超越。它不是向彼岸王国的超越，而是在自身之内实现心灵超越。"[21](P49)与此构成异质同构的是，中国文学也是一种人的文学，超越与自由作为文学精神价值的高标，体现着对于文学与人生之密切关联，彰显着人的精神与生命或可达至的至高境界。作为中国传统文学价值观的心灵之维的最高指向，它引导着世世代代文人知识分子在文学艺术中寻求自我超越的实现，将文学艺术创作视为自我超越的实现、自我生命境界的成全和自我生命自由的外化。

鲍桑葵曾说："自我超越既是所有相对成就的源泉，也是打破现状的那种永不满足的源泉。在自我创造中，在不断进取中，在烦恼和冒险中，到处都有自我超越的身影。"[18](P32)考察中国文学的发展历史我们可以看到，正是在指向心灵的超越精神的引领之下，世世代代的文人知识分子在他们的创作中反抗绝望、超越庸常、彰显自我，无数优秀的文学作品，无不以其蕴涵丰富的思想情感与美的艺术形式，使创作主体与欣赏主体躁动不安的心灵通过情感郁积的宣泄而趋于平衡，给处身于繁杂庸常的生活中的人们带来情感的愉悦，并以其深邃的思想含蕴与卓越的艺术表达所构成的艺术世界，为人们提供了心灵驰骋与超越的广阔的自由空间。

参考文献：

[1] 杨伯峻．论语译注［M］．北京：中华书局，1988.
[2]（清）洪亮吉．春秋左传诂［M］．北京：中华书局，1987.
[3] 夏传才，唐绍忠校注．曹丕集校注［M］．郑州：河南教育出版社，2013.
[4] 张世英．天人之际——中西哲学的困惑［M］．北京：人民出版社，1995.
[5] 沈清松主编．中国人的价值观［M］．北京：中国人民大学出版社，2013.
[6] 朱谦之．老子校释［M］．北京：中华书局，2000.
[7] 陈鼓应．老子今注今译［M］．北京：商务印书馆，2004.
[8]（梁）钟嵘著，曹旭集注．诗品集注［M］．上海：上海古籍出版社，1994.
[9] 郭绍虞主编．中国历代文论选（第二册）［C］．上海：上海古籍出版社，1979.
[10]（南宋）严羽著，陈超敏评注．沧浪诗话评注［M］．北京：北京联合出版公司，2015.
[11] 叶朗．中国美学史大纲［M］．上海：上海人民出版社，1985.
[12]（清）郭庆藩撰，王孝鱼点校．庄子集释［M］．北京：中华书局，2012.
[13]（三国魏）嵇康撰，戴明扬校注．嵇康集校注［M］．北京：中华书局，2015.
[14] 黄琳、蒋凡主编，杨明、羊列荣编著．中国历代文论选（先秦至唐五代卷）［M］．上海：上海教育出版社，2007.
[15] 余英时．中国知识分子的创世纪［J］．知识分子，1984年10月创刊号．
[16] 张世英．中西文化与自我［M］．北京：人民出版社，2011.
[17] 张世英．境界与文化——成人之道［M］．北京：人民出版社，2007.
[18]〔英〕鲍桑葵．个体的价值与命运［M］．李超杰，朱锐译．北京：商务印书馆，2012.
[19]〔德〕恩格斯．卡尔·马克思的葬仪//马克思恩格斯全集（第19卷）［C］．北京：人民出版社，1995.
[20]〔古罗马〕朗加纳斯．论崇高//伍蠡甫主编．西方文论选（上卷）［C］．上海：上海译文出版社，1979.
[21] 蒙培元．心灵超越与境界［M］．北京：人民出版社，1998.

牟宗三语言观探微*

牛　军**

摘　要：现代新儒家学者牟宗三曾着力阐释中国传统文化的独特言说方式。牟宗三关于启发语言和名家语言的论述关涉着中西哲学的不同。在他看来，启发语言是中国传统哲学的言说方式，表述的是“尽而不尽”的“内容真理”。内容真理离不开主体的体悟与觉解，不同于“外延真理”。名家语言所表述的却是“外延真理”，是可尽之意，是类似于西方逻辑和知识论的表述方式。启发语言和名家语言形成一种互补，呈现出中国哲学的发展脉络和独特的言说方式。

关键词：牟宗三；启发语言；名家语言

钱穆曾言：“近人为慕西化，竞倡白话文，不知白话与文言不同。果一依白话为主，则几千年来之书籍为民族文化精神之所寄存者，皆将尽失其正解，书不焚而自焚，其为祸之烈，殆有难言。”[1](P23)这一论断乍听起来给人以危言耸听之感，然而也说明了钱穆在西学东渐的时代背景下，敏锐地发觉了产生于西方文化的现代学术体系无论在所关注的问题上，还是在表述方式上都迥异于中国传统学术。时至今日当我们熟悉了现代学术表述方式，我们的思维方式也变得更为注重逻辑与分析，而与传统文化所倡导的体悟、体验渐行渐远。我们对于传统经典的解读，甚至可能就是一种基于现代学术体系的误读。现代新儒家学者牟宗三、唐君毅提出启发语言，来阐释中国传统文化的独特言说方式。这对于我们如何阐释传统经典提供了一种可资借鉴的理论资源。尤其是牟宗三对于中西言说方式如何沟通给出了自己的回答。然而目前学界对于牟宗三关于语言的论说研究尚不充分，本文试图集中论述此问题，以抛砖引玉，就教于方家。

唐君毅率先提出启发语言，认为在科学语言、情感语言之外还有第三种语言——启发语言。牟宗三对此深表认同，多次论及启发语言，且更为详细。唐、牟二人都是在强调中国传统儒学的文化特点时论及启发语言。他们在西学东渐的历史背景下，不无悲情地继承、阐释和发展着传统儒学。他们对于儒学迥异于科学、西方哲学特点的发掘，使他们意识到中国传统哲学有着自己独特的言说方式。在西方语言哲学的背景下，我们重

* 基金项目：国家社会科学基金项目“现代新儒家中国艺术精神研究”（项目编号：17BZW062）、河北省教育厅人文社会科学研究重大课题攻关项目“历代《公孙龙子》注疏研究”（项目编号：ZD201632）的阶段性成果。

** 作者简介：牛军（1976－），男，河北师范大学文学院副教授，史学博士，研究方向为现代新儒学。

新审视他们提出的启发语言，会有新的发现。

一 生命的学问

牟宗三认为中西文化从根底处就存在不同。他指出：中国哲学“是以生命为它的对象，主要的用心在于如何来调节我们的生命，来运转我们的生命、安顿我们的生命。这就不同于希腊那些自然哲学家，他们的对象是自然，是以自然界作为主要课题”[2](P12)。他强调中西哲学从开端处就朝着不同方向发展，各自有自己关注的重心。中国哲学关注的重心在于生命，西方哲学则关注的是自然。这决定了中西哲学必然呈现出不同的样态。

1. “内容真理”

牟宗三指出中西哲学具有特殊性的同时，还指出二者都具有普遍性：它们都是关于真理的学问，但这种普遍性又是通过各自的特殊性表现出来的。牟宗三利用罗素的两种命题来解释这一问题。牟宗三说道：“真理大体可分为两种：一种叫做外延的真理，一种叫做内容的真理。”[2](P16)他所说的“外延的真理”“内容的真理”脱胎于罗素最早使用的两个概念“外延命题”“内容命题”。在罗素看来，“外延命题”是科学的真理，这种真理是可以脱离我们主观态度的。例如，一加一等于二，就不受制于我们的主观态度，是客观的知识。罗素对于“内容命题”的使用具有否定意味，因为它关涉着我们的主观态度。罗素后期干脆直接把“内容命题”称为“内容态度”，甚至认为它已经不是命题，只是系属于主体的主观态度。从中我们可以看到，“内容命题”是无法离开主体的。牟宗三曾举例说：“比如一棵树，假定你用审美的态度来看，说这棵树如何如何的美，这个不是科学知识，这是系属于主体的。”[2](P17)西方逻辑实证论者是不承认有所谓的“内容真理”的，认为形而上学没有认知的意义，只是满足我们的情感，形而上学的话语都是“概念的诗歌”。这样他们便把内容真理否定了，认为内容真理只是满足人们的情感需要。

牟宗三却指出“内容真理”具有普遍性，不仅仅是满足情感需要而已。他指出《红楼梦》所描写的故事不是历史事实，但可以感动千万的读者。《红楼梦》具有一种真实感，这种真实感与人生的悲欢离合相关，是人生的真实性。这是文学的真实性、普遍性。这种真实是情感、情绪体验中的普遍性与真实性。

牟宗三接着指出道家之“道”、儒家之“仁”乃至佛家所讲，均与情感体验相关，但又不止于情感，其中渗透着一种理性。他说道：“这种理性当然不是研究科学、逻辑、数学所表现的那个理性，但它也是理性。……这个理性，比如说仁，它是情感可是它也是理性。”[2](P21)这种理性不是认知意义上的理性，不是外延真理。但它也具有普遍性，是内容的普遍性。这种普遍性是系属于主体的，系属于生命的。不同于外延真理将研究对象客体化、对象化的做法，内容真理需要恢复主体的主体地位。牟宗三强调：“本来主体是有明的，可是你把这个主体对象化，它那明的意思就没有了，也就是能够表现价值、判断是非的那个明没有了。”[2](P24)在他看来，将主体对象化、客体化的做法是追求外延真理的做法，这种做法将主体等同于物，主体自身的明觉便隐遁了。内容真理却依赖于主体的内在明觉。他进一步指出科学研究活动中的理性也是主体内在明觉的表现，只是此时主体被推出去当对象来研究，主体的明以科学理性的方式显现出来。牟宗三强调的这种主体明觉，就是王阳明所说的良知。只有保持主体地位时，良知才能呈现。他指出这种对主体地位的恢复，在西方存在主义哲学那里有相似的意味。恢复主体地位，就是把人存在地来研究，而不是作为客体。

唐君毅有着类似的观点，他更为强调个体性。这其实是主体性的另一种表达。唐君毅指出："学这套学问完全是人自己的事，任何人帮不了忙。它是个体存在本身之学问。就像我饿了，除非我自己去吃饭，任何人不能对我之饿帮忙。这套学问，或者在我自己心上能觉悟，或者一无所有。"[3](P153)唐君毅强调学习中国哲学，其实就是自我觉悟的过程。个体的觉悟是学习的关键，这就意味着只有作为主体的个体才能真正领悟这种学问。他同时指出西方的人类学、心理学都是将人作为客体研究的学问，与中国哲学完全是两种研究路数。

牟宗三、唐君毅二人对于主体性、个体性的强调是基于中国哲学的特点而提出的。中国哲学关注的重心是人的生命。生命的学问要求研究者必须保持主体性，而不能将主体对象化。在西学东渐的大潮中，科学成为关注的焦点。当人们一味认同科学真理时，对于中国哲学的理解就会生出种种误解。牟宗三就曾不客气地指出："他们一定要把中国的学问讲成是科学，好像把它讲成是科学就可以得到保险一样，这是不对的。而且这正好把中国的这些道理都搞坏了。"[2](P22)牟、唐二人在谈论中国哲学的特点时，不约而同地认为主体性是生命学问的特点。只有恢复主体性，我们对于中国哲学的理解才是恰当的。如果我们采用科学的认知态度去分析中国哲学，这种研究方式是与中国哲学的特点背道而驰的。

2. 生命的"普遍性"

牟、唐二人对于中国哲学特点的认识还有一点是相同的，就是中国哲学不是概念联结成的知识体系。唐君毅曾说道："这种学问与使用抽象概念的普通知识不同，它不是将概念摆开，或将概念联结起来就能成就学问的。"[3](P153)唐氏在此指出中国哲学不是抽象的知识，不是由概念组成的知识体系。

牟宗三对此有着更为详细的阐释。他首先指出概念具有抽象性，这种抽象性体现了科学真理的普遍性。而内容真理则是具体的普遍性，这种普遍性是不同于概念表现出来的抽象的普遍性的。牟宗三利用海德格尔"表象的思想"来说明概念的普遍性，他说道："你通过这些概念、这些范畴，你可以把一个对象的各方面表象出来，表象出这个对象的那些普遍的性相、那些普遍的特征。"[2](P27)这意味着概念是对对象的抽象，是对对象进行的普遍性提纯。这种抽象的普遍性是与存在无法同日而语的，在牟宗三看来海德格尔所讲的"根源的思想"才与中国哲学中强调的主体的"明"相似。

牟宗三指出知识是需要经验积累和对对象的研究才能得到的，这是属于认识论的问题。而德性是超越知识的态度，属于实践的问题。在他看来苏格拉底的名言"德性即知识"是错误的，因为他从知识的角度来把握德性。牟宗三指出苏格拉底始终未能对诸如"诚实"这样的德性予以恰当的定义就是证据。而孔子就不用知识的态度来讲"仁"。例如宰予问仁。宰予觉得为父母守孝三年，时间太久了，问孔子时间短一点行不行。孔子从心安的角度来予以回答，这不是抽象的定义，而是从良知的角度、生命的角度予以的回答。在此心有不安就是仁，这不是逻辑的说明，这是一种情感的体验、自我的觉悟。

牟宗三在否定了内容真理的普遍性不是概念的抽象性之后，予以正面的论述。他指出内容真理是具体的普遍性。什么是具体的普遍性呢？在牟宗三看来，“仁是个普遍的原则，但是你不能说仁是个抽象的概念。仁是不能和科学、数学、逻辑里面所谓的抽象概念相提并论的。照孔子所说的，仁是可以在我们眼前真实的生命里头具体呈现的。所以孟子说仁就是恻隐之心，它就是具体的。但是虽然它是具体的，它并不是事件。它有普遍性”[2](P28)。牟宗三一再强调，具体不是指事件的特殊性，而是指内容真理的普遍性。例如“仁”在生命里头有很多种具体的呈现，如恻隐之心、孝等。孝是在子女与父母关系中表现出来的，是仁的一种表现，孝就是特殊关系中表现出来的普遍性。这意味着内容真理的普遍性不同于科学真理抽象的普遍性，它不是一成永成的，而是具体的、生成中的。牟宗三还用佛教的思想说明这种具体的普遍是将具体和普遍“综合”起来、“圆融”起来。也就是说具体就是普遍，普遍就是具体。这就意味着内容真理表现是无穷无尽的，一如孝的表现是各种各样的。最后牟宗三强调，虽然具体的普遍性不同于抽象的普遍性，但作为普遍性，都是普遍性，都是真理。

二　生命学问的言说方式

牟、唐二人正是基于中国哲学的上述特征，指出中国哲学具有自己的语言表述特点。这种语言他们称之为启发语言。

唐君毅指出：“指示式的语言只要指一对象即可，宣传式的语言也可用来说服或暗示，而启发式的语言则必须清楚，必须找出一个东西以供印证，所以它随各人之具体生活而有不同，并且最后还要将此语言收归到自己才能了解。同时，说这一类语言，也可不说完，而可有含蓄、有保留。这种语言也不能严格系统化，而须随事而因应。”[3](P153-154)

唐君毅指出启发语言的特点如下：

首先，启发语言是与内容真理相应的言说方式，所以它指向一个可以印证的真理，而这种印证是生命的印证，诉诸自我的觉悟。这应和了牟宗三关于内容真理的说法。唐君毅所说的“随各人具体生活而有不同”，正是体现出牟宗三所说的内容真理的具体性。唐君毅所强调的可印证性，其实就是牟宗三所强调的普遍性。启发语言就是表达具体普遍性的言说方式。

其次，唐君毅指出这种语言具有含蓄蕴藉的特点，不具有系统化的特征。这其实是唐君毅对启发语言表述方式特点的概括。这种表述方式是非概念性的，因此不具有严格的系统性。与其表达意义特点相应，这种表述方式是具有弹性的，在尽意与不尽意之间。

再次，启发语言具有直指人心的特点。它不同于指向客体的指示式语言，也不同于用来说服或暗示的宣传式语言。这种宣传式的语言还是外在的，启发语言必须收归到主体，收归自己，你才能了解它的意义。

牟宗三在1992年关于周易的演讲中，以《乾·彖传》中的语言为例，具体说明了启发语言的特点。这是继1978年《中国哲学十九讲》之后，他再次提到启发语言。我们可以将之视为牟宗三对于启发语言的进一步阐释。

在牟宗三看来，启发语言不同于概念语言的地方，首先表现在启发语言用具体的词语表示。他指出启发语言“用具体的词语表示，所以是启发性的”[4](P15)。乾卦彖传是说明乾卦的本性的，它使用的语言就是具体的漫画式的语言。例如“云行雨施，品物流形，大明终始，六位时成，时乘六龙以御天”，就是漫画式的语言。这是对六爻的阐释，其中“时乘六龙以御天”，就是将每一爻比作一条龙，是图画式的说明。它象征自然现象的变化。这就是典型的启发语言，通过具体的词语来启发读者理解词语背后蕴含的意义。

其次，启发语言不同于概念语言的地方还在于它是“蕴而不出”的。牟宗三从言意关系的角度来分辨启发语言和概念语言的不同。他在考察言能否尽意这个问题时，从言和意的不同种类入手来予以说明。在他看来，科学的语言可以“尽意”，所尽之“意”也就是科学的真理，即外延真理。“言不尽意”之“意”是玄学真理、内容真理。所以他指出：“圣人之意‘蕴而不出’，永远藏在那里，就看你懂不懂。”[4](P18)他更认同王弼“尽而不尽”的说法，玄学真理、内容真理、形而上的玄理是“尽而不尽”的。什么是“尽而不尽”呢？这就涉及启发语言自身具有的“分际”——启发语言的第三个特点。

牟宗三强调，概念语言是有层次性的，读者要反省西方概念语言使用时是在哪一个层次上来表述的。启发语言虽然不同于概念语言但也具有自己的分际。这一特点使得启发语言可以转换成为概念语言。我们可以从牟宗三关于乾卦彖传的阐释中去推测这种分际到底指的是什么。牟宗三强调乾元就是天道，道是不受时空局限的，但彖辞却用“六位时成”来阐释乾道。“六位时成”体现的是时空中的变化，这样的阐释对吗？这其实就是“分际”所在。牟宗三认为“六位时成”是对体现乾道的气的描述，阳气六位倒映，反映出乾道的变化。漫画式的语言是对阳气变化的描绘，但读者要体会到其背后所反映的道。启发语言是具体的、漫画式的，只有读者明白了它表述的分际所在，读者才能理解它所“蕴而不出”的意义。牟宗三基于这样的分际的存在，指出“你可以把它的漫画性拆掉，变成概念的语言”[4](P19)。这意味着在他看来启发语言是可以转换成概念语言的，而把握启发语言的分际是这种转换的关键。

牟宗三在《才性与玄理》一书中，对启发语言的“尽与不尽”之意的特点再次予以说明。他强调启发语言“所尽之意”，乃是指物之意，即能够清晰指称形而下的具体事物，“皆是名言相应、可得而见闻者”。[5](P215)“所不尽之意”，乃是“非名实相应之尽，非可道之尽”，乃是“启发暗示之尽、指点之尽”[5](P216)，这乃是形而上的玄理。这种“启发暗示之尽”，有所不尽。理解启发语言的关键在于理解它的“所不尽之意”，而要理解它需超越“筌、蹄”之上，才能真正理解其中蕴而不出的意义。因此理解进入到了超越语言的层面。“言不尽意”的主张和“尽而不尽”的主张其实是一回事，二者都强调内容真理的不可道说的特点，但“尽而不尽”之说则将启发语言的层级予以揭示。

牟宗三关联着内容真理来讲启发语言，内容真理乃是由主体而来。在与外延真理、概念语言的对比中，中西文化的差异显现出来。牟宗三强调中国哲学从“我”这里而发，涵盖宇宙万物，形成一本体论——“此本体论实只是圣证之主观性所达至之境界之客观姿态，而不真是分解撑架地在客观真实方面真有如此之‘实有’”[5](P226)。在他看来中国哲学离不开主体的觉悟，因此呈现出“境界形态”，而非“实体形态”。

牟宗三对启发语言的强调，还具有阐释学的意义。牟宗三认为在西学东渐的背景下，科学真理成为我们追求的唯一真理，当我们用科学真理的阐释方法去理解中国哲学时，这恰恰是南辕北辙的做法。我们不可将具有象征性的启发语言当作概念语言，但牟宗三又指出启发语言转换为概念语言的根据和方法。这无疑为我们提供了一条阐释传统文化的途径。

更值得关注的是，牟宗三认为维特根斯坦并不否定诸如美、善等内容真理，只是强调概念语言无法言及它们。这样启发语言成为中国传统文化为世界提供的一种言说方式，一种语言哲学，与西方语言哲学互补。

三 生命学问之外的名家语言

如果说牟宗三通过论说启发语言为我们揭示了中国传统哲学的言说之道的话，名家语言则是另一种表述方式。这种表述方式与西方的逻辑性的言说方式更为接近。牟宗三曾指出：“先秦名家之形名、名实，除其政治礼法上之作用外，还有其本质之意义，其意义相当于今日之逻辑与知识论。”[5](P219)名家着重辨析名之本身与名之所指的关系，这使得名家所探讨的问题进入到抽象化、一般化的层面。名家关于名实的探究具有独立自足的意义。这的确显现出与西方逻辑和知识论相似的一面。但牟宗三同时也清醒地认识到：“先秦名家所讲之形名、名实，吾人虽说其是知识论与逻辑上之问题，然实则毕竟与西方哲学中之逻辑与知识论有间。纵谓其是逻辑与知识上之名理，亦是原始的、初步的逻辑与知识论。”[5](P223)在他看来名家在探究名实关系的背后仍有着实用的动机，而非单纯从逻辑与知识层面来进行探究。他曾指出名家探究名实关系的本意在于“政治礼法之实用上，只是‘名实相符’，‘循名责实’，‘名以检形，形以定名’之意义”[5](P223)。名家依然关注政治礼法，且对于名实的探究终究是笼罩于眷注政治礼法的前提下的。即使从“知识”“逻辑”的层面来看，名家的相关探讨还是粗浅的，仅仅是简单围绕“循名责实”一语辗转反复，与西方的逻辑学所探讨问题的层面还有差距。无论是对于名称自身与所指事物的研究，还是对主体知的能力的探究均未能充分在抽象的逻辑层面展开。

我们不禁会问，为何中国传统文化会产生较为注重抽象分析的名家之学呢？牟宗三的回答是这样的：“其所以有郑重严肃之意者，盖只在‘循名责实’一语之独立自足的意义，以及此独立自足意义之一语之两头通：既通于知，亦通于政治礼法。”[5](P.224)正如他所说，名家的论说的确具有两个层面，一方面是对“循名责实”独立意义的探究，一方面是对政治礼法的眷注。这就显现出名家的特点，它既关注名实的独立意义，又眷注政治礼法。它对名实独立的意义探究是笼罩在眷注政治礼法的氛围中的。名家的这一特点，使得名家既有自己鲜明的特点，又具有中国传统文化的特点。前者乃是指对于“循名责实”独立意义的探究，后者乃是指对于政治礼法的重视。

更为重要的是，名家的这一特点使得名家既可以“内在地通”逻辑知识论，又“超越地通”玄学。[5](P224)牟宗三曾指出：“是以名家，若不限于狭义之名理，随其牵连而推扩至‘广义之名理’，则通法、通道、通逻辑与知识论，以及通玄学，乃为其充类至尽之牵连。此即相当于西方哲学之全部：通法是政治哲学，通道亦通三教，是道德宗教之哲学。会而通之，错综其变，则人生哲学、艺术哲学、历史哲学，亦皆赅而存焉。”[5](P224-225)在他看来，名家笼罩于政治礼法氛围中对于概念的辨析将牵连出很多相关问题，而可通于其他学派。名家意在抽象地探究名实关系来实现自己对于政治礼法的设想，而法家、道家、儒家等则基于自家的学说都有着自己具体的名与实的主张。基于对名实共同的关注，名家与法家、道家、儒家可以超越地相通。同时，名家也在逻辑知识论上内在地通于后来的注重名实之辨的荀子。由此牟宗三将名家视为中国哲学的起点：“在中国，哲学传统由名家起，科学传统由羲和之官起，道统则由儒家立。”[5](P225)这样看来，名家之学并非中国传统文化中的异类，相反成了中国哲学独立自足意义生成的起点。名家在中国传统文化中的地位便不容小觑。

但同时牟宗三也指出名家“内在地通”逻辑知识论的一面未能受到重视，他说道：“中国文化生命于名家所应有之内在地通一面未能积极正视，而于超越地通一面则充分发展。此犹庄子大谈超知，而对于知本身未能正视。因而凡属科学、民主层，皆未能正视。”[5](P225)在牟宗三看来，中国哲学是由对名家学说“超越地通”而发展起来，因而未能重视逻辑知识论这一度。这就决定了中国哲学具有不同于西方哲学的特点：“中国名家传统所开之玄理哲学，其形态是‘境界形态’；而西方哲学，其形态是‘实有形态’。”[5](P225)正如前文所述，中国哲学关注的是“内容真理”，离不开主体的觉悟，这样中国哲学的形态便是“境界形态”，而非注重逻辑与知识的西方的“实有形态”。这一特点即源于中国文化生命对于名家之理（“外延真理”）的超越。

牟宗三关于名家语言的论述与他关于启发语言的论述形成互补。他从语言的角度为我们展示了中国哲学的发展脉络和独特的“境界形态”。语言言说方式的不同，决定了中西哲学的差异。牟宗三对于语言的敏感为我们揭示出一种研究、阐释中国传统文化的方法。尤其是对于名家的研究，如果从语言学的角度切入将颇具新意。然而遗憾的是牟宗三本人更多的依然是从逻辑学角度切入的。

参考文献：

[1] 钱穆．中国文学论丛［M］．北京：生活·读书·新知三联书店，2002.
[2] 牟宗三．中国哲学十九讲［M］．上海：上海古籍出版社，2005.
[3] 牟宗三．人文讲习录［M］．桂林：广西师范大学出版社，2005.
[4] 牟宗三．周易哲学演讲录［M］．上海：华东师范大学出版社，2004.
[5] 牟宗三．才性与玄理［M］．桂林：广西师范大学出版社，2006.

明代诗学中的诗歌发展观刍议

王小溪*

摘　要：长期以来，学界对明代诗学的研究大多基于流派，难免忽视各流派之间的共性，且缺乏新的研究视角。诸多处于不同诗学流派的明代诗论家都论及诗学理论与诗歌创作的关系。他们已经意识到，中国的诗学理论发展至宋、明时期呈现出繁荣的景象，但这一时期的诗歌创作却未能取得理想的艺术成就。通过分析二者的关系，他们发现诗学理论的指导并非诗歌创作的充分条件，并在此基础上对诗歌理论与创作发展不平衡的原因、促进诗歌创作发展的途径等问题展开了进一步的探讨，力图推动诗歌创作的发展。明代诗论家很大程度上弥补了明代以前诗论在诗歌发展问题上大多只述不论的不足。研究明代诗学中的诗歌发展观有助于学者摆脱诗学流派研究的局限，从新的视角研究明代诗论。

关键词：明代诗论；诗歌创作；时代诗歌发展

中国传统诗学发展至明代出现了诸多流派，如前后七子、公安派、竟陵派等。长期以来，学界对明代诗学的研究大多基于流派理论，或分析某一流派的观点，或对比不同流派间观点的差异。尽管这样的研究视角有助于深刻认知各诗学流派的诗论主张，但难免忽视各流派之间的共性。此外，因局限于流派批评，研究者难以从新的角度全面把握明代诗论，一定程度上忽视了明代诗论的理论成就。明代之前的传统诗论虽不乏对诗法的探讨，却罕有关于诗学理论与诗歌创作关系的系统论述。在明代，诸多处于不同诗学流派的诗论家都论及诗学理论与诗歌创作的关系，对于这一问题的认知和关注可被视为各理论流派的共性之一。这一现象显然可以从诗学理论和诗歌发展的实际情况中寻得一个解释：中国的诗学理论发展至宋、明时期呈现出繁荣的景象，但诗歌作品在这一时期却未能取得汉魏盛唐诗歌作品的艺术成就。这一实际情况促使明代诗论家探究诗学理论与诗歌创作的关系，他们企图从中寻找促进诗歌发展繁荣的途径。有学者认为“善诗”“工诗”与“诗话创作的关系不是很大”，[1]也有学者指出“理论价值的评估与创作成就的衡量”属于两个领域。[2](P4)基于当前的理论认知，此类观点无疑是合理的。文学理论属于人文科学，以文学实践为研究对象，通过对文学实践的逻辑分析而总结文学内部和外部的规律。文学创作属于艺术活动，以人类的社会生活为源，通过描写社会现象、塑造艺术形象而反映社会生活的本质。然而，这种以当代理论认知的高度评价古人诗学理

---

* 作者简介：王小溪（1988－），女，山东师范大学文学院文艺学博士研究生，研究方向为文艺学原理、中西诗学与美学。

论的行为无疑是一种脱离历史语境的判断，不利于当代人客观认知和评价古代诗论的理论价值，还可能加剧古今诗论的断裂，阻碍古今文论的会通。有学者在讨论该如何进行文学批评时指出：“作为一个先在的庞然大物，历史挟带无数事件、数据、细节以及众多传统观点矗立在那里，无法绕行——所有的行动必须从历史提供的起点之上开始。”[3]如果不基于当时的理论水平对问题进行分析，可能导致我们在对前人理论进行研究的过程中忽略了他们揭示出的一些在当时有价值的结论，也不利于后世人对前人的理论成果做出客观的评价。所以，我们有必要基于历史的语境站在明代诗论家的角度分析他们所认识的诗学理论与诗歌创作发展不平衡这一问题。

一　诗学理论的指导并非诗歌创作发展的充分条件

明代是一个思想多元、文体多元的时代，较之以往的诗论家，明代诗论家不仅注重对诗歌内部和外部规律的分析和总结，而且能够自觉地发现和分析诗歌发展中存在的问题。诸多明代诗论家意识到，宋代与明代是中国历史上诗学理论非常繁荣的两个朝代，而这两个朝代的诗歌却未能超越汉代、唐代而取得理想的艺术成就。他们对这一现象进行了分析。

周叙认为，尽管不同的诗歌流派都有体现各自诗学主张的理论，但这些理论却未能指导诗人创作出理想的诗歌作品。他指出：“宋初言诗，犹袭晚唐。杨大年、刘子成等出，遂学温飞卿、李商隐，号西昆体，人争效之。其语多僻涩细碎，甚至不可省识。欧阳永叔欲矫其弊，专以气格为诗，其言平易疏畅，学之者往往失于快直，倾困倒廪，无复余地。其后黄山谷别出机杼，自谓得杜子美诗法，海内翕然宗之，号江西派。学之者不失之奇巧，则失之粗鄙，间有名世如苏东坡辈，又皆以己意为诗，不复以汉、唐宗祖。故宋之声诗卒不复振，独得朱子《感兴》二十章，幸有以纲维诗道，主鸣绝唱。逮末年咸淳之声出，诗之厄运已极，质之风雅盖荡然矣。”[4](P969)这段评述揭示出了宋代诗歌整体消极的发展趋势。宋代诗歌流派众多，众所周知，一个诗歌流派的兴起和成熟意味着与之相对应的艺术风格和诗学理论的形成与发展，如西昆体讲求典丽精工、意旨深幽的艺术风格，江西诗派则以“夺胎换骨”“点铁成金”为理论指导。然而，周叙发现在明确的艺术风格和诗学理论的指导下，宋代各流派的诗歌作品并未取得理想的艺术成就。例如学习西昆体的诗人其诗作大多用语僻涩，艰涩难懂；学习欧阳修力矫西昆体弊端的诗人其诗作又往往过于直白浅显；学习江西诗派的诗人往往不能真正以故为新，其诗作不是过于奇拗就是过于粗陋。这些成熟的诗学理论未能有效地指导诗歌创作，显然是诗学理论与诗歌创作发展不平衡的具体表现。

王世贞对宋代诗学理论与诗歌创作发展不平衡的认知和批评更为具体：“严沧浪论诗，至欲如那吒太子析骨还父，析肉还母，及其自运，仅具声响，全乏才情，何也?”[5](P1021)在人们的普遍认知中，诗论家对自己提出的诗学理论的理解和把握最为精准，因而应该能够将自己的诗学理论较好地应用于诗歌创作实践，然而事实却并非如此。王世贞以宋代诗论大家严羽为例评述诗学理论与诗歌创作发展不平衡的现象可谓切中要害。王世贞意识到，虽然宋代诗论家严羽论诗细致透彻，但是他自己的诗作却缺乏才情。尽管严羽能够把握诗歌的理论精髓，却未能将其理论运用于创作实践中，导致诗学理论与诗歌创作的脱节。讽刺的是王世贞自己也未能避免这一问题。屠隆指出：“元美论诗极精，赏诗极妙，乃至自运多不如其所评。”[6](P4956) 王世贞对于前人诗歌的赏析、评论虽见解精妙，但他个人的诗歌创作却未能达到其论诗的水平。

胡应麟也意识到诗学理论与创作实践脱节的问题存在于诸多宋、明诗论家身上，他指出，宋代严羽作为论诗大家，明代高棅作为选诗大家，诗歌创作却未能杰出，“二君识俱有余，才并未足，故其自运，不啻天壤”。[7](P5596) 又指出：“严仪卿之《诗品》，独探玄珠，刘会孟之《诗评》，深会理窟；高廷礼之《诗选》，精极权衡。三君皆具大力量，大识见。第自运俱未逮，严极称盛唐，而调仍中、晚。刘甚尊李、杜，而格仅黄、陈。高稍作初唐语，亦才影响耳。”[7](P5597) 可见，由宋代到明代，诗论家、诗选家的诗歌创作水平与他们论诗、选诗的理论水平是不一致的。优秀的诗论家未必是优秀的诗人，换句话说，诗人对于理论的认知和掌握程度与其诗歌创作水平未必呈正相关。

虽然理论建树与创作成就存在差距这一问题在宋、明诗论家身上体现得尤为典型，但这一问题并非仅存在于诗论家身上，而是一个当时普遍存在的问题。晚明诗论家许学夷指出：“古今诗赋文章代日益降，而识见议论则代日益精。诗赋文章代日益降，人自易晓，识见议论代日益精，则人未易知也。”[8](P348) 许学夷总结出了古今诗文日益衰退而诗学理论日益精深的总体趋势，并指出大多数人能够意识到诗文的日益衰颓，却忽视了诗学理论的日益繁荣。诗学理论与诗歌创作发展不平衡的现象具有相当的普遍性，时人对诗学理论发展繁荣的无意识影响了他们对这一普遍性现象的认知。

根据明代诗论家对诗学理论与诗歌发展不平衡现象的认知可以看出，他们已经认识到诗学理论的指导并非诗歌创作获得较高艺术成就的充分条件。明代诗论家并没有止步于这一认知，而是在此基础上展开了进一步的探讨：诗歌理论的繁荣为何没能促进诗歌创作的发展？如何谋求诗歌创作的发展？换句话说，对诗学理论与诗歌创作关系的认知引发了明代诗论家对诗歌发展问题进行有意识的思考。

二　诗学理论与诗歌创作实践发展不平衡的原因

在认识到诗学理论的指导不是诗歌创作发展繁荣的充分条件后，一些明代诗论家尝试分析诗歌创作与诗学理论发生脱节的原因。

对于“古今诗赋文章代日益降，而识见议论则代日益精”的整体趋势，许学夷总结原因如下：“盖风气日衰，故代日益降，研究日深，故代日益精，亦理势之自然耳。”[8](P348) 许氏将诗歌的消极发展归因于社会风气的日益衰退，将诗歌理论的不断精深归因于诗论家研究的日益深入，并最终将这一发展趋势总结为理势使然。这种将诗学理论与诗歌发展的不平衡归结为事理自然发展趋势的说法难免过于笼统。

李东阳认为诗学理论往往在字句规则等形式层面规范和指导学诗者，而在情致、兴趣等感性层面对学诗者的启发却不足，他指出：“唐人不言诗法，诗法多出宋，而宋人于诗无所得。所谓法者，不过一字一句，对偶雕琢之工，而天真兴致，则未可与道。其高者失之捕风捉影，而卑者坐于黏皮带骨，至于江西诗派极矣。惟严沧浪所论超离尘俗，真若有所自得，反复譬说，未尝有失。顾其所自为作，徒得唐人体面，而亦少超拔警策之处。予尝谓识得十分，只做得八九分，其一二分乃拘于才力，其沧浪之谓乎？若是者往往而然。然未有识分数少而作分数多者，故识先而力后。”[9](P1371)李东阳认为“诗法”只是字句层面的规则、法度，只能规范诗歌创作的基本技法和工巧，却未能教会学诗者“天真兴致”等精神层面的内容。如此一来，学诗者只能学到规范、法度等形式层面的东西，却不知如何使精神层面达于精妙，导致诗歌空洞乏味，艺术境界不高，江西诗派即是一个典型的例子。屠隆对王世贞在诗歌创作方面“自运多不如其所评”的原因分析与此类似：“其病在欲无所不有，急急以此道压一世也。”[6](P4956)过度注重诗歌规则、意欲追求完美的作诗初衷导致王世贞在诗歌创作时被法度、规则束缚，难有精妙之作。可见，诗学理论本身存在局限性，不能全面指导诗歌创作。此外，根据李东阳的论述可知，对诗歌形式规则和内容意蕴的精准领悟需要依靠诗人的学识，而对于诗歌“超拔警策”之妙的领悟则需要依靠诗人的才力。所以，诗人的才力、学识等个人素养是诗学理论外影响诗歌创作的另一个重要因素。严羽虽因学识渊博能领悟诗歌之妙在于“别裁”“别趣”，却受个人才力局限，未能写出合于其诗论的高妙诗作。如果说学识可以通过学习、积累得以丰富，那么才力因为包含天赋的成分，难以单纯依靠后天培养获得，所以个体间难免存在差异。李东阳的这一观点是对严羽诗歌创作不及理论批评的一个合理解释。

诗人的才力虽是保障诗歌作品达到较高艺术境界的必要条件，却也不是充分条件。胡应麟指出：“用修才情学问，在正、弘后，嘉、隆前，挺然崛起，无复依傍，自是一时之杰。第诗文则饾饤多而镕炼乏，著述则剽袭盛而考究疏。大概议论太高者力常不副，涉猎太广者业苦不精，此古今通病，匪独用修也。”[7](P5729)杨慎作为明代著名的诗学理论家才情出众，但其诗作也未获得理想的艺术成就。胡应麟认为第一个原因是杨慎对理论的研讨太过精深，其个人能力难以实践其诗歌理论，这仍关乎诗人的才力；第二个原因是杨慎涉猎的知识过于广博，碍于精力有限，难以诸事精通。胡应麟又举例论证了这一观点：“仲默不甚工绝句，献吉兼师李、杜及盛唐诸家，虽才力绝大而调颇纯驳。惟于鳞一以太白、龙标为主，故其风神高迈，直接盛唐，而五言绝寥寥，如出二手，信兼美之难也。”[7](P5528)李梦阳师法艺术风格差异明显的盛唐诗人，意欲博采众长，尽管其才力过人，却仍难以兼善各家长处。李攀龙专学李白、王昌龄，其诗歌创作有一定造诣。何景明和李攀龙都难以兼善不同体类的诗歌。由这些具体的例子可以看出，即使是这些才力出众的诗论家也难以同时精通不同风格、不同体类的诗歌。其实，曹丕早在《典论·论文》中就论及了这一问题：“文非一体，鲜能备善。”[10](P2270)诗人有限的精力与诗歌体类和艺术风格多样性之间的矛盾是影响诗歌创作的又一个重要因素。

一些明代诗论家认为诗人对诗歌理论的片面认知也是导致诗学理论不能有效指导诗歌创作的一个原因。以前后七子为代表的明代复古诗派对明代诗歌创作的影响非常大，他们提倡以汉魏盛唐为法，希望打破台阁体带来的诗歌发展僵局。其中“后七子”代表人物谢榛意识到当时一些诗人未能正确认识复古诗学思想，陷入了盲目拟古的误区，他指出：

“《三百篇》直写性情，靡不高古，虽其逸诗，汉人尚不可及。今学之者，务去声律，以为高古。殊不知文随世变，且有六朝、唐、宋影子，有意于古，而终非古也。”[11](P1137)《诗经》是诗人直抒性情的作品，艺术风格高古。《诗经》作为四言古诗的典范，与近体诗最明显的区别在于形式上不讲求格律，没有严格的平仄与对仗要求。一些明代诗人因此认为只要不拘声律就能写出如《诗经》一样高古的诗作，这样的观点显然太过片面。谢榛的评述揭示出了问题所在。首先，这些学诗者切断了社会历史背景与诗歌创作的关系，忽视了诗歌的发展流变无法独立于时代语境这一事实。诗歌创作是基于特定历史语境的。谢榛“文随世变”的观点是对刘勰“时运交移，质文代变”观点的继承，也是袁宏道“代有升降，法不相沿”观点的先声。其次，这些诗人忽视了历代诗歌的传承关系。自《诗经》而下，历代诗歌在形式和艺术风格等方面虽各有特征，但这些特征的形成或多或少受到之前诗歌的影响。所以明代诗歌难免有“六朝、唐、宋影子”，不可能完全还原《诗经》高古的艺术风貌。所以，学诗者对诗学思想的片面认知可能对诗歌创作产生误导。

袁宏道认为，诗学理论与诗歌创作发展不平衡的原因在于二者之间并无必然联系，即诗学理论未必能指导诗歌创作。他指出：“盖诗文至近代而卑极矣，文则必欲准于秦汉，诗则必欲准于盛唐，剿袭模拟，影响步趋，见人有一语不相肖者，则共指以为野狐外道。曾不知文准秦汉矣，秦、汉人何尝字字学六经？诗准盛唐矣，盛唐人何尝字字学汉魏欤？秦汉而学六经，岂复有秦汉之文？盛唐而学汉魏，岂复有盛唐之诗？”[12](P6782-6783)袁宏道认为，明代诗人过于教条地遵循复古诗学理论将秦汉的文章与盛唐的诗歌作为诗文创作的标准，忽视了不同时代的历史文化特征和诗文自身的发展规律，未能用发展的眼光看待文学，导致诗文失去新意与生气。他认为诗人只有跳出复古诗论“文必秦汉，诗必盛唐”的绝对标准，才能客观地认知不同时期诗歌的风格特征，从而跳出一种绝对主义的优劣论。袁宏道认为诗人被复古理论牵着鼻子走的原因在于自身缺乏独立而客观的判断力，他指出：“今之为诗者，才既绵薄，学复孤陋，中时论之毒，复深于彼，诗安得不愈卑哉！”[13](P6787)可见，由于学诗者才力不高、学识不足，在面对诗学理论时不能进行自觉的思辨和批判，只是盲目地接受和遵守既有的理论和规则，致使诗歌发展出现困境。这段论述既反映出袁宏道对文学复古思想的反对，也否定了诗学理论与诗歌创作的必然联系，复古诗论不仅不能指导诗歌创作，反而阻碍了诗歌创作的正常发展。所以，诗学理论对诗歌创作的指导作用不是必然的。尽管袁宏道对复古思想的理解是片面的，且其诗学思想有明显的割裂历代诗歌传承关系的偏颇，但他对诗学理论与诗歌创作关系的认知无疑是合理的。

总的来说，明代诗论家认识到诗学理论本身的不足、诗人素养的欠缺、学诗者对诗学理论认知的片面性以及诗学理论与诗歌创作的非必然联系等都是导致诗学理论与诗歌创作发展不平衡的重要原因。

三 谋求诗歌创作实践的发展

从前文论述中，可发现一个有趣的现象，即周叙、王世贞、胡应麟、许学夷等人并非同一理论阵营的理论家，但他们对于诗学理论和诗歌创作发展不平衡问题的认知却有相当的一致性；而作为“后七子”之一的谢榛和公安派代表人物袁宏道更是两个互为反对派理论阵营的诗论家，他们对于诗歌时弊的认知和批评也有不可忽视的一致性。其实，无论是谢榛对于时人认知复古诗论的片面性的揭露，还是袁宏道对于学诗者盲目遵从既有诗学理论的批判，都是立足于诗学理论与诗歌创作的关系揭示阻碍诗歌创作发展的因素，其目的都是整治时弊，促进诗歌创作的发展。前后七子的复古思想是对程朱理学造成的思想僵化的一种反抗，是一种企图打破僵局的尝试，不能单纯看作盲目拟古。有学者指出：“前后七子的突出个性是其化解不开的大家情结。面对辉煌的中国古典诗，他们经常思索并为之焦虑不安的问题是：怎样才能成为大家？换句话说，如何才能超越宋、元，与汉、唐鼎立？”[2](P55)而公安派、竟陵派更是提倡“独抒性灵”，鼓励诗人张扬个性、锐意创新。实际上，明代诗论家在意识到宋、明时期诗歌的艺术成就与诗学理论发展不平衡后，他们的理论争鸣不仅是为了揭露诗歌发展存在的问题，更是为了寻找解决问题的方法，从而促进诗歌的发展繁荣。

诗学理论本身的不足限制了它对诗歌创作的指导作用。前文提及，李东阳认为诗论往往只在诗歌的形式、字句等层面指导诗歌创作，难以为诗人提供精神层面的启发。无疑，诗歌作为一种艺术形式，创作过程中诗人主观的感性成分起到重要作用。诗论作为一种相对理性的理论文本，未必能言说一切有关诗歌创作的规则，这是诗学理论难以避免的问题。针对这一问题，以高棅为代表的明代诗选家提出了解决的思路。高棅指出，他选诗的目的是补杨伯谦《唐音集》的不足，对其经由“远览穷搜”选出的诗，“校其体裁，分体从类，随类定其品目，因目别其上下始终正变，各立序论，以弁其端”。“唐诗之偈弗传久矣，唐诗之道或时以明。诚使吟咏性情之士，观诗以求其人，因人以知其时，因时以辨其文章之高下、词气之盛衰，本乎始以达其终，审其变而归于正，则优游敦厚之教未必无小补云。”[14](P351)无疑，高棅已经认识到诗选对后世人学诗、写诗的借鉴价值。他认为他所处的时代诗道混乱，不利于学诗者学习，所以他想通过自己的诗选集使学诗者“审其变而归于正”，力挽诗道不明的时弊。高棅根据正始、正宗、大家、名家、羽翼、接武、正变、余响等品目将诗歌进行分类，为后世学诗者了解诗歌的正统规范、辨别诗歌的优劣高下提供借鉴。已分品目的诗歌作品为学诗者提供了更加直观、具体的参考资料，弥补了诗学理论的抽象性和片面性，有助于学诗者从中领悟诗学理论难以言说或未言说详尽的内容，从而促进诗歌创作的发展。

明代诗论家已经意识到学诗者对诗学理论的认知、理解和领悟亦是影响诗歌创作发展的重要因素，此外，即使通晓诗学理论，诗人的学识、才力、精力等个人因素也会影响诗歌创作。所以一些明代诗论家从学诗者的角度提出了推动诗歌创作发展的建议。李东阳指出：“今之歌诗者，其声调有轻重清浊长短高下缓急之异，听之者不问而知其为吴为越也。汉以上古诗弗论。所谓律者，非独字数之同，而凡声之平仄，亦无不同也。然其调之为唐为宋为元者，亦较然明甚。此何故耶？大匠能与人以规矩，不能使人巧。律者，规矩之谓，而其为调则有巧存焉。苟非心领神会，自有所得，虽日提耳而教之，无益也。”[9](P1379)李东阳此处以律诗为例，指出了诗歌除了字数、平仄等客观实在的规则外，还有声调等精巧的部分，这些非直观的特征需要学诗者自己体会和领悟，不能单纯靠形式层面的学习而掌握。严羽将诗歌“规矩”以外的精妙内容称作“别裁”和“别趣”，这些内容该如何掌握呢？李东阳阐述严羽之说云：“诗有别材，非关书也；诗有别趣，非关理也。然非读书之多明理之至者，则不能作。”[9](P1378)广博的积累是诗人领悟诗歌不可言说的高妙精髓的基础，所以学诗者首先应多读书、多明理。谢榛指出：“诗有造物，一句不工，则一篇不纯，是造物不完也。造物之妙，悟者得之。譬诸产一婴儿，形体虽具，不可无啼声也。赵王、枕易曰：‘全篇工致而不流动，则神气索然。’亦造物不完也。”[11](P1139)显然，谢榛认为作诗在注重基本的法度、规则的基础上也要注重内容、意蕴，追求形神兼备，而诗歌的“神气”有赖于学诗者的领悟。他进而指出学诗应通过熟读前人诗作而领悟其中的“神气”：“诗无神气，犹绘日月而无光彩。学李、杜者，勿执于句字之间，当率意熟读，久而得之。此提魂摄魄之法也。”[11](P1164)陈献章也有相同的观点：“观古人用意深处，学他语脉往来呼应，浅深浮沉，轻重疾徐，当以神会得之，未可以言尽也。到得悟入时，随意一拈即在，其妙无涯。”[15](P1384)可见，学诗者不能只局限于学习诗歌表面的形式，还要领悟前人作诗所用语脉的意图，从而使诗歌形神兼备。谢榛与陈献章的建议无疑与高棅选诗的目的相契合，为学诗者提供了借鉴。

袁宏道作为公安派代表人物，其谋求诗歌创作发展的目的更加明确。前文已经论及，袁宏道认为诗歌创作停滞的原因在于诗人的诗歌创作教条地遵循诗学理论，从而导致诗歌创作一直被诗学理论所束缚。所以，他主张摒弃诗学理论的束缚，发挥诗人的主观能动性。他指出：“唯夫代有升降，而法不相沿，各极其变，各穷其趣，所以可贵，原不可以优劣论也。且夫天下之物，孤行则必不可无，必不可无，虽欲废焉而不能；雷同则可以不有，可以不有，则虽欲存焉而不能。故吾谓今之诗文不传矣。其万一传者，或今闾阎妇人孺子所唱《擘破玉》《打草竿》之类，犹是无闻无识真人所作，故多真声，不效颦于汉、魏，不学步于盛唐，任性而发，尚能通于人之喜怒哀乐嗜好情欲，是可喜也。”[12](P6782-6783)他又感叹：“慨摹拟之流毒，悲时论之险狭，思一易其弦辙，而才力单弱，倡微和寡，当今非吾师，谁可就正者？”[16](P6794)袁宏道不仅意识到当时诗学理论的局限性，也意识到当时的诗歌创作一直受到既有理论规则的约束。他强调诗人对主观情志的张扬，主张学诗者应挣脱既有理论的束缚，从而推动诗歌创作的发展。如他主张创新，反对在字句上摹仿前人：“故善画者，师物不师人；善学者，师心不师道；善为诗者，师森罗万象，不师先辈。法李唐者，岂谓其机格与字句哉？法其不为汉，不为魏，不为六朝之心而已。是真法也。”[18](P6788)所谓“师心”“师物”“师森罗万象”都是不拘泥于法度的具体表现。袁宏道还主张顺应时代的审美趣味，不能执意以古为佳：“文之不能不古而今也，时使之也。妍媸之质，不逐目而逐时。”[17](P6788)尽管自知“才力单弱，倡微和寡”，袁宏道仍锐意求新，力倡诗歌“独抒性灵”，通过切断诗学理论与诗歌创作之间的必然联系使诗歌创作恢复了其作为艺术创作的感性本质，促使诗歌创作独立于诗学理论而发展。

明代诗论家基于诗学理论与诗歌创作关系对诗歌发展的讨论已经不能笼统地用复古或新变等派别进行区分。无论各诗论家立论点如何，他们对于当时诗歌创作未能取得理想艺术成就的认知和对于推动诗歌积极发展的意图是一致的。有学者指出：“所谓‘革新’或保守，不是一种是非评价，而是客观地概括对于现状所采取的态度。保守就是要维持现状，反对重大变化；革新就是不满于现状，要在相当程度上打破现状。”[2](P49)从这种意义上说，大多数的明代诗人和诗论家都是主张革新的，因为他们企图改变诗学理论繁荣与诗歌创作实践僵化的不平衡状况，推动诗歌创作的发展。

明代诗论家对诗学理论与诗歌创作发展不平衡的认知在当时具有不可忽视的理论进步性，他们对于诗歌创作发展滞后原因的分析和对推动诗歌发展的途径的探讨较之前人具体、明确得多，很大程度上弥补了明代以前诗论在诗歌发展问题上大多只述不论或过于抽象的不足。研究明代诗学中的诗歌发展观不仅有助于当代学者摆脱流派理论的局限，从新的视角研究明代诗论，而且对于推动当下诗歌创作的发展繁荣具有借鉴意义。

参考文献：

[1] 周维德．论明代诗话的发展与专门化［J］．浙江大学学报（人文社会科学版），2003（5）．
[2] 陈文新．明代诗学的逻辑进程与主要理论问题［M］．武汉：武汉大学出版社，2007.
[3] 南帆．文学批评：八个问题与一种方案［J］．文学评论，2018（1）．
[4]（明）周叙．诗学梯航//吴文治主编．明诗话全编［C］．南京：凤凰出版社，1997.
[5]（明）王世贞．艺苑卮言//丁福保编．历代诗话续编［C］．北京：中华书局，1983.
[6]（明）屠隆．论诗文//吴文治主编．明诗话全编［C］．南京：凤凰出版社，1997.
[7]（明）胡应麟．诗薮//吴文治主编．明诗话全编［C］．南京：凤凰出版社，1997.
[8]（明）许学夷．诗源辩体［M］．北京：人民文学出版社，1998.
[9]（明）李东阳．麓堂诗话//丁福保编．历代诗话续编［C］．北京：中华书局，1983.
[10]（三国）曹丕．典论论文//（梁）萧统．文选［C］．上海：上海古籍出版社，1986.
[11]（明）谢榛．四溟诗话//丁福保编．历代诗话续编［C］．北京：中华书局，1983.
[12]（明）袁宏道．序小修诗//吴文治编．明诗话全编［C］．南京：凤凰出版社，1997.
[13]（明）袁宏道．叙姜陆二公同适稿//吴文治主编．明诗话全编［C］．南京：凤凰出版社，1997.
[14]（明）高棅．唐诗品汇·总叙//吴文治主编．明诗话全编［C］．南京：凤凰出版社，1997.
[15]（明）陈献章．与张廷实主事//吴文治主编．明诗话全编［C］．南京：凤凰出版社，1997.
[16]（明）袁宏道．冯侍郎座主//吴文治主编．明诗话全编［C］．南京：凤凰出版社，1997.
[17]（明）袁宏道．雪涛阁集序//吴文治主编．明诗话全编［C］．南京：凤凰出版社，1997.
[18]（明）袁宏道．叙竹林集//吴文治主编．明诗话全编［C］．南京：凤凰出版社，1997.

现当代印度文学汉译："水平翻译"与"同一性他者"构建

姜景奎[*]

摘　要：本文以20世纪以降中国对印度文学的译介为研究对象，用"水平翻译"指称以中印为代表的非西方文化体间、非等级化权力关系中的翻译活动，并着重从语言中介和文本选择两方面入手，探讨此类翻译活动的策略性和复杂性。与"垂直翻译"中基于差异的价值判断不同，"水平翻译"倾向于挖掘和表现对方文本中与自身相似的元素，其结果是构建一个与"自我"互为镜像的"同一性他者"。本文认为，借助"水平翻译"构建"同一性他者"对于各时期形塑中国文化身份均有重要的政治和美学功能。

关键词：印度文学；汉译；水平翻译；同一性他者

文学翻译不仅是跨语际实践，也是跨文化实践。由于各文化体在特定历史时期政治、经济、文化发展以及彼此间关联程度的不均衡性，不同文化之间的文学翻译也扮演着认知、对话、融合、压迫、反抗等不同角色。在英语世界，西方文化（特别是英、法、德等西欧主要地区）之间的文学译介历来是翻译学聚焦的地理疆域。随着20世纪80年代翻译研究与后殖民理论联姻，大批学者开始在东方与西方、（前）宗主国与（前）殖民地的二元权力结构下，围绕帝国、暴力、现代性、民族主义等议题探讨翻译在文化对峙中作为统治工具或抵抗策略的双重政治性。[①]尽管后殖民理论不完全适用于中国情境，但中西跨文化视角无疑是我国翻译学界的主流。相反，无论在英文还是中文语境下，从南南视角考察非霸权文化间文学翻译的研究仍十分欠缺。本文用"水平翻译"指称此类翻译活动，前半部分探讨其理论内涵和研究的必要性，后半部分旨在透过现当代中国对印度文学的译介情况，揭示"水平翻译"在语言和文本两个层面的特点和局限性，并提出突破局限性的方法。

一　"水平翻译"的理论内涵与研究意义

"水平翻译"（horizontal translation）和"垂直翻译"（vertical translation）这对概念最

* 作者简介：姜景奎（1967－），男，北京大学外国语学院教授，文学博士，研究方向为印度语言文学、南亚文化与宗教、中印关系等。

早由吉安弗兰科·福莱纳（Gianfranco Folena）提出。②作者在阐述翻译之于中世纪欧洲地方语发展的作用时，将翻译活动分为"水平"和"垂直"两类："水平翻译"指"源语和译入语价值相似"的翻译模式，而"垂直翻译"指"从一种具有独特声望或特殊价值的源语（如拉丁语）到一种地方语"的翻译模式。[1](P59-60)同一时期不同语言相互估值的结果，往往决定了它们彼此间翻译模式的不同。这一于20世纪70年代初提出的理论框架，将翻译活动置于语言间错综复杂的权力结构中进行考察，与此后"文化转向""权力转向"等一系列西方译学变革有着一脉相承的理论基因。

本文试图将上述"水平/垂直翻译"框架做时空上的迁移和内涵上的延展：时空方面，将考察视阈从中世纪欧洲转向19世纪以来世界范围内因帝国主义扩张和全球化而激增的异质文化碰撞空间；内涵方面，将"水平/垂直"的结构关系从语言层面释放出来，进而从更宏观的角度审视文化/文学系统之间的权力级差，以及翻译在横、纵两个向度上定位、联结与调和不同系统时扮演的角色。依照这一思路，重新定义后的"垂直翻译"指两个具有显著权力势差（特别是存在宰制与反抗关系）的文化体之间的翻译活动，"水平翻译"指两个相对均势的文化体（非霸权文化与非霸权文化）之间的翻译活动。③需要说明的是，此处讨论的"均势"并不意味着两种文化实际上或应当存在某种乌托邦式的平等，相反，它们之间的翻译"很少（或从来都不）涉及文本与文本、作者与作者、系统与系统之间的对等关系"[2](P2)。"水平翻译"探讨的是一种微妙、动态的相对关系，参与其中的两个文化体之间不存在一者对另一者制度化、系统性的文化霸权。此类文化关系的复杂性在于，它既可表现为特定政治语境下的平等对话、兄弟之谊，也可表现为因竞争造成的俯视、无视、敌视等不平衡的文化心理。

近十年来，不少主张创建"社会翻译学"的西方学者试图借助联合国教科文组织发布的《译文索引》（Index Translationum，http://www.unesco.org/xtrans/）等数据库，根据各语种文本在全球范围内被翻译数量的多寡，构建一个等级分明的"世界翻译系统"。其中，以英语为源语翻译的图书占全球翻译总数的55%至60%，从而使英语享有至高无上的"超中心"（hypercentral）地位；德语、法语凭借约10%的份额同处"中心"（central）位置；占比在1%到3%之间的西班牙语、意大利语、俄语等为"半中心"（semi-central）语；包括汉语、印度各语言在内的其他语种，因被翻译总和不足"国际市场份额"的1%，统统被划为"边缘"（peripheral）语。[3](P2-3)④换言之，一个语言的位置与其使用人口并无必然联系。另有学者指出，"世界翻译系统"（又作"国际翻译图书系统"）的运作遵循三条基本规律：第一，译作总体上都是从"中心"语向"边缘"语流动，而非相反；第二，"边缘"语之间的文学交流通常需借助"中心"语作为中介语；第三，语言的"中心"程度与从其译入其他语言图书类型的丰富程度成正比。[4](P96)

与其他学科中的系统性理论范式一样，"世界翻译系统"因其辐射面广、解释力强，加之"科学"的数据支撑，在翻译学界广受重视。必须承认，该系统较为有效地从宏观视角揭示了国际翻译图书的流通机制。但我们同时需要看到，这一全球系统背后隐含着对各语种及其文本在全球范围内的一次价值评估。其结果是，"边缘"语种之间的"水平翻译"因体量小，且被认为缺乏自主性和多样性，几乎被降到无足轻重的地位，西方语种/文本之于东方语种/文本的优越性得到进一步确证。笔者无意在大力倡导中国文化“走出去”的当下探讨摆脱“边缘”的具体策略，但期望召唤一个更加批判的立场，追问“世界翻译体系”中看似客观的“边缘”位置，是否是“被边缘化”的结果。

对中印“水平翻译”个案稍加检视，我们便不难发现“被边缘化”的痕迹。首先，“世界翻译系统”将全球翻译总量作为首要参照系，使“中心/边缘”的位置分布被固化、本地经验的独特性被简化。以汉译印度文学为例，据王向远统计，20世纪我国出版的印度文学译本单行本（含复译本）约500种，数量仅次于俄国（约10000种）、英美（5000－6000种）、法国（4000－5000种）、日本（约2000种）、德语国家（1000余种）。[5](P1)由此，相较于“世界翻译系统”，“中心/边缘”的结构关系在中国翻译版图中发生了显著错位：俄语取代英语，从“半中心”语进阶为“超中心”语；印度冲破“边缘”界限，超越意大利、西班牙等西语国家，跻身现当代中国翻译文学的主要来源地之列。其次，为“世界翻译系统”提供事实依据的《译文索引》等国际翻译书目数据库，在数据采集的客观性和全面性方面存在漏洞。在《译文索引》中检索1979—2009年从印地语译入汉语的文学作品，只能得到一条结果。而事实上，这30年间以单行本出版的汉译印地语作品中，仅纯文学类就有约30种，但无一例被收录。与之相似，《译文索引》列出的将本国文学译入印地语最多的10个国家中没有中国，但若将我国外文出版社自行翻译、出版的47种印地语图书纳入统计，中国将紧随印度（2929种）和前苏联（571种），位列第三。

由上述考察可以看出，非西方语言之间的“水平翻译”和由此搭建的文学关系网，并不完全像某些西方学者断言的那样“几乎不存在”[6](P139)，而是一定程度上被西方话语遮蔽、过滤或低估了。即便“水平翻译”的整体规模确实不及“垂直翻译”，决定其意义的也不仅仅是源语和目标语在“世界翻译系统”中的排位高下，还取决于它们彼此间互关、互涉的内在联系。为揭示这一内在联系及其特性，不少学者已经依托不同地理情境进行了富有启发性的个案探索。⑤他们在研究中敏锐地指出了非西方或非霸权文学（中国与拉美、韩国与印度、日本与土耳其、西班牙加利西亚语与印度泰米尔语）互译中蕴藏的身份、语言、主体建构、非殖民化等议题，并得出了一个共同的结论：“水平翻译”并不因两个文化体间不显著的权力势差而变为无辜、透明的跨文化流动，反而处处渗透着“翻译的政治”[7](P179－200)。对“水平翻译”开展深入研究，需要重视对社会、文化、意识形态和个体要素的挖掘、解析。只有在不断具体化和情境化的过程中，非西方文化间的微观联系网才能得以修复、重现，这不仅有助于从外部挑战西方中心论，也有助于我们更好地理解翻译活动自身的复杂性。遵循这一思路，下文考察20世纪以降汉译印度文学简史，并从语言中介和文本选择两方面对“水平翻译”的策略性做进一步探讨。

二　从转译到直译：“水平翻译”的语言中介问题

语言是文学翻译的核心议题之一。在“垂直翻译”中，两个文化主体通常涉及高强度的“语言接触”[8](P2)，一方面表现为帝国为深化统治而培植的大批亚非语言人才，另一方面则表现为帝国语言在（半）殖民地的普及和内化。相对畅通的语言沟通渠道为"垂直翻译"内部的直接对话、质询和辩论提供了有利基础。相反，"水平翻译"的两个文化体或因地理距离过远、缺乏交往传统，或像中国和印度一样，地理毗邻，却被难以逾越的自然屏障和近现代争取民族独立的政治泥潭隔绝于相对独立的文化空间，缺乏学习对方语言的主客观条件。这决定了"水平翻译"区别于"垂直翻译"的一个显著特征，即在一定时期内不得不借助第三方语言（通常是西方语言）进行转译。依赖中介语看似有助于逾越语言屏障，但也意味着受限于中介者对源语文本的筛选标准和解读视角。对此，"水平翻译"的参与者有其独特的应对策略。

20世纪上半叶，转译几乎是中国和印度接触对方非英语文本的唯一途径。在该时期中国出版的汉译印度作品中，除了被当作现象级文化人物大量译介的泰戈尔之外，辜怀（本名赵宋庆）编译的《印度女子诗选》同样值得关注。这部涉及14种印度语言的诗选从麦克涅柯尔（Margaret Mcnicol）的英译本 *Poems by Indian Women*（1923）转译而成。在编纂过程中，辜怀从中国人的审美习惯出发，对英译本做了近乎激进的归化式改造。首先，在译文忠实度上，他认为英文原译本身有过分自由的地方，因而在汉译时也没有拘泥于英文译文。[9](P4) 其次，他将英译本的按诗意分类法改为汉文诗界惯用的按诗人分类法，把列在一起显得枯燥单调的宗教诗依时代先后打乱重编。[9](P1) 再次，他将英译本"早期佛教时代"一章对"阿罗汉果""涅槃""三昧"等佛教术语所做的注释全部删除。[9](P5-14) 笔者认为，辜怀此举利用中印古代佛教交流的既有遗产，消解了文化阐释的必要性，从而将英译本透明化，无形中拉近了译入语文化（中国文化）和源语文化（印度文化）之间的距离。这一系列明显的形制变更之后，对印度原文的控制权和解释权也实现了从英文编译者向中文编译者的让渡。

尽管上述关于语言中介的案例符合海尔布伦（Heilbron）和萨皮罗（Sapiro）概括的国际翻译图书系统运作的第二条规律，[4](P96) 但我们必须看到对中介语依赖程度的递减性。随着世界格局的稳定、国际交往的普及和翻译人才培养机制的成熟，"水平翻译"双方会主动建立直译机制，从根本上绕开西方语言、文本和价值体系的束缚。中国对印度非英语文学的翻译从1949年之前依赖转译，到20世纪80年代基本实现对印地语、梵语、孟加拉语、乌尔都语、泰米尔语等主要语种的直译，经历了约30年的过渡期，其间一个有趣的现象是，在不具备完全直译能力的情况下，印度文学的汉译者会尽可能在转译时使用其他语言替代英语，从而不断降低英语的主导性。

20世纪50年代，俄语成为汉译印度现代文学的主要中介语之一。除《印度短篇小说集》（1953）、《变心的人》（1956）等完全译自俄语的单行本外，在《普列姆昌德短篇小说集》（1957）、《泰戈尔作品集》（1961）等规模较大的印度作家作品选集中，都呈现出从印度源语（印地语、孟加拉语）直译和从英、俄两种语言转译并存的杂糅特征。尽管用俄语转译不如源语理想，但在中美交恶、中苏同盟的大环境下，俄语在文化输入的问题上无疑比英语享有更高的政治合法性。

"文革"以后，出于恢复中印关系、全面了解印度社会的现实需求，我国的印度文学研究者和翻译者开始对印度文化的多语性予以关注，马拉雅拉姆语、马拉提语、阿萨姆语、旁遮普语等地方语文学开始被有意识地带入中国读者的视野。由于国内缺乏通晓这些文字的译者，当时学科建制已臻完善的印地语开始取代英语、俄语，成为新时期印度文学汉译的标准转译语，这在《印度现代短篇小说集》（1978）、《印度短篇小说选》（1983）和24卷本《泰戈尔全集》（2000）等的编译过程中都有体现。《泰戈尔全集》主编刘安武表示，从印地语新译泰戈尔的孟加拉语作品虽是权宜之计，但仍优于从西文转译，因为印地语“多少保留了一些印度味”[10](P28)。

鉴于印度语言繁多的特殊性，暂时难以在国别意义上实现对印度文学的整体直译。不过，我国目前已基本完成了对印地语（含中世纪印地语）、梵语、孟加拉语、乌尔都语等印度主要语种的直译；借助该语种群，译介对象可进一步延伸至印度其他语种。可以说，我国已经具备了从印度本地语言翻译本土文学作品的能力。

三　构建“同一性他者”：“水平翻译”的文本选择

直译模式的普遍开展并不表示主体间的“水平翻译”一定是中立的文化活动，相反，由于受接受方意识形态、文学规范等因素的多重规约，“水平翻译”在源语文本的选择上会表现出明显的策略性。深入理解“水平翻译”的发生动力学，需要将翻译活动与文化认同的构建、文化身份的形塑联系起来，着重考察接受方文化在特定历史情境下想象自我与他者的动态进程。

任何两个文化体之间都有差异性，也有相似性，这决定了它们互为“他者”的关系和在审视对方的过程中认识“自我”的可能性。在雅克蒙德（Jacquemond）探讨的“垂直翻译”模型中，西方殖民者通过表现殖民地文学“异域风情”“神秘莫测”的一面，从而构建出一个落后于“自我”的“差异性他者”。[6](P139-158)而透过我国对印度文学的翻译可以发现，“水平翻译”更倾向于挖掘和再现客体文化文本中的相似性，其结果是形塑一个与“自我”互为镜像的“同一性他者”。这与近代以来非西方文化间普遍类似的历史经验有着密不可分的联系。

中印两大文明曾在佛教推动下有过绵延千年的人文交流传统，但这一传统自11世纪伊斯兰教势力大举进入印度开始趋于终结。“19世纪中后期，印度士兵和商人随着欧洲殖民者的战舰再次来到中国，中印人文交流在西方列强构建的‘全球化’格局中，以一种并不和谐的方式得以恢复。”[11](P82)曾经傲立于世的两大东方文明，戏剧性地在西方现代性价值体系的底端重新发现了彼此。尽管被殖民程度和民族独立路径截然不同，但类似的受害者境遇、边缘的国际地位和挣脱帝国封锁的愿望，依然在中印间架设了某种必然的“想象关联”[12](P90)。在20世纪初两国人员往来极度匮乏的情况下，文学翻译对于确证这一“想象关联”是如此重要，以至于诗僧苏曼殊竟以一部虚构的翻译文本拉开了现代印度文学汉译的序幕。在1908年发表的《娑罗海滨遁迹记》中，苏曼殊假借一位并不存在的南印度作家“瞿沙”之口，讲述了印度人反抗英国殖民统治的悲怆事迹。为使文本看起来更“印度”些，苏曼殊频频引用印度教神话和佛经故事，还在篇首插入梵剧《沙恭达罗》的一段节译。苏曼殊炮制一部“译作”极有可能是为了以印度之教训警喻国人。而要达此目的，印度本族人民的呼号比旁观者的说教往往更有振聋发聩的效力。在苏曼殊笔下，印度作为中国的“同一性他者”，不是用来辨明差异、判定优劣的参照物，而是作者投射自身焦虑和寻求共情的对象，是中国当下身份和未来命运的某种隐喻。

1950 年中印缔结外交关系，两个新生的民族国家随即迎来了第一波文学互译高潮。在“万隆精神”“印中兄弟”等浪漫主义同盟构想的带动下，中印文学被贴上浓重的意识形态标签进入对方的期待视野。这一时期的汉译印度文学，除了延续和深化 20 世纪上半叶对两大史诗、佛经故事、迦梨陀娑、泰戈尔等经典作家作品的关注以外，最引人注目的无疑是对印度“进步文学”（Pragatisheel Sahitya）的大量译介。1950 - 1966 年，我国以印度“进步文学”或“进步作家”为标签出版的译作包含 27 种单行本和 24 种刊发在《译文》（1959 年更名为《世界文学》）杂志上的散篇，占同期汉译印度文学作品总量的近一半。其中，被译介最多的作家有安纳德（Mulk Raj Anand）、普列姆昌德（Premchand）、钱达尔（Krishan Chander）等。正如前苏联作家吉洪诺夫（Nicolai Tikhonov）在一部印度进步小说集的俄文本前言中评价的那样，在这些印度进步作家的笔下，“读者找不到异国风情的印度、热带的美丽和不足为外人道的秘密，看不见幽美的东方生活的描写”，人们看到的是“赤裸裸的真相”，是“生活在贫穷、绝望、不平之中”的“农民、手工业者、小职员”[13](P3)。印度社会特有的种姓制度非但没有成为文化解读的障碍，反而为当时的中国文学工作者提供了新的想象资源，被他们视为无产阶级斗争战场在世界范围内的延续。但我们须看到，确立进步文学为印度现代文坛唯一合法代言人的背后，是对具有浪漫主义和神秘主义倾向的“阴影主义”（Chhayavad）文学等其他同时代文学流派的集体无视。通过过滤那些以当时中国文学规范看来“不和谐”的声音，一个具有反殖民、反压迫倾向的“统一”声音应运而生。在此过程中，“水平翻译”之于国族构建的政治功能得以凸显，印度及广大亚非拉地区作为中国“同一性他者”的身份也被进一步强化。

1962 年中印边境冲突以后，中印文化交往伴随着双边关系的破裂坠入低谷。在 20 世纪 60 年代汉译亚非文学高歌猛进的当口，我国却基本上终止了对印度现当代文学的译介。⑥这种状态一直持续到“文革”结束。

20 世纪八九十年代，中印文学互译作为修补双边关系、增进彼此了解的重要手段，迎来了继 20 世纪 50 年代之后的又一波高潮。在中国，“随着主流意识形态更多地释放诗学话语权，文学作品的译介也更多是为了满足文化交流和审美的需要”[14](P4)。与前一时期进步文学当道不同，这一时期出版的 300 多种汉译印度作品在对文本题材、体裁的选择上，都表现出了更高的综合性和多样性。即便如此，如果我们对比这一时期印度现当代文学在汉语和西方语境中的接受状况，仍可看出中国对印度文本类型的某种偏好。例如，以阿格叶耶（Sachchidananda Hirananda Vatsyayan “Agyeya”）为代表的“新诗”（Nayi Kavita）和以沃尔马（Nirmal Verma）为代表的“新小说”（Nayi Kahani）等印地语实验主义文学，在英语、法语和德语世界已经有了成规模的翻译，在中国却只有零星散译。对于这些文本所勾勒的那个新兴都市的、中产阶级的、混合着西方文化和现代焦虑的印度形象，中国读者是极为陌生的；相反，他们在持续涌现的汉译普列姆昌德、安纳德以及雷努（Phanishwar Nath Renu）的“边区文学”（Anchalik Sahitya）中看到的，仍是那个乡土的、无产者的、根植于传统文化却又不断与之抗争的印度。从中印互译中当代文学（特别是实验主义书写）的缺失，[7]我们可以发现，与独立后的印度和改革开放后的中国热情拥抱西方现代主义文学不同，现当代“水平翻译”的主体很少互为文化、文学层面具有超前性的典范，很少承担文化转型、文学革新的“启蒙”作用，其功能更多表现为巩固和充实变换中的本土文学规范，以及满足学术发展、文化交流的需要。中印互为“同一性他者”的身份关联在这一时期的文学翻译中依旧存在。从积极层面看，这一定程度上矫正了边境冲突以后被学界、媒体夸大的中印二元对立说；从消极层面看，由于翻译主体的时代局限，由文学翻译构建的“同一性他者”身份更多地被定格在相对陈旧的历史想象里，从而缺少与时代接轨的对话意义。

进入21世纪，中国对印度非英语文学的翻译骤减。究其原因，一方面，活跃于20世纪80年代的很多译者年事已高，逐渐淡出译坛，印度本土语种翻译力量有所削弱；另一方面，国内学术评价体系不断向研究性成果倾斜，使年轻一代印度语言文学从业者失去了投身翻译的动力。与之相对，在国际文学奖、跨国出版商、国际书展和后殖民研究的合力驱动下，印度英语文学在全球的升温之势也波及中国。诺奖得主奈保尔（V. S. Naipaul）以及拉什迪（Salman Rushdie）、罗伊（Arundhati Roy）等印籍“布克奖”得主的代表作如今大都有了中文版本。这些译作一定程度上丰富了我国读者对当代印度文学风貌的了解，但由于译者较少受过印度语言文化方面的专业训练，加之一些出版商追求短时经济效益，因而存在不少翻译不准确、译名不统一的问题，致使印度形象在中国语境中被扭曲和碎片化。与此同时，中国对印度文本的评价标准和筛选范围也难以避免地受到西方价值的主导。

四　在场的“他者”：一种新型“水平翻译”模式

通过梳理百余年来印度文学汉译史的走势、特征及代表案例，可以发现，“水平翻译”机制自身的不稳定性使其易于受到意识形态和市场要素等外部干扰，抑或表现为对“同一性”文本的过度重视，抑或表现为主体意识在西方价值面前的丧失，而文本选择的片面性又进一步导致了文化形象再现的失真。在当今世界以审美、对话、反思为主要诉求的文学交流背景下，如何秉持“水平翻译”平等交往的价值取向，同时又能规避上述风险？对此，中印两国学者正在进行积极有益的尝试。

2013年5月，中国国家新闻出版广电总局和印度外交部在新德里签署“中印经典和当代作品互译出版项目”（简称“互译项目”）合作备忘录，双方计划在5年时间里，各自翻译出版对方国家的25种图书。该项目由中国印度学界和印度汉学界权威专家牵头，两国专门致力于研究对方语言文学的老、中、青三代学人担任译者，中国大百科全书出版社和印度国家图书托拉斯负责出版。专业的翻译团队、权威的出版机构、严格的审稿机制和充足的资金支持，最大程度降低了市场导向文学翻译中常见的抢译、重译、误译等现象，从而全方位确保了该项目的品位、品格和品质。

如果说，20世纪汉译印度文学中的"同一性他者"侧重于"同一性"，那么当下的互译项目则为构建以"他者"为核心的"同一性他者"关系提供了新的思路。在这里，"他者"作为异质文化，不是自我中心主义驱动下的价值审判对象，而是以理解、尊重为基础的再现对象。互译项目的根本原则是，让印度文学和中国文学首先回归"文学"本身，即尽量保证文本选择在题材、体裁、语种、创作时代和作者性别等各方面的代表性和包容性，进而为读者提供从不同角度审视中印的可能。互译项目拟定的翻译书目中，很多是此前从未或极少被译入对方语言的作品类型：汉译印度作品包括《苏尔诗海》（*Sursagar*）等中世纪印地语虔诚文学经典、伯勒萨德（Jaishankar Prasad）等人的"阴影主义"诗歌、以沃尔马（Ramkumar Verma）为代表的印地语独幕剧，以及"新小说"流派所有主要作家的代表作等；印译中国文学中，既有明清小说（《红楼梦》《水浒传》《三国演义》《儒林外史》），也有极具地域文化色彩的当代经典（《尘埃落定》《白鹿原》《丰乳肥臀》等）。这样的文本选择实质上是对双方读者对各自文学期待视野做陌生化处理，呈现那些在互译史上被遮蔽的文化差异，进而对对方的经典序列进行补充和完善。

作为中印"水平翻译"模式中一种新型"同一性他者"的构建尝试，"互译"不仅意味着翻译行为的相互或互惠，更意味着翻译生产过程的互动和互渗。在这里，"同一性"不再指题材的相似性，而是翻译机制的一体化和合作化。这在中印互译项目中具体表现为：第一，翻译书目由双方负责人在研判中印本土文学史和文学奖（而非作品在西方的接受情况）的基础上，参照对方意见，共同拟就；第二，双方组建联合工作小组，每年召开联合工作会议，就翻译原则、规范、进度等重大问题交换意见，达成共识，并就翻译过程中面临的语言理解、文化阐释等问题寻求对方专家帮助；第三，充分征求双方专家意见，统一项目内全部译作对同一术语的译法，最终形成一套中印文学互译数据库。这样的翻译机制，在强调发挥译者主动性的基础上，可以有效保证"他者"的在场，防止独白主义的价值一元论。由此发展出的"水平翻译"模式可以较高程度地实现不同文化体在文本互动中直接而有效的对话，进而达到和而不同的理想状态。

当然，将中印两国政府推动的互译项目视作一种可资借鉴的"水平翻译"模式，并非强调官方参与的必须性。政府背书具有二重性。一方面，它有助于提升翻译活动及翻译产品的象征资本，并为那些国际知名度（商业价值）较低但文学文化价值较高的翻译选题提供资金保障。从这个角度来看，对于那些较少受到国际文学奖和跨国出版商青睐、在"世界翻译系统"中位居边缘或被边缘化的语种间的"水平翻译"，官方推动不失为一条有效的"突围"路径。另一方面，政府赞助也意味着行政和意识形态干预翻译活动的可能。这在一定程度上可以通过学者型译者积极发挥主体性、在专业层面主导项目走向、与赞助人及出版社保持良性沟通等方式加以避免。在官方框架之外，这种"他者"在场的"水平翻译"模式在学术、个人或者商业层面亦有较大的拓展空间和拓展必要。

本文立足汉译印度文学，初步阐释了将"水平翻译"作为自成一体的翻译实践和文化交往模式纳入研究视野的必要性和可行性。不同于"垂直翻译"，"水平翻译"的开展具有独特的政治动机、语言策略、文本倾向和文化身份构建功能，其核心逻辑在于借助翻译活动构建一个与自我互为"镜像"的"同一性他者"，而"同一性他者"在不同历史阶段和地缘政治格局下往往会呈现不同面貌，被赋予不同内涵。总体而言，“水平翻译”的方法论意义类似陈光兴提出的“亚洲作为方法”，即将非西方文化自身视为一个知识生产的场所、一个“互为参照”（inter－referencing）的系统，文学翻译则是各文化之间彼此“参照”和创造知识的一项重要活动。[15](P254)进一步丰富“水平翻译”的理论内涵、挖掘其实践意义，需要越来越多的学者依托不同的语言、地理和历史情境开展更为深入的研究。这样才能彰显被忽视、被遮蔽、被边缘化的文化体之间的翻译现实，既有助于增进对世界翻译生态复杂性和多元性的认识，也是挑战“西方中心主义”的有效途径。

注释：

①在后殖民理论框架下研究垂直翻译活动的代表性文献，参见 Vicente L. Rafael, *Contracting Colonialism: Translation and Christian Conversion in Tagalog Society Under Early Spanish Rule* [M], Ithaca: Cornell University Press, 1988; Eric Cheyfitz, *The Poetics of Imperialism: Translation and Colonization from the Tempest to Tarzan* [M], New York: Oxford University Press, 1991; Tejaswini Niranjana, *Siting Translation: History, Post－Structuralism, and the Colonial Context* [M], Berkeley: University of California Press, 1992; Lydia H. Liu, *Translingual Practice: Literature, National Culture, and Translated Modernity－China*, 1900－1937 [M], Stanford: Stanford University Press, 1995。

②该文最早于1973年随论文集发表，1991年以单行本形式出版。参见 Gianfranco Folena, *Volgarizzare e Tradurre* [M], Turin: Einaudi, 1991。

③“水平翻译”理论上也包括霸权文化之间的翻译活动，但不属本文讨论范畴。下文凡提“水平翻译”，均指非霸权文化情境。

④以上数据与同一作者1999年的文章 Towards a Sociology of Translation: Book Translations as a Cultural World－System, [*European Journal of Social Theory*, 1999 (2)] 中提供的数字略有不同。后者使用的是《译文索引》1980年的数据，“超中心”“中心”“半中心”的比例分别为“多于40%”“10%－12%”“1%－3%”。可见，2010年的文章对数据进行了更新。尽管该文并未注明所用《译文索引》统计数据的截止年份，但应不晚于文章发表的2010年。为与之对应，下文对中印情境的讨论将数据采集的截止点设为2009年。事实上，笔者最近一次登录时（2018年8月1日），该数据库内容已更新至2017年，但2009年至2017年没有收录一例印地语、汉语互译的条目，从侧面印证了笔者下文提出的观点。

⑤这一方面的代表性研究，参见滕威《“边境”之南：拉丁美洲文学汉译与中国当代文学（1949－1999）》，北京大学出版社，2011；Theresa Hyun, Translating Indian Poetry in the Colonial Period in Korea // *Decentering Translation Studies: India and Beyond* [M], Amsterdam & Philadelphia: John Benjamins Publishing Company, 2009; Oğuz Baykara, Japanese Literature in Turkish: 1959－2005 and Beyond [J], *Akademik Araçtirmalar Dergisi*, 2012 (55); María Reimóndez, Of Masters and Tools: Translating across Non－hegemonic Languages [J], *Interventions: International Journal of Postcolonial Studies*, 2013 (3)。

⑥季羡林翻译的梵语戏剧《优哩婆湿》（1962）和巴利语经典《佛本生故事》（1963，节译）是从中印边境冲突爆发到“文革”结束期间问世的仅有的两种汉译印度作品。

⑦类似的，20世纪80年代风靡中国文坛的“寻根文学”“先锋小说”“朦胧诗”等流派在同时代的印度译坛也鲜有问津，鲁迅依旧是这个时期印度译介和研究中国现代文学的绝对重点。

参考文献：

[1] Susan Bassnett, *Translation Studies* (3rd ed.) [M]. London & New York: Routledge, 2002.

[2] Susan Bassnett & Harish Trivedi, *Post-colonial Translation: Theory and Practice* [M]. London & New York: Routledge, 1999.

[3] Johan Heilbron, Structure and Dynamics of the World System of Translation, http://www.unesco.org/fileadmin/MULTIMEDIA/HQ/CLT/languages/pdf/Heilbron.pdf, 2010.

[4] Johan Heilbron & Gisèle Sapiro, Outline for a Sociology of Translation: Current Issues and Future Prospects // *Constructing a Sociology of Translation* [M], Amsterdam & Philadelphia: John Benjamins Publishing Company, 2007.

[5] 王向远．翻译文学导论［M］．北京：北京师范大学出版社，2004.

[6] Richard Jacquemond, Translation and Cultural Hegemony: The Case of French-Arabic Translation // *Rethinking Translation: Discourse, Subjectivity, Ideology* [M]. London & New York: Routledge, 1992.

[7] Gayatri Chakravorty Spivak, *Outside in the Teaching Machine* [M]. New York & London: Routledge, 1993.

[8] Karen Laura Thornber, *Empire of Texts in Motion: Chinese, Korean, and Taiwanese Transculturations of Japanese Literature* [M]. Cambridge: Harvard University Press, 2009.

[9] 麦克涅柯尔．印度女子诗选［M］．辜鸿译．上海：女子书店，1934.

[10] 高鸿．桃李无语，下自成蹊——北京大学文科资深教授刘安武先生访谈［J］．国外文学，2007（2）.

[11] 姜景奎．印度经典汉译的历史、现状和展望［J］．山东社会科学，2014（10）.

[12] 周宁．"我们的遥远的近邻"——印度的中国形象［J］．天津社会科学，2010（1）.

[13] 钱达·克等．印度短篇小说集［M］．袁若译．上海：潮锋出版社，1953.

[14] 陆秀英．当代中国翻译文学系统生态研究［M］．南昌：江西人民出版社，2012.

[15] Kuan-Hsing Chen, *Asia as Method: Toward Deimperialization* [M]. Durham and London: Duke University Press, 2010.

“上演”反法西斯文化同盟：印度人民戏剧协会对中国的文艺借鉴与再现

贾 岩*

摘 要：1942－1945年，印度人民戏剧协会将中国的解放区戏剧视为重要的灵感来源，不仅借鉴了流动剧团的组织模式，还将丁玲的抗战剧《重逢》奉为政治宣传剧的典范。协会成员原创的抗日剧如《四战友》也将中国再现为重要的反法西斯力量和印度不可或缺的盟友。从这些戏剧实践中，我们可以勾勒出一个既存在于现实联系也存在于艺术想象的中印反法西斯文艺同盟。这也是泰戈尔访华后、两国建交前，印中之间最为密切的文化互动。

关键词：印度人民戏剧协会；反法西斯；解放区文学；丁玲

从1936年全印进步作家协会（All－India Progressive Writers' Association）成立到1947年印度独立，进步文艺运动在印度如火如荼。这场运动与中国的左翼作家联盟、欧洲的世界作家会议等一道，在当时构成了一个横贯全球的左翼文化现象，其共同的标志是马克思主义的理论基础、反帝反殖民的政治立场和对文化目的性的强调。1942年成立的印度人民戏剧协会（Indian People's Theatre Association，以下简称“协会”）是印度进步文艺运动在20世纪40年代最有代表性也最具活力的文艺团体。作为第一个全国性戏剧组织，协会通过吸收东西方经验和复兴本土民间戏剧传统，推动了戏剧这一艺术门类在印度的现代化改革，为独立后印度戏剧、文学、电影、广播、音乐、舞蹈等各项艺术的发展输送了大批人才。

在中印文化关系的现代谱系上，协会占据着短暂但独特的历史地位。从1942年成立到1945年二战结束，协会以反法西斯主义为标志，将喜马拉雅山对侧、正处于抗日战争关键阶段的中国和中国人民作为其艺术创作重要的灵感来源和表现对象。这很可能是印度现代史上第一次自觉、系统且广泛地向中国借鉴文艺资源的案例。就印度及亚洲民族解放运动而言，协会在反英殖民统治的斗争主线之外，辟出一个以反法西斯为主要任务的政治文化场域，而中国则是这个场域中用以想象“泛亚洲”反法西斯同盟的主要参照对象。

---

* 作者简介：贾岩（1988－），男，伦敦大学亚非学院博士研究生，研究方向为印度语言文学和中印文学关系。

一 协会的缘起与"红色"中国

印度人民戏剧协会1942年成立于孟买，其宗旨是"复兴舞台和传统艺术，并使之成为人民争取自由、文化进步和经济公平的手段"[1](P76)。成立后短短数年，影响力遍及印度全境，到1945年已经拥有戏剧、音乐、电影三个分支，并在各邦设立分会。协会在组织上接受印度共产党（简称"印共"）的赞助和领导，相当于印共的文化部门。但协会成员并不局限于共产党员，还包括大批有左翼倾向的非共产党员，乃至持自由主义主张的艺术家。

1942年之所以成为协会元年绝非偶然，而是进步文艺运动和印共政治路线共同作用的产物。肇始于1936年的印度进步文艺运动，此时已经凝聚了数目可观的知识分子，形成了鲜明的反对压迫、关注底层、高举现实主义的创作主张，早期多限于小说和诗歌领域，在戏剧方面发展薄弱。其原因主要在于戏剧是一种受众广、动员力强的艺术形式，加之进步作品通常具有反帝立场，因而容易受到英印殖民当局的严格审查。从这个角度看，1942年协会创立是进步文艺运动与戏剧形式在次大陆的"迟到"结合，而印共当时的政治选择为这一结合创造了条件。

二战爆发之初，当时被英殖民政府判定为"非法"的印度共产党和甘地、尼赫鲁领导下的国大党结成民族统一战线，联合抗英。然而，1941年6月德国撕毁《苏德互不侵犯条约》将苏联卷入战争，苏、英结盟使印度国内政治局势随之突变：一方面，国大党坚持将反英视为第一要务，希望借英国身陷欧洲战场之际，加速争取印度独立的进程；另一方面，印共接受共产国际的指示，全力支持包括英国在内的盟军，斗争矛头转向法西斯主义。1941年12月日本开辟太平洋战场，使印共和国大党的政治路线进一步分化。日军在东南亚的扩张，特别是对新加坡、马来西亚、缅甸等英殖民地的占领，向两党释放了不同信号。国大党将英国殖民统治在亚洲的动摇视为良机，于1942年发动"退出印度"运动，希望通过非暴力斗争向英当局施压。相反，面对向印度东境步步逼近的日军，印共将抵御日本法西斯势力的侵略视为更紧迫的任务，进而提出"人民斗争"路线，号召印度全民与英国建立临时反法西斯统一战线。[2](P435-461)

印度人民戏剧协会在此关头成立，很大程度上是印共利用戏剧突出的宣传功能开展"人民斗争"的一种实践，其直接目的是在民间"争取最广泛的群众基础"，以"宣传反法西斯意识形态，支持世界民主事业"。[3](P711)印共的政治选择为这一目标的达成创造了较为理想的外部环境，当局鉴于印共的亲英姿态，于1942年恢复了其合法地位，此前严遭警方查禁的进步戏剧活动开始获得一定程度的默许。

尽管在政治立场上与印共多有龃龉，尼赫鲁依然对印度人民戏剧协会予以密切关注。尼赫鲁认为，在印度走"人民路线"的环境不像在中国和西班牙那样成熟，但他仍支持"在这一方向做出努力"[4](P143)。尼赫鲁的观点指出了中印开展人民斗争的条件差异，同时也暗示了人民戏剧模式在两国发展的不同程度。事实上，1942年印度人民戏剧协会草创之时，类似的戏剧活动已经在中共开辟的各解放区开展数年，积累了丰富的理论、创作和演出经验。在此背景下，协会把目光投向中国，将解放区戏剧视为借鉴对象。

协会创始人之一、作家阿巴斯（Khwaja Ahmad Abbas）在《印度的反法西斯戏剧》（1942）一文中，将中国看作协会最重要的启蒙者："毋庸置疑，印度人民戏剧协会的灵感来自海外，如英国的小型剧团、美国公共事业振兴署的戏剧项目，但最重要的则是'红色'中国，那里的广大农民通过流动剧团演出的反法西斯剧目，接受有关社会主义公民身份的教育，提升自身士气。"[3](P711) 从阿巴斯的文章可以看出，解放区戏剧对印度人民戏剧运动最主要的影响在于剧团的流动化组织模式。在中国，这种模式可以追溯到井冈山革命根据地时期："在硝烟弥漫、战火纷飞的间隙，红军战士们就地搭起临时的'舞台'，先由红军领导人讲话，然后便是一出直接取材于战斗实际的戏剧演出粉墨登场了。"[5](P103)

阿巴斯没有谈及在当时中印人员和物资往来不畅的情况下，协会成员通过何种渠道获得关于解放区戏剧的资料。但协会留存的早期文件显示，由美国记者撰写、在西方出版的有关解放区军民抗战活动的纪实性著作，如埃德加·斯诺（Edgar Snow）的《红星照耀中国》（*Red Star Over China*，1937）和安娜·路易斯·斯特朗（Anna Louise Strong）的《人类的五分之一》（*One－fifth of Mankind*，1938）等，是协会成员重点参考的资料。[4](P161－175) 其中对流动剧团组织方式和演出细节的详实记录，无疑对印度人民戏剧协会的实践具有指导意义。

如果说战争使流动剧团在中国成为一种迫不得已的选择，协会在无战事侵扰的印度广泛采用这种模式，无疑是因为看重它深入底层民众、开展政治动员的能力。流动剧团对当时印度常见戏剧模式的突破是全方位的：它取消了专业剧场和封闭式剧院的必要性；舞台不再是借助装置和特效营造出的独立"幻觉"空间，而是因地制宜的现实场所，可以坐落在从广场到沙滩的任何地方；舞台的临时性使得对道具、布景、舞美的依赖降到最低。上述特征在印度戏剧家加尔基（Balwan Gargi）笔下的加尔各答人民戏剧团在拉合尔（今巴基斯坦境内）的演出中可见一斑：

> 在后来的几场里，音乐、芭蕾舞和戏剧艺术配合得非常精巧。这几场仍然是既没有用布景，也没有用任何道具，只有在台后挂着一幅黑色的幔帐。演员们打破了传统的台上与台下的界限。他们坐在观众当中，在轮到表演时就站起来走上台去；一演完就又回到观众的座位上来。他们并不是职业演员，而只是一群有着火热的心的青年，有话要说，有思想要表达；而由这种"神妙的演法"，他们终于打破了古老的成规，找到了他们自己的形式。[6](P60)

在印度戏剧发展的谱系中，协会的出现无疑是颠覆性的。它使演戏不再被专业演员垄断，看戏不再是上流社会的特权；它将戏剧带入观众，而非让观众走入剧场。种种边界的模糊、规范的打破，使人民戏剧运动成为印度文化生活民主化的重要一页。

创造"为人民"的戏剧不仅要在内容上表现人民生活，也要在形式上便于那些未受正规教育的无产者理解。1942 年《在延安文艺座谈会上的讲话》一经发表，文艺大众化立刻成为解放区戏剧的主流。戏剧作品不仅大量使用方言，还与秧歌、民歌、地方戏等民间艺术形式相结合，以迎合百姓趣味。[5](P105 - 107) 印度人民戏剧协会很可能借鉴了这一策略，既表现为对地方民间戏剧传统的改造，例如将现代主题移植到孟加拉的“加特拉”（jatra）、马哈拉施特拉的“塔玛沙”（tamasha）等民间戏剧形式上，[1](P77) 还表现为对民间广为流传的宗教神话题材的吸收。[3](P711)

二 域外经典：丁玲的抗战剧《重逢》

解放区戏剧不仅在戏剧形式上影响了印度人民戏剧运动，还在后者发展初期剧文匮乏的情况下成为其直接的内容提供者。1943 年协会发布的一份工作总结显示，在成立初年，协会共演出了包括丁玲的《重逢》、倪平的《北京之夜》、凌鹤的《火海中的孤军》、宋之的的《黄浦月》在内的 7 部英译抗战剧本（其余 3 部或因译名变动较大或因姓名转写有误而难以辨识）；相比之下，同期排练的苏联剧仅有 3 部。[4](P160 - 161) 这些抗战剧本由谁译成英文，又以何种方式进入印度，尚不可知。尽管协会总部成立不久便与重庆国民政府建立了联系，并接收过重庆当局邮寄的文章、剧本和影片，[4](P148) 但鉴于 1941 年第二次“反共高潮”后紧张的国共关系，国民党当局向印共下设文化团体输送中共解放区戏剧作品的可能性不大。

在协会引进的解放区剧本中，丁玲于 1937 年 8 月创作的独幕剧《重逢》影响最大。该剧沿用了 20 世纪 30 年代前后左翼戏剧界的“革命加爱情”模式，讲述了一个抗日青年为国赴死的凄美故事：被日军俘获的白兰与她的昔日恋人马达明意外重逢，而此时马达明的身份是日军情报科科长；白兰震怒于马达明沦为汉奸的事实，一刀刺入他的身体，这才得知他是我方潜入日军的间谍；马达明在死前与白兰吻别，指示她将自己搜集的情报带出敌营，完成了二人共同的使命。[7]

该剧在协会成立之前便已在印度流传。据丁玲记载，《重逢》早在 1938 年（即剧本发表后一年）便在印度用英文上演，她当时还收到过印方寄来的演出说明书。[8](P375) 1939 年，该剧被译成乌尔都语，发表在由印共资助的进步刊物《新文学》（*Naya Adab*）上，这是中国现代文学作品进入印度本土语言的最早记录之一。[4](P160)

前期的演出和译介使得《重逢》在 20 世纪 40 年代初的印度左翼文化界已经积累了不小的影响力。在 1943 年 5 月协会第一次全印大会上展演的四个剧目中，由孟买分会用英文排演的《重逢》是唯一入选的域外剧目。展演既是对协会一年以来创作成果的集中展示，也是对各种问题的集体反思。剧评家认为，由协会成员原创的 3 个剧目在艺术上均待提高，而《重逢》却被奉为政治鼓动和戏剧艺术结合的典范：

> 丁玲的《重逢》拥有一出好戏的全部要素。在 25 分钟的时间里，它有行动，有悬念，还有动人心魄的高潮。它对政治训诫的传达不靠对话，而是依托人的戏剧——一部关于一群身处绝境的战友的戏剧。人应当不惜牺牲性命也要为祖国效力、

击败万恶的法西斯这一道理，是通过行动展现出来的。[4](P140)

相反，剧评家认为协会成员的原创剧训诫过多且过于教条："我们恨不得在一部戏里讲明白一整套政治理论，由此一来，结局便成了预料之中的必然之事。"[4](P140)尽管从今天的角度审视，剧评家的评价标准不过是基础的戏剧法则，但考虑到此前时事政治类题材鲜被搬上印度舞台的现实，这样的评价也不无客观地反映出印度进步戏剧家在革新阶段必然会面临的难题。《重逢》作为范本的指导意义也由此凸显。丁玲向印度同行展示了如何用人的动作和情感表现政治斗争的方法。只有动作的合乎逻辑和情感的自然流露，才能营造戏剧真实，引发观众的共鸣，进而实现讯息的有效传达，达到政治鼓动、教化民众的最终目的。

需要指出的是，即便回到解放区戏剧自身的发展脉络，《重逢》所展现的戏剧张力和情感尺度也是例外而非常态。《重逢》诞生于解放区戏剧肇始之际，这一时期解放区相对宽松的政治文化环境，赋予了戏剧家较强的自主性。这种自主性在《重逢》中既体现在对男女之爱的刻画上，其中的接吻场面标记着此后解放区戏剧中久未企及的尺度，也表现在对抗战广泛性的展示上。丁玲没有交代剧中人物是谁领导的抗日分子，"这种身份的模糊表现出抗战的超越政治理念和阶级隔阂的全民性，从而使这部作品具有更强的代表性和超越感"[5](P104)。

由此看来，《重逢》几乎同时在中印两国的反法西斯戏剧运动进程中占据着特殊位置：它既是解放区戏剧早期阶段具有浓厚情感密度的另类之作，也是印度人民戏剧协会发展初期极为重视的域外经典。印度情境的加入，使得我们对《重逢》文学史意义的理解不能仅限于"丁玲到解放区后创作的第一个剧本"或"抗战爆发后在中国共产党领导的解放区出现的第一个剧本"这样的单一国别维度，[9](P110)而是要将它置于世界反法西斯文学的跨国网络中去考察。有趣的是，《重逢》并不是中印反法西斯文学链条上唯一的丁玲作品。1945年，由中国外交官龚普生翻译的丁玲小说集《我在霞村的时候》由印度浦那的库杜卜（Kutub）出版社出版，这是英文世界出版的第一部丁玲个人作品集。如果说译介《我在霞村的时候》是中方主导的文学工程，译者龚普生希望借选集"让世界，特别是举棋不定的印度更好地了解中国的反帝抗日斗争"[10](P52)，《重逢》则是印度进步知识分子主动发起的跨文化交流活动。二者对丁玲的共同选择，意味着其作品中蕴含着某种独特的反法西斯文艺美学，有待未来在专题研究中进行更为深入的探讨。

三 "上演"反法西斯国际同盟

中国之于印度人民戏剧协会的重要性不仅体现在对《重逢》等中国剧目的译介和借鉴上，还体现在非中国剧目对"中国"这一反法西斯符号的借用和再现上。这类剧目中，既有改编自1926年苏联剧作家特列季亚科夫（Sergei Tretyakov）表现英帝国主义者欺压中国渔民的同名作品《怒吼吧，中国！》（*Roar China*，改编版将英军改为日军）[3](P712)，也有讲述中国戍缅部队抗日事迹，用英语、印地语、马拉提语等多个语种演出的原创剧《旗帜》（*The Flag*）[4](P160)，还有阿巴斯1944年根据援华医疗队真实故事撰写的英文剧本《还有一个没回来》（*And One Did Not Come Back*）。换言之，中印反法西斯文艺同盟既存在于现实的文本交流中，也存在于想象的文学空间里。最能体现这一想象维度的典型作品莫过于协会原创剧《四战友》（*Four Comrades*）。

《四战友》由多位协会成员共同用英语创作，1942年首演。该剧因"紧扣时局主题和通俗易懂的反法西斯宣传"成为当时协会最受欢迎的剧目，被译为多个地方语种并上演。[3](P712)该剧以1941年12月日军入侵新加坡为背景，讲述了4个出身工人阶级的年轻战士——两个中国人、一个印度人和一个马来人——反抗日本侵略者的故事。剧中，中国和马来战士相继被日军残杀，印度战士拉德纳（Ratna）被俘。剧情在日本军官和拉德纳的对话中被推向高潮。军官试图以不杀为条件，用当时日本惯用的美化侵略的说辞，诱使拉德纳回印度从事亲日宣传："你是印度人，我们和印度人没有纷争。我们来，就是要从英国人手里解放你们的人民。"拉德纳决然回答："日本解放印度？开什么玩笑，哈哈！就像你们解放满洲、韩国和中国那样吗？不，我们印度人不会愚蠢到用眼下的禁锢换取更恶劣的奴役。"[3](P712)全剧以拉德纳被日军处决告终。

结合史实可以发现，《四战友》的人物选择和情节设定带有明显的寓言意味。首先，剧中个体是国家/民族的象征，一个明显的例子是中国战士的名字——秦（Cin）——在印地语中就是"中国"之意。其次，对人物命运轨迹的安排大致符合二战中日本蚕食亚洲的进程。中国战士和马来战士相继牺牲，象征日军对这两个国家已经实施的侵略。剧末印度战士拉德纳与日本军官的言语交锋，是对当时日军在占领缅甸后对印度窥伺以待、日印关系高度紧张的隐喻。剧本以拉德纳被处决收场，具有双重含义：一方面，是剧作者对日本入侵印度的预言（尽管未成现实），符合当时印共对二战走势的预判；另一方面，是对甘地盲信日本、主张非暴力斗争策略的反击。"《四战友》的故事于是不再仅仅是对法西斯主义的抨击。它还隐含着对国大党领袖弱化法西斯对印度民众潜在影响的批判，尤其是在日本已经对东部边境构成事实威胁的时候。"[1](P80)

剧本在突出印日矛盾的同时，将印中刻画成兄弟之谊的典范。这里的兄弟之谊不同于20世纪50年代中印两国构建的双边友好关系，而是一种以世界无产阶级意识为记号、超越于民族主义之上的反法西斯同盟关系。正如拉德纳对秦所说的："我们不是狭隘的民族主义者。我们必须为全世界工人阶级的福祉而行动，击退法西斯势力是最紧迫的事。此事不成，劳苦大众则无望矣！"[1](P80)

《四战友》中日本军官妄图收买印度士兵从事亲日宣传的桥段，并非没有现实依据。日本发动侵华战争之后，在印度展开大规模宣传攻势，试图美化其"大东亚共荣圈"的扩张计划。当时在印度国际大学留学的中国学生、后来的佛学学者巴宙，感叹源源不断的日本宣传品正在左右印度人的观点，与之相对的则是中国声音的缺席。在这种情况下，巴宙决定通过排演戏剧来扭转师生们对亚洲战局的认识，而他选择的剧目正是丁玲的抗日剧《重逢》。巴宙是在1938年冬天，通过友人从加尔各答捎来的英文杂志《远东之镜》（*Far Eastern Mirror*）初读《重逢》的。据巴宙描述，出版于香港的《远东之镜》在介绍中国抗战形势之余，每期末尾都会附上一部抗战独幕剧。[11](P142)由此可见，香港及其他中国大陆以外出版的英文书刊是解放区文学进入印度的一个重要渠道，因而也可能是协会中国剧目的一大来源。

经由巴宙提议、犹太裔英文教授安龙荪支持，《重逢》于1940年2月14日在国际大学上演，当时应泰戈尔之邀访问国际大学的徐悲鸿致开幕词。扮演剧中日本和中国角色的学生演员，除大部分来自印度本土外，还有两个“百分之百像中国人”的爪哇学生。这样的人员构成——中国、印度、爪哇、犹太——自觉或不自觉地形成了一种反法西斯姿态。尽管主创人员明确说，排演此剧“并非想喻使人民对日本表示憎恨”，而是“想要对于那破坏人类生存与社会制度的战争与侵略的摧毁力量加以揭示”，[11](P143)演出还是遭到一名日本学生的强烈反对。当演出经历风波按时进行时，巴宙感叹：“每一个演员与每一个观众的心溶和成了一片；于他们那神情最紧张处看来，像似说：‘最后胜利是我们的！’”[11](P143)由此，《四战友》中借由想象构建的反日同盟以“非暴力”形式在印度校园中“上演”，与舞台上演绎的抗日剧《重逢》形成呼应。尽管尚无明确迹象表明1940年2月《重逢》在国际大学的这次演出与两年后协会选择该剧有直接关系，但可以确定的是，它分享着协会的反抗霸权和国际主义的精神实质。

20世纪40年代上半期由印度人民戏剧协会主导、以反法西斯主义为核心的中印戏剧交流，是继1924年泰戈尔访华后，两国之间又一次密切而深入的文化接触。1947年印度独立，人民戏剧运动继续开展，但势头却大不如前。对追踪和表现时事的一味强调，造成创作程式化、剧本供给不足。此外，共产党和国大党的统一战线随着印度独立而彻底瓦解，加之1948－1951年印共极左路线导致大批非共产党员艺术家流失，使协会的组织运营和人才储备遭受打击。从中印文化关系的角度来看，1945年世界反法西斯战争胜利，使中国不再是印度眼中休戚相关的盟友，尽管阿巴斯等协会成员积极投身印中文化外交，促进两国友好，但是中国已不再是协会艺术家重要灵感来源。

20世纪40年代协会对解放区戏剧的主动借鉴和对中国的文艺再现，使“中印兄弟”在50年代成为两国浪漫主义的政治修辞之前，已经被赋予了厚重的现实意义和丰富的艺术内涵。这段在中印关系史和世界反法西斯史上都鲜有提及的文化因缘，在当前强调非西方视角和“亚洲作为方法”[12]的研究趋势下值得被更多研究者关注，它是“亚洲”自身作为参照框架、知识流通体系和文化关系网的有力例证。

参考文献：

[1] Nandi Bhatia, *Acts of Authority/Acts of Resistance: Theatre and Politics in Colonial and Postcolonial India* [M]. Ann Arbor: University of Michigan Press, 2004.

[2] 林承节．殖民统治时期的印度史［M］．北京：北京大学出版社，2004.

[3] Khwaja Ahmad Abbas, India's Anti-Fascist Theater [J]. *Asia and the Americas*, 1942 (12).

[4] Sudhi Pradhan, *Marxist Cultural Movement in India: Chronicles and Documents* (1936－1947), vol. 1 [M]. Calcutta: National Book Agency, 1979.

[5] 贾冀川．论解放区戏剧［J］．戏剧（中央戏剧学院学报），2012（2）．

[6]〔印〕巴尔万·加尔基．印度的人民戏剧［J］．国际展望，1955（11）．

[7] 丁玲．重逢// 啸垅编．抗战独幕剧选二集［M］．武汉：汉口大众出版社，1938.
[8] 张炯主编．丁玲全集（第11集）［M］．石家庄：河北人民出版社，2001.
[9] 贾冀川，顾瑜．战争硝烟中的牺牲与爱情——丁玲《重逢》赏析［J］．名作欣赏，2010（7）．
[10] 熊鹰．反法西斯战争中的“隐蔽力量”：以丁玲《我在霞村的时候》及其翻译为例［J］．文学评论，2015（5）．
[11] 巴宙．关于丁玲的《不期而遇》——在印度国际大学排演经过［J］．宇宙风，1940（100）．
[12] Kuan-Hsing Chen, *Asia as Method*: *Toward Deimperialization* [M]. Durham and London: Duke University Press, 2010.

家园政治：《白日悠光》中的印巴分裂书写

李美敏*

摘　要：安妮塔·德赛的《白日悠光》是以印度老德里一个中产阶级家庭为核心的家园政治书写，拉贾和敏的兄妹关系隐喻印巴关系，他们之间的精神隔阂和创伤是印巴分裂所导致的影响。时间作为重要的因素参与到文本书写中，时间既是破坏力同时又是弥合剂，也是德赛独特的悲剧美学形式。《白日悠光》的家园政治书写是在时间弥合中的一次精神返乡。

关键词：家园政治；《白日悠光》；印巴分裂；历史书写

1947年的印巴分裂是南亚次大陆近代史上的重创，造成了剧烈的历史动荡。安妮塔·德赛亲历了这场历史性的分裂，她以这场历史巨变为背景，书写了老德里一个中产阶级家庭的悲欢离合。印巴分治之后的老德里呈现出城市荒原的衰败景象，在德赛的家园政治书写中，时间作为重要因素，弥合了家庭成员之间因分治带来的精神隔阂，也弥合了印巴分治带来的巨大历史创伤。

一　城市荒原：印巴分裂后的家园政治书写

《白日悠光》是德赛的半自传体小说，讲述20世纪40－70年代老德里一个中产阶级家庭的故事。德赛把宏大的历史叙事杂糅于一个家庭在印巴分治之后30年的变化中，并通过拉贾等三兄妹的微妙关系折射出剧烈的历史动荡带给人们深刻的心理创伤。

1947年的印巴分治堪称南亚最惨痛的历史变革。在南亚次大陆的历史上，虽然印度教占据统治地位，但是穆斯林还是形成了两个聚集区，这就是后来的巴基斯坦和孟加拉。1947年8月15日，经过长期的反殖民地斗争，英属印度终于实现独立，其代价就是被分割成巴基斯坦和印度两个国家。短时间内大规模的人口流动引发了历史大混乱，特别是在旁遮普地区，穆斯林和印度教教徒之间发生了难以数计的冲突。据印度官方统计，这次冲突造成12万人丧生，数百万人无家可归。独立后的两个月爆发了第一次印巴战争，克什米尔地区的归属问题成为印巴之间至今都解不开的“死结”。

德赛的文本聚焦于印度老德里的一个印度教家庭，儿子拉贾热爱伊斯兰教文化，并不顾宗教约束娶了一位穆斯林姑娘。妹妹敏因此对拉贾怨恨在心，她独自带着弟弟小巴

---

* 作者简介：李美敏（1976－），女，江西师范大学文学院副教授，文学博士，研究方向为比较文学与世界文学。

住在老德里。妹妹塔拉和丈夫巴谷从国外回来参加侄女（拉贾的女儿）的婚礼，在塔拉的帮助下，敏和拉贾之间逐渐解开心结，兄妹之间的怨恨也得以释怀。

文本没有浓墨重彩的故事叙事，也没有惨烈的印巴冲突描写，德赛把印巴分裂后的家园书写集中在具体的意象上。旧房子是老德里符号性的建筑，见证了印巴分裂那段特殊的历史。德赛将情感意识物化为各种符号，其中一段花园小路、一个衰败的玫瑰花园等都是家园政治的符号，印巴分裂后的家园是一派凋零的景象：

> 小路还是一片阴凉，塔拉觉得大概只剩下这点地方有人照料：其他的，连那些木瓜树、柠檬树、丛丛夹竹桃与木槿，以及一簇簇美人蕉，似乎都丢给了尘土，乏人问津，任它们自凭本事去对抗夏天的烈日与炎热。[1](P23-24)

德赛回避了对印巴分裂战争的直接书写，而是通过具体景物去把握历史“重要的瞬间”（The moment of importance），以此表现隐匿于人物意识深处的情感。这些景物表现出凋零、衰败的意识，这不仅是单纯的物象记录，更体现了美学范畴中的“有意味的形式”。德赛用“夏天的烈日与炎热”的意象表达“聚焦于它们背后隐藏的真实，某种模式、意蕴和个性”。[2](P155)这种“有意味的形式”与小说人物的生命状态融为一体。

小说还多次提到“夏天”：

> 这座城市在那年夏天失火了。每天晚上，火光照亮了城墙外的地平线，在天空辉映出一片橙黄红粉的节庆彩焰，偶尔升起一柱白烟，在黑暗中矗立如碑。敏，在屋顶上走来走去，想象她听得到枪声与哭叫的声音，但是，住在城外那么远，远在市民线区（Civil Lines），这里的庭院与平房躲在树篱后面，一片寂静，还真不觉得有那么回事，她告诉自己是想象罢了。[1](P103)

“那年夏天”即指1947年的夏天，印度虽然脱离了英帝国的殖民统治，但随即又陷入印巴分裂的战乱中：

> 这将是一场独一无二并且史无前例的大灾难，无人能够预见到它的惨烈，它在形式上没有任何规律，其令人发指的野蛮程度更是让人百思不得其解。在长达六个星期的时间里，一股杀人狂躁症就像中世纪的大瘟疫一样席卷了整个印度北方。它如摧枯拉朽一般在每一个所到之处横加肆虐，任何角落都无从幸免。在这场快速的杀戮中丧命的印度人口数量，比美国人在第二次世界大战中作战四年的阵亡人数还要多出一倍。[3](P291)

作为半自传体小说作者，德赛以一种冷峻、客观甚至隐忍的态度来书写南亚历史上这场最动荡的历史变革。家园、身份以及共同体之构型（configuration）作为隐喻出现在文本中，昔日的印度已成为德赛回不去的故乡。正如后殖民批评家霍米·巴巴在讨论被殖民者游移的文化身份时谈到家园问题："两者中的任何一种文化均没有家园之感，这种栖身于两种彼此冲突的文化中的无家之感（homelessness）。这是一个为其他一些后殖民理论家称为双重意识（double consciousness）的概念。这种为两种文化所摒弃的感觉或直觉，导致被殖民者成为心理上的避难者（psychological refugee）。"[4](P203)

久居海外的德赛每隔两年回一趟印度，处于异质文化环境中，她需要经常性地返乡去寻找精神的故土家园。但是因为激荡的历史变故，家园对德赛来说不再是一个固定的地方，而是不断搜寻中的场所。老德里是历史的象征、家园的标志。正如卢卡奇的论断："所有的小说都是患恋家症的。"[5](P1)《白日悠光》是德赛的一次精神返乡，亲历了印巴分裂的动荡，德赛的返乡之旅异常艰难和复杂。印巴分裂后的家园满目疮痍，德赛几乎没有正面描写印巴分裂的血腥冲突，而是用镜头式的片段性语言表现一个中产家庭在印巴分裂后的现实境况。通过老德里这一中产阶级的家庭关系隐喻战后家园的分裂。

德赛的家园书写不同于萨尔曼·拉什迪、V. S. 奈保尔等人，他们已定居海外，在书写印度时完全是异己的身份，他们的印度家园同所处的异国他乡一样充满了异化和疏离。而对于亲历了印巴分治的德赛来说，她已将自己的生命意识融入这一段惨烈的历史书写中。德赛书写的家园是现实的、分崩离析的，但不是斯皮瓦克等人想象中的家园，斯皮瓦克说："印度，对于像我这样的人来说，并不真的就是一个可以确认民族身份的地方，因为它总是一个虚拟的建构。说'印度'就有点像是说'欧洲'，当人谈论到欧洲身份时，针对的显然是美国。"[6]德赛的印度家园既是地理学意义上的家园，更是精神的家园。

分裂后的老德里更像一座城市荒原，文本中的敏拨弄着发梢说："老德里没变。只是老朽了。学生告诉我它是一座大墓园，一栋栋屋子就是一座座坟墓，都是些沉睡的坟冢。他们说现在新德里不同咯！那是事物发生的地方。听他们的描述，还以为在讲一个跳蚤窝呢！"[1](P30)战争的影响渗透到人们日常生活的方方面面，从公共空间到家庭以及个体的心理状况，无不受到印巴分裂的影响，整个城市有如艾略特笔下的荒原。妹妹塔拉因嫁给一位外交官而久居海外，她的回来隐喻着德赛的精神返乡。塔拉直言："一定要每隔几年就回家，再一次去发现和确认！"[1](P33)

虽然长期旅居海外，但德赛并没有被西方的文化思想消解掉自身的印度性，反而立足于印度家国的文化立场，反思印巴分裂给人们带来的精神创伤。德赛的小说一直坚持自己独有的印度性，她不像巴拉蒂·穆克吉等女性作家那样，表现印度移民不断同化于美国文化的历程。

塔拉归国返乡后所见的家园是充满哀伤和分裂的城市荒原，在拉贾这个老德里庸常又琐碎的日常家庭活动中渗透着印巴分裂带来的深刻影响。德赛的家园政治是潜藏在城市荒原之上的探索和反思，是将宏大历史贯注于日常生活的书写。

二 时间：破坏者和弥合剂

时间是《白日悠光》的重要维度，它作为隐含因素参与到小说的叙事中。每个阶段人物内心的变化、老房子的每一个角落、每一件陈旧的事物都渗透着时间的力量，每个人物身上都带有时间印记。德赛曾说："我的小说表达的时间是个破坏者，就像时间是个保存者一样，对人施加影响。我试图揭去家庭琐事的表面，寻找新的意义。"[1](P142) 在老德里的三维空间之上，德赛又建构了一条时间轴，表现生命、自然和分裂之后城市的变化意识。

时间是建构文本的主轴，但德赛避免了线性的时间叙事，淡化了确切的历史时间，文本中几乎没有一个确切的时间标志，这种时间表述是德赛独到的感知方式，时间以隐匿的、形态各样的方式出现在文本中，比如色彩、老德里的容貌、老式唱片机等，这些带有浓厚历史意识的意象成为时间的具体塑形。

小说在噪鹃的叫声中开始："天未亮，鬼郭公早开始啼叫。鸣啭如此起彼落的钟声从阴暗的树林传来，你来我往，声声互嘲、相诱，叫到激昂，叫到高亢。到了太阳升起，愈来愈多的啼声纷至沓来，塔拉无法再忍受它们啼声中的哀诉，她起床来到外廊，看到从圆柱与紫色九重葛之间投射过来、白花花的夏日阳光。"[1](P23) 这是塔拉和丈夫回到印度的第一个早晨。老房子的清晨一切依旧。时间是各种生物的存在方式，各种声音的"哀诉"既是回忆的发端，也是某种历史声音的延续。德赛把文本的时间融于人物个体的情感体验中，时间的长度和人物的情感融为一体。

德赛对时间的叙事充满着张力，分裂之后老德里的一切物象尽在时间强有力的控制之中。老德里的衰败体现了时间的破坏力，同时也体现了历史的沧桑感。老德里的荒原景象同人物内心的创伤形成异质同构。

老德里整个城市的主要色彩是灰色的、颓废的，时间是其最重要的破坏力量：

> 她们家花园两旁还有更多的花园，邻居的屋子，像她们家一般沉寂、褪色、老旧，花园放着没人管，任凭蔓生，长出不少没分寸的野株。从屋顶，她们可以看到粉红黄色灰色的灰泥墙壁，斑驳脱落，偶见凤凰木绽放着一树夏日的绯红。
>
> 斜倾的花园大门外的马路通到阎牟那河。河水如今缩成了一条小泥流，藏在无边无际的平坦沙地中，塔拉几乎看不出来，沙地朝毛茸茸的黄色地平线不断延伸，像头沉睡的狮子，又老又残。河上只有一艘平底渡船缓缓来回晃荡。没有任何生命的迹象……[1](P64)

从厚重的文字叙事中可以看到生命与时间的对抗，整个家园抵抗不住时间的摧毁，呈现出衰败的景象。人亦如此："她（敏）整个人倚在手肘上，让斑白的头发在不过是吹自河面的一点微风中翻飞，接着又转身背靠着栏杆，仰望天空，这会儿天空已不再是单调白热，而是被淡淡几抹蓝、灰、紫色给切分、打皱了。"[1](P64) 德赛用容颜的衰老表现抽象的时间，此时的敏和当初具有"英雄主义"姿态的她已经判若两人，小说中每一件事物、每一个人物都无法逃避时间的影响。新德里是"事物发生的地方"，聚集了现代工业文明的力量，而老德里则沦为印巴分裂后一个衰败的历史景点，在工业化时代的浪潮中它已然落后。单调的色彩、卑微的生命形式、沧桑的城市面容，体现了德赛悲剧性的美学思想。印度轮回的宿命观融入文本的时间意识中，人和时间、传统和现代以及战争和家园的对抗都表现出强烈的悲剧精神。

在20世纪40－70年代这根时间轴上，1947年的印巴分治是南亚次大陆最惨烈的历史事件。德赛用强烈的悲剧性语言描述这一事件，却刻意回避它具体的历史时间，也没有对分裂进行直接的表述，而是用侧影、素描、印象等手法勾勒而成。对历史时间的回避是德赛作为情感主体的一种叙事策略，她亲历了这场历史性的分裂，无论在她心灵上，还是在她的创作上都留下了深刻的伤痕。历史苦难使德赛成为悲剧主体，在悲剧思想中追求生命的理想形式体现了她的悲剧美学精神。柯林武德认为一切历史都是思想史。[8](P11)作为一个历史灾难的主体，德赛用文学的浪漫形式表达记忆，表述对历史的理解，更表达对曾经家园的追忆。

时间既是破坏力又是弥合剂。对重要历史时间的“遗忘”体现了德赛不愿公之于众的历史伤痛，这种伤痛通过家庭个体之间的关系表现出来。敏和拉贾的关系在时间轴上发生着微妙的变化，童年时代的敏和拉贾是一个联盟体，他们共同热爱乌尔都语诗歌，向往英雄主义。印巴分裂之后，拉贾娶了穆斯林姑娘并移居海得拉巴。德赛用敏和拉贾的兄妹关系隐喻印巴关系，老房子时间的停滞和空间的封闭意味着印巴分裂给他们带来的精神隔阂，而塔拉的回国为他们关系的修复带来了转机：“她（敏）对大家只有爱与思念，就算有任何伤痛，有这些在她身上流着血的切口与创痕，也只是因为她的爱不够完美、不足以紧紧包围他们，只是因为它有裂缝与缺陷，没法均等延伸给所有人。”[1](P330)在宽容之中，敏谅解了拉贾。德赛曾说：“假如一个人要活在这个世界上，他就要学会妥协，否则无法生存，直线性的方式意味着死亡。”[9](P21)这种谅解强烈地表达了德赛对印巴关系的寄望，敏最后以爱的情感升华包容了对拉贾过往的一切怨恨，德赛借用兄妹关系的和解重构印巴关系。

《白日悠光》不仅是一部家庭的记忆史，更是德赛对这场灾难的记忆，就像敏最后谅解了拉贾的信仰背叛一样，德赛对这场历史灾难也选择了宽恕。文本在导师的颂歌声中结束，敏想起艾略特的《四个四重奏》：“时间这破坏者正是时间这保持者。”[1](P360)正如奥古斯丁认为时间本质上即心灵或心灵对时间的意识。

德赛表达了时间的破坏力量，更表达了时间的救赎力量。时间弥合了印巴分裂带来的精神裂痕：“在她（敏）的内心之眼，她看到她的老房子如何连结着它的历史，如何包容她和她的整个家族以及他们所有的分离故事与经验——不是把他们绑进某个死亡、没有空气的洞穴中，而是给予土壤让他们生根，给予食物让他们生长、扩散，探触到新的经验与生活，但永远吸取相同的土壤、相同的神秘黑暗。这土壤里头包容了所有的时间，过去与未来。黑暗里有时间，富饶里有时间。是她最深沉自我的所在之处，是她妹妹、兄弟与所有与她分享那份时间之人的所在之处。”[1](P360)文本最后，敏为弟弟小巴朗诵起伊斯兰教诗人伊克巴尔的诗歌，也是拉贾最喜爱的诗歌，印巴分裂遗留下的精神创伤得以渐渐弥合，故土家园的形象也得以建立。

三　家园叙事：后殖民时代的书写策略

德赛的家园政治书写是基于印巴分裂后的历史景观书写，这种根植于印度的家园书写隐含了德赛自我主体的文化诉求。长期旅居国外，而德赛的书写一直根植于印度本土，一直在建构想象的精神家园。就像拉什迪1991年在《想象的家园》（Imaginary Homeless）一文中所说："像我这样的流散作家（exiles，或emigrants），心头可能总是萦绕着某种失落感，带着某种冲动去回顾过去，寻找失去的时光……但当我们回顾过去时，我们会处于深深的困惑之中：离开了印度便意味着我们不再能够找回业已失落的东西；我们创造的不是真实的城市或乡村，而是看不见的想象的家园，即我们脑海里的印度。"[10](P13)因为印巴分裂导致德赛一直在文本中搜寻印度家园，各种颓废、哀伤的家园意象为德赛提供了难以忘怀甚至是四分五裂的记忆。

家园书写是后殖民的一种写作策略。在后殖民的复杂语境中，长期旅居国外的德赛，面对冲突、矛盾，通过家园书写完成家园和身份的构型。正如安东尼·魏德勒在著作《建筑上的暗恐心理：论现代的"非家状态"》中认为的那样，"家"在文学层面提供了一个"四分五裂"的场所。后殖民错综复杂的文化空间是德赛等少数族裔文化焦虑的源头，"暗恐"（uncanny/heimlish）展现了一系列有关自身、他者等身份认同问题。德赛用文学的浪漫形式弥合历史的"四分五裂"和内心的"暗恐"。德赛的家园诉求就如福柯所说的那种从西方"宏大叙事"之下逃逸出来的"边缘叙事"，同时包含着历史变迁中在各种权力主宰下的复杂性。在复杂的后殖民语境中，德赛的家园政治更是精神的返乡。

参考文献：

[1]〔印〕安妮塔·德赛．白日悠光［M］．姚立群译．台北：麦田出版社，2005.

[2] Claire Sprangue ed.，*Virginia Woolf*：*A Collection of Critical Essays*，London：Prentice-Hall Inc，1971.

[3]〔美〕拉莱·科林斯，〔法〕多米尼克·拉皮埃尔．自由与荣耀：1947年印巴独立实录［M］．李晖译．海口：海南出版社，2012.

[4] Charles E. Bressler. *Literary Criticism*：*An Introduction to Theory and Practice*［M］．New Jersey：Pearson Education，Inc，2003.

[5] Rosemary Marangoly George. *The Politics of Home*：*Postcolonial Relocations and Twentieth-Century Fiction*［M］．New York and Melbourn：Cambridge University Press，1996.

[6] Gryatri Chakravorty Spivak，"The Post-modern Condition：The End of Politics?" in The Post-Colonial Criti：Interview，Strategies，Dialogue，edited by Sarah Harasym［M］．New York and London：Routledge，1990.

[7] Anita Desai，"Tremendous Changes"，Sunil Sethi Interviews，*India Today*，Decemberl－5，1980.

[8]〔英〕R. G. 柯林武德．历史的观念［M］．何兆武，张文杰译．北京：中国社会科学出版社，1986.

[9] Atma Ram，"Interview With Anita Desai"，*World Literature Witten in English*，Vol. XVI，1977.

[10] 费小平．家园政治：后殖民小说与文化研究［M］．北京：北京大学出版社，2010.

王文焘过录纪昀朱墨批校《玉台新咏》再述*

张　蕾**

摘　要：纪昀朱墨批校《玉台新咏》广为传抄，藏于上海图书馆的王文焘过录本，内容、形制与同一版本系统的其他抄本不尽相同。首页书“《玉台新咏》各本目”，录历代版本十八种，为对当时所知见的《玉台新咏》版本的集中著录。此本独有的四篇序跋，交代移录因由、研究版本问题、介绍藏书见闻，传达了丰富的信息。批语形制略有变化，批语内容略有增录，则启人思考相关问题。

关键词：《玉台新咏》；王文焘过录本；纪昀；朱墨批校

纪昀朱墨批校《玉台新咏》（简称朱墨批本）始于乾隆三十六年十月，底本为吴兆宜原注，其曾孙吴惠叔（纪昀门生）所抄《玉台新咏笺注》。此为纪氏对《玉台新咏》的早期批校，稿本仅存九、十两卷（简称残稿本），藏于台北“国家图书馆”，但从抄本尚可窥全豹。笔者经眼的抄本有国家图书馆及天津图书馆所藏佚名过录本、上海图书馆所藏王文焘过录本、天津师范大学图书馆所藏铁岭高氏藏本、台北“国家图书馆”所藏以墨笔过录朱批的清人过录本等版本。朱墨批本与纪昀后续所缮清本即《玉台新咏校正》十卷稿本（简称稿本）形成其批校的两个版本系统。[1]学界对各本不乏著录、讨论。①其中王文焘过录本尚可再述，以见其在同一系统抄本中的独特之处，或可对学界相关著述有所补益。

王文焘过录本，十卷，五册，藏于上海图书馆，《中国古籍善本书目》著录。书首扉页署“宣统癸亥孟夏重装 文焘署 迻录纪文达公朱墨批斠本”，钤“王文焘”阴阳文方印。卷首徐陵序及卷一首页右上端钤“余姚谢氏永耀楼藏书”朱文方印，卷一首页右下端钤“青琳馆主”朱文小方印。扉页题署明确了此本的性质。王文焘，字君覆，又字瑕庑（又作俶潕），华阳（今成都双流）人，生卒年不详，长于金石目录之学。其父为清末民初藏书家、文献家、书法家王秉恩（1845－1928）。父子皆与王国维有书信往来，见于《王国维全集》《王国维未刊来往书信集》等书。

此本以乾隆三十九年刊行的吴兆宜注、程琰删补的《玉台新咏笺注》为底本过录纪

* 基金项目：国家社会科学基金后期资助项目（项目编号：14FZW007）、河北师范大学重点项目（项目编号：S2011Z01）的阶段性成果。

** 作者简介：张蕾（1965－），女，河北师范大学文学院教授，研究方向为魏晋南北朝文学。

氏朱墨批语，与前述国图、天图等处所藏过录本属同一版本系统。但此本为著名学者过录，内容、形制也有不同于其他朱墨批抄本之处，学界相关著述尚未详述，故胪列如下。

首先，此本首页书“《玉台新咏》各本目”，为《校正》各版本所无。目下共录历代版本十八种，且有小字插注或说明。书目末页下端右侧钤“[illegible]庑手录”朱文方印。所列十八种版本为：

许滇生摹徐兴②伯藏宋本有翁覃溪跋
天禄目藏载南宋陈玉父本二部又元刊本一部
明正德甲戌兰雪堂活字本
正德覆宋陈玉父本每叶三十行，行三十字，后多一赵灵均跋。灵均，凡夫子也。邵目星诒附记
嘉靖徐学谟海曙楼本九行二十字
万历丁丑张嗣修手录袖珍本
万历中华亭杨钥刊本
天启寒山堂赵均覆宋陈玉父本半叶十五行，行三十字
汲古阁刊本
五云溪馆活字本
以上宋元明本
国朝冯默庵舒校刊本
张金吾影宋本
康熙丁亥孟璟重刊张嗣修本
归安茅国缙刊本
袁大道心远楼刊本
吴兆宜笺注程际盛删补本
李南磵藏旧抄本

是为对当时所知见的《玉台新咏》版本的集中著录。据徐美秋文判断，此目“应是纪昀所作”[2]，小字插注或为徐行可过录时所注。这是目前所见著录《玉台新咏》版本最多的目录，邵逸辰所撰《增订四库全书简明目录标注》中尚有三种不见载录。

其次，序跋传达了更为丰富的信息。

除底本所录陈玉父、赵均、李维桢、冯舒、冯班、法顶、南阳毂道人、程际盛、阮学濬诸跋及纪昀的几通跋语，尚有四跋为此本独有。前三篇跋文或研究版本问题，或介绍藏书见闻，见于“各本目”后。其一曰：

《玉台新咏》十卷，宋嘉定八年刻本，后有永嘉陈玉父后叙。其中系、朗、朓、敬、竟、弘、匡、禎等字皆阙笔改书，避庙讳也。今世所行吴兆宜注本，已经赵均、李维桢、冯舒、冯班等所跋，而诸君皆未见此本，故其中觝忤尚未尽芟除也。（按，冯舒跋云，此书今世所行共有四本：一为五云溪馆活字本，一为华允刚兰雪堂活字

本，一为华亭杨玄钥本，一为归安茅氏重刻本。活字本不知的出何时，后有永嘉陈玉父序，小为朴雅，讹谬层出矣。己巳春闻有宋刻在寒山赵氏所，乃于是冬抄之四日夜而毕。则知冯本出于赵也。又案，赵均跋云：颜延之《秋胡诗》一首作九首，亦沿其误，则知赵所藏宋本是作《秋胡诗》九首。今此本不然，知赵均所藏非此刻也。又按，冯班跋云：宋刻是麻沙本，故不佳。旧赵灵均物今归钱遵王。则知赵氏所藏是麻沙本，非此本也。故予曰诸君皆未得见此本云。）考此书亦已改孝穆之旧，但较今通行本尚少数十首，盖犹有阙文之义焉。至此书在宋时已有异同，其可资考证而不免窜乱者，则《四库全书目录提要》论之详矣。壬戌二月廿四日其镳记。

其二曰：

此吴门故家物，壬戌二月潘绂庭丈假来相眎，不觉喜动颜色，始以取值不廉，低昂未就，潘丈复以予非大力者而嗜之颇深之意通其殷勤，此公乃减值畀余，诚幸事也。卷首“右陶柳邨”印及“欢歅艸堂”印，不知谁氏，异日当稽之。同治纪元，岁在壬戌二月廿又五日，宣南抱残守缺斋书。

其三曰：

阮文达公《江苏诗徵序》云：岁丙寅丁卯间伏处乡里，见翠屏州王君柳邨，储积国朝人诗集甚多，而江苏尤备，推此则出。中之“柳邨”印或即王君耶？余未见《诗徵》一书，未悉王君是名“右陶”否，若然，则是本为诗家所经藏，固未尝不稍增声价矣。尚温居士□是明女史能画者，再当详之。丙寅家庆日□诚刘氏宅记。

卷十末王文焘跋则交代了此本的移录因由：

河间纪文达公手校《玉台新咏》，原本今不知所在。江夏徐君行可富收藏，有此迻录本。大人叚得，命文焘迻录。又于友人处得文达原书，惟只九、十两卷，卷末有文达校记，卷九首叶有文达收藏及校定两章，均一一景橅，时为宣统庚申夏季。九、十两卷为表兄晏达如绍璋景橅。今岁命工重装，并志原始于后。宣统癸亥夏五端午后三日，华阳王文焘记。

跋文后钤“假滽识语”朱文小方印。盖知此本系王文焘之父王秉恩从藏书家徐行可处借得藏本，命其子过录而成。后文焘于友人处得纪氏残稿本二卷，又由其表兄晏绍璋影摹一过，于“宣统癸亥”（1923年）夏重装成书。可知此本前八卷录自徐行可所藏抄本，九、十两卷则录自纪昀残稿本。据笔者所见，此本卷九、卷十以朱笔影摹纪氏之收藏、校订印章，如“瀛海纪氏阅微草堂藏书印”“春飘校订”“昀印”“春”“飘”等，印章旁又皆以朱笔标注形制，如“朱文铁线长方印”“白文方印”“白文”“赤文”等，见出影摹之精细。

然而仔细核查又会发现，残稿本中某些不见于其他抄本的批校之语，此本亦阙。例如卷九曹植《乐府妾薄命行》“能者冗触别端”“朱颜发外形兰”二句，残稿本朱批：“‘能者’句、‘朱颜’句俱生拗。”“手形罗袖良难”“坐者叹息舒颜”句，残稿本朱批：“‘手形’句、‘坐者’句俱晦。”两处眉批均未见于抄本。又如张载《拟四愁诗》，残稿本有朱批：“昭明录此一首，其实此一首亦屋下屋。”再如卷十梁武帝《咏笛》，残稿本朱批：“此殊无味。”江伯瑶《和定襄侯八绝楚越衫》“一见落千行”句残稿本朱批：“节去‘泪’字，‘千行’定是何物？”亦皆不见于抄本。梁武帝《冬歌》第四首：“一年漏将尽，万里人未归。君志固有在，妾躯乃无依。”残稿本朱批：

> “一年”二句，戴叔伦取为《客邸除夜诗》，可谓能倒用大司农印。

评点虽简，却对梁武帝此诗的影响说得很到位。所言戴叔伦诗一般题作《除夜宿石头驿》，其中“一年将尽夜，万里未归人”句，灵活化用了梁武帝《冬歌》之“一年”二句之意，被胡应麟称为“客中除夜之绝唱”[3](P74)。但纪氏此评同样并不见于抄本。推测此种情形的发生，或为抄本漏抄，或因纪氏曾有订补而抄本无由得见，遂致缺憾相袭。而王文焘过录本成书时间晚至民国年间，若“一一景橅”断无遗漏之理。故王文焘及其表兄对残稿本的精心影摹，更多体现于校记及印章，并未“原样复现纪昀原书的最后两卷”[2]。

王文焘跋谓初次移录得自徐行可所藏抄本，也是值得注意的信息。据笔者所见，国家图书馆还藏有徐行可朱笔校订《校正》十卷，此本与王文焘影摹的朱墨批本版本归属不同，而属缮清本系统，则徐氏对于《校正》的收藏、传抄、校订皆有贡献，笔者另文再述。

复次，批语形制略有变化。

王文焘过录本与其他朱墨批本相较，除册数不同（如国图藏本两函十册，天图藏本一函八册，台北藏本一函十二册）外，批语形制尚略有变化。国图、天图藏本偶有贴条，对眉批或底本加以说明，而此本则或阙如，或径书眉端。如卷八刘孝威《侍宴赋得龙沙宵月明》“月轮殊未安”句，墨批：

> “安”宋本作“圆”，然工部“影斜轮未安”句似用此语。齐梁声律已严，亦罕用古韵，作“安”为是。

国图、天图藏本皆有贴条说明：

> 抄本原作“殊未安”，旁改为“圆”，故有此批。

但此本则无贴条。又如卷十何逊诗《为人妾思》之“飞花落枕前”句，国图、天图藏本有墨批贴条：

“花”字抄本作“前”，疑抄本讹。

此本亦无。而卷十《汉成帝时童谣歌》，残稿本底本末有“皇孙死，燕啄矢”二句，且有墨批：

宋本无末二句，恐是误脱，此不比《越人歌》中四句原可删也。

国图、天图藏朱墨批抄本则为贴条：

宋本无末二句，恐是误脱，此不比《越人歌》中四句原可删也。抄本“皇孙死，燕啄矢”六字入正文，故墨批有此语。卷九第四页。

前句过录眉批，后句则对眉批略加说明，且标明卷次、页码。此本则仅过录残稿本眉批，而无贴条说明。

他本贴条而此本径作眉批的情形，如卷九傅玄《拟北乐府三首》之《车遥遥篇》“追思君兮不可忘”句，国图、天图藏本有墨批贴条：

“追思”，抄本作“迫思”。卷九第十三。

此本则不标卷次、页码，批语径书眉端。又如傅玄《拟四愁诗》之“佳人贻我苏合香”句，国图、天图藏本有墨批贴条：

傅玄《拟四愁诗》第三首“贻我”抄本作“赠我”。卷九第十五页。

详细标注了作者、标题、卷次、页码等信息，此本则仅有“‘贻我’抄本作‘赠我’”几字录于眉端。再如沈约《八咏二首》之《临春风》“摇绿蒂，抗紫茎”句，国图、天图藏本有墨批贴条：

抗紫茎，抄本作“枕紫茎”，故尚有“‘枕’字再校，疑是‘拂’字”墨笔八字。

按：朱墨批抄本底本原文作“抗紫茎”，而残稿本底本原文作“枕紫茎”。吴注：“‘枕’，一作‘抗’。”残稿本有纪氏墨批：“‘枕’字再校，疑是‘拂’字。”国图、天图所藏抄本贴条当是从稿抄本底本存在异文出发，对批语所作的进一步解说。而此本眉批同于残稿本，并无贴条说明。此类情形似乎也说明此本移录时并未一一影摹。

再次，批语内容略有增录。

王文焘过录本尚有未见于天图、国图等处所藏抄本的批语，彼此参看，启人思考。

如卷三陆机《拟古七首》之《拟西北有高楼》“但愿歌者叹”句，此本有眉批：

“但愿歌者叹”句不可解，疑“歌”字当作“听”字。

天图、国图所藏抄本则未见。《校正》稿本原有双行注：

“歌者”字未详所指，疑“歌”字乃“听”字之讹。

但又以墨笔删除，而梁章钜过录本则照录：“疑‘歌’字乃‘听’字之讹。”与王文焘过录本共同保留了稿本原批。

又如卷三王微《杂诗二首》其一之“填忧不销冶”句，吴兆宜注本引郑玄《礼记注》所谓“填，满也”释“填”字之意，又引江淹《恨赋》“悲来填膺”解全句之意，与前句“自言悲苦多，排却不肯舍”相联系，此句强调了心中充满忧伤无法消解之意，吴氏注对理解诗意不无助益。然而此本墨批则曰：

江文通在王征君后，不得引《恨赋》注此。

这句批语不见于他本，指出了吴注的不妥之处，即江淹（按：卒于天监四年）晚于王微（按：卒于元嘉二十年），按照解释语典追溯出处的原则，不应引后注前。此条眉批不知是否出自纪昀的原批，惜纪氏原本已残，无从查对，但其中透露的信息还是与纪昀对吴注本的总体评价保持了一致。

其实吴兆宜笺注《玉台新咏》深受李善注《文选》的征引式注释体例的影响，而李善于《文选》首篇《两都赋》序的注文中，对此种注释体例的细节已有交代，除遵循“举先以明后”的原则外，尚有“引后以明前”之例。如其引蔡邕《独断》“或曰：朝廷亦皆依违尊者，都举朝廷以言之”注《两都赋》序之“朝廷无事”句，而蔡邕恰在班固之后。李善解释说，“诸释义或引后以明前，示臣之任不敢专。他皆类此”[4](P4)，明确此为其注释的通例之一。但吴兆宜注《玉台》似乎走得更远，“引后”之例颇多，如卷一徐幹《情诗》“镜匣上尘生”句注曰：“周庾信《镜赋》：不能片时藏匣里。又《镜诗》云：玉匣聊开镜。梁简文帝《镜诗》：全开玳瑁匣。何逊《咏照镜诗》：玉匣开鉴形。盖镜之有匣，以护尘也。”[5](P39)引庾信、萧纲、何逊之作注徐幹诗中之“镜匣”。又如卷三陆机《前缓声歌》“游仙聚灵族”句注曰：“郭璞有《游仙诗》。梁张缵《南征赋》：慕游仙之灵族。”[5](P104)引郭璞诗题、张缵赋语释陆机诗中之“游仙”“灵族”，皆是“引后以明前”之例。《四库提要》批评其“多以后代之书注前代之事，犹为未允”[6]，这几例都在“未允”之列。上述墨批中批评注者引江淹之作解王微诗意，即是对“未允”之处的具体例举，与朱墨批本对吴注本的其他评说相呼应，见出四库馆臣对吴注本得失的评判基调。

值得注意的是，卷一宋子侯《董娇饶》“何时盛年去”句，诸本有墨批：

"何时"句不可解，必有讹字。然诸本并同，盖沿误已久。

而此本除转录上述眉批，还有一句批语紧随其后：

上言花则秋落而春复芳，以叹人之盛年一去不可复返也。

批语补充了对"不可解"处的解说，亦不见于别本。这段眉批后落款"耐庵"，不知何人，批语内容或为后之校阅者所加，这都是待考的问题。

总之，此本为名家手录，与同一系统的其他抄本相互映照，自有价值。

注释：

①例如傅刚《〈玉台新咏〉版本补录》（载《文史》2004年第3辑），徐美秋《论纪昀批解〈玉台新咏〉的文献和诗学价值——以王文焘过录本为考察文本》（载《中国韵文学刊》2013年第1期）等对此本有讨论。

②按，"兴"当作"星"。

参考文献：

[1] 张蕾．纪昀朱墨批校《玉台新咏》补述［J］．中国语言文学研究（春之卷），2015.

[2] 徐美秋．论纪昀批解《玉台新咏》的文献和诗学价值——以王文焘过录本为考察文本［J］．中国韵文学刊，2013（1）．

[3] 胡应麟．诗薮［M］．上海：上海古籍出版社，1979.

[4] 李善注．文选［M］．上海：上海古籍出版社，1986.

[5] 穆克宏点校．玉台新咏笺注［M］．北京：中华书局，1985.

[6] 四库全书总目［M］．北京：中华书局，1965.

以古代文献语言为对象的专书辞典的编纂问题

——以《春秋左传辞典》为例

李孝仓*

摘　要：本文以《春秋左传辞典》为例，谈古代文献的用字、古代文献词汇的确认两个基础问题，借以对专书的释义提出看法，就收词、释义、分列义项等问题谈了自己的意见。

关键词：专书辞典；断代词汇；文献用字；词目词条；语词释义

引　言

以古代文献语言为研究对象所编纂的专书辞典，简言之，需要做好两方面的工作：词目确定、语词解释。之所以如此认识，缘于专书辞典的编纂是建立在断代词汇研究的基础之上，这种语言研究实践既要揭示语词演化的线索，又要了解语词意义内涵的演化。惟其如此，方可厘清词汇演化的脉络，做出符合语言实际的解释。如何处理好古代专书辞典编纂中的词汇条目，需要解决好两个基础问题：古代文献的用字、文献词汇的确认；需要解决好两个核心问题：专书辞典的收词立目、语词条目的释义。

一　两个基础问题

1. 古代文献用字

很多情况下，在进行专书辞典编纂当中，首先要面对的是古代文献语言表述用字不规范，甚至用字混乱的问题。这其中既有文字古今演化所带来的问题，更有文献刊刻过程中所带来的误刻、误写问题。所有这些文字现象都或深或浅、或多或少地影响着专书辞典编纂的质量。面对这些文字现象，如果不能从文字角度厘清其中的正误，便无法真正确认文字背后所反映的词汇本质，也就无法解释文献词汇所要表达的语词含义。从这个层面上来看，文字字形的本质其实反映的是词汇问题。

在辞书编纂过程中，对于古今字、通假字、异体字的问题似乎处理起来问题不大，但对于俗体字以及新旧字形的问题如何处理便需要多加辨析；从而确定专书辞典编纂中

* 作者简介：李孝仓（1966－），男，陕西师范大学文学院讲师，文学博士，研究方向为文献与辞书编纂。

词目、书证的正确用字，亦即对文献文本进行相应的文字校勘工作便是专书辞典编纂首要的基础工作。在阮刻本《春秋左传正义》的文献文本当中，“己、已、巳”三字几乎是不加区分的，如果不能依据具体语境表述还原其文字的本来面目，便会给与之相关的所有词汇研究与解释带来困难。下面的问题就与此相关。

《僖公·二十四年传》：“王出适郑，处于氾。”[1](P1818中)《僖公·三十年传》：“晋军函陵，秦军氾南。”[1](P1830下)《昭公·二十二年传》：“王师军于氾。”[1](P2100下)其中的“氾”或指邑名，或指水名（即汝水），实际上是“泛”的误字。而在《襄公·二十八年传》更有“叔孙穆子食庆封，庆封氾祭”[1](P2000下)之说，其中的“氾祭”当为“泛祭”，属于古代祭典之一。据杨伯峻注，“泛祭”是一种遍祭祖先的饮食之祭。[2](P1149)又如：

《左传》昭公七年“芋尹无宇”、十三年“芋尹申亥氏”中的“芋”字，在阮刻本《春秋左传正义》的文献文本当中，一律都写成“芊”字。[1](P2047下、2070上)这种文字上的错讹，致使“芋”这一地名、“芋尹”这一职官称谓成为无法作解的词目。与此相类似的一个典型文字问题是：

> 《僖公·二十二年传》：丙子晨，郑文夫人芈氏、姜氏劳楚子于柯泽。[1](P1814上)
> 《文公·元年传》：江芈怒曰：“呼！役夫！宜君王之欲杀女而立职也。”[1](P1837中)
> 《定公·四年传》：钟建负季芈以从，由于徐苏而从。[1](P2136下)

上述几条材料当中的“芈氏”“江芈”“季芈”当中的“芈”一律写成了“芋”或“芊”，给相应的语词解释带来了困难。

至于文字形体古今变化所带来的问题，也应引起重视。比如“恆与恒、略与畧、皂与阜”的异体关系；“為与爲、盜与盗”的新旧字形关系便存在一些问题。对于“恆与恒、略与畧、皂与阜”的异体关系，《春秋左传辞典》（以下简称《辞典》）现在按照两个词头处理；对于“爲与為、盜与盗”则处理为一个词头。其中“盜与盗”最初分列为两个词头，《辞典》正式出版时合并为一个词头，但以“盜”出字头是否合适，仍然是一个问题。

2. 古代文献词汇的确认

古代专书辞典的编纂应该做到对文献语言词汇的正确理解与把握，在这个要求之下，对古代文献语言的分析与研究直接影响到对其词汇的认定以及句法规则的认知。唯有如此，才有可能对文献语言所欲表达的意义，所采取的表达方式有一个准确的理解。这些，都是专书辞典确立词目、准确释义的基础。

具体而言，古代文献语言的分析与研究最基础的工作涉及如何判定文献语言的词汇形式，如何对文献语言的词汇形式进行切分。因此，对相关文献进行词汇、语法的研究是专书辞典编纂的基础。而只有对这两个问题能做到深入细致、准确精到的分析时，才能借助专书辞典的编纂实现对文献语言的研究。

在《春秋左传》当中，语言的词汇判定与切分是语言研究的基本工作。但这同时是一个极其复杂、细致的工作。关于这一点，可以举一个最基础的例子，即“春夏秋冬”

的断句切分问题。在现行各种《春秋左传》的文献传本、刻本以及新式排印本当中，但凡遇到经传出现“某年春”“某年夏”“某年秋”“某年冬”一类的语言表述，通常的做法都是不进行断句的。究竟“元年春，王正月”的标点合理呢，还是“元年。春。王正月”的标点形式合理呢？依据《春秋左传》的叙事体式来说，笔者是赞同后一种标点形式的。因为这种标点方式符合所谓“记事者，以事系日，以日系月，以月系时，以时系年”（《春秋序》）的《春秋左传》叙事体式。

与这个问题相类似，对于《春秋左传》文献语言的词汇判定与切分，这类断句标点必然会影响词汇形式的判定与切分。而更为复杂的表现是：这种表层意义上的“断句标点”是以审查语言表达的内在“语义文气”为根本的，如果能从这个层面上考虑词汇形式的判定与切分，则可以保证专书辞典在收词立目上的合理性与准确性，避免将音节组合中的“不辞”纳入辞典条目。比如《庄公·十四年传》有云：“先君桓公命我先人典司宗祏。”[1](P1771中)其中“典司宗祏”，究竟是确认为一个语词片段并列为词条，还是切分为“典司”“宗祏”两个语词列为词条？就此而言，在《辞典》的编纂过程中是有变化的：最初的处理办法是将“典司宗祏”列为一个词条，解释为“主管宗庙石室”[3](P140)，最后的审定则删除了这一条目，改为“典司”“宗祏”两个条目。[4](P130、312)又如《昭公·二十八年传》有云：“昔有仍氏生女，黰黑，而甚美，光可以鉴，名曰玄妻。”[1](P2118中)在《春秋左传辞典》最初的条目当中，将“光可以鉴”竟列为词目，释曰“意谓头发光亮照人”，[3](P148)但在编纂审核当中，做出了条目删除处理。在《春秋左传》当中，“二三”这一语言结构出现达到50次之多。《辞典》将之列为条目如下：

【二三】①［数］约数。表示较少的数目。几（46）。《僖公·十五年传》：秦伯使辞焉，曰：“～子何其戚也！”（48/1806中）《文公·十七年传》：夷与孤之～臣相及于绛。（84/1860中）《昭公·十六年传》：～君子请皆赋，起亦以知郑志。（224/2080上）②［动］反复无常（4）。《成公·八年传》：《诗》曰：“女也不爽，士贰其行。士也罔极，～其德。”（114/1904下）《成公·八年传》：霸之将德是以，而～之，其何以长有诸侯乎？（114/1904下）《成公·十三年传》：楚人恶君之～其德也，亦来告我曰。（119/1912下）[4](P3)

应该说，“二三”这个语词的确认、词条的确立是能成立的。但是，与此相关的语言形式还有诸如“二三子”“二三臣”“二三君”“二三老”“二三君子”“二三有司”等，这些语言形式是否可以被确认为“语词”？是否可以进入《辞典》的条目当中？实际情况是，在《辞典》的最初编纂当中，上述语言形式都被视作“语词”进入了词条行列。[3](P5-6)不过，在最后的审核当中，除了“二三子”之外，其余五条全部予以删除。

在现代辞书编纂中，古代文献语言当中的“固定结构”通常被视作一种特殊的语词形式而列入词条。①这一点在《辞典》中也有所体现。比如：

【不亦…乎】由副词“不”、“亦”与语气词“乎”组成，表示反问。不也……

吗（69）。《隐公·十一年传》：己弗能有而以与人，人之不至，~宜~？（9/1737上）《昭公·十五年传》：二三子莫之如也，而在其上，~难~？（221/2077中）《哀公·十六年传》：民知不死，其亦夫有奋心，犹将旌君以徇于国。而又掩面以绝民望，~甚~？（289/2178中）[4](P28)

不过，在《辞典》编纂的实际操作中，往往出现执行上的疏漏。比如“无乃……乎”便是《左传》语言当中一个常见的固定结构形式。具体用例如“无乃不可乎”（20）、“无乃有故乎”（1）、“无乃有罪乎”（1）、“无乃久不竞乎”（1）、“无乃非德类也乎”（1）等。在《辞典》编纂过程中，最初将上述语言形式统统列为词条，但在最终的审核中全部予以删除。[3](P641)对此，笔者的看法是：上述语言结构的完整形式没有必要进入《辞典》条目，但其中包含的“无乃……乎”应当被视作一种语词形式进入词条，与此相类的“能无……乎”“何……之为”等也都应进入词条当中，借此方可加深对专书语言现象的解释与研究。

二　两个核心问题

1. 收词立目

专书辞典，是以“词条”形式来展现文献语言语词基本单位的。什么样的语言结构与音节组合应当被确立为“词条”，什么样的语言结构与音节组合不应当被确立为“词条”，什么样的复音节语言结构与音节组合应当被确立为“词”，什么样的复音节语言结构与音节组合应当被确立为“语”，这些都是专书辞典收词立目当中需要努力解决的问题。

可以这样来说，词条确立的成功与否，既决定了一部专书辞典对文献语言词汇的研究深度，也决定着一部专书辞典能否实现对文献语言实现解释的程度。这两点关乎着一部专书辞典编纂的价值所在。

然而，无论是在综合性辞典，还是在专书辞典的编纂实践当中，都会出现词目确立、“语”“词”分类过程中难以避免的困难。特别是将“词性”标注作为辞典编纂的内容之后，这一问题就变得更加棘手。比如《宣公·四年传》有云：“吾先君文王克息，获三矢焉。伯棼窃其二，尽于是矣。”[1](P1870上)这当中的“三矢”意谓“三支箭”。以此为基础，《成公·十二年传》有云：“若让之以一矢，祸之大者，其何福之为？”[1](P1910下)又衍生出一个“一矢”（一支箭）的音节组合。现在的问题是：文献语言当中的“三矢”“一矢”够不够被立为词目？在《辞典》当中出现了【一矢】【三矢】两个语词条目。[3](P1、11)[4](P1、10)现在看来，这两个语词条目的出现，并没有多少价值。

再比如《襄公·二十二年传》有云：“君三泣臣矣，敢问谁之罪也？”[1](P1975上)其中的“三泣”这一组合，意谓“多次哭泣”。在《辞典》初编当中，“三泣”被立为词目。[3](P11)就《辞典》的释义而言，“三泣”这一组合所具有解释价值的地方便在于“三”的“泛指”之义。但在“三”的单音词目当中，这一词义内涵是有所涉及的。[3](P1)因此，在复音条目中再列入“三泣”条目，事实上意义并不大。因此，《辞典》在最后的审核当中对之予以删除。

《襄公·八年传》有云：“匄也，先君守官之嗣也，敢不承命?”[1](P1940上)其中“承命”意谓“接受命令”，作为一个词目是可以成立的。但是，对于与之相对的“不承命”有没有设立词目的必要?《辞典》在最初的处理上是赞同的，[3](P29)但在最终的审核中予以删除，这种处理笔者以为是合理的。

还有在《左传》语言当中，“先君”是一个出现频率极高的词（116次）。而在《文公·六年传》出现了这样一个表述：“为先君子，不能求大，而出在小国，辟也。”[1](P1844下)其间的“先君子”意谓“先君的儿子”。那么，“先君子”要不要立为一个词目?《辞典》在最初的处理上是赞同的，[3](P150)但在最终的审核中予以删除。

另一方面，与“先君”类似，《左传》当中还有“【先大夫】［名］对已故大臣的尊称（18）”“【先王】［名］对本国逝世的君王的尊称（48）”“【先人】［名］祖先（12）”[3](P148-150)一类的组合，立为词目似乎都没有问题。但《宣公·十二年传》所谓：“其为先君宫，告成事而已。”[1](P1883上)《宣公·十二年传》：“作先君宫，告成事而还。”[1](P1883上)其中的“先君宫”（先君的神庙）能不能立为词目就成为一个可商量的问题。《辞典》在最初的处理上是赞同的[3](P150)，但在最终的审核中予以删除。

再比如：

【交相见】互相拜见（1）。《襄公·二十七年传》：请晋、楚之从～也。[3](P155)

【亡无日】①即将灭亡（4）。《僖公·三十三年传》：堕军实而长寇雠，～矣！《成公·七年传》：有上不吊，其谁不受乱？吾～矣！《襄公·八年传》：小国无信，兵乱日至，～矣。②人之将死（1）。《襄公·二十三年传》：孟孙死，吾～矣。③即将逃亡（1）。《襄公·二十八年传》：足欲，～矣。[3](P154)

【八九十】约数。意谓八十或九十。《襄公·三十一年传》：其语偷，不似民主。且年未盈五十，而谆谆焉如～者，弗能久矣。[3](P111)

【即聋】靠拢耳背的人（1）。《僖公·二十四年传》：～从昧，与顽用嚚，奸之大者也。[3](P164)

【则然】才会这样（指频繁地发动战争）（1）。《桓公·二年传》：孔父嘉为司马，督为大宰，故因民之不堪命，先宣言曰：“司马～。”[3](P172)

以上条目，在《辞典》最终的审核中，都予以删除。之所以如此，各有其原因。

2. 语词释义

毫无疑问，一部专书辞典能否对特定文献语言的研究做出贡献，一部专书辞典能否获得学界的认可，最为重要的便是在“收词立目”的基础上所进行的“语词”的释义这一指标。对于这一问题，可以分以下几个方面来谈。

(1) 语词释义的连带性问题

专书辞典条目的确定过程中，经常会牵涉到一个双音节或多音节组合的语、词并存的现象。从语词释义的角度来说，很多情况下，这个词目可能并不具备“被解释”的价值，但从文献语言词汇的语义演变角度来看，这种不具备“被解释”价值的语义往往是具有“被解释”价值语义的形成基础，甚至是“由语转词”的基础。对此，从语词语义演变的连带性角度来说，不具备“被解释”价值的语义理应成为词目语义解释的内容。比如：

【二子】①二人。子，古代对人之尊称（61）。《成公·二年传》：九月，卫穆公卒，晋～自役吊焉，哭于大门之外。（106/1896中）《襄公·十四年传》：～追公，公孙丁御公。（148/1957中）《哀公·十一年传》：季孙告～，～不可。（280/2166上）②两个儿子（13）。《庄公·十四年传》：六月甲子，傅瑕杀郑子及其～而纳厉公。（26/1771中）《宣公·十二年传》：逢大夫与其～乘，谓其～无顾。（98/1882上）《昭公·元年传》：十一月己酉，公子围至，入问王疾，缢而弑之，遂杀其～幕及平夏。（193/2025下）③次子（1）。《昭公·十五年传》：及辛有之～董之晋，于是乎有董史。（222/2078上）[4](P3)

在《辞典》的“义项”当中，“二子”第二个义项被解释为“两个儿子”，类似的用例在《左传》当中有13次之多。单纯从这一释义来看，似乎没有多少“被解释”的价值。但是，《昭公·十五年传》云：“及辛有之二子董之晋，于是乎有董史。”[1](P2078上)这当中的“二子”，一般的理解是“次子”“第二子”之义。而《左传》中更多的语词含义是“二人。子，古代对人之尊称”，达61次之多。这种语词含义很难说没有被解释的价值，也很难将之排除在语义解释的范畴之外。

因此，从《辞典》对【二子】这一条目的设置与语义解释的角度来说，以上三种语义均被纳入《辞典》的解释范围而设立相应的义项。这样处理的好处在于，可以借此看清楚《左传》语言当中词汇、语义的演化过程，实现对《左传》语言词汇语义演化的研究效果。

再比如：

【一人】①一个人（12）。《僖公·二十七年传》：楚子将围宋，使子文治兵于睽，终朝而毕，不戮～。（59/1822中）《成公·二年传》：此车～殿之，可以集事。（105/1894中）《定公·八年传》：阳州人出，颜高夺人弱弓，籍丘子鉏击之，与～俱毙。（261/2142上）②［名］古代称天子或国君（8）。《文公·三年传》：夙夜匪解，以事～。（71/1840中）《襄公·十三年传》：～刑善，百姓休和，可不务乎？（146/1954中）《哀公·十六年传》：称～，非名也。（288/2177下）[4](P1)

对于《辞典》的义项“①一个人（12）”，单纯就这一释义来说，似乎也不具备“被解释”的价值，但如果联系到“②［名］古代称天子或国君（8）”这一释义来看，则这种“连带性”释义对于搞清楚《左传》语词结构与状态是有帮助的。

（2）语词释义的完整性与准确性问题

任何辞书对于词目的释义，能不能做到“完整”与“准确”都至关重要，对于专书辞典而言更是如此。由此，这类问题也就成为影响辞书质量的重大指标。

比如，“无禄”这个词，在《辞典》初编当中的编纂结果是：

【无禄】没有俸禄（3）。《襄公·二十二年传》：有宠于薳子者八人，皆～而多马。（160/1975 上）《昭公·三年传》：不腆先君之適以备内官，焜耀寡人之望，则又～，早世陨命，寡人失望。（195/2030 下）《哀公·十五年传》：～，使人逢天之戚，大命陨队，绝世于良。（286/2174 下）[3](P637)

很显然，《昭公·三年传》《哀公·十五年传》两例当中的“无禄”，恐怕解释为“没有俸禄”之义实在有些牵强，理解为“殒命”可能更符合文意。既然如此，在《辞典》的释义与义项安排上就应该做出相应的反映。[4](P585)

再比如“无辞”这个词，在《辞典》初编当中的编纂结果是：

【无辞】①无话可说（4）。《襄公·二十四年传》：若犹叛我，～有庸。（165/1980 中）《昭公·二十年传》：进退～，则虚以求媚。（231/2093 上）《定公·元年传》：且己～而抑我以神，诬我也。（253/2131 下）②没有说话（1）。《襄公·七年传》：孙子～，亦无悛容。（137/1938 下）③没有合适的盟辞（1）。《襄公·二十三年传》：其人曰：“其盟我乎？”臧孙曰：～。（163/1978 上）[3](P637)

从这个编纂结果来看，“①无话可说”与“②没有说话”中间到底有何区别？因而在语词释义上，其间的“准确性”是否可信就成为可以进一步考虑的问题。

（3）语词释义与辞典义项分列问题

对语词的释义，无论是前面所谈的“连带性”、“完整性”还是“准确性”，都会影响到辞典的“义项分列”。先看《辞典》初编的一个例子：

【乌呼】①［叹］表示怀恋（1）。《宣公·二年传》：宣子曰：“～！‘我之怀矣，自诒伊戚’，其我之谓矣。”（89/1867 中）②［叹］表示悲叹（1）。《成公·十四年传》：～！天祸卫国也夫！（121/1913 下）③［叹］表示斥责和悲叹（1）。《襄公·二十五年传》：～！《诗》所谓“我躬不说，皇恤我后”者，宁子可谓不恤其后矣。（168/1986 中）[3](P633)

虽然“乌呼”这个词在《左传》当中仅出现过 3 次，但在《辞典》初编当中却将之分列为 3 个义项。可是，这 3 个义项的释义却存在严重的解释“交叉”现象。由此可见，这种不合理的“义项分列”使得《辞典》义项分列缺少最基本的区别度，这与辞典义项分列的基本原则是相违背的。

如果再将“乌呼”与《辞典》所收录的【乌乎】【鸣呼】这两个“异型”词目加以比较，更可以看出这里所进行的义项分列的不合理。[3](P289、633)当然，在《辞典》的最后审核中，这一问题得到了解决。

再如“所以”这个词，在《辞典》初编当中的编纂结果是：

> 【所以】①位于动词前，表示动作行为的凭借。用来（51）。《桓公·八年传》：季梁请下之：“弗许而后战，～怒我而怠寇也。”（15/1754中）《庄公·二十三年传》：夫礼，～整民也。（30/1778下）《成公·十一年传》：齐盟，～质信也。（117/1910上）②位于谓语动词之前，表示导致某种结果的原因。……的原因（31）。《僖公·七年传》：既不能强，又不能弱，～毙也。（43/1798下）《昭公·十三年传》：贡之无艺，小国有阙，～得罪也。（219/2073上）《哀公·元年传》：吾先大夫子常易之，～败我也。（271/2155中）③位于谓语动词之前，表示动作行为的凭借。据此（2）。《宣公·三年传》：穆公有疾，曰：“兰死，吾其死乎！吾～生也。”（90/1869上）《昭公·二十五年传》：礼，上下之纪，天地之经纬也，民之～生也，是以先王尚之。（239/2108下）[3](P647)

可以看出《辞典》初编在“义项分列”上所存在的问题。所以，在《辞典》最终的审核当中，这一词条所存在的“义项分列”的不合理也得到了相应的处理。

注释：

①关于这个问题处理，可参阅《现代汉语词典》各个版次相关条目，如“不……不……”“不……而……”等。据笔者初步统计，《现代汉语词典》中收录的这类词目有30余条。

参考文献：

[1]（清）阮元校刻．十三经注疏［M］．北京：中华书局，1980.

[2]杨伯峻．春秋左传注［M］．北京：中华书局，1990.

[3]胡安顺，李孝仓主编．春秋左传辞典（初编本）［Z］，西安：陕西人民出版社，2011.

[4]胡安顺，李孝仓主编．春秋左传辞典［Z］．西安：陕西人民出版社，2012.

《高步瀛学术年谱简编》订补

刘晓亮*

摘　要：赵成杰所著《高步瀛学术年谱简编》为高步瀛37年之生平、学术等做编年考订，是迄今为止有关高步瀛之生平、交游、著述、学术研究特点等最为全面的研究。其中存在部分舛错，亦存在缺漏。故对高步瀛之出生地、中举后的教学情况、留学日本、归国后的任职、任教萃升书院等加以订补，增补其与陈垣、杨树达、金毓黼等的交游，从而使高步瀛之学术年谱更加丰富、完善。

关键词：高步瀛；学术年谱；校订；增补

国家图书馆新近出版了王京州主编的《河北近现代学者年谱辑要》（2017年5月版），乃其国家社会科学基金重大项目“近千年来畿辅文化形态与文学研究”和河北省教育厅重大项目“河北学术史与学人研究”的阶段成果。其中收录15位学者的年谱。笔者就赵成杰所作《高步瀛学术年谱简编》（以下简称“赵谱”）做一些订补，以使高步瀛之学术年谱尽量丰富、完善。

一　赵谱概述

高步瀛是清末民初的著名学者，然诸家论述虽有所涉及，但其年谱未明。赵谱是在赵成杰本人所作《高步瀛年谱简编》的基础上修缮而成。《高步瀛年谱简编》从高步瀛之生年（1873）一直编到卒年（1940），而赵谱则只编撰确与高步瀛之生平、学术有关的年份。故从赵谱全文来看，1908年之前的生平、学术因文献稀少故简略，1912年之后至卒年，则相对较充实。

此外，赵谱中对高步瀛之交友、著述也多有考辨，此部分亦是在其所作《高步瀛著述考略》（《重庆科技学院学报》，2013年第7期）、《高步瀛交游新证》（《牡丹江师范学院学报（哲学社会科学版）》，2013年第2期）、《鲁迅与高步瀛交游考论》（《社会科学论坛》，2015年第11期）等文的基础上增删而成。

总体来说，赵谱是迄今为止有关高步瀛之生平、交游、著述、学术研究特点等最为全面的研究，尤其还利用了《贺葆真日记》《胡适来往书信选》等少为人用的材料。虽

---

* 作者简介：刘晓亮（1985－），男，广东开放大学讲师，文学博士，研究方向为20世纪古代文学学术史。

其中存在些许差错，然为我们研究高步瀛奠定了良好的基础。

二　赵谱之校订

首先，赵谱叙述、评价高步瀛之生平、学术研究等多引用前人论著，这些应该加以标注。其次，部分表述存在舛错，故笔者逐条校订如下。

1. 清同治十二年（1873）条

高步瀛之出生地。赵谱谓“生于河北霸县辛店乡北头村”。今北头村隶属于河北省霸州市开发区。而《霸县志》《霸州人物志》皆谓“北庄头村”，今北庄头村仍隶属于辛店乡。

2. 清光绪七年（1881）条

赵谱袭用程金造之说，所谓“故霸县富室，遭捻乱中落”。按，笔者通过查阅捻乱相关史实，并参考郭豫明所著《捻军史》（上海人民出版社，2000年版），考察捻军所到之处，并无直隶霸县。

高步瀛母亲携四女一子迁居河北新安。按，程金造、尚秉和等皆言高父病故后，高步瀛随母张太夫人居新安外家。王森然《高步瀛先生评传》谓“安新”。经查，安新县建制可溯至东汉末年，始建依政县，后唐、宋、金、元、明、清皆有沿革。元时称新安县，至道光十二年（1832）废新安县入安州。至民国三年（1914）始称安新县。民国27年（1938年8月）至民国29年（1940年5月），安新县划分为新安、安新二县。民国29年（1940）至民国33年（1944），又合并称安新县。1944年、1946年、1950年、1958年均有所变革，至1961年从徐水县中析出安新县，县名沿用至今。[1](P347)高先生居外家时为1882年，此时应称“安州”。故诸家所记皆略有差错，王森然称“安新”较合理。高步瀛之长女姚高淑芳在《追念先父高步瀛先生》中亦指出，祖母张太夫人携其父所居地为新安镇，后改安新县。故称安新较适宜。[2]

高步瀛之启蒙老师鄚州黄秉钧。按，赵谱误将鄚州写为邵州。鄚州隶属于河北省任丘市（县级市）。赵成杰引程金造《高步瀛传略》谓“邵州”，然经查《高步瀛传略》原文实为“鄚州”[3]。

3. 清光绪二十年（1894）条

是年高步瀛中甲午顺天乡试举人。关于中举后的行迹多有错乱，实际顺序应为：中举后，“远近争慕其名，聘为师”[4]。而高步瀛亦到莲池书院“应课”，并至永清（今河北省廊坊市永清县）、完（今河北省保定市完县，1993年改名顺平县，仍隶属于保定市）等县教学，“既而长定兴书院”，为书院山长，“弟子承教者，成就甚多”。王森然《高步瀛先生评传》于此曾驳程金造之《霸县高先生行状》所记有误，谓：“先生为定兴书院山长，《行状》谓在入莲池前，误。”

高步瀛在莲池书院的时间为1894－1902年，期间问学于吴汝纶，深受吴氏影响，并结交了吴闿生、傅增湘、谷钟秀、籍忠寅、尚秉和等莲池俊秀，为其日后的学术研究奠定了基础。

4. 清光绪二十七年（1901）条

赵谱谓高步瀛于是年被聘为直隶高等学堂和优等师范学堂教席。按，此为赵成杰袭王森然所记，然有差错。1901 年，袁世凯接替李鸿章任直隶总督，对直隶教育进行了一番改革。1902 年，清管学大臣张百熙、荣庆奏定学堂章程，始开办高等学堂。在此之前，直隶省曾在畿辅大学堂旧址设立直隶省大学堂。但因请不到外国教员而作罢，袁世凯遂将此改为直隶高等学堂，并请美国学者丁家立为总教习，故直隶高等学堂应设于1902 年。[5](P230)

5. 清光绪二十八年（1902）条

赵谱谓高步瀛于是年游学日本。按，目前有关高步瀛生平之介绍，皆谓其于 1902 年到日本留学（考察），归国后襄助严修董理直隶教务，旋调入学部，从此定居北京：

> （1）父亲二十一岁，中甲午顺天乡试举人。……寻赴日本考察教育，习师范。回国后，襄助天津严范孙（修）先生办理直隶学务，任视学委员。严先生嗣官学部侍郎，父亲亦被调充学部编译图书局编纂。[2]
>
> （2）次年（1902），赴日本游学，习师范。既归国，天津严范孙（修）先生为直隶提学使，主冀省教育事，署先生为直隶学务处查学委员。寻改任编纂。……光绪三十年（1904），严氏内用学部侍郎，调学部图书局任编审，兼董理顺天府学务总处。旋奏补为学部主事。[4]
>
> （3）光绪辛丑，先生任畿辅大学堂教席……旋赴日本，卒业宏文师范学院。归国任省视学，学部侍郎严修范孙先生任以图书局编纂，补学部主事。[3]

王森然明确指出高步瀛于 1902 年赴日本留学，姚高淑芳、程金造用了“寻”“旋”表示时间很快、不久的副词，但皆未交代其归国日期。1902 年，莲池书院停办。1902 年7 月 21 日，日本宏文学院创办人嘉纳治五郎启程视察中国。8 月 2 日至 5 日，其与清朝诸要臣进行了会谈，其中访问了时任直隶总督的袁世凯。[6]应该缘于此次会谈，袁世凯遂决定派遣直隶学子（官绅）赴日留学。

高步瀛留学日本宏文学院所学的是师范，同学包括陈宝泉、张良弼、王振垚等。宏文学院的教育分普通科（以日语为主科，以地理、历史、数学、理科为副科，学制 3 年）和速成科两种，速成科的课程因需而设，如师范、警务、理化学等。学习期限也因时而定，分六个月、八个月、一年、一年半等。每年 9 月 11 日开学，7 月 10 日毕业。学年途中来的学生，则随时插入根据学生出生地而编排的班级。[6]

高步瀛为张良弼写的《获鹿张君墓表》有云：“予与张君佑卿，习教育学于东瀛。毕业又同逆旅居。是时皆膺省视学之命。”[7]宏文学院速成师范科的课程里包括教育学、教育史、教育制度等，正合高氏《墓表》所言“习教育学”。1904 年 5 月 21 日，严修出发开始第二次考察日本，至 8 月归国。据其日记 7 月 28 日载，高步瀛与张良弼、徐毓生等于是日晚曾先后拜见严修。[8](P223)以此往前推，根据宏文学院的学习时间、速成科的学习期限，1904 年 7 月张良弼尚在日本，其入学时间是 1903 年，那么他所选的应该是一年半的速成师范科。但高步瀛1904年7月尚在日本，即使其选修的是一年半的速成师范科，亦与其1902年出国留学的时间相差较远。因此，王森然及《中国近代学人像传》所记高步瀛于1902年出国留学应有差错。高步瀛出国留学应该是1903年，而且应与张良弼一样，同受胡景桂选派，归国时间则在1904年8月以后。

另有学者交代，“1903年9月，直隶学校司以举人秀才为合格，共选派23人（保定13人，天津10人），由王景禧率队赴日留学”[9]。天津的10人由严修选送，保定的13人由保定学校司选送，这些人都被安排进入东京宏文学院速成师范班学习。其中“保定13人”的名单中包含张良弼、高步瀛。由此亦可证明上面关于高步瀛出国时间（1903）的推断属实。

6. 清光绪二十九年（1903）条

是条言及高步瀛留学归国后的任职情况，赵谱谓：“天津严范孙先生为直隶提学使，主冀省教育事，署先生为直隶学务处佥学委员，后改任编纂。”

按，首先，严修根本没任过直隶提学使一职。清末教育行政改革，其中有撤学政，设提学使司一环节。学政为旧有教育行政，学部成立后，张之洞、袁世凯等各方人员对学政的去留提出了不同方案。最终，学部和政务处权衡各方案，参照各省学务处的设立，决定撤学政，设提学使司。“提学使一员，秩正三品，视按察使统辖全省地方学务，归督抚节制。……提学使司于省会地方置学务公所，分设总务、普通、专门、实业、会计、图书六课，每课设课长、副长、课员，分曹隶事。……图书课‘掌理编译教科书、参考书’，并兼管图书馆、博物馆事务，与学部编译图书局和专门司相对应。”[10]另设学务议绅四人和议长一人。提学使的设立，使得各省学务处又成一虚职，故提学使到任后，又撤学务处。提学使由学部直接任命，但受地方督抚节制。

袁世凯接替李鸿章任直隶总督后，对直隶教育进行了一番改革。随着各式学堂的兴办，急需一管理部门以保证各项工作的有序开展。为此，1902年袁世凯率先在保定设立直隶学校司，设督办一人总理直隶全省教育。1904年，督办胡景桂升职，袁世凯相中了在天津办学的严修。戊戌政变后，因曾上书奏请开设“经济特科”，严修被勾销职务（原任贵州学政），只挂名翰林院编修虚职。后请假回天津。值八国联军侵华，为借鉴日本教育经验，遂于1902年率两子自费考察日本教育。第一次考察始于1902年8月10日，终于11月27日。此次考察归国后，严修致力于改良旧式教育，兴办学堂，遂引起袁世凯之注意。1904年5月，袁世凯任命严修为直隶学校司（后改学务处）督办。5月9日，严修就职；5月21日，偕张伯苓等再次扬帆日本考察教育。

1904年7月，“遵照学务大臣奏定章程，学校司改为学务处，原设之专门、普通、编译三处改称为局”[11](P30)。学务处设督办一人，下辖参议、专门教育处、书识、普通教育处、司事、编译处、书手、顾问官。其中，编译处负责翻译编纂图书事务。

通过以上梳理可明晰清末的教育行政改革。而据记载，直隶首任提学使为卢靖（受严修推荐），继任者有傅增湘（1909）、蔡儒楷等。严修曾受袁世凯之命任直隶学校司督办，后又任学务处总理（办）。据1905年12月28日的《大公报》报道，“严京卿署学部侍郎，该处总办即以会办卢观察靖升补”[12]。故严修并未任过直隶提学使。

其次，关于高步瀛留学归国后的任职情况。1904 年 5 月，严修任直隶学校司督办。1904 年 7 月，学校司改为学务处。高氏归国后受严修聘用，任直隶学务处顺天府查学员[13]，非赵谱所谓“佥学委员”。1905 年 12 月 6 日，设立学部；12 月 28 日，严修升学部右侍郎，翌年转左侍郎。1906 年 4 月，直隶设提学使，下辖视学 6 人、图书课等部门。故高步瀛应在 1906 年 4 月后任视学。张良弼曾作为视学与陈恩荣、焦焕桐、高奎照于 1906 年视察天津各学堂情形[14](P275－276)。此又可印证高步瀛《墓表》所言“皆膺省视学之命”。后高步瀛被严修调入学部，学部辖有图书司，其中有编译科，高步瀛所任图书局编纂（编审），应为编译科之职责所在。

7. 清光绪三十二年（1906）条

赵谱谓：“北洋官报局出版了高步瀛与陈宝泉编写的《民教相安》（石印本）。”按，高步瀛与陈宝泉之交谊可溯至留学日本时期。1903 年陈宝泉受严修推荐留学日本宏文学院，与高步瀛所学同科（速成师范科）。归国后，陈宝泉任职直隶学务处公所图书课副课长，其间与高步瀛合编面向普通民众的读物：《国民必读三编》（直隶官书局光绪三十一年版）、《民教相安》（北洋官报局光绪三十一年版）及《国民镜》。其中，赵谱将《国民镜》之出版年份系于 1906 年，实为 1905 年。

8. 民国三年（1914）条

是条介绍高步瀛参加寒山诗社、稊园社事。关于寒山诗社、稊园社之发展，赵谱交代得较清楚。其中，高步瀛所作《奉和颖人先生稊园落成元韵》诗之背景尚不够清楚。稊园落成之时（1914），关赓麟邀集社中同仁赋诗吟咏。除却吟诗填词，还由李霈绘制了《稊园雅集图》长卷，引首请到徐世昌题写，后有 18 人题跋：关赓麟、高步瀛、赵惟熙、樊增祥、金葆桢、陈振家、翁廉、杨毓瓒、郭曾炘、刘敦、贺良朴、李滨、陈歗湖、朱绍阳、唐益公、叶恭绰、商衍鎏等。

是年 3 月，就任国史馆长的王闿运曾邀集天下名流共赴法源寺开留春宴，人各赋诗，一时盛事，高步瀛亦参与了这次盛事。

9. 民国九年（1920）条

是条涉及高步瀛参加思辨社事。按，据杨树达回忆，1922 年 5 月，“思误社（后改‘思辨’）假歙县馆为第一次会集。晤歙县吴检斋（承仕）、程笃原（炎震）、洪泽丞（汝闿）、盐城孙蜀丞（人和）。……孙为次公（按邵瑞彭，字次公）弟子，北大法科学生。四君外为邵次公、朱少滨、尹石公及余，凡八人。以后两周一集。后来陆续入社者有陈援庵（垣）、高阆仙（步瀛）、陈匪石（世宜）、席鲁思（启駉）、邵伯絅（章）、徐森玉（鸿宝）诸君”[15](P16)。又李泰棻（字革痴）回忆：“一九二零年左右，北京有‘思辨社’之集。社员仅十余人，据所记忆者为：黄侃、邵章、邵瑞彭、杨树达、吴承仕、陈垣、尹炎武、洪泽臣、陈匪石、朱师辙、孙人和及余。……一九二五年冬，余出长绥远教育，离京出社，继以黄、陈、尹、洪等先后南下，社亦无形解散。”[16](P340) 李泰棻所忆与杨树达所记稍有差异。

10. 民国十八年（1929）条

是条谓：“秋，应王晋卿吴北江等人之邀，就任沈阳萃升书院讲习。”按，1928 年 12

月29日，张学良通电全国，宣告东北三省易帜。在于省吾的建议下，张学良决定重建萃升书院。后其遣使赴京敦请王树楠、吴闿生赴奉执教。高步瀛亦受聘。然关于高步瀛在萃升书院教学的时间，一直未有定论。王立群谓："高步瀛任教萃升书院，当在张学良重建学院（1928）之后与1931年为日军解散之间。"[17]据金毓黼给高步瀛《选学纲领》所写的"识语"中言"今年秋，先生来主萃升书院讲席"[18]。《选学纲领》刊于1930年的《东北丛刊》上，故"今年秋"应该指1930年。至1931年九一八事变爆发，高步瀛退归北京。

三 赵谱之增补

关于赵谱，现增补以下条目。

1. 高步瀛与陈垣往来书信

高步瀛与陈垣交游颇深，二人曾同在教育部任职，且陈垣为高步瀛上司。晚年高步瀛亦曾至辅仁大学任教，校长为陈垣。但二人之间流传于今的书信却很少，其中有一封写道：

> 圆庵先生左右：
>
> 数日不晤，念念。部中同人拟流通《四库全书》，钞写时间及值价均粗有计算，尚未确定，此事是否能成，今姑不论。同人令弟撰一广告缘起，弟于此事平日未甚考究，仅就所知勉成一稿，未敢自信。同人等均深佩先生于此中历史研求精确，特将敝草呈阅。误处务希是正，以便修改。非独弟一人受益，亦部中同人所亟拜赐者也。拜手以请，伏乞教正。并颂节禧。弟高步瀛顿首。一月廿二日。[19](P346)

上札中所谓"部中"应为教育部。"拟流通《四库全书》"一事，应为影印文津阁《四库全书提要》。

据文渊阁《四库全书》影印本"前言"介绍，"1920年，前辈知名学者陈垣就曾亲自对文津阁本进行清查，统计全部收书3462种，列有103架，6144函，36277册，2291100页。陈垣先生还细阅文津阁本所收书的提要，发现与《四库全书总目提要》有不少差异，因此与几位学者共同撰写《景印四库全书提要缘起》一文，建议将文津阁本的提要汇集影印出来"[20]。故上中所谓"同人令弟撰一广告缘起"，应指此事。由此亦发现"缘起"一文乃高步瀛操刀，而终经陈垣改正，非影印本"前言"所谓陈垣"与几位学者共同撰写"。

高步瀛为此事撰写"广告缘起"，乃部中之务。故为"流通《四库全书》"所撰写的"广告缘起"，高步瀛特请对《四库全书》"研求精确"的陈垣"是正"，既是求教于方家，亦含向上级汇报之意。此信虽未署年份，但通过上述梳理，又陈垣于1922年5月辞去教育部次长职务[19](P823)，故可推测当为1921年"一月廿二日"。查检1921年1月22日乃农历腊月廿五，距除夕还剩5天，故结尾云"并颂节禧"。

高步瀛另有三通致陈垣信，具体参陈智超编《陈垣来往书信集》，然均未署年份。

2. 高步瀛与杨树达之交往

杨树达（1885—1956），早年受业于叶德辉、胡元仪，便立下治训诂学之志。1905年留学日本，武昌起义后归国，先在长沙各校任讲席。1920年8月底入京，“到教育部国语统一筹备会任职，兼任北京师范学校国语法，北京法政专门学校日文教员”[15](P14)。1921年2月，“以钱玄同之介任北京高等师范学校国文法教员”[15](P15)。至1938年避乱返湘，受聘于湖南大学，其在京前后共17年。期间，与高步瀛常有书信往来，讨论学问；高步瀛亦多次将其所著书赠予杨树达，如《唐宋文举要》《文选李注义疏》等，还曾替邵瑞彭转交赠书与杨树达。现将二人之交接考述如下：

其一，二人之订交始于1922年2月，据杨树达云，是月“始识霸县高阆仙（步瀛）”[15](P16)。是时，高步瀛任职教育部，受陈宝泉之请，兼赴高等师范学校任课。二人既是教育部同僚，又皆任教于同一所大学。

其二，1926年12月22日，高步瀛将其所著《古文辞类要注》一册赠予杨树达。[15](P30)高步瀛有两种关于《古文辞类纂》笺疏之作：《古文辞类纂笺》（75卷）及《古文辞类要笺证》（18卷）。据《古文辞类纂笺》（影印本）的出版说明，“该书体例大致为：姚氏《序目》散见各类文章之前，对《序》悉加详笺，（或因文辞浅鲜，姚疏序言前后两小段高笺未予收入）。对《目》则详注各选本选入情况于目下。类下按作者编排，文章选篇系于作者之下”[21]，“《古文辞类纂笺》类似专书辞典性质……《古文辞类要笺证》则是以篇章为单位，对姚氏《古文辞类纂》进行笺释。此书尚未有点校本出版”[22]。杨树达云，此次所得赠书“止论辨类”，而姚鼐《古文辞类纂》正以文体系篇，“论辨类”恰为其所分十三类文体之第一类。故结合以上所述，杨树达所得应为《古文辞类要笺证》。该书成书于1927年，与1926年相差无几，当是高步瀛先成“论辨类”即赠予杨树达。

其三，1927年12月22日，杨树达致高步瀛书，内容“为补《离骚注》二事。次日覆，以余说为是”[15](P34)。高步瀛对李善、王逸注颇尊尚，“谓王、李之注，应视若经子单注，更宜引伸，详为疏解，以成大观”[23](P666)。

其四，1928年4月30日，杨树达致高步瀛书：“阆仙昨日以李善注《羽猎赋》引‘杜邺上书，三垂晏业’之语相问，遍检诸杜上书，不得。今日复检，乃知其出《谷永传》，盖以永、邺同传，故善误题也。急告知阆仙。”[15](P37)然查《羽猎赋序》：“虽颇割其三垂，以赡齐民。”李善注曰：“三垂，谓西方、南方、东方。武帝侵三垂以置郡，故谓之割。《汉书》，杜钦上书曰：三垂蛮夷。又雄上书曰：北狄，中国之坚敌，三垂比之县也。”[24](P1892-1893)高步瀛所引李善注乃“杜钦”，非杜邺。又“三垂晏业”之说，杨树达指出乃谷永所言，查《汉书》，谷永所言为：“方今四夷宾服，皆为臣妾，北无薰粥冒顿之患，南无赵佗、吕嘉之难，三垂晏然，靡有兵革之警。”[25](P3451)“晏然”与“晏业”又不同。

其五，1929年2月2日晚，高步瀛宴请樊增祥，招杨树达作陪。时樊增祥年八十五，然“精神尚健”。席间，杨树达问樊增祥“养生之方”，樊答曰“独宿”[15](P42)。樊增祥

《高母张太夫人八十寿言序一》谓："仆年且七十始识高子阆仙于京师。"樊氏生于1846年，樊高二人订交应在1915年前后。姚高淑芳亦曾追忆："恩施樊樊山（增祥）先生和父亲算是忘年之交，他比我父亲长二十八岁。常常来家中同父亲谈诗论文，或一同出去吃吃小馆子，偶尔也约集一两位朋友，到戏园里听听京剧。我们结婚时，他亲笔写了一副'玉树欣看并肩倚，梅花知是几生修'的贺联送来，下款是'八四老人樊增祥拜贺'。"[2]高步瀛论"学文之功夫"，在谈及"为文章""摭录典故、选择辞句以备应用"时，曾引"樊樊山尝与予言，其少年用工时，曾手录新颖典故十数巨册，故至晚年作诗文，犹喜用僻典，即其幼年所蓄也"[26](P1315)。此正合姚高淑芳所谓"同父亲谈诗论文"。

樊、高二人又皆为寒山诗钟社成员，据《小说月报》第十卷第七号所载"寒山社诗钟（续）四"，参与者有高步瀛、樊增祥、邵瑞彭等。"大约在民国六、七年间，他们这批文人，每月总有几晚，聚集在北平宣武门外江西会馆，为诗钟消遣。在诗钟社角艺文，斗掌故，父亲得着不少的奖品。"[2]

其六，1932年至1936年，高、杨二人往来以赠书为主。计有高步瀛所著《文选李注义疏》第四册[15](P65)、《唐宋诗举要》[15](P74)、《文选李注义疏》第一卷再版本[15](P78)、《唐宋文举要》甲编八卷[15](P83)、《唐宋文举要》乙编[15](P81)、《文选李注义疏》第七册[15](P90)。并有邵瑞彭著《太誓决疑》[15](P104)、《尚书决疑》[15](P116)，皆由高步瀛转交杨树达。杨树达对高步瀛之学问多所称赞，评其《唐宋文举要》"注释详明，伟著也"。

其七，1940年8月4日，杨树达致书高步瀛，与其讨论杜诗之注释。谓："杜诗'刘向传经心事违'者，传经者谓传经于子歆。向反王氏而歆助王氏，故曰心事违也。又'若为看去乱乡愁'，'若为'与'教妾若为容'之'若为'同，意如今语之'怎样'。以阆仙《唐宋诗举要》不及此二义，故告之。"[15](P161)高步瀛于"若为看去乱乡愁"句只引朱鹤龄曰："言幸尔不折花来寄，若看之必动乡愁矣。只此江梅独发，已催人老，况又见东亭之早梅乎？"[27](P560)于"刘向传经心事违"引《汉书·刘向传》曰："向本名更生，初立《穀梁春秋》，徵更生受《穀梁》，讲论六经于石渠。成帝即位，更名向，诏向领校五经秘书。"又引钱谦益曰："刘向虽数奏封事不用，而犹居近侍，典校五经。公则白头幕府，深愧平生，故曰心事违也。"[27](P579)杨树达所示解释，高步瀛确"不及"。

其八，1941年3月12日，杨树达得高步瀛去世讣告，"为之不怡"，其评高氏曰："阆仙博洽，人品方正。彼死后，北方无学人矣。"[15](P171)高步瀛卒年，程金造指为1940年11月。杨树达慨叹"彼死后，北方无学人矣"，虽有过誉之嫌，但高步瀛之学术成就，确可为北方乃至全国学界一代表。北京师范大学学生为钱玄同和高步瀛开追悼会，胡适即席发表演说，称："钱先生是南方学人的典型，高先生是北方学人的代表。"[2]

3. 赠金毓黼书

金毓黼（1887—1962），号静庵，灯塔市（今辽宁省辽阳市）八家子村人。曾就读于北京大学堂文学门。历任奉天省立一中、奉天文学专门学校教员，奉天省议会、东北行政委员会秘书，辽宁省政府秘书长，东北大学史地教授，省政府委员兼教育厅厅长等职。九一八事变后被迫出任伪职，先后担任伪奉天公署参事官、伪奉天图书馆馆长、奉天通志馆主纂。1936年，借访日之机，辗转逃回上海。后经蔡元培、傅斯年介绍，任中央大学史学教授，后兼系主任。此后又曾任教于北京大学、辅仁大学。著有《渤海国志长编》《东北通史》《中国史学史》《宋辽金史》等，编有《辽海丛书》、《奉天通志》、《明清内阁大库史料》（第一辑）等。

金毓黼在其《静晤室日记》中曾记与高步瀛赠书：

> （十一日）高阆仙先生贻我《文选义疏》第二卷一册，新在北平印成者也。《文选》原为三十卷，李善注本更析为六十卷，高氏按李氏卷帙依次注之，半年著成一卷，须三十年而始毕，此为绝大著作，固非旦夕所能就也。昔者班固著《汉书》，竭二十年之力而未能完篇，死后由其妹昭续成之。清儒胡培翚撰《仪礼正义》，陈鹤撰《明纪》，皆未成书，由其子续成之，甚矣著书之难也！高氏年五十余，精力尚未衰，如能于十年中完成此疏，诚为《选》学之幸。特以限于生事，未克专心致志于力，教授课程耗其心力之半，如此而欲其早成，岂可得哉？鄙意宜由公家给以笔札，优以暇日，内无家室之忧，外无课程之累，如司马光之以书局自随，又有博学多通之士分其编检之劳，虽限于五年成书，亦易事耳。当局其有意乎？余日夜望之矣。[28](P2574-2575)

高步瀛任教萃升书院时，金毓黼任辽宁省政府委员兼教育厅厅长，故二人多有交接。高步瀛之讲义《选学纲领》、所作《四库全书选印目录表》（《东北丛刊》1931年第15期），金毓黼都加“识语”“题识”予以评介和称扬。

高步瀛之学术年谱仍有待新材料之发掘，以期达到“尽善尽美”。

参考文献：

[1] 尹文儒主编，河北省地名委员会编．河北省地名词典［Z］．石家庄：河北科学技术出版社，1991.

[2] 姚高淑芳．追念先父高步瀛先生［J］．传记文学，1970（5）.

[3] 程金造．高步瀛传略及传略后记［J］．晋阳学刊，1983（4）.

[4] 王森然．高步瀛先生评传［J］．北华月刊，1941（5）.

[5] 陈宪庚，吴金贵编．保定市北市区地名志［M］．石家庄：河北科学技术出版社，1990.

[6]〔日〕大江平和．宏文学院与中国留学生生活［D］．中国社会科学院研究生院2002届硕士学位论文．

[7] 高步瀛．获鹿张君墓表［J］．国学丛编，1932（5）.

[8] 严修撰，武安隆、刘玉敏点注．严修东游日记［M］．天津：天津人民出版社，1995.

[9] 樊国福．留日学生与直隶省教育近代化（1896-1928）［D］．河北大学2012届硕士学位论文．

[10] 关晓红．晚清学部研究［D］．中山大学1999届硕士学位论文．

[11] 朱有瓛等编．中国近代教育史资料汇编·教育行政机构及教育团体［M］．上海：上海教育出版社，1993.

[12] 时事·总办学务［N］．大公报，1905.

[13] 汪婉．晚清直隶的查学和视学制度——兼与日本比较［J］．近代史研究，2010（4）.

[14] 朱有瓛主编．中国近代学制史料（第2辑上）［M］．上海：华东大学出版社，1987.

[15] 杨树达．积微翁回忆录　积微居诗文钞［M］．上海：上海古籍出版社，2013.
[16] 李泰棻（署名革痴）．忆思辨社［A］．张伯驹．春游社琐谈［C］．北京：北京出版社，1998.
[17] 王立群．20世纪现代《选》学对清代传统《选》学的继承与发展［J］．阜阳师范学院学报，2002（1）．
[18] 金毓黻．选学纲领识语［J］．东北丛刊，1930（11）．
[19] 陈智超编．陈垣来往书信集［M］．上海：上海古籍出版社，1990.
[20] 前言//影印文渊阁《四库全书》［M］．台北：商务印书馆，2010.
[21] 高步瀛．古文辞类纂笺［M］．长春：吉林大学出版社，1997.
[22] 赵成杰．高步瀛著述考略［J］．重庆科技学院学报，2013（7）．
[23] 尚秉和．高阆仙先生传［A］//卞孝萱，唐文权编．民国人物碑传集［C］．南京：凤凰出版社，2011.
[24] 高步瀛．文选李注义疏第四册［M］．北京：中华书局，1985.
[25]（汉）班固．汉书卷八十五［M］．北京：中华书局，1962.
[26] 高步瀛．文章源流［A］//余祖坤．历代文话续编下册［C］．南京：凤凰出版社，2013.
[27] 高步瀛．（全本）唐宋诗举要（下册）［M］．北京：中国书店出版社，2011.
[28] 金毓黻．静晤室日记（全十册）（卷第六十）［M］．沈阳：辽沈书社，1993.

夏传才先生的学术研究

王长华*

摘　要：夏传才先生是中国当代著名的古典文学研究专家，他的学术成就是多方面的，在诗经学、三曹研究、经学与古文论研究、诗歌研究等方面都取得了卓越的成就。夏先生曾从事新诗创作，旧体诗词之作亦颇丰盛，出版过多部诗集，主编多部文学作品集和教材。夏先生又是著名的社会活动家，筹办了“中国诗经学会”并成功举办了多次国际会议，产生了深远的影响。

关键词：夏传才；古典文学研究；诗歌创作

夏传才先生（1924－2017），安徽亳县人，1945年毕业于南方大学中文系。早年投身革命，组织地下工作，历任《中原日报》记者，晋察冀边区民政处、军区民运部干事。学习工作之余坚持新诗创作。1949年后先后任教于北京师范大学、河北天津师范学院、河北师范学院、河北师范大学，从事中国古代文学、古代文论的教学与研究。先生治学范围广泛，其学术面向涉及诗经学、三曹、先秦诸子和古典文论等研究领域，学风朴实，学术眼光敏锐。

一　诗经学研究

在先生的学术研究中，有关《诗经》的部分无疑是其大端。已出版的诗经学论著主要有《诗经研究史概要》（1982年）、《诗经语言艺术》（1985年）、《思无邪斋诗经论稿》（1995年）、《诗经语言艺术新编》（1998年）、《二十世纪诗经学》（2005年）、《诗经讲座》（2007年）、《不学诗，何以言》（2015年），主编著作有《诗经要籍集成》（初编）（2002年）、《诗经要籍提要》（2003年，与董治安先生合作主编）、《诗经学大辞典》（2014年）、《诗经要籍集成》（二编）（2015年）等。

关于先生研治《诗经》的缘起，他在自传体文章《我的治学之路》中曾经谈到。青年时期的先生原本是个写新诗的诗人，有感于“郭老《卷耳集》的今译多不合原意”，便萌生了自己白话译《诗》的意愿，然终因时局动荡，未能如愿。这是先生与《诗经》

* 作者简介：王长华（1956－），男，河北师范大学文学院教授，博士生导师，研究方向为先秦两汉文学与文化。

的最早交集。"文革"结束后，二十四年的劳改流放生涯宣告结束，先生平反重回大学讲台。因荒废多年时间，先生内心充满紧迫感，加之考虑到当时中国的社会大环境，先生毅然选择回归古典文学研究，以完成青年时代有关《诗经》的种种夙愿。先生自1979年投入学术研究以来，在诗经学研究方面用力最多最勤，留给学界的贡献也最大。

先生的《诗经研究史概要》是现代诗经学史研究的奠基之作。早在1923年，胡适在《〈国学季刊〉发刊宣言》中就发起了对二千多年的《诗经》研究来一次"总清算"的倡议。然而在那个轰轰烈烈的时代，基于反传统的时代热情而响应者虽不少，但真正从学术出发且做出扎实成绩的却不多。1926年，胡朴安《诗经学》一书问世，这是中国第一部诗经学史著作，初步综合了诗经学史研究的材料，但整体看，研究内容未能超出传统经学的范围，因此还略显单薄。半个世纪后，直到1982年，先生《诗经研究史概要》一书出版问世，才终于填补了此项研究的空白。《概要》既是对二千多年《诗经》学术研究的概括和总结，也一定程度上为日后的诗经学史研究奠定了基础，指明了方向。此后，相关的诗经学史研究著述层出不穷，这无不有赖于先生的开创之功。

在中国古代，《诗经》作为经学的重要组成部分，是儒家政治伦理的必读教科书。进入20世纪，随着西方思想和学术的东渐，《诗经》更多被视为中国古代诗歌的元典。因此，《诗经》研究既受到古代经学学术思想的影响，也同时不得不伴随着现代学术转型而进行调整。基于此，先生将《诗经》研究史划分为五个时期：（1）先秦时期；（2）汉学时期（汉至唐）；（3）宋学时期（宋至明）；（4）新汉学时期（清代）；（5）五四及以后时期。如果说，先生概述诗经学史的五个阶段，更多承袭传统，那么他在五阶段中明确提出了"三个里程碑""两个阶段"说，以及清代"独立思考派"等理论总结，就是全新创造了。

"三个里程碑"体现出先生对几千年来学术思潮的清晰认识和理性把握。就《诗经》研究而言，尽管时代已进入新纪元，但对她的研究依然脱离不开纵贯两千余年的经学研究。因此，在对古代经学发展变化的宏观把握基础之上，又结合《诗经》自身研究的特点和规律，先生大胆提出了诗经学史中的"三个里程碑"说，即《诗经》研究史上有三部最具代表性的著作：郑玄《毛诗传笺》、孔颖达《毛诗正义》和朱熹《诗集传》。之所以做出这样的判断，是因为在他看来，每一个里程碑著作都是集此前数百年《诗经》研究之大成，同时又反映出当时学术研究的新水平和新境界，并且在此后仍产生相当深远的影响。先生这一理论成果在《概要》中最早提出，并在以后的《思无邪斋文钞》中进一步深化并最终成型。同时，先生在《概要》中还期待当今学界能够完成一部新的集大成著作，从而建立我们这个时代的新的里程碑。

"两个阶段说"则是针对古今诗经学研究性质的差异而做出的概括。先生把《诗经》研究史分为两个大的阶段，即五四以前为传统诗经学，五四以后属于现代诗经学。这一学术阶段划分标准至今仍为学界所普遍沿用。《概要》一书对传统诗经学和新中国成立前的诗经学史发展论述颇详，而《思无邪斋诗经论稿》《二十世纪诗经学》中的《20世纪〈诗经〉研究的发展》《现代诗经学的发展与展望》等篇章中，则对20世纪的诗经学做了更为详尽全面的分析和讨论，问题涉及越来越多，论证也越来越扎实周延，可以说是对《概要》的补充和完善，从中可见先生学术思考的不断追求和探索。所以，览先生

《诗经研究史概要》和《二十世纪诗经学》两书，我们就能对两千多年来《诗经》研究发展变迁的基本面貌有宏观的认识。

“独立思考派”是先生对清代姚际恒、崔述、方玉润三位学者《诗经》研究特点的概括，认为他们“不带宗派门户偏见，能够独立思考，自由研究，探求《诗经》各篇本义，并且有显著成绩”。清代学术思潮始终贯穿着汉学宋学之争、今古文学之争，诗经学各派内部也存在各种学术论争，而此三人却能不为时潮左右，摆脱门户之见，以求实的精神寻绎诗义，对各家注疏逐一辨析，穷委究源，谨言自守，又能自立新说且自圆其说，由此便开拓出有清一代《诗经》研究的新风尚。“独立思考派”的界定、述论和命名，是先生对清代诗经学发展清晰考证、理性辨析的结果，认为不主汉宋，无所依傍，自由研究即为这一“学派”的共同特点。尽管学界并非所有学者都能欣然同意和接受这一新说法，但此说一经先生提出，就成为后来学界不断征引和不断讨论的对象，由此足可见出先生理论创新的勇气和创新成果对学界的影响。

《诗经》研究中存在诸多公案，在《诗经研究史概要》一书中，先生就从诗经学的几大公案切入，如关于“三百篇”的产生时代和地域，诗是否入乐和风雅正变、风雅颂的分类，“三百篇”的编订、流传和应用等，梳理和评述各个时期关于上述问题的主要观点。正如先生所说，“任何科学的研究，都必须批判地继承前代的资料，了解本学科的专门史，掌握相关学科的基本理论”。梳理前人研究成果并对其进行评述，是《诗经》研究的基础，理性缜密的评述也自然会为这些古老公案的研究赋予不可或缺的当代价值。此后，上述内容又在《诗经讲座》一书中反复申述，其说可备学界研究参考之用。

传统的诗经学过多关注各种注释本，兴趣和成绩多停留在经学研究层面，而相对轻视和忽略了《诗经》的文学研究。在《概要》一书中，先生开辟“从《文心雕龙》到唐代诗人论《诗经》”一章，专门讨论从魏晋六朝到唐代文学理论著述中涉及的诗经学话题，如《文心雕龙》《诗品》等文论诗论著作的相关内容以及李白、杜甫等诗人眼中的《诗经》问题。先生梳理古典文论对《诗经》艺术特点的挖掘，探讨“温柔敦厚”的诗教传统和赋、比、兴的基本表现手法，讨论《诗经》“风雅”精神和现实主义创作经验对古典诗歌的影响等。而到了明清时期，各种诗话、札记类作品大盛，先生又以《姜斋诗话》《随园诗话》等诗话类作品为代表，讨论清代在汉学复盛的局面下，《诗经》文学性研究的历史潜存与活跃状态。

综观先生对古代诗经学史的梳理，读者可以清晰地看出，即便在考据学占据主流的情况下，《诗经》的文学性研究依然没有中断。而近代以来，在西学视域下，《诗经》更多被看作文献史料，是古典诗歌，是文学作品，其学术地位、学术性质较传统研究发生了巨大转变。这种转变如此顺利和迅速不仅与强大的西学东渐潮流有关，与五四新文化运动有关，同时也离不开对传统诗经学中文学性研究的愉快接受和自觉推动，一定程度上说，既是更张易辙、对经学的反动，同时也是传统一脉的逻辑延展。从以上讨论，可见先生学术眼光之敏锐，对《诗经》文学性研究从古至今发展脉络把握之清晰和细腻。

此外，先生还对《诗经》的语言艺术做了大量的讨论。从历史上看，《诗经》大多数情况下都是作为儒家诗教思想的体现，从伦理角度解读远远多于关注其文学特征。即便是近代以来研究旨趣发生改变，但对于《诗经》语言艺术特点的挖掘仍然比较肤浅。因此，在《诗经语言艺术》一书中，先生做了系统而专门的讨论。先生认为，诗歌作为表情达意的有意味的形式，其语言形式表达必定是为思想和内容服务的，因此对《诗经》语言生动性和丰富性有了更深入的认识，才能更好地把握《诗经》文学艺术的特点。《诗经》以四言为主，间及三言、五言等其他句式，句型变化参差，“在表达上活泼自然，显示出错落有致的形式美”。重章叠唱的章法和双声叠韵的用词方法，以“复沓的形式，表达了鲜明的节奏感和音乐性，从而创造了浓郁的诗意”，同时还“增强了诗的形象性，加强了语言的音乐性，为语言艺术创造了丰富的经验”。此外，先生还总结论述了《诗经》赋、比、兴的艺术表现手法，并特别谈及“赋”法，认为“赋”除了人们通常理解的“敷陈”“直言”外，与古典文论中素有的“言有尽而意无穷”“意在言外”的说法也有关系。他以《周南·卷耳》第一章为例，认为“其中蕴含了许多言外之意”，在路边采卷耳的妇女，因为“怀念行人而无心采撷”，把筐放在大道上，可以“想象她正在向大道的远方张望，表现出思念的殷切”。诗中虽然没有明说妇女的思夫之情，一“采”一“寘”，只是对两个动作的敷叙铺陈，“思妇的心境和形态，都在不言之中”。先生关于“赋”如此细致入微的阐释也给研究者带来很多启发。

二　学会建设与学术推动

中国读书人几乎每每心中都存有“三立”的理想，其中立德是毕生追求，立言是生命底色，而立功能否付诸行动和实现则常常因人而异，兼济或独善也完全是学者自己的选择，而先生在这方面却是兼顾的，而且取得了卓越的成就，这集中体现在“中国诗经学会”的筹办和历届《诗经》国际研讨会的成功召开方面。这些工作一方面可以见出先生身上难得的“怀天下”的胸襟和理想，亦可见出其独特的超出常人的社会活动能力。

自1979年回归学术研究，10年之后，先生在学界特别是在《诗经》研究界已经奠定了较高的地位，也积攒了相当的人脉。但先生不是独守一经的纯书斋学者，而是一位既致力于文学致力于《诗经》研究、埋头苦干的勤奋学者，又是一位有很强交际能力和组织能力的学术掌舵人。因此，1991年，先生大胆启动了“中国诗经学会”的筹备工作，并在当年夏天在国家教育委员会获得备案。1993年，中国诗经学会筹委会在石家庄成功举办第一届“诗经国际学术研讨会”，1994年，诗经学会最终获批正式成立，先生担任学会首任会长。在这三年间中，先生一方面为学会的成立和建设奔波忙碌，斡旋于政府相关部门之间，另一方面积极联系国内外知名学者，为中国诗经学会广泛招揽汇聚人才。最终，正如先生所愿，中国诗经学会的成立不但推动了《诗经》学术研究的繁荣，为《诗经》研究走出国门、联络世界架起了桥梁，更为重要的是，借由中国诗经学会这个平台和场阈，一批又一批青年学人被吸引过来，开阔视野，得到培养，不断在学术研究方面取得新进步。

先生任会长期间，中国诗经学会成功举办了九届《诗经》国际学术研讨会，每届会后都有研讨会论文结集出版。另外，自2001年起，学会还定期出版《诗经研究丛刊》

（先生在任期间共出版二十五辑），为广大《诗经》研究者提供了学术交流的阵地。同时，先生还组织学会同仁编纂大型《诗经》文献集成《诗经要籍集成》丛书，作为清理《诗经》文化遗产的一项重要工程，具有重要的学术价值。

早在1993年中国诗经学会创立之初，先生就提出编纂丛书的计划，并且得到海峡两岸专家的热烈响应和热情支援。《诗经要籍集成》（初编）积十年之功编撰而成，收集自汉代至民国初年有代表性的《诗经》要籍一百四十一种，每书后附有提要。由于初版印量少，该丛书第一版早已售罄，有学者因买不到而不得不前来石家庄复印全套四十余万页的这部大书，这也使得先生认识到，“此类按学科择要辑集古籍资料的大型丛书，符合发展人文社会科学的需要”，于是又将丛书续编排上了中国诗经学会的工作日程。随着近年考古新发现中诗经学文献的不断增多，以及其他学术资料的研究进展，中国诗经学会陆续编纂出《诗经要籍集成》（二编），同时对初编本进行修订，择善本而从，删汰和补充了个别书目，重新撰写了部分提要，内容日臻完善，并重新出版。两套丛书的出版，既为学界的《诗经》研究提供了可资利用的基本文献资料，又展现了当代两岸和国际《诗经》文化交流的具体成果。特别是，为了方便研究者“辨章学术，考镜源流”，丛书在编撰体例上，仿四库体例，为所选要籍撰写提要，未编选者存目亦附简明提要。2003年，先生与董治安教授合作主编的《诗经要籍提要》一书撰成出版，极大地方便了《诗经》学者的翻检使用。

2014年，在先生的规划设计下，他担任主编的《诗经学大辞典》也由河北教育出版社推出，这是中国诗经学会专家学者通力合作编撰而成的一部大型工具书。此项工作始于2011年，历时三年完成。该书总括传统、现代、世界三大部分诗经学的主要内容，站在时代学术前沿，充分吸收了近年来《诗经》研究的最新成果，不但对诗经学的基本构成、主要内容、学术流派等予以总结性介绍，同时也对散见于各种古籍中的研究资料进行了分门别类的汇总，非常便于读者查检。

《诗经》作为古老中国文明的代表性典籍，也是全人类重要的文化遗产。基于这样的认识，先生不仅关注中国大陆、港台的《诗经》研究，同时也致力于在更大更广的范围内推动《诗经》研究的发展，这些想法，早在他发表于20世纪90年代末《河北师院学报》的《略述国外〈诗经〉研究的发展》一文中就有过较为详细的论述。正是基于这样的考虑，先生又竭力推动中国诗经学会“世界汉学诗经学”丛书的编纂出版工作，丛书计划依照《诗经》在国外传播的状况分国别编辑一套丛书，丛书设计分为五个部分，即“英语国家《诗经》的传播和研究”“法国诗经学”“日本诗经学”“韩国诗经学”“德国、意大利、俄罗斯诗经学”，这套丛书的编辑出版工作目前正在进行中。

人文学科在转化为实际生产力方面具有天然的劣势，但是并非没有途径可寻。先生早年不仅是诗人，还做过大报记者，更重要的是，先生始终怀揣为人民为社会服务的理想，因此他研治《诗经》从事学术研究，并未仅将其视为束之高阁的庙堂学问。在这样的思想指导下，中国诗经学会先后配合河北河间、陕西合阳、湖北房县等地方政府，开展开发《诗经》地方文化资源的活动。先生认为，这些地方本身具有《诗经》开发和研究的天然优势，如河北河间是汉初《毛诗》的发祥地、传播地，陕西合阳是孔子弟子子夏的传《诗》地，湖北房县是《诗经》中西周诗人尹吉甫的籍里。地方政府有基础建设支持，辅以中国诗经学会的学术文化优势，一定会对当地文化建设和文化开发产生积极的推动作用。目前，三地有关《诗经》的文化产业都取得一定的社会效益，这也进一步推进了《诗经》文化在大众中的传播。

三 三曹研究

20世纪80年代初，河南中州古籍出版社为“中州名家集”丛书组稿，出版方了解到先生的三曹研究基础和研究兴趣，遂约先生完成《三曹合集》。先生当时因工作太忙，只完成了《曹操集注》，1986年出版，余下的曹丕集、曹植集工作便停了下来。此后，在天津唐绍忠先生协助下，先生又完成了《曹丕集校注》，并于1992年出版。曹氏父子作为建安文学的倡导者和文坛领袖，他们和建安七子长期活动在当时的政治中心邺城，即今河北省临漳县邺城镇，文学史上遂有“邺下文人集团”这个称谓。进入21世纪，河北省社会科学基金项目为先生领衔的“建安文学全书”立项，利用这个机会，先生把以前的《曹操集注》《曹丕集校注》又重新整理修订，收入全书，2013年由河北教育出版社出版，以嘉惠学林。

曹氏父子为沛国谯人，也就是今天的安徽省亳州市人，先生与曹氏父子为故里同乡，亳州的地域文化熏陶哺育了汉末的曹氏父子，也教育培养了夏传才先生。曹操早年南征北伐，创建勋业，其后以邺城为中心，并在此创作了大量的古体诗歌、辞赋。先生早年亦走南闯北，意气风发，为心中的理想事业奔走，后期寓居燕赵，从事古典文学研究与文学创作。虽时隔1700余年，但曹氏父子与先生的境遇却有着太多的不谋而合。文治武功方面，先生自然不能与曹氏父子相提并论，但是相仿的时代境遇，相似的生活遭际，使得先生对曹氏父子产生了深切的认同感和莫名的熟稔，因此，由先生来为这陌生的熟悉人、为著名“乡贤”的诗文集作注，实在是再合适不过了。

在建安文人中，先生更钟情于曹操。曹操其人，家喻户晓，但受《三国演义》和旧戏曲的影响，历史流传中的曹操多是以“白脸奸臣”的反面形象示人，是一种脸谱化的展示，在日用而不知的文化传播中，后人很难看到历史上真实的曹操。民国时期，鲁迅、郭沫若等人开始为曹操“翻案”，力图拨云见日还原出真实的曹操其人：一位杰出的政治家，一位有着浓厚的法家思想、灵活头脑、宁负天下人而不为天下人负的形象。这是从历史角度给予曹操的定位。曹操个人形象又不仅仅如此，作为一个大文学家，作为“改造文章”的一代“祖师”，他的文学创作在文学史上也留下了浓墨重彩的一笔。

夏传才先生的《曹操集注》力图为我们展示一个文学家的曹操形象。在序中，先生将曹操的文学成就总结为两点：（1）“曹操是建安文学新局面的开创者”，他的作品，“开创了文学创作的一代新风”；（2）曹操诗歌现存二十几首，全部是乐府歌辞，但是用旧调旧题写新内容，具有反映现实、批判现实的精神。尤其是他的四言诗创造，是“《诗经》以后四言诗的最佳作品，被称为复兴四言诗的作家”。先生在文学层面肯定曹操的贡献，为《曹操集》作注，这些工作都为后续的文学研究提供了进一步研究的基础。

曹操的诗文名篇各家注释甚多，但是对曹操全部诗文集作精校精注的，先生恐怕还是第一人。他以1974年中华书局出版的《曹操集》为底本，同时参考1979年安徽亳县《曹操集》译注小组出版的《曹操集译注》，注释过程中又参照其他版本做了细致的校勘，改动个别文字，对底本的篇目编排次序依时间先后做出调整，时间无考者仍列后。在校注中，先生搜求诸家注说，选其菁华，注文明白畅达。曹操曾为《孙子兵法》作注，在先生初版的《曹操集注》中并未收录此书，后来，先生认为此书注在文体上类似笔记，表现了曹操关于战略战术的一些见解，也当作为研究曹操思想观念的重要资料，因此，后来出版“建安文学丛书”，就将曹操注《孙子兵法》收入《曹操集注》中。

关于《曹丕集校注》，先生的注本也是最早的、由今人编注的曹丕全集。曹丕的五言、七言诗创作以及《典论·论文》在中国古代文论史上的地位有目共睹。在近现代无人整理曹丕全集的情况下，先生欣然受邀整理。但由于事务繁忙，精力有所不逮，遂请天津唐绍忠先生协助，历时两年，查阅和辩证了多种文献，经历了多次的修改和补充，最终为学界提供了一部质量颇高的曹丕全集的新注本。先生的两本曹氏父子文集校注本至今仍是学界研究的基本文献资料，为学界研究提供了诸多便利。

四　经学与古文论研究

经学研究和子学研究是先秦文学研究的大宗，先生在这两方面都有不凡的建树。先生的古文论研究书目篇目是在课程讲义和若干论文基础上修订整理而成，就图书性质来说属大学本科教材，但是书中随处可见先生关于古代文论问题的独到看法，其学术含量远非一般教材可比。

经学研究作为传统学术的核心，具体来说就是对十三经的研究。十三经中，先生用力最多、取得成绩最大的当然是他的诗经学研究，但《诗经》之外从更宏观的经学研究层面切入并加以展开，讨论相关学术问题，先生也颇有斩获，这集中体现在专著《十三经概论》的写作和出版过程中。

20世纪80年代中期，先生就为中文系本科生、研究生开设了“十三经概论”选修课。在先生看来，学术是需要不断更新换代的，学术著作包括教材编写也须如此。当时学界通行的十三经研究著作是蒋伯潜所著《十三经概论》《经与经学》等，经过半个世纪，新的资料和研究成果不断出现，特别是新思想、新方法的运用，使得当时的经学理解已与50年前有了很多差异，蒋本中的一些内容也不再适用。同时，先生还明确意识到，经学研究著述卷帙浩繁，语言古奥艰深，涉及多门学科领域，当代读者很难通读。“对它们（经学）的主要内容，用现代的观点，以通俗畅晓的语言，简明扼要地作科学的、概括的、系统的介绍和述评”，也是极为必要的。所以先生边讲课边研究，在教学的过程中，不断吸收新资料，不断探索新问题，一点点探索推进，从初稿到成书，先生用了整整七年时间，最终撰作出版了《十三经概论》。此书饱含着先生的学术情怀：“完成一部烙下我们时代印记的新的《十三经概论》，是历史给予我们当代学人的任务。”书中对由古至今整个经学体系发展脉络进行了总结和评述，可以说，这部书也实现了先生的初衷。《十三经概论》于1996年和1998年分别在台湾万卷楼图书有限公司和大陆的天津人民出版社两地出版，韩国高丽大学选作研究生教材。作为这本书的副产品，先生还写出了一部《论语趣读》，该书于2000年由河北教育出版社出版。

在现行的学科架构中，先秦的子学研究是作为先秦史学和先秦文学研究的重要分支而存在的。先秦子学与经学有着密切的关联，其中孔子与“六经”，孔子是否“删诗”，孟子的“诗论观”，荀子思想与经学传授等等，都是学者必须认真对待的问题，所以先秦子学研究与经学研究绝不是双轨并行，而是处在同一方向同一脉络上的不同问题和不同节点而已。谈经学必定会涉及经学发展过程中的儒家人物，谈儒家人物也必定会牵出经学史上的问题。先生就是这样看待和设计自己的儒家人物与十三经研究关系的。

先生认为，孔子其人，不论是尊孔派还是反孔派，不过都是后人“改旗易帜”的靶子，所尊与所反的都不是历史上真实的孔子。先生力图在自己的研究和描述中给读者呈现一个真实的孔子，进而让后人能够正确地认识《论语》。在研究方法上，先生从基础的文本诠释入手，分门别类，全面解读《论语》。在探讨《论语》中诸多精要语录时，都尽可能细致澄清近人对《论语》的误解。与艰深的学院阐释和通俗的大众解读相比，先生的《论语讲座》选择的是中间路线，即比学院阐释更显得朴实无华，深入浅出；比大众解读更富学理，丝丝入扣。

孟子是继孔子之后的又一位儒学大师，在战国中期继承孔子的思想学说并把儒学发展到新的阶段。《孟子讲座》一书是先生在为研究生及本科高年级学生授课二十余年之课堂讲录的基础上修订完成的。书中广泛吸收百家研究成果，从较少的文字原典入手，随文附有译文，分别各个门类，做了系统完整的讲解。先生之书可视为学习《孟子》理想的入门读物。

先生在“文革”后恢复教学工作，从1981年开始，为中文系学生讲授了三年“中国古代文论”选修课，后又将当时为学生编写的讲义进行整理，补充期间所撰写的研究文章，最终以《中国古代文学理论名篇今译》为题于1985年由南开大学出版社出版。在先生看来，“今译和简析并非高深的研究，但古文论的今译难度大；内容分析多无定论，评述也颇为不易；因而它的学术性又较强”。书虽名为今译，但是每篇文后都附有先生的评述，可以看作一篇学术研讨的小论文。先生在译释上颇为谨慎，搜集、参考了古今各家注疏；在内容分析方面，对于各家见解歧异纷繁见仁见智之处，以及学界的已有研究成果，均不妄加臧否，而是细心选择，谨慎下结论。该书出版后颇受读者欢迎，为多所大学选为教材，并于2007年修订后由清华大学出版社再版，更名为《古文论译释》，满足了教学及读者的阅读需要。

五　诗歌创作与研究

今天人们每每提到先生，首先想到的就是《诗经》研究大家，这是对先生在《诗经》研究方面取得巨大成就的肯定，符合先生的治学实际，但又未能总括先生一生取得的多方面成就和兼具的多重身份。如果时钟向前拨动，回望先生那个充满理想的青年时代，我们会看到一位初出茅庐的文学青年，一位渴望叱咤文坛的诗人。只有结合20世纪百年波诡云谲的中国社会，先生一身所兼具的多重身份才能获得同情之理解。

先生在青少年求学期间，就积极组织文艺活动，参与民主救亡运动，也练习写新诗。抗日战争期间，他把徐州会战的经历和体验写成360行新诗《麦丛里的人群》（1940年3月15日发表于《甘肃民国日报》副刊《生路》），1942年写出600行长诗《在北方》（1944年发表于《文潮》月刊），开启了他的诗人创作生涯。先生的第一部诗集是《叶子集》（1944年），这是一部现代诗的合集。新中国成立后又相继出版了《双贝集》（与吴奔星合著，1985年）等。除现代诗之外，先生又创作了大量的古体诗词，这些作品收录在后来陆续出版的《七十前集》（1993年）、《思无邪斋诗抄》（2001年）、《思无邪斋诗抄全编》（2012年）等著述中。

作为一位能够自由出入古今诗体创作的诗人，先生除有感而发的诗歌创作外，出于深厚的古典文学理论修养，对古体诗创作的章法与诗歌鉴赏都能熟稔于心。因此，先生先后编著出版了《诗词入门——格律·作法·鉴赏》（1995年）、《诗词格律·鉴赏与创作》（2004年），为古诗词爱好者提供入门之津筏。除此之外，先生还选编过几部古典诗词选本，如《中国古代山水旅游诗选讲》《中国古代军旅诗选讲》《中国古代爱情诗选讲》《廉政反腐名诗名文选注时评》等，此外，还主编有《中国古典诗词名篇分类鉴赏辞典》（1991年）、《先秦诗鉴赏辞典》（1998年）等古典诗歌鉴赏工具书。这些书籍也都在学界和社会上产生了良好的反响。

六　主编文学作品集及其他

20世纪50年代初，先生到大学任教，由于工作需要，一开始被安排进外国文学教研室，讲授“苏联文学”课程。虽然先生一再向领导申明自己不懂俄文，但由于当时中文系教师中基本无人真正了解俄苏文学，领导认为先生从老区来，见多识广，担任这门课的教学是更合适的。无奈之下，先生只好接受下来。先生主讲俄罗斯和苏联文学，集中精力备课，编写授课讲义，以讲稿为底本的《苏联传统文学讲话》（上卷，火星出版社，1954年）就是在这样的情况下出版的。先生勤勉、敬业，即便对苏联文学没有专攻，但由于承担了这门课程，为了不辜负学生，也就勉力而为，边教边学。先生精心备课，认真授课，讲义很快正式出版。但出版不久，由于时局变化，该讲义受到《文艺报》的尖锐批评，在当时不宽松不宽容的国内学术环境下，先生的遭遇似乎又是必然的。

了解先生的人都清楚20世纪50年代后他个人遭遇的坎坷，那是他一生中最为宝贵的二十年，却是以最黑暗的方式度过的。70年代末，先生终于得到平反，重回他热爱的大学校园。1983年先生发起创办河北刊授学院，自编教材《大学语文》（1983年），分为古典文学和现代文学两册，并亲自上课，培养培训省内干部职工13万余人。而此时，全国自学考试尚未起步，先生此举，实领国内风气之先。同时，先生还主编有刊授学院中文专业配套教材读本《中国现代文学名篇选读》（上、下册，1984年），此书出版后颇受欢迎，竟先后修订再版达四次之多。主编的《中国古代文学名篇选读》（上、中、下三册，1985年），此后不断删削修订，又以《中国古典文学精粹选读》（上、中、下三册，1995年）之名出版。先生自编的《大学语文》教材和主编的配套读本为广大自学者学习和阅读提供了诸多便利。21世纪初，先生又邀请国内诸多名家，以“三段式”文学史分期体例主编了一套《中国古代文学名篇选读》（分先秦两汉三国六朝卷、唐五代两宋卷、辽金元明清卷），于2001年由南开大学出版社出版。2006年以《文学名篇选读》之名，台湾知书房出版社出版了其中的“先秦卷”和“两汉三国六朝卷”。

先生不但能研究传统的“正统”文学，对于近代的通俗文学研究也有关注，先生主张：“近代通俗文学面向广大社会群众，这个层次的文学，在近代启蒙运动中的进步作用是不能低估的。”为了向近代通俗文学研究者和爱好者提供实际的作品资料，他又组织编选了一套“近代通俗文学研究资料丛书”（1986年百花文艺出版社），丛书收录了吴趼人、黄小配等人的小说著述六种，分五册结集出版。

专博兼具，出入古今，是先生学术研究的最大特点。不管是诗经学研究、三曹研究，还是子学和古文论研究，先生都试图揭示古代学术文化的真实面目和深层规律，这是他一以贯之的目标追求。以我追随先生近四十年的亲身经历看来，如果用最简单的方式总结先生平反后近四十年所从事的学术研究工作，其大体有这样几个特点：先生是坚信马列主义的，马克思主义的世界观和方法论始终都是他学术研究的指导思想；先生是才华横溢的，他的才华使他无所畏惧，可以不避艰难，轻易触碰文学行当中的几乎任何问题；先生是敏锐的，他的诗人气质成就了他对文学问题的敏感把握和细腻分析；先生是有远大学术抱负的，这种抱负使得他看待问题常常可以居高临下、举重若轻；先生的学术胸怀是阔大的，他的阔大胸怀使得他可以从容接受不同意见甚至尖锐批评，也使得他得以从容修正自己学术工作中的缺点和不足；先生是真正做到了课堂教学与学术研究相结合的，他的多数研究成果都是课堂讲授的终极产品。

金无足赤，人无完人。先生用人生后三分之一的时间做出了一生要做的学术研究和社会工作，当然其学术研究的重心始终都围绕着《诗经》。子曰：“不学诗，无以言”，“诗可以兴、可以观、可以群、可以怨”，“兴于诗”。《诗》云：“嘤其鸣矣，求其友声”，“如切如磋，如琢如磨”。先生一生为人与为学，庶几当之乎！

（研究生马洋波对本文有贡献）

张晶教授文艺美学思想论略

刘　洁*

摘　要： 张晶教授对中国文艺美学的当代性建构有着丰富的理论成果，在文艺美学新格局的探索上，他所着力剖析和阐释的诸多美学范畴如内在视像、审美构形、审美感兴、审美惊奇等，都是针对当下审美文化中的现实问题尤其是文学与艺术的关系、传媒艺术美学品格的提升等问题的有效策略。张晶文艺美学的核心是审美价值论，其学术思考的路径正是围绕着这个核心所进行的逻辑推进，显示出理论建构的精微化和深层化的个人特色。

关键词： 张晶；文艺美学；艺术媒介论；审美价值论

中国当代文艺美学的全新建构始于20世纪80年代，至今已走过近四十年的历程。自胡经之、周来祥、杜书瀛等学者首倡以来，学术界相继者络绎不绝，在理论上日益开拓和加深。如今的文艺美学已经成为相当成熟的理论学科，是中国当代文艺学和美学逐步走出学科困境的过程中格外重要的一个新方向，可以说，文艺美学与文化研究一样已经成为文艺学学科发展中最为稳定与核心的思想领域。而相对于文化研究的横向研究维度来说，文艺美学的纵向研究维度也是其基本的学科特色。所谓横向维度，即关注研究对象的普泛性与研究方法的多元性；所谓纵向维度，即关注研究对象的深度或高度，有明确的核心研究方法和理论建构目的。这两个维度在当代文艺研究中都是必不可少的，它们也是一种相辅相成的关系，而不是绝然独立互不干涉的，只是各有侧重而已。中国当代文艺美学，正是以纵向为主要研究维度的理论学科，并且对横向研究有着不可或缺的甚至是绝对必要的深化与提升的重要作用。

张晶教授是中国当代文艺美学研究中颇有独特建树的一位学者。他应该是最早将文艺美学思想彻底贯彻到当下最主流的文艺现实即传媒艺术中的重要学者，同时，他也是始终坚持将中国古代文艺美学思想资源进行创造性再生从而可以恰当阐释当下文艺现实的少数成果斐然的学者之一。从20世纪80年代对中国古代诗学的全面研究，到90年代对中国古代美学思想的深入探讨，再到21世纪以来对审美文化尤其是视觉审美、传媒艺术的广泛关注，张晶教授在自身学术领域的不断拓展中始终坚持以文艺美学的思想方法面对研究对象，尤其是面对愈来愈纷繁复杂的文艺现实，他从来不回避不推卸，不囿于传统，而是积极思考问题，勇于提出策略，在学术上逐步呈现出一派打通古今中外的开

* 作者简介：刘洁（1971－），女，河北大学文学院讲师，文学博士，研究方向为中国美学、诗学与文论。

放胸襟。而这一切在笔者看来正是得益于文艺美学思想方法的始终贯彻与稳固坚守。在中国当代学者中，张晶教授的学术历程是具有独特性的，因此他在文艺美学学术思想的呈现上也有着与众不同的思想面貌与理论路径，值得我们格外关注并从中获得非常有益的学术启示。

一 文艺美学的当代性与审美文化的先进性

20世纪80年代文艺美学甫一提出，就具有鲜明的时代特色，它是以将文学艺术作为政治口号这一思想观念的对立姿态应运而生的新思想，文艺美学对文艺在本质上是一种审美活动这一观念的强调，一方面回归了本体论，另一方面也将美学推向了文艺研究核心方法论的位置。而且，文艺美学从一开始就是要将文学与艺术牢牢捆绑在一起，强调二者在审美本质上的一致性，从而将文学与政治之间的不正常关系彻底厘清。一方面这使文学在文化形态上回归到艺术这个大门类里，另一方面也使文学理论在研究方向上回归到艺术哲学这个视域之下，可以说，这是中国当代文艺美学建构中非常重要的一个发展阶段。但是，从更长远的学科进程来说，这还只是一个拨乱反正的初级阶段，回归是第一步，是学者们最能够达到思想共识的基础建构，而接下来，真正的理论发展需要的是在这个基本共识之上的更为多样多元多向的理论拓展。在这个拓展过程中，文艺美学的当代性将首先成为理论的落脚点和出发点。如果文艺美学仅仅是解决了20世纪80年代的思想纠偏问题，那么它大可以昙花一现然后告别历史舞台。在之后文化研究大行其道的形势下，很多学者似乎也被裹挟着投身横向研究，而对纵向研究失去兴趣。然而越来越令人担忧的现实是，文艺以及文艺研究似乎又再一次忘记了审美的价值、标准和尺度，日常生活审美化与审美泛化的普遍存在常常将文艺现实引领到另一个极端，美学原则在告别政治裹挟之后又被经济无情遮蔽。在这样的现实面前，学者们开始意识到必须再一次举起文艺美学的旗帜去积极应对，文艺美学的当代性恰恰是这样一种具有责任和担当的理论姿态。因此也可以说，这是中国文艺美学理论建构历程的又一个新阶段。

张晶教授正是这个新的理论发展阶段中成果非常突出的一位。早在21世纪初，他就提出要将审美价值论引入当代审美文化的研究中。他不仅在学理上将审美文化与大众文化、视觉文化相区分，而且突出强调审美文化作为先进文化、作为理想审美范式的当代属性，并深刻指出当下文化研究中美学立场的重要性，以及审美价值论对于文化研究的批判性意义。“就目前的时代要求而言，审美文化更是‘先进文化的前进方向’的主要内涵之一。”[1] “审美文化研究的出发点是美学的立场。”“审美文化这个命题尽管带着明显的当代文化的胎记，但它更多的是‘应该是’的文化模型。或者说是我们这个时代以建构性的审美形态来凸显和把握文化事象与格局的尺度。它带着健康的、明朗的审美价值观念来渗透和衡量当今社会文化的各种事象与状态。”[2] “审美文化这个范畴已经不是一个普通的美学范畴，而是在当代的社会文化趋势中凸显出来的最为主要的文化范型。它从审美的角度建构文化、把握文化、发展文化，是对文化史的美学维度的概括总结，也是对当代社会文化不同于以往的文化形态的特征的理性提摄。”“审美文化的内涵中一个最为重要的层面，恰恰应该是审美价值体系，它指的不是个人的，而是民族的、社会的。这对审美文化研究来说至关重要，是审美文化这个范畴的核心和灵魂。忽略了审美价值体系的存在和功能，也许正是当前审美文化研究的缺憾所在。”“审美文化是一个具有现代性内涵的论域，也是我们社会主义中国现阶段美学角度的文化形态的最高范畴。审美文化和先进文化这两个范畴是辩证统一的，先进文化必然是具有审美维度的，这也就是审美文化；而审美文化也必然体现了我们这个民族文化的先进性，从美学的角度将中华民族文化中的精华整合为一个统一的整体。”[3]

在这些论述中，张晶教授非常明确地指出当代的审美文化研究必须首先厘清概念，认识到审美文化的审美本质，并坚守美的原则，使审美文化从大众文化或视觉文化中剥离沉淀出来，它应该是一个民族一个时代更为先进的和更为高级的美的范式，它是审美价值论视域之下的审美标准与尺度。所谓文艺美学的当代性，首先就是将纵向性的美学研究加入到横向性的文化研究中，在日常生活审美化的无限蔓延与界限模糊的狂欢乱象中，立起具有当代先进文化意义的范型与理想，从而打破审美经验的平面化和媚俗化，真正实现一种立体的、多元的社会文化形态。这不仅是对当代整体文化的提升和深化，也是对文艺本体的保护与建构，先进的审美文化将成为一种民族的伟大精神和社会的积极力量被继承、被保存、被发展、被强大。因此，从文艺向着更高理想发展的角度来看，文艺美学相对于文化研究来说，其批判与推动的力度都更为明显。

张晶教授对文艺美学的这种批判和推动的理论责任有着深刻的认识，尤其是针对以图像为核心的视觉文化中美学品格降低的当下现实，他进行了强烈的反思与批判。“我们所说的图像（包括视像、影像等）指的是凭借当代的大众传媒，通过电子等高科技手段大批复制生产出来的虚拟性形象。”“日常生活审美化恰恰是和图像（或影像）联袂而行的。在消费性的社会文化氛围之中，更多的图像既是艺术的、审美的，又是消费的、生活的。图像在相当大的程度上消弭了纯粹的审美和日常生活乃至欲望之间的界限。”“在消费文化中，媚俗是一个最主要的痼疾所在。它对图像的制作所起的消极作用是最为普遍的，也是最为降低其美学品格的因素。”[4]“图像在很多场合下显现它的平面性、无深度。”“历史感、深度意蕴的匮乏，是以图像为审美对象的消费文化的普遍感觉。”“生活似乎是充满了艺术和审美的气氛，而实际上却由于深度感、历史感和整体感的缺乏，而导致了审美经验的浅表化和审美知觉的缺席。由于图像的缺少深度和碎片化，也由于审美过程的短促性，大大减少了主体的审美体验的机会。在当前这种消费社会的语境中，审美活动中的体验性被大大打了折扣。”“与此相关的是，审美过程中意义的弱化和审美判断的缺乏。审美自然应该是感性的方式，但在这种感性的方式里并不排除理性的内涵和力量。”[5](P153-163)在这些深刻的论述中，张晶教授为我们清晰地指出当代视觉文化的核心要素即图像在美学品格上的降级或缺乏：一方面是深度的匮乏、意蕴的缺失，图像普遍成为平面化的消费品；另一方面则是整体的消失、理性的消弭，图像普遍成为碎片化的娱乐工具。如此，图像美学品格日趋媚俗，以致全社会的审美趣味不断下滑甚至堕落，真正的审美体验逐步被娱乐目的和消费观念所引领从而降格为快感体验和物欲满足，而这终将导致整个社会文化和民族文化走向理性缺失而感性泛滥的可怕未来。文艺美学对审美文化的建构，不是要将美学的感性原则进行无度的释放，而是特别强调高级审美经验中的感性与理性的统一，而这正是人的本质力量健康发展的全面性需求的题中之义。

那么，在审美文化尤其是视觉文化的普遍平面化、碎片化的现实面前，文艺美学的策略是什么呢？张晶教授对此提出了明确主张，他认为文学恰恰是视觉文化最不可排斥的审美因子，文学将使图像摆脱深度缺乏、意义弱化的文化险境，从而获得美学品格的提升。这个观点是具有鲜明针对性的，因为在视觉文化大行其道的消费社会里，文学似乎已经成为可有可无的存在，甚至悄然离开了艺术范畴，而理论界也在盛行“文学已死”的论调，语言的艺术似乎正在一步一步被图像的艺术取而代之。但更多的理论家却清醒地认识到“文学已死”论调的荒谬性。张晶教授对此不仅不能认同，而且认为恰恰是图像文化的发展，使得文学有了新的使命和新的美学品格，而视觉文化在走向先进审美文化的历程中，文学不仅不是障碍，而且是最重要的提升动力，文学是图像成为审美对象并保持永久魅力的最为重要的审美因素。“国内的文化研究学者，也往往是对自己以前立命安身的文学理论持不以为然的态度……也有人干脆认为现在是‘文学的终结’时代了。总之，似乎视觉文化是与文学互不搭界的，甚至是两不相容的。而正是在这个问题上，我要阐明自己的观点：在我看来，把视觉文化和文学截分两橛的看法是一种错觉或者说是误区！我们要正确判断目前视觉文化的发展趋势，从而提倡一种健康的、升华的导向，文学在视觉文化中应该具有更为深刻的、更为重要的作用。”“如果把日常生活中消费主义所津津乐道的视像景观都称之为‘审美化’的话，那也只能算是审美的一个层面，而且是很浅表的一个层面。换一种说法，可以称之为‘亚审美’或‘泛审美’。而以视像的充盈来‘挤兑’文学，则不但是浅薄的，而且恰恰是对视觉文化自身的戕害。”“视觉文化（以电视艺术为例）能否具有隽永的意味、精美的形式以及吸引人心的魅力，在相当大的程度上是要倚重于文学的。目下视像制作中的浮泛化、碎片化，恰恰是因了文学的‘缺席’，其实是因为从业人员文学素质的低下所致。”[6]

图像时代文学何为，这是一个非常具有现实意义和理论价值的议题。张晶教授不仅指出了“文学可以且必须有所作为”，而且也深入论证了“文学为何有所作为”以及“文学如何有所作为”。这个论证过程，首先就是重回文艺美学的起点问题，即文学与艺术的不可分割性，张晶教授不仅再次强调了这一点，而且进一步指出，尤其在此时代，文学与艺术的结合不是越来越松懈，相反却是越来越紧密。“艺术对文学的渴求更甚于以往任何时代。”[7]这是不可忽视的文艺现实，一切试图将艺术与文学对立起来的论调都是有违当代审美文化发展趋势的错误想法。张晶教授接下来的论证，是坚定地站在文学和美学立场上的思索，他创造性地提出文学的审美特性中本然具有“内在视像”的本质特征，因此文学与视觉文化的交融一体正是当代艺术最为显著的特征。我们对这个现实不应该采取消极态度，即认为文学正在或已然被图像吞噬以至于纷纷为文学唱起挽歌，而是应该采取积极的思维方式，以文学的审美特性去提升视觉文化的美学品格，从而纠正日常生活审美的媚俗倾向，引领文化向着真正的先进的审美文化去发展。如果说，以往的文艺美学还只是强调文学作为语言的艺术的本体属性，那么当下的文艺美学需要深刻剖析语言艺术所能抵达的审美感知的整体性与全面性，以及如何以这样的审美特性与其他艺术门类相贯通相交融。

张晶教授正是在这个问题上有非常独创而鲜明的理论主张。他认为文学在审美特性上具有“内在视像”的基本特征，而认识到这一点将直接打通文学与图像之间的审美路径。所谓内在视像，“是指作家通过文学语言在文学作品中所描绘的、可以呈现于读者头脑中的具有内在视觉效果的艺术形象。作为文学审美活动而言，这是实现其审美功能的最为关键的一个环节，也是判断其是否具有审美价值的文学作品的重要标志。甚至可以说，这种内在视像，对于读者来说，是真正的审美对象，至少是审美对象的核心”[8]。“人们在阅读文学作品时所面对的审美对象其实并非文字本身，而是读者在阅读时通过文字的描绘，在头脑里产生的意境、形象或人物动作、事件发展等，我统而称之‘内在视像’。”“对于文学的审美过程来说，外在的文字可以认为并非真正的审美对象，真正的审美对象则是作品内蕴着的意境、画面、人物形象和场景等，这些都具有内在的视像性质，而这正是传媒艺术（尤其是电影和电视剧）的最重要的基础和资源。”[9]

这里所谓的“传媒艺术”也是张晶教授在文学与图像的当代性的审美沟通中提出的全新概念，它是指一门将文学的内在视像审美特征与当代审美文化的视觉性相结合的新的艺术形态。在这个艺术形态中，文学与图像的关系不仅不是对立或者反噬的，而是交融与提升的统一体。“如果将‘传媒艺术’与传统艺术加以比较，传媒艺术不是某一种艺术门类的名称，而是指在电子科技传输的条件下，在大众传媒序列里艺术因素的概括。”“我认为传媒艺术大致可以视为我们这个时代最有代表性的艺术概称，而各种具体的艺术门类似乎都可以从传播的角度上得以涵盖。”“作为时代性的艺术概括，传媒艺术对于我们这个时代的文化模式——视觉艺术来说是最主要的生成因素。”可以说，传媒艺术是具有鲜明时代特征的艺术，文艺美学的当代性和审美文化的先进性也恰恰体现在对这个文艺现实的直接考量，张晶教授一再强调文化的先进性必须要有审美的维度，这在传媒艺术中一样要彻底贯彻。“当代美学要得到学理的重构与升华，则必须全面考察传媒艺术的审美属性和受众作为审美主体的新鲜经验。”“通过对传媒艺术的审美属性的内在了解，而建构新的审美活动理论，这是美学可能突围的方向。”[10]因此，对于传媒艺术的研究就不能囿于文化研究的单向维度中，而应该同时在美学研究的纵向维度中加以深化和提升。而文学所具有的内在视像性恰恰与传媒艺术在审美运思上最容易沟通，所以“我们认为，视觉文化发展到现在这个阶段，应该考虑其内涵的提升与思考的互动。其实，文学因素的回归，不失为一个积极的策略”。“就其有效渠道和方式而言，本来就有天然的血肉联系的文学与传媒艺术，可以成为视觉文化提升的突破方向。传媒艺术要有更高的社会评价和价值追求，更多地向文学汲取营养，使图像的艺术生产有更好的内在统一性，这不仅是必要的，而且是可行的。文学创作本身对内在视像之美（包括意境、人物形象、情节等）的强化和自觉推敲，会给传媒艺术带来无尽的珍贵资源，而传媒艺术家（编剧、导演、演员等）从文学作品中得到更深的熏陶滋养，会使传媒艺术品产生更为令人惊奇的审美效应和更为隽永的韵味。”[9]

张晶教授在文艺美学的当代性问题上的深刻思考与明确主张，使当代审美文化的先进性获得了理论上的凸显，尤其是对审美价值论的强调，将美学原则的深度与高度再次拉回文艺现实，显示了理论研究对整个时代文化发展方向的责任心与把控力。同时，张晶教授非常切实地提出了审美文化保持先进性的理论策略，尤其在对传媒艺术和图像文化的深刻剖析中，积极正确地肯定了文学在审美特性上的当代适应性，不仅瓦解了文学消亡论，而且重构了文学与图像之间的审美一致性，从而使文学成为审美文化获得深刻意蕴和美学品格的重要因素。应该说，张晶教授的文艺美学思想路径本身就具有不容忽视的当代性和先进性。

二　文艺美学转型中的审美构形论和艺术媒介论

文艺美学在当代的理论转型是文艺现实发展和变化的必然要求，其理论核心问题已经不再是美学原则与政治原则之间的价值考量，而是美学原则与以经济原则为主的各种更为复杂的意识形态之间的价值考量。但无论如何转型，文艺美学的理论基础始终是将文学艺术看成统一的美学整体，文学与艺术的亲缘关系要先于任何其他关系，而美学立场也始终是考察文学和艺术本体的首要立场。因此所谓的当代转型不是上面这些基本立场和基本观念的改变，而是要通过文艺现实发现当代文学与艺术在美学上的新变化和新要求，在理论上进行描述、剖析、批判和建构，这一方面是审美经验上的，另一方面则是审美价值上的。张晶教授对文艺美学的理论转型有着敏锐的洞察，他曾明确指出："审美价值的凸现，是文艺美学研究最能体现当代意义的特征，同时，也鲜明地体现了文艺美学在理论上的当代性转折。"[11]更加值得注意的是，张晶教授的文艺美学转型还要走得更远更深，在当代文艺审美价值论和审美经验分析理论的研究中，他又进一步探入美学理论的更深层面，提出了审美构形理论和艺术媒介理论，这无疑是对文艺美学的当代转折做出了更具拓展意义的学理性建构。如前所述，张晶教授在文学与当代传媒艺术之间发现了一个最直接的美学通道，即文学的内在视像性，对这一审美特性的强调使得文艺美学的根基在理论发展中更为扎实。事实上，文学对传媒艺术的提升也正是这个内在视像美学品格的一以贯之，即作为一个整体的由内而外、由语言到图像的审美运思过程，在当代文艺的创作经验中显得越来越重要。审美构形与艺术媒介这两个问题，正是对内在视像的审美运思方向做进一步描述和剖析，这就在理论上更加清晰地呈现了当代艺术审美经验的特殊性。

"关于文学的审美构形问题，这对传媒艺术魅力的整体提升，有至关重要的意义。""对于艺术创作来说，审美构形是在头脑中进行的，而文学的审美构形是最主要的，也是最具活力的。文学是通过语言进行内在构形的，具有最大的自由度和表现功能。无论是叙事性的创作，还是抒情性创作，没有构形就不可能有作为审美直观的对象呈现。""传媒艺术是以图像为其艺术语言来叙事或抒情，其艺术品性和对欣赏者的吸引力，绝不是图像的杂乱堆砌，而是完整而独特地表现一个有机的结构。文学的构形思维，在其中起了至关重要的作用。"[7]这就是说，传媒艺术美学品格的提升与创作主体或接受主体的审美构形能力有着密切关系，而以往的美学、文艺学、文学理论对这个问题的认识与论述都不够充分，因此造成文学与传媒艺术在审美心理上的隔阂，这不仅导致了文学消亡论，同时也使得大众文化中图像审美趣味日益媚俗，其根本就是理论上观念上没有树立起文学的自信、美学的自信。这种自信应该来自对文艺审美运思过程的细致反思和精确描述，并在理论上将这一美学思维在当代传媒艺术中的贯彻途径和价值显现都概括出来。

张晶教授正是在这个意义上建构起了他的审美构形理论。所谓审美构形能力，“是指审美主体在进行审美创造时在头脑中将杂多的材料构成为一个‘完形’的心理能力。这个‘完形’是新质的、独特的、整一的，也是充满着主体精神的”。“‘构形’具有的是一种内在的视觉性质。它不是概念方式的构成，也不是外在的形式安排，它是视觉表现形式。”“在构形的过程中，抽象是一种主要的思维方式。我指的不是逻辑思维中的抽象，而是审美创造过程中的抽象。”“审美过程中的抽象与逻辑思维中的抽象之共同处是它的概括性，但它是保留着感性的形式的。或者说，审美抽象是以完整的符号特征体现了主体的创造意识的。”“构形不是一个纯粹的形式问题，它始终包含着主体对世界的理解和意义；但它又绝不是以逻辑思维的方式构成的，它必然是感性化的。”“它是建构于心理层面，存在于观念形态的，因而有着某种不确定性和虚幻性。”[12]可见，审美构形就是内在视像的审美运思过程，它与传统理论中的构思概念有所不同：一方面，构思是专指文艺创作活动中的一个心理过程，而构形则不局限于创作活动，作品在接受阶段鉴赏主体也可以具有这样的心理过程；另一方面，构形也不仅仅是一个心理过程，它更是一种主体的心理能力，即形成完整的统一的内在视像的能力。显然，构形概念是比构思概念更具文艺美学意义的理论概括。张晶教授从马克思主义美学、现象学美学、格式塔美学以及大量的中国古典美学的理论论述中获得了大量的佐证，最终以审美构形理论加以整合，明确指出审美主体（包括创作主体和接受主体）的心理层面上是有一个非常重要的构建内在视像的完整过程的，这个过程越明显审美对象将越具有审美价值，而审美主体的内在感知越丰富，内在视像也就越发具有生命力，越容易引起主体高级的审美享受。如果说，内在视像是文学与传媒艺术可以合而为一的美学基础，那么审美构形正是这个美学基础心理特征的理论揭示和有力论证。

值得注意的是，在张晶教授的审美构形理论中，有这样两个方面是他格外强调的：一个方面，尽管审美构形是一种主体心理能力，但它所构建的内在视像绝不是一种纯然主观的虚空影像，这个“在艺术家心里生成的构形”，虽然“是在整体上超越于外在物象的新的东西”，具有独特性和创造性，但是它却是一个有着生命情感的东西。“我们所说的审美构形，经过艺术语言的传达，给人以带着生命活力的美感，这是艺术品的基本特质，如果没有内在生命力，只有外在的形式，是很难称之为真正的审美构形的。”而且审美构形（或者说内在视像）的这种生命力不仅来自主体情感的内在性因素，实际上它更是一个意向性的知觉整体，外在因素也同样是生命力的来源。“作家艺术家在头脑中所进行的审美构形，恰恰又是发现和汲取外在事象之美、撷取感性材质的机能和动力因素。构成的过程是一种聚焦，形成强烈的意向性，将那些本来散在的、变幻不居的想象之物，聚集于稳定的、具有新质的构形之中。”这就是说，审美构形是一种意向性的建构，它的形成之物即内在视像是一个具有生命力的整体性的综合性的审美知觉对象，它几乎就是呼之欲出的完成之作了。因此，张晶教授又进一步强调了审美构形理论中的另一个方面，即审美构形并不就是想象。“构形当然离不开想象，或者说是想象为其基础，但我们所说的构形不等同于想象，而是在想象之后借助于独特的艺术语言在头脑中建构而成的最为明晰的艺术样态了。想象带有更多的自发性，而到构形阶段，则有明确的意识和更为明晰的轮廓。艺术家在想象阶段还是较为不确定的，游移的，而进入构形阶段，则是进一步定型，而且是以艺术语言为其载体的。”“构形是艺术创作在作品问世之前的最后一个环节。从逻辑上说，构形的环节，是在想象之后的，是将想象以艺术语言来赋形的。在构形的过程中，审美主体是有着明确的自觉意识的，也是有着强烈而执着的艺术意志的。”“笔者宁愿将‘构形’与想象加以剥离，因为想象还是相对不够稳定的，较为模糊的，而构形则是在艺术作品物化前最为明晰和定型的内在样态，它是以‘媒介’为工具来构造的。”“在笔者看来审美构形作为文学艺术创造的重要环节，是想象论所无法完全包容的。”[13]应该说，审美构形理论是对文艺美学的一个重要拓展，它不仅强调了内在视像的意向性审美属性，同时也更加细致而精准地将构形与构思、构形与想象进行了理论剥离，这使得文艺审美运思过程更加清晰可辨，因此更加有利于揭示审美对象的存在方式以及审美价值的创造规律，从而获得更加具体有效的提升当代文艺作品尤其是以图像为标志的传媒艺术之美学品格的积极策略。

至此，张晶教授的思索仍未止步，他又在艺术媒介问题上将文艺美学继续向前推进。他明确指出：“在艺术理论中，对于艺术媒介问题的忽略由来已久，或者说从来没有将其视为一个基本的理论命题进入学者们论争的焦点视域。……我以为文艺美学的建设，不能仅停滞在一般的体系性建构之上，而要进入到一些具体的问题的内里进行建设性的工作。艺术媒介问题可以说是文艺美学范围内的重要问题，对于文学艺术创作和理论都具有借鉴意义。我之所以再一再二地阐述对这个问题的看法，也无非是想以此来推动文艺美学的深化。”[14]这个问题之所以重要，是因为审美构形是凭借成熟媒介的构形，只有在艺术媒介的基础上进行审美构形，内在视像才具有成为真正艺术品的最终可能，甚至可以这样说，没有无媒介的构形，亦没有无构形的艺术。

张晶教授对艺术媒介的理论思考，首先是从艺术语言本身的特殊性上入手的。他指出，作为各门艺术各自使用的符号体系，艺术语言本身就具有审美创造的媒介功能。“艺术创作，由内而到外，因虚而致实，艺术语言担负着最为基本的媒介功能。”而且，“艺术语言不仅是作品的物化阶段，也就是外在的艺术表现过程，而且也活跃于艺术家的内在艺术构思阶段”。这就是说，艺术语言不仅是已经外在化的作品中的物性媒介（语言文字、色彩线条等等），也是内在审美运思过程中进行审美构形的思维媒介。应该说，媒介说显然是一个彻底抛弃语言工具论的美学观念，它是将艺术语言稳稳置于本体论的积极意义上。因此，媒介本身将成为艺术创造中不可忽视的重要因素而被凸显出来。而且，这个因素由于它的内外贯通功能而成为一种总体因素，就必将承载着更多的审美价值和意义，从而成为美学品格的重要体现与标志。“艺术媒介将艺术创作的内在因素与外在表现连通为一个有机的过程。艺术家的全部内在思维活动，包括冲动、灵感、想象乃至构形，都是凭借艺术门类的特殊媒介来进行的。……艺术媒介是艺术创作中最为重要的总体因素。”张晶教授从中国古典美学以及黑格尔美学、杜威实用主义美学、卡西尔的文化符号学中获得了启发和佐证，他不断强调艺术媒介这种贯穿审美活动全部过程的总体性，尤其强调一直被文艺美学所忽视的内在审美运思中媒介的不可或缺。“艺术家在其内在运思的阶段，就已通过媒介来孕育作品的胚胎。”“艺术媒介并非仅在作品的表现阶段才发挥作用，而是从创作冲动的发生时便已启动了。换言之，正是艺术媒介，才使创作的发生成为可能。”[16]对艺术媒介的总体性尤其是内在性的强调，确实很少见于以往的文艺美学理论体系中，这无疑是一个非常具有学术价值和学理意义的拓展和深化。

随着思考的深入，张晶教授便明确说明了自己对艺术媒介的阐述就是要在理论上强化三个意思：“一是内在的媒介感在艺术家感悟、把握外在世界、引发创作冲动时的基本功能；二是艺术媒介与艺术家的审美情感的互动作用；三是艺术创作中的审美构形以媒介作为基本的凭借。”很明显，这三个意思就是要在理论上进一步对艺术媒介的总体性特征尤其是内在性的特征做全面而精微的剖析，审美感兴、审美情感、审美构形等全部内在审美运思都将在媒介论的视域之下获得全新角度的理论建构。“通过对艺术媒介的研究，我越来越清晰地认证了这样的观点，即文学家艺术家在与外物触发相遇而生发审美感兴时，便是以内在的媒介感来感受领悟世界，从而一开始便形成了不同门类的审美意象的。”“以前我们讲创作论时，涉及艺术家的审美情感较多，但论及艺术媒介则较少。而实际上，审美情感如果不依托于媒介则是抽象的或者说是空泛的。”“媒介与形式有非常密切的关系，但却不等于形式。”“媒介有突出的物性特征，但又不等同于材料。”“媒介的驱动要以审美情感为动力，反之，审美情感的产生与功能的实现，一开始就是以媒介为凭借的。”“诗人或艺术家的审美构形，是以其独特媒介感进行的。没有媒介作为其最基本的工具，构形就是一句空话。不同门类的作品，艺术家的审美构形要凭借其不同的媒介，即便是同一门类的艺术家，在构形时也因为其媒介感的特殊性，才创造出独创性的作品来。”“媒介是以物性为基质为特征的艺术符号系统，它离不开材料，甚至给人的感知是以材料的面目呈现的，但材料只是媒介的元素，而非媒介本身。媒介是动态的、充满艺术家的个性和情感的符号系统。不同的艺术家，是以独特的媒介运用形成一个艺术的统一体。”[14]通过对审美感兴、审美情感、审美构形等内在运思中艺术媒介所发挥的重要作用的细致分析，文艺美学在一个相对空白的领域里收获了丰厚的果实。艺术媒介论显然要比以往的语言工具论更加本体化，也更加接近审美创造活动的实际运思状态。从文艺美学当代转折的理论发展现状来看，张晶教授的审美构形理论以及由此拓展出的艺术媒介理论是具有一定程度的学术开拓意义的，而且它们并没有凝固在理论思辨的层面上，对当下文艺实践和审美文化的建设都有着积极的现实指导意义。当代视觉文化、大众文化等审美趣味上的媚俗，根本上说就是对内在审美运思的严重忽略，审美主体缺乏内在媒介感，缺乏审美抽象力，缺乏审美情感，缺乏审美构形能力，以至于整个审美创造活动极其简略粗糙，艺术成了文化快餐、娱乐消费品，精致而全面和充满生命情感的审美活动越来越少见。张晶教授的研究实际上给我们一个非常明确的提醒：审美运思的内在性和总体性一定要成为文艺美学的一个重要发展方向，理论上的精微将建构起更高级的更先进的美学观念，从而使文艺现实获得滋养，整个文化才能走向真正的审美的先进文化。

三　文艺美学的基质：审美感兴论与审美惊奇论

张晶教授的文艺美学思想是循着一个逐步深入到学理根基的思考、探索、剖析的路径进行的。他对文艺美学的拓展，总是首先立足于文艺现实，然后提出问题、深入剖析、提出策略。从对当代文学衰亡论的批评和审美价值论的强调，到对传媒艺术美学品格提升的文学策略，再到审美构形理论和艺术媒介理论的精深论证，其理论建构的方向与模式已经显示出当代文艺美学的一种新格局。可以说，这个新格局的核心是审美价值论，即当代文艺应该认同、追求、发展、建设怎样的审美品格和审美理想，应该怎样引领整体社会文化朝向先进的审美文化发展，而不要成为娱乐文化、消费文化、快餐文化等低级媚俗的反美学的助推剂。张晶教授对文学审美品格的肯定和自信，对文学内在视像审美特征的揭示与强调，对审美活动内在运思即构形和媒介等重要因素的关注与剖析，都在学理上指明了文艺审美价值实现的具体路径。而且其思考也并未至此止步，他一步步论证，内在视像是审美构形的内在实现，审美构形则是由艺术媒介进行的内部运思，而艺术媒介又是贯通整个内外审美创造活动的总体因素，媒介本质上就是感知世界、生命表现的具体方式。如此，他依然没有停下追问，他一直都在思索，由某种艺术媒介所推进的生命形式是如何诞生的，又是如何将生命体验带上顶峰，从而实现了最高的审美价值，获得了最大的审美享受。而这个问题的解答最终将使文艺美学的新格局拥有更加稳固的直接来源于生命体验的理论基质。

张晶教授早在20世纪90年代就从中国古典诗学与美学中获得启发并开始进行对审美感兴的深入研究，并逐步将审美感兴与审美价值、审美构形、艺术媒介等方面的美学思考相关联，使得古老的感兴之说获得了耳目一新的理论再生，甚至成为能够解决当代文艺现实问题、建构文艺美学新格局的重要美学范畴。张晶教授在细致梳理和考察了中国历代诗学的感兴论之后，明确指出：“在对于民族美学传统的反思与省察中，我们更应看到，感兴论的意义在于使我们祖先的审美意识沿着心物交融、主客观相互感通的方向发展，在艺术创构中牢牢地树立着心与物、情与境相互依存、缺一不可的观念。我国古代文论中意象论、意境论的高度发达，正是以感兴论作为基础的。没有心物交融、情景遇合的感兴论的不断发展，便不会有意象论、意境论盛行于诗坛。……可以认为，感兴论在某种程度上决定了中国古典诗歌的独特道路。”这是对中国诗学感兴论的学理价值进行充分肯定，并以此为基点使中国诗学体系由隐至显，从而进入现代转换的新思维里。因此，他自信地概括出审美感兴的现代定义：“感兴就是指创作主体在客观环境的偶然触发下，在心灵中诞育了艺术境界（如诗中的意境）的心理状态与审美创造方式。感兴是以主体与客体的瞬间融化也即‘心物交融’作为前提，以偶然性、随机性为基本特征的。”[17]在这个定义里，审美感兴的心物交融性、偶然性和随机性等美学特征都格外被凸显。在之后的理论进展中，这些特征都不同程度地获得了理论挖掘和现代转换，审美感兴论的内涵也随之不断扩展、深化与更新。

张晶教授指出尽管审美感兴是一种心物交融性的审美运思，但是传统阐述却格外强调“感于物而兴”“触物以起情”这个全整意思中的“感物”方面即外物或客体的感发作用，而“起情”即内在或主体的情感发生似乎是一个被动或必然的无自主的心理状态。而事实上，感兴无论是感物阶段还是起情阶段，都有一个非常明确的主体意识参与其间，而主体本身的条件直接决定着所感之物和所起之情以及最终感兴之作的审美价值。他从清代诗论家叶燮的胸襟说和才识胆力说获得启发，认识到“泛之心物交融、情景遇合，很难令人信服地说明为什么有的诗人可以写出优秀诗作，有的则不能。情景相遭只是一种创作契机，而诗人的主体条件则是根本”[17]。由此，审美感兴论对传统感兴论的第一层再生性研究就是审美主体作为价值生成前提的研究。张晶教授认为，理论上我们必须明确认识到：“感兴并非一般的创作，而是艺术精品的创造过程。”“感兴的创作论是要以审美主体的胸襟品格和艺术禀赋为前提的。”“感兴不仅仅是艺术创作的冲动，而是以独特的艺术语言创造出内在的审美意象，为作品的物化提供了内在构形的过程。如果不是训练有素的作家或艺术家，是无法产生这种东西的。……这种在艺术创作中蕴含的情感不是一般的自然情感，而是一种审美情感，也即已经具有内在形式感的主体情感。”“并非随便什么人都可以有如神助般在偶然的契机中创造出佳作来，而是要具备胸襟、性情、才学、技巧和敏悟等多方面因素。这些因素不同程度的综合，形成不同作家、艺术家的个性化条件。”[18]对审美主体因素的强调，其实揭示了审美感兴论与审美价值论的明确关联，也就是说，感兴论之所以能够获得再生，是因为感兴这一特殊审美运思在创造艺术精品过程中具有重要性，而其实现途径并非简单的感物之情，而是特殊审美主体的特殊的审美情感，主体条件越丰满即审美构形能力越强大，感兴过程就越充盈即审美情感的表现就越具象，那么最终呼之欲出的作品就越具有较高的审美价值，越有可能成为艺术精品或经典。

审美主体的条件是审美感兴之价值生成的前提，它使审美运思构成了一个意向性活动，从而使感兴与一般的感物有了区别。不过，除了主体条件是价值生成的重要因素之外，感兴论实际上还非常关注审美运思发生的偶然性和随机性，或者说，感兴虽然不就是感物，但它也离不开外物的感发，只是外物与条件充足的主体之间的遇合方式更为特殊，即所谓“触物”，也就是偶然之间主客体相遇契合后生发出审美情感。张晶教授认为中国古典诗学和美学中有着格外发达的偶然论，而感兴运思的发生以及审美价值的生成都有着偶然论的思想内涵。“‘偶然’观念体现了中华美学思想的特质。”“作为中国诗学中的基本诗学观念之一‘感兴’的内涵，就包含着偶然的契机。”“值得我们关注的是，中国诗学中的‘偶然’之说，并非仅指创作主体的思维特征，而是指主体情感与思维在与外在物象变化的邂逅相遇中，激发起创作冲动，并形成难以重复的艺术佳构。‘感兴’也好，‘天机’也好，都具有这种意义。”“感兴之感，正是诗人主体与外在客体的‘是物是事’深度契合，前提便是偶然之‘触’，感是随之而来的。”可见，偶然论中最重要的美学内涵就是对主客深度契合的强调，而心物交融的境界正是中国美学最高的追求和理想，感兴之所以是创造艺术精品的审美运思，正是因为它对偶然性的心物交融创作心态的格外推崇，因此无论是偶然论还是感兴论，都具有审美价值论的内涵。“价值的生成，本来就是主体与客体的统一，而主体和客体以何种方式相统一相洽合，则关系到作品审美价值的高下。以‘偶然’论诗者，皆以主体情怀与客体物色的偶然契合为最佳审美价值的生成机制。”[19]中国诗论之所以推崇感兴与偶然的审美价值，原因正是它所生成的审美意象往往是独一无二、无法重复的，而且也是在审美体验上的高峰状态。“感兴是艺术作品艺术个性、独创性的生长点。因为感兴是主体与客体偶然遭逢，触遇生趣，没有预先确立的主旨，没有固定的构思模式，也难于再次重复，故被称为诗之‘天机’，产生的意象也是十分独特而自然的，正是叶梦得所说‘非常情所能到’。由感兴而形成的审美意象，方有可能达到‘入化’、‘化工’之境，而‘入化’、‘化工’本身就包含着高度的独创性意义在内。”[17]可以说审美感兴论是中国诗学建立美学评判机制的重要理论。

作为艺术精品的运思历程，审美感兴以其最终作品的独创性而成为中国传统美学中生成最高审美价值的元范畴，它甚至就是最具民族审美文化代表性的美学范畴，因此对这一范畴的现代转换和再生性研究意义重大。张晶教授一贯主张：“中国古代文论的相关范畴、命题，具有明显的开放性、延展性。它们的义界不是封闭的、固定的，是可以不断添加的，因而，就使其有了更多的生成的性质。”[20](P483)就审美感兴论而言，其生成特性也非常明显，不仅体现在从古至今的理论延展上，同时也体现在这一范畴的当代阐释上的开放性方面。比如对于这个独创性问题，我们就可以在新的理论视角下继续追索并补充拓展以往的理论内涵。张晶教授从艺术媒介的独特性角度的理论探索就是一个非常有益的再生途径。审美感兴论的审美价值直接的美学标志就是独创性，这里有一个重要生成因素即内在构形的独特性和艺术媒介的独特性，因此，感兴论所说的独创就不仅仅指的是外在作品的独特性，甚至更多指称的是内在运思上已经与众不同。“感兴这种艺术神思……是凭借内化的艺术媒介（也可称为媒介感），受到偶然的外物触遇感召，产生了诗人（或艺术家）的内在审美构形。”[21]实际上，在审美运思角度上来看，审美感兴其实就是内在审美构形的一种极致方式，审美意象不是以逐渐明晰的方式而是以突然显现的方式完成构形，可见，审美感兴论又是审美构形论的进一步细化和深挖，至此，文艺美学的基质已经显露，这个基质既是审美发生学意义上的，也是审美价值论意义上的。

既然作为当代文艺美学的理论基质，审美感兴论就应该具有合理阐释文艺现实和积极引导文艺发展的学理价值。张晶教授对此深有体会并身体力行，在日常生活审美化的时代背景之下，他深入探讨了审美感兴与日常生活之间的辩证关系。他认为：“日常生活是川流不息的，也是充满了偶然的因素的。日常生活有着无法预见的丰富性和偶然性。比起对于重大事件的刻意记录与感怀，文学和艺术的创作中最为大量的还是在日常生活中的美的事物的审美感兴。日常生活又是蕴含着不止息的生命力的。在看似杂多、无逻辑的日常事物之中，外显的是蓬蓬勃勃的生命感。由感兴方式创造出的艺术作品，基本上都呈现着鸢飞鱼跃的生命气象；而这种生命气象，又是来源于作品所从来的日常生活事象的。”[22]可见，日常生活是审美感兴的客观触媒，在与审美主体相遇合时，日常生活将超越自身与主体契合融一，而成为可以代表生命价值的高峰体验。也就是说，审美感兴正是日常生活获得审美提升的重要方式，对于日常生活审美化的进一步艺术精品化，审美感兴的内在运思将是一种非常有效的美学实践方式。总之，从审美发生学的意义上说，日常生活是审美感兴不可或缺的客体触媒，而从审美价值论的意义上说，审美感兴要求日常生活中的审美主体拥有更强的内在构形能力和运作艺术媒介的表现力，一般性的审美化还只是我们在前文分析过的感物即自然情感的发生，而不是审美情感的发生和审美意象的最终完成。因此，审美感兴论的意向性内涵、偶然性特征以及作为艺术最高价值体现的运思方式等一系列理论内涵都是对当代文艺美学新格局的一种非常有效的基质性建构。

我们之所以认为，审美感兴论是张晶教授文艺美学新格局的基质性建构，除了上述审美发生学与审美价值论上的意义之外，它还与当代审美经验的全新趣味有着关联性。当代视觉文化、传媒艺术、图像审美等经验中，“惊奇”几乎是最能获得审美享受的一种美感经验。张晶教授则明确指出，他是从张世英先生的“感兴其实就是指诗人的惊异之感”这一观点获得的启发，并在深入思考当代艺术经验的过程中越发深刻地意识到惊奇感与审美深度的直接相关性。当代文艺尤其是传媒艺术缺乏深度的表现，常常就是作品很难引发主体的审美惊奇感所造成的。他接受了现象学美学的观点，认为“‘奇异性’恰恰是深度的一个重要标志，或者说它要使审美主体感觉惊奇，才能构成深度”[23]。因此，他明确主张将“审美惊奇”作为一个重要的文艺美学范畴加以建构。“关于惊奇在审美活动（包括创作与鉴赏两个方面）中的作用，中外文论与美学都不乏吉光片羽的精彩之言，但尚未有人把它作为一个审美范畴进行整合与熔炼。在我看来，美学的开拓与延伸可以从这个方面进行探索。”在对审美惊奇范畴的建构中，中西方理论资源都要有所兼顾，张晶教授首先梳理了西方观念并指出：“惊奇是一种审美发现。在惊奇中，本来是片段的、零碎的感受都被接通为一个整体，观赏者的心灵受到了强烈的撼动，而作为审美对象的作品里潜藏着、幽闭着的意蕴，突然被敞亮了出来。观赏者处在发现的激动之中。……是惊奇带来了发现，在发现之中，本来是平常的东西变得那样不平常，一切都在美的光晕里。”同时，他也对中国观念进行了梳理并指出，中国的审美惊奇论更为普遍且充满了艺术辩证法，其美学意蕴格外复杂。“在中国古代诗人与诗论家的审美观念里，‘惊人’是一个非常普遍而且非常重要的价值尺度，好诗、佳句，应该是‘惊人’的。只有惊人，诗之使人惊愕感奋、击节再三，才有永久流传的可能。因而，诗人们也正是把‘惊人’作为创作的自觉追求，诗论家们则将‘惊人’作为衡量诗的重要标准。”可见，惊奇在中国古典诗学里有着更为明确的审美价值论意义。同时，对于惊奇感的生成，中国诗学也更加注重从感兴思维中寻求心理机制上的原因。“创作主体在特殊的情感与外境的偶然遭逢中触发了艺术感兴，创造出只可有一、不可有二的独特意象，这才是真正的‘奇’。”甚至可以说，“奇”就是文学作品具有传世艺术价值即永恒经典的重要条件。中国诗论还常常把“奇”与“常”视为对立的审美因素，“新奇并不在于虚荒诞幻的离奇杜撰，不是远离现实生活的怪异奇诡，而就在于活生生的日常生活之中，关键在于创作主体对于生活的独特体验与审美发现……要达到这种新奇的境界，作家必须不停留在生活的表层现象，而是有深入的、特殊的体验”[24]。这是非常具有艺术辩证法的观念，对于当代审美文化显然具有充满理论活性的启示意义。

从审美感兴论到审美惊奇论的思维推进中，我们看到张晶教授试图努力建构的文艺美学新格局的基质所在，即艺术如何能完成人的生命感知的全面实现，无论是审美感兴还是审美惊奇，其实都是生命体验的高峰状态。在这样的状态之下完成的艺术作品，也将是审美文化的高级代表，并引领整体文化向着先进性的方向发展着。应该说，感兴论与惊奇论在社会文化理想上是一致的，而从个体审美心理上说也都是一种高级的“审美享受”。审美享受不是一般的快乐，仅就鉴赏而言，它是“面对真正的艺术品的艺术体验的高峰点，它不排斥快乐效果本身，但快乐效果只能融化于审美享受所产生的总体幸福感之中”。“审美享受作为一种人的深层幸福感，又是关涉到人的人格力量的，这是一般快乐所无须具备的。”[25](P139-151)在大众传媒时代，艺术创造和艺术鉴赏都越来越被娱乐所溶解，作品的美学品格常常滑落至快感满足，而很少在生命体验的深度与高度上付出努力，在审美享受的角度上说，就是主体没有体验到最大的幸福感，快感享受不过来去匆匆，对人感知能力的全面发展、人格的提升、人生境界的升华等完全无效。当代审美文化的先进性，当代文艺美学的新格局，都非常需要生命美学层面的总体开拓，文艺美学要坚定地树立起这样的观念，即审美活动就是“人以一种全面的方式，也就是说，作为一个完整的人占有自己的全面的本质”[26](P124)的基本存在方式，并努力将这样的观念传播到大众中去，从而使整个社会朝向审美文化的先进方向积极进展。以审美价值论为核心的当代文艺美学必须时刻坚守这样的理论责任。

张晶教授文艺美学的学术成就非常丰厚，本文只是提纲挈领地将其核心思想进行了逻辑梳理。从学理建构的路径上来看，张晶教授的确为当代文艺美学的新发展开拓出一种可持续生长的理论模式。他从文艺现实出发，指出当代审美文化的特征与问题，并从学理上提出鲜明的主张和策略，不仅反对将文学与艺术相隔离，更将它们在美学内涵上的根本一致性揭示出来，并通过令人信服的细致而精准的论证，充分而有力地证明了，恰恰是文学在（包括内在视像、审美构形、艺术媒介、审美感兴、审美惊奇等等）多个方面的审美品格，成就了当代艺术的美学深度与生命高度。张晶教授的文艺美学研究历经30年，他始终关注着现实，而在理论资源上却又古今中外兼收并蓄、运用自如、融会贯通，并且总是能够更进一步提出富有独特创见性的新观点、新阐释、新理解、新角度。无论是在宏观的理论把控上，还是在微观的范畴辨析上，张晶教授都显示出一位优秀学者所具有的令人敬佩的现实敏感度和理论责任心。本文所论述的三个方面，即文艺美学的当代性与审美文化的先进性、文艺美学转型中的审美构形论和艺术媒介论、文艺美学的基质即审美感兴论和审美惊奇论，其实只是一个逐渐深层化和精微化的学理路径的勾画，笔者没有足够的能力全面把握张晶教授的文艺美学全貌，但希望能够通过这个学理路径的探求，更清晰地看到当代学者在文艺美学的建构中所付出的心血和所展现出的实力，也更希望能为以后年青一代的理论思考找到基点与方向。

参考文献：

[1] 张晶．人生审美哲学论［J］．社会科学辑刊，2005（2）．

[2] 张晶．作为美学新路向的审美文化研究［J］．现代传播，2006（5）．

[3] 张晶．审美文化的历史机遇［J］．解放军艺术学院学报，2007（3）．

［4］张晶．图像的审美价值考察［J］．文学评论，2006（4）．
［5］张晶．图像的审美价值与传媒艺术功能剖析//美学与诗学——张晶学术文选（第六卷）［M］．北京：中国社会科学出版社，2017.
［6］张晶．视觉文化时代文学何为［J］．求是学刊，2005（3）．
［7］张晶．在文学与艺术的融通中拓进文艺美学［J］．北方论丛，2009（1）．
［8］张晶．中国古典诗词的内在视像之美［J］．社会科学战线，2007（2）．
［9］张晶．文学的审美特性与视觉文化的提升［J］．江海学刊，2010（1）．
［10］张晶．传媒艺术的审美属性［J］．现代传播，2009（1）．
［11］张晶．文艺美学的当代性理论转折［J］．解放军艺术学院学报，2014（1）．
［12］张晶．论审美构形能力［J］．社会科学战线，2005（4）．
［13］张晶．再论审美构形［J］．文艺理论研究，2009（2）．
［14］张晶．艺术媒介续谈［J］．现代传播，2014（8）．
［15］张晶．艺术语言作为审美创造的媒介功能［J］．文艺理论研究，2011（1）．
［16］张晶．艺术媒介论［J］．文艺研究，2011（12）．
［17］张晶．审美感兴论［J］．学术月刊，1997（10）．
［18］张晶．审美主体：感兴论的价值生成前提［J］．复旦学报（社会科学版），2011（3）．
［19］张晶．中国古代诗学中“偶然”论的审美价值意义［J］．文学评论，2013（4）．
［20］张晶．中国古代文论的当代价值及其实现//美学与诗学——张晶学术文选（第四卷）［M］．北京：中国社会科学出版社，2017.
［21］张晶．艺术媒介与审美感兴——试论艺术创作发生的内在物性特征//美学与诗学——张晶学术文选（第六卷）［M］．北京：中国社会科学出版社，2017.
［22］张晶．日常生活作为艺术创作审美感兴的触媒［J］．文艺争鸣，2010（7）．
［23］张晶．视像的深度与现象学的本质直观［J］．现代传播，2013（3）．
［24］张晶．审美惊奇论［J］．文艺理论研究，2000（2）．
［25］张晶．论审美享受//美学与诗学——张晶学术文选（第三卷）［M］．北京：中国社会科学出版社，2017.
［26］〔德〕马克思，恩格斯．马克思恩格斯全集（第42卷）［M］．北京：人民出版社，1979.

《二十世纪八十年代以来文学理论的知识生产》后记

邢建昌

《二十世纪八十年代以来文学理论的知识生产》一书是我主持的教育部人文社会科学重点研究基地重大项目“20 世纪 80 年代以来文学理论的知识生产及其相关问题”的结项成果。虽说从项目获批到完成初稿只用了近 4 年的时间，但实际上对于这个课题的关注已有十几年了。这十几年来，我先后完成了教育部人文社会科学基金项目“20 世纪 90 年代以来文学理论的发展”、国家社会科学基金项目“20 世纪 80 年代以来文学本质论的论争及其评析”，还参加了李青春教授主持的国家社会科学基金重点项目“新时期文艺理论与批评建设及关联因素研究”。在从事这些课题的研究过程中，我深深感受到知识背景（也就是知识型）对于研究的重要意义。

研究不只是实证性地进入问题，同时也是带着特定的知识背景进入问题的过程。知识背景是一套从特定思想、观念和方法看待问题的机制。问题不会自动生成为问题，而有赖于在特定的知识背景下提问。用“瓜熟蒂落”解释苹果落地，这只是在经验层面回答了提问，并不是真的解释了问题。只有引入“引力”的概念，苹果落地的解释才成为一个问题。可见，问题是在特定的知识背景中生成的。学术研究中的所谓“问题意识”，也就是在特定的知识背景下提问。逻辑实证主义哲学家波普尔曾经谈到，科学研究中的“问题”和“问题意识”体现着“有知”与“无知”的辩证关系。首先，已有的知识不能解释对象，人面对对象呈现“无知”的状态；其次，人对这“无知”的状态是清醒而自觉的，进而由“无知”引发对“新知”的探究。由此，问题和问题的意识就表现为某种知识回应问题的能力。现实中层出不穷的问题，正是知识不断发展与更新的动力学根据。基于这些看法，我就尝试在下一个课题的研究中，一定要从特定的知识背景出发，力求找到一个看待问题的新的视阈或方法。

从特定知识背景下的提问，转化为本课题的知识、知识生产的视角，在这里，“知识”“知识生产”等是有着特定内涵、具有方法论意义上的概念。从知识、知识生产的视角考察 20 世纪 80 年代以来的文学理论知识状况，实际是在“元理论”层面展开的对文学理论的反思研究。与一般的文学理论反思研究不同，知识和知识生产的视角尝试揭示 20 世纪 80 年代以来文学理论展开自身的内在逻辑，厘定每一阶段重要命题赖以形成的社会的、历史的以及文化的语境，揭示 20 世纪 80 年代以来文学理论知识增长的动力学根据以及谱系学图示，提升文学理论作为一种知识生产的学科化和专业化的水平。在详细占有和分析文献的基础上，呈现20世纪80年代以来文学理论的知识图景。与此同时，秉持“在特定的知识背景下提问”原则，使问题语境化、历史化，从而超越文学理论研究中的经验式感知和情绪化论证的偏见。对那种“自我论证”（identity－based）式的，充满“冗长夸张的文字”和“漠不关心”的专业态度（赛义德语）保持警觉的态度。

有一种观点认为，强调文学理论的知识学属性，会削弱文学理论的思想力量，这其实是一种误解。这里的关键是如何理解“知识”。在我们看来，存在一种有别于自然科学也有别于一般社会科学的特殊的“知识”。这种“知识”不以回答对象“是什么”为旨归，而要以“应然的尺度”发现与选择它所置身的世界。它提供的与其说是符合论意义上的知识，不如说是基于理想的“别一般智慧”。因此，非实证性、解释性、可以明言性和寄生性等，就是我们理解的文学理论的知识学属性。从这一关于文学理论性质的“前理解”出发，我们尝试将文学理论知识体系建立于关于文学、人生的价值论意义上的关怀基础之上。没有基于对“好的生活”的本体论承诺，文学理论的知识言说的合法性大可怀疑。在后现代语境下，“程序合法性”越来越成为文学理论知识合法性的必然要求。“程序合法性”旨在强调文学理论知识生产的非垄断、非霸权性质，任何一种知识都需要在“公共空间”里获得与另外一种知识的对话性质。由此，知识的“可磋商性质”显现出来。后现代语境下的“知识观”是值得重视的思想资源。但是，只是由“程序合法性”建构起来的文学理论知识叙事，并不足以支撑起文学理论的合法性大厦。文学理论的合法性，还需要“实质合法性”（也就是“价值正当性”）来保证。因为，不依托于特定观念、特定价值取向的文学理论知识生产几乎是不可思议的。正如有学者所言，所有的文学理论都是从“好文学”的假定出发而建构出“文学事实”“文学特征”的。既然无法建立起一个“价值无涉”的文学理论知识体系，那就得承认价值立场的合理性（也就是合法性）。承认这种合法性，比拱手将文学理论知识体系的合法性交给程序合法性来说明，是更符合文学精神的。

价值正当性是文学理论知识生产合法性的理由和条件。文学理论是要建立标准的，也就是要提供认识文学的标准，进而提供认识“好文学”的标准。标准对于文学理论知识生产具有问题导向和方向引领的意义。目前，文学理论不敢提标准，一提起标准，似乎就要冒着被指责为“极权主义”或“立法者”的风险。正因为有这样的顾虑，文学理论提供不出“好文学”的标准和理由，结果导致创作中大量平庸之作泛滥，文化相对主义盛行，文学理论对文学失去了解释效力。当然，文学标准、“好文学”的标准不是凝固的、本质主义的，而是开放的，有能力随着文学的发展和社会时代趣味变化而变化的。它既是历史上文学传统、文学理性的产物，又是解释者置身于特定时代语境、文学语境下文学观念积极展开的结果。“标准”不是极权主义的东西，而是规范、参照、高度、水准等，它接受质询，也勇于反思，并且通过对话协商机制，不断提供自身合法性的证明。

文学理论知识不是零散的、随意的，而是有内在联系的。文学理论知识生产服膺问题的召唤，依据特定的知识学模式，自觉接受“文学事实”的制约，提供关于文学的“有根据的说”，因此具有科学性品质。那种基于感受、经验、常识建立起来的文学知识，只能解释文学的常态，却不能解释文学的非常态；只能解释文学的当下状态，却不能解释文学的历史的、未来的状态，更不能解释“可能的状态”——未经反思和抽象，只能是最浅表的人类经验，还不是知识。正因为这样，美国解构主义者卡勒认为“理论是对常识的批评”。同时，主观化的个人言说也不是知识。个人化的“言说”只能是“意见”，不是知识。按照古希腊哲学家柏拉图的观点，“意见”要通过辩论而成为知识，辩论的过程是“意见”接受质询并生成知识的过程。反观当下的文学理论知识生产状况，则“意见”丛生而“知识”匮乏——源源不断地提供文学的“意见”，甚至围绕某些对象展开不断的辩论，却缺乏使“意见”转化为“知识”的“平台”和“机制”，基本属于“自说自话”，由此导致文学理论知识生产能力的弱化。

文学理论知识生产不是一个“范式”替代另一个“范式”的过程，而是一个迫于“解释的焦虑”而不断扬弃旧知而生成新知的过程。即使这样，“旧知”也不会完全退出历史舞台，而往往以某种方式进入“新知”当中。马丁·华莱士就此认为：“文学研究是一个积累性的学科，新知识补充它，但是曾经长期占据主导地位的、现在不再流行的思想也时时都有可能被证明与新的批评关注或创作方法相关，文学理论只有在批评家们进行对话和争辩时才会繁荣。对话与争辩防止我们自满的假定我们已经理解有关文学的一切。”这里提出的“对话与争辩”不仅是文学理论知识更新的动力，还是防止文学理论陷入僵化与专制的力量。文学理论只有在不断接受质询、辩难的过程中，才能激活自我反思的能力。

理论研究是充满快乐的自我发现、自我超越的过程。河北师范大学文艺学学科从20世纪80年代起招收硕士研究生，学科奠基人是著名文艺评论家冯健男先生。冯先生是一位坚定的马克思主义文艺理论家、批评家。他从不忌讳对文艺作品提出思想性的要求，他也正是从这个带有前提性的思想标准出发去发现、去选择、去评论他的文学对象的。同时，他又以审美感悟为切入点，对作品进行精细独到的文本分析。这种服膺独立的艺术判断、秉笔直书的写作姿态，至今都是弥足珍贵的精神财富。另一位文学理论家杨景祥先生也是一位笃定的经典马克思主义文论的捍卫者和阐释者。他的洋洋50万字的《艺术哲学》（河北人民出版社2011年），体现了马克思主义的视野、胸怀和力量，也是值得反复阅读的一部大书。如今，两位先生都已作古，不过他们的精神血脉仍流淌在年轻的文艺学学科团队成员的身上，使得这个年轻的团队勇于以生命托付学术，淡泊明志，上下求索，不慕虚名，不尚奢华，内以安心，外求担当，留下一串串学者自己应有的脚印。冯健男先生经常用“敬业乐群”来勉励后学，我想，本书的研究团队一直在向这个境界努力着。

这本书凝聚着我们年轻的文艺学学术团队的心血和汗水。参与各章撰写任务的各位团队成员平均年龄不到40岁，均毕业于国内重点大学，有的还有国外学习的经历和背景。他们以崭新的知识装备、活跃的思维触角，带来了本课题所可能达到的深度。为了保证书稿的质量，他们克服了许多常人难以想象的困难。单是阅读相关文献，就不亚于完成博士学位论文所要求的。感谢北京师范大学文艺学中心李春青先生，基于学术的信任将这样一个课题交付给我们这个团队，而笔者也有幸被聘为北京师范大学文艺学中心的兼职研究员。感谢张永清先生研讨会上的指导和工作中对这个团队给予的理解和支持，也感谢发表我们阶段性成果的《文艺理论研究》《文艺争鸣》《河北师范大学学报》《中国语言文学研究》《天府新论》等刊物。那些来自见面或不见面的朋友的信任和鼓励，是我们不断前行的温暖的动力。

一个人无法改变走向终结的宿命，但可以在短暂的时间里使生命获得尊严和力量。读书—教书—写书，正是我们找寻到的生命存在的方式，也是使生命获得尊严和力量的方式。虽然这种生命存在方式经常被外在的俗事所干扰，但沉入地平线的夕阳阻挡不住跋涉者坚毅的步伐。西哲有名言“我思故我在”，是“思”照亮了“在”的意义，赋予了“在”的行动价值。“思”因此是为人的、属于人的，是人难以摆脱的宿命。既然选择了“思”，那就唯有笃定前行，定乎内外之分，辨乎荣辱之境，以超然的心态做好入世的学问。如此，方能无愧于生命。

是为后记。

评《熊十力文化思想研究》*

孙秀昌

牛军博士的专著《熊十力文化思想研究》终于与读者见面了。这部在其博士学位论文的基础上修订而成的书稿从中西文化比较的视域出发，以其业师黄克剑先生的“价值形而上学”为理论底据，对现代新儒学开创者熊十力的文化思想进行了深入探究，是国内熊十力研究的又一部力作。

20 世纪 20 年代，熊十力开创了富于远图创思的“新唯识论”体系，引起学界广泛关注，他遂被誉为最具原创性的中国现代哲学家之一。熊十力在西学东渐的文化处境下，努力为儒学寻找现代化的途径。他提出“返本开新”的主张，试图通过返回儒家最具原创性的精神本根来开出现代形态的新儒学。他的这一主张，影响了其后学牟宗三、唐君毅、徐复观等人。在那个提及孔子羞涩不能出口的时代，熊十力不无历史悲情而又睿智地融汇中西文化、融合儒佛思想建构出新的儒学体系，为儒学在新的文化际遇下的再生拓辟出一块富有生机的学思空间。尽管熊十力的新唯识论思想仍存在可以争论的地方，但这份宝贵的学术遗产非常值得我们珍视。可以说，熊十力的文化思想对于我们建构今日具有民族特色的学术体系颇具启示意义。

《熊十力文化思想研究》一书敢于直面学术难题，对学界关于熊十力研究中颇有争议的一些问题予以了回答，进而提出了诸多富有学思深度的新见。例如，学界通常以 1949 年为界，将熊十力的思想分为前后两个时期，并且对他的前后思想是否变化有着不同的认识。牛军博士在该书中将学界的不同观点进行了悉心爬梳，并在此基础上提出了自己的观点。牛军博士发现，徐复观较早在日记中批评熊十力后期历贬群儒的做法，并对其老师考证的不严谨予以了批评。在徐复观看来，熊十力的这些错误表明他屈服于当时的意识形态。熊十力的另一位弟子牟宗三则对老师予以同情理解，认为熊十力历贬群儒的做法是在当时政治环境下的“行权”。徐复观的学生翟志成进而撰写长文《论熊十力思想在一九四九年后的转变》对太老师熊十力予以批评。他指出熊十力前期思想坚持“体用不二而有分”，后期则只坚持“体用不二”，并指出熊十力后期无论是“内圣”方面还是“外王”方面的改变，都是为了迎合意识形态。刘述先、郭齐勇不同意翟志成的观点，两人撰文对其进行了批评。不过，在学理上给出更为清晰的辨正性批评的则是赖贤宗的《重检文献论熊十力体用思想之一贯性》一文。赖先生通过检索文献批驳了翟志

* 牛军：《熊十力文化思想研究》，中国社会科学出版社，2018。

成的观点，指出熊十力后期依然坚持“体用不二而有分”的原则，并进一步厘清了熊十力体用论“体用不二而有分，有分而仍不二”的基本结构。赖先生对翟志成的批评有理有据，遗憾的是，他未能正视熊十力后期思想的变化。真正对熊十力前后期思想变化问题予以令人信服的阐释的是黄克剑先生。黄先生从熊十力学思体系的内在逻辑出发，指出熊十力前后期思想有变化的地方，亦有坚持不变的地方。熊十力后期的本体论变得更为复杂，这是因为他意识到早年依照“举体成用”的逻辑无法顺畅地由儒家之“体”推出现代的科学、民主之“用”。他在后期将“举体成用”的思路改为“摄体归用”，即先将科学、民主肯定下来，进而倒推本体应该具有怎样的特点。因此，他才会历贬群儒并肯定本体的物质性。在此过程中，可以说他始终坚持着“体用不二”的运思逻辑。牛军博士在继承师说的基础上，补充了新的史料，对熊十力前后期思想变化问题做了更为精审的辨正。

又如，牛军博士在讨论熊十力的儒家式民主思想时，对中西文化中个体与群体关系进行了细致的分辩，进而说明了熊十力的儒家式民主思想不同于西方民主思想的特点。他首先阐析了熊十力建构儒家式民主的历史文化处境。熊十力曾参与辛亥革命，革命成功之后，他却对革命党人感到失望。他感到革命党人少有在自己身上下功夫者（即革命党人少有在道德修养方面用力者），而此时民主的观念也并不深入人心。在熊十力看来，这与当时全盘西化的倾向有关。中西文化本有差异，以一种急切地自我否定的文化态度去追求西方民主的做法是值得怀疑的。正是基于这层考虑，熊十力致力于建构具有儒家文化根荄的民主思想。他的做法，就是将儒家的心性之学与西方的民主思想相融通。熊十力所论之民主是立基于“性”（德性）的基础上的民主，不同于西方立基于“欲”（欲望）的民主。熊十力从儒家之性的角度对西方的“自由”“平等”等概念予以改造。他从德性的角度来谈自由、平等，即“我欲仁，斯仁至矣”的德性自由和“人皆可以为尧舜”的天性平等。这是一种儒家式的改造，“自由”“平等”在熊十力那里已经不同于西方侧重权利之维的“自由”“平等”了。基于此，他要建构的民主制度乃是祈向儒家的“万物各畅其性”的“大同”之境的。这种民主制度以“仁”为体，立基于“性”，最终是为了实现儒家“大同”之境的理想秩序。牛军博士关于熊十力儒家民主特点的解释，可以说是依照熊十力“体用不二”的根本逻辑来展开的。中西文化在“用”的层面上的诸多不同，乃肇源于中西文化之“体”的不同。“性”与“欲”的分辩正是熊十力对于中西文化本体不同的一种分辩。这种分辩，恰恰说明熊十力的民主概念乃是儒家式的概念，而非西学式的概念。牛军博士在根底处辨析清楚这一关键之点的基础上，接着对学界关于熊十力民主思想中个体与群体关系的探讨做了细致的评述。学者何信全认为熊十力的哲学思想基于儒家之仁，儒家之仁则强调万物一体。由此，何信全推出熊十力的新外王学说的基石乃是群体，而非个体。牛军博士对此观点予以了批驳：儒家万物一体的说法，强调个体与群体的相通性，这就意味着从个体的角度来看，群体也就意味着个体。更为重要的是，万物一体之说的出发点乃是个体。就此而言，何信全的观点显然是片面的。熊十力曾明确批评将个人一概而论地归属于全体，并以此来消弭个体之自由的做法，指出“个人属于全体，即个人之一切应为群体而牺牲，群体有无限自由而个人无自由”。牛军博士进而指出，儒家强调万物一体，是在本体意味上去谈论的，个体之性与万物之性是相通的，都是天道之性。这意味着每个个体与宇宙整全之性相通，同时各个个体之性是圆满自足的。学者张灏也曾对儒家“内圣外王”主张中的个体与群体关系做过阐释。他从人格主义角度出发，强调社会性是个体性的一部分，同时强调儒家个体性的超越意味。他认为儒家提供了一种综合个体性与群体性而又超越二者之上的新视角，这种视角消弭了西方个人主义和集体主义的对立。牛军博士对此观点予以批评，指出中西方关于个体与群体关系的认识其实是从两个不同的层面上展开的：中国儒家所说的个体性乃是超越意味上的个体性，也正是在超越的意义上才得以实现个体性与群体性的合一；西方的个人和群体的关系，则更多是在权利和义务的层面上来谈论的。张灏的岐误，便在于将错落于两个层面的问题混为一谈了。牛军博士强调熊十力的儒家式民主是德性意味上的民主，要实现的是道德的自由；西方所谈论的则是权利向度上的民主，要实现的是生存上的自由。追根究底，这两种民主并不在同一个层面上，从而凸显出熊十力儒家式民主的特点。

牛军博士还基于熊十力的内在运思逻辑，对熊十力的“返本开新”这一文化主张做了理性的审视，并指出其不足之处。熊十力曾自述自己的学说可以分为三个部分：“体用不二”的宇宙论、“天人不二”的人生论和“道器不二”的治化论。“体用不二”是贯穿于他的学说的核心逻辑，“天人不二”“道器不二”乃是“体用不二”分别在人生论和治化论中的表现。熊十力“返本开新”的文化主张也是基于其“体用不二”的核心逻辑的。在熊十力看来，西方的科学、民主是我们从西方文化中要学习的内容，而科学与民主在中国传统文化中并不是毫无根芽的，只是发展得不足而已。他要返回儒家之本体，参照西方科学与民主，发展出以儒家思想为本根的儒家式的科学与民主，这就是所谓的“返本开新”。他指出儒家之本体，即是仁体，并强调它的道德意味，可谓一种道德形而上学之本体。他在治化论中同样强调以儒家之仁来统率科学与民主。然而道德与科学、民主并不在同一个层面上。道德是无待向度上的一种价值，它主要依靠自律而无所外待，正如孔子所说的“为仁由己”那样。而科学与民主则是有待向度上的价值，它们不能仅仅依靠自律来实现。熊十力治化论中的矛盾之处暴露了他学说中的这一问题，晚年其思路的重新调整也是为了解决这一难题。牛军博士就此强调：在熊十力的“返本开新”的文化主张中存在逻辑上的扞格之处，这一论断是基于熊十力自身的运思逻辑而得出的。读来令人信服。

熊十力运思逻辑上的扞格之处并不只是他个人的局限，而是立足于道德形而上学寻索民族文化出路的中国现当代知识分子共同遭遇的一个难解的“结”。近百年过去了，熊十力留给我们的这个“结”迄今仍是一个有待深入探究的理论难题。

因缘与收获

——《中华大典·文献目录典·古籍目录分典·集总部》出版感言

王京州

《中华大典》实质是一部超级类书，采用的是分门别类、“述而不作”的编纂方式。类书可分为官修和私撰两种，官修类书大多卷帙浩繁，取材宏富。唐修《艺文类聚》100卷，宋修《太平御览》1000卷，明修《永乐大典》2万多卷，清修《古今图书集成》也有上万卷。新编《中华大典》既继承古代类书的优良传统，同时又旨在超轶前修，旷古烁今。“全书涵盖了社会科学和自然科学，预计收录各类汉文古籍3万多部，印制成书可达400多册，共约8亿字，规模不仅超过《永乐大典》和《古今图书集成》，字数也超过了历代类书的总和。”（任继愈《为中华文化建设的高峰筑基铺路——就编纂〈中华大典〉答河北学刊主编提问》，《河北学刊》2008年第4期）

《中华大典》从提议、立项、实施、编纂到出版，经历了一个旷日持久、艰苦卓绝的过程。如果要在这一跨世纪的文化工程中，推举三位最具关键性的人物，私认为是段文桂、伍杰和任继愈。任继愈先生膺任《中华大典》编纂委员会主任，他不仅为典请命（龙新民《任继愈与〈中华大典〉》，《博览群书》2010年第7期），大力延揽人才，而且还老骥伏枥，亲自主持编纂《哲学典》《宗教典》。巴蜀书社总编辑段文桂先生是《中华大典》具体方案的最早提出者，他精意覃思，振臂高呼，终于获得了中宣部和新闻出版总署的支持，“可以说，没有段文桂早期的多方奔走，是不会有《中华大典》的”（伍杰《〈中华大典〉试点漫记》，《出版史料》2011年第3期）。伍杰先生时任中宣部出版局局长，是段文桂奔走呼告编纂《中华大典》在官方层面的最早响应者。他一方面牵头联系，申请经费，同时还亲任试点领导小组组长、工作委员会副主任，做了很多具体而微又统领全局的工作。

截止到2005年年底，已先后启动《文学典》《医药卫生典》《历史地理典》等九个典的编纂。《文献目录典》是2006年开始启动的十五个典之一，北京师范大学古籍整理研究所（现名古籍与传统文化研究院）的周少川教授荣膺主编，而承担编纂出版工作的则是广西师范大学出版集团。“所有典的主编一定是该专业、该领域的国内著名专家、学者”（龙新民《任继愈与〈中华大典〉》），《文献目录典》也不例外。周少川先生是陈垣先生的再传弟子，刘乃和先生的得意高足，时任历史文献研究会会长、陈垣研究室主任。他很快便组建了以内蒙古师范大学阎崇东教授、安徽大学诸伟奇教授、河北师范大学杨寄林教授等为核心，以北京师范大学邓瑞全教授、张升教授、张涛教授、汪高鑫教授等精干力量为主力的学术团队。分典主编和总部主编确定后，又起草了《编纂细则》和《点校细则》，对编纂工程进行了体大虑周的指示和安排。

那时，河北师范大学文学院正在郑振峰先生的领导下，开始创立中国古典文献学专业，一方面延聘历史学院的杨寄林先生前来兼任教席，又敦请马恒君、田恒金、阎福玲等先生出任研究生导师，另一方面也加大了青年人才的招聘力度，王京州、江合友等具有古籍整理专长的青年博士纷纷加盟，呈现出一派茁壮发展的生机。而且，文学院的涉古专业（古代文学、古代汉语）素来就有重视文献的传统，前辈学者当中，夏传才先生有《曹操集注》《曹丕集校注》，王学奇先生有《元曲选校注》《关汉卿全集校注》，他们除以诗经学研究和元曲学研究蜚声学界外，在古籍整理研究的业绩上也不遑多让。郑振峰院长那时正满怀发展壮大文献专业的信心，多方寻觅大型的古籍整理项目以凝练团队、培育人才，他与杨寄林先生在《中华大典·文献目录典·古籍目录分典·集总部》上的遇合正是在这样的背景下产生的。

作为《文献目录典·古籍目录分典》的主编，后来又荷任《政治典》的主编，杨寄林先生可谓对《中华大典》投注了巨大的心血。管见所及，我认为那时杨先生的生命已与《中华大典》的事业熔铸在一起。因为对《集总部》的前期样稿多所不满，2008 年暑期在北京师范大学召开的第二次编委会甫一结束，他便毅然决然地将这一部分的编纂任务带回了河北师范大学。郑院长为慎重起见，曾垂询过我的意见。刚赴任文学院讲师的我诚惶诚恐，但很坚决地认为可以做，许是正中郑院长的下怀。那时的我不知天高地厚，大概也表示过主动请缨的意愿，郑院长就慨然委以重任，让我先拟一个编纂计划出来。

令人感到吃惊的是，当时所拟两套方案的区别，主要在于副主编和编委的人选和职责，至于基础性的编纂工作，却都打算让研究生来担任，甚至还设定由每位编委负责推荐 5 -7 名优秀研究生参与，但实际上并未照此执行，整个《集总部》的编纂，每位编委无不亲任其劳，自始至终都谢绝了研究生的参与，这自然极大地增加了各位老师的工作量，却也充分保证了稿件的质量。

另外我记忆深刻的是，因为当今学科的划分越来越细密，《集总部》下设的七个部和别集部下设的六个分部，我们尽可能都匹配了学有专长的人员。如《楚辞部》由先秦两汉文学方向的陈斯怀老师担任，《词部》由擅长词学研究的江合友老师担任，《曲部》则由浸淫曲学多年的时俊静老师担任，而分别负责《汉魏六朝别集分部》《唐别集分部》《宋别集分部》的我与曾智安老师和阎福玲老师的研究专长又恰好是在汉魏六朝文学、唐代文学和宋代文学。王雪枝老师和时俊静老师还联袂旁听杨寄林先生的文献学授课，成为研究生课堂上一道靓丽的风景线。

看似简单而饾饤的文献工作，实际上充满了路障和危险，排序、拼接、查重、分类、标点，每一步都不简单。材料是现成的，但如何将材料完美地嵌入类书的体系中，却必须经受学术之火的淬炼。那时的我们还兼任多门本科生的课程，《中华大典》的工作只能靠课外时间来做，为了手头上的大典任务，每位编委都不知牺牲了多少的休息时间！阎福玲老师主管文学院的教学工作，仍以身作则地躬亲《宋别集分部》的编纂；时俊静老师和王雪枝老师在职攻读博士学位，不得不在博士论文和大典编纂二者中寻找平衡；江合友老师和我在担任顶岗实习驻县教师期间，还都把《中华大典》的材料和稿纸带到了霸州市教育局……

付出总会有收获，尤其是文献性的工作，潜移默化之中，就已升华出不少选题，也内化为驱遣史料、渔猎文献的能力。表现在外的，如于峻嵘发表了《〈千顷堂书目〉与〈补辽金元艺文志〉之比较》、王雪枝发表了《易州龙兴观现存元明两代碑铭镌文传录补正》、李冬鸽发表了《"方"为"舫"之本字考——兼论"旁""傍"的古文》、我发表了《朱子儋藏刻书考》等论文，就都是在编纂《中华大典》期间萌生的选题。

因为郑振峰院长的亲和力和凝聚力，自始担任各部或分部的负责人，都慎终如始，按时完成了自己承担的任务。2010 年 9 月，《集总部》编纂接近尾声时，我代表郑老师参加了在安徽合肥召开的《文献目录典》工作会议，第一次瞻仰了伍杰先生的风采，见识了从《文学典》请来审稿的黄希坚、吴企明、黄进德诸位高德，增强了编好《集总部》的信心，却也经受了被审查和挑剔的考验。

等到我们历经艰辛全部交稿后，又遭受到更为严峻的考验。《清别集分部》包含两种部头极大的查漏补缺书目，即柯愈春的《清人诗文集总目提要》和李灵年等人的《清人别集总目》，按照编纂细目和杨寄林先生的要求，查漏补缺书目并不十分严格，然而《文献目录典》编委会此时提出严格要求，必须将这两部查漏补缺书目逐条增补，这无疑是巨大而浩繁的工作量，我对此只能望洋兴叹，认为仅是查重就几乎是不可能完成的任务，因为深知其中苦衷，也不可能要求负责《清别集分部》的杜志勇老师照此办理。一方面，我理解《文献目录典》领导的严格要求，是出于原则性的考虑，有其高远的目标在，但从实际操作的层面看，又无法执行这一指令。

后来不得不采取了折衷的办法，改由安徽大学诸伟奇先生的团队帮助处理，条件是大幅削减《别集部》的稿费，我在征得郑老师的同意后，委曲求全，也急于脱身，答应了编委会的这一方案。但遗憾的是，我们却无法看到这两部查漏补缺书的补充结果了。在书稿的出版延搁数年后，《中华大典》编纂委员会驳回了《文献目录典·古籍目录分典》的特定体例，仍须严格遵守"辛亥革命以后著作一律不收"的整体原则，于是大量的查漏补缺书目逸出了编纂的范围之外，这两部清人别集的查漏补缺书目也便只能删去了，这自然是巨大的遗憾——清别集的篇幅本来已经超轶明别集的两倍以上，而最后出版的清别集的篇幅，还不及明别集的十分之一。至于有 1000 部以上的《小说部》，则被砍得只剩下《三国演义》《水浒传》两条了。

在我的电脑上，有一个创建日期是 2008 年 9 月 8 日的文件，题为"《中华大典·文献目录典·古籍目录分典·集总部》编纂委员会章程"，其中赫然写着我们的编纂宗旨是"争取完成一个课题，培养一批人材，促进学科发展（古典文献学，尤其是文学文献）"，如今回望初心，我认为这一愿望是达到了的，不知郑老师和参与编纂《集总部》的诸位同仁以为何如？

理论回响与方法开拓*

——评《20世纪中国文学与西方现代艺术论稿》

王鸿博

随着近代以来西学东渐浪潮蜂起，裹挟着新的时代精神、审美风尚和技巧手法的20世纪中国文学在世界文艺的影响下萌动勃发、蔚然成长，同时也回馈、丰富和滋养了世界文艺。于是，作为中国比较文学重要部分的中西比较文学研究便具备了极为丰富的研究对象和不可限量的阐释空间，也结出了极为丰厚的学术硕果。马云、胡景敏二位教授合著的《20世纪中国文学与西方现代艺术论稿》（下文简称《论稿》）正是21世纪初中西比较文学以及中西文学总体比较研究领域的一部力作。其价值在于一方面回应了“20世纪中国文学的世界性因素”的学术议题，另一方面成功运用和开拓了文学与艺术比较研究的跨学科研究方法。

一

中西文学总体比较研究中的一个重要内容是20世纪中国新文学的发生，研究20世纪中国文学，无法绕开世界性因素的考量。随之而来的问题是这类研究往往执着于中国文学与外来文学的二元关系，局限于中国文学接受外来影响的研究模式中。因而，陈思和率先提倡“20世纪中国文学的世界性因素”，不断阐发此一研究议题。[1]后来，孙景尧、谢天振、陈建华等学者参与讨论，丰富了该议题的学术内涵。这一探讨的意义在于从中国文学研究的立场上进行中西比较文学学理上的探索，进而反思比较文学中影响研究的理论方法，破除要么是本土继承，要么是外来影响的抽象对立。

以笔者看来，《论稿》具有回应20世纪中国文学世界性因素学术议题并与之对话的意义。该书35万余字的篇幅聚焦于西方现代艺术与20世纪中国文学的艺术关系，作者慧眼独具，从复杂的中外文学艺术关系史中梳理出了印象派绘画、表现重文绘画、立体派绘画、超现实主义绘画、西方现代雕塑、雕塑大师罗丹与20世纪中国文学以及法国写实派画家米勒与五四新文学、后印象派画家梵·高与新时期中国文学等重要的比较文学论题，并分章别类进行细致探讨；还对社交舞与海派小说、交响乐与中国现代小说以及西方现代绘画对铁凝小说的创作影响等个案做出了精彩解读。

---

* 马云、胡景敏：《20世纪中国文学与西方现代艺术论稿》，中国社会科学出版社，2015。

以书中篇幅最重的现代绘画为例，西方现代艺术尤其是以西方现代油画、版画和雕塑为主的视觉艺术，成为20世纪上半叶中国期刊报纸等出版物重点采撷并加以传播的内容，也构成了20世纪中国现代作家的重要艺术源泉。中国的现代文艺期刊以快捷的方式和开放的姿态推出的各种文艺内容，使西方现代文学与现代绘画几乎同步出现在了中国作家和读者的视野中。比如文学研究会的发起者茅盾（沈雁冰）主持下的《小说月报》，除了刊载西洋名家小说的译文，同时也“每期并附精印西洋名家多幅。特请对于绘画艺术极有研究之人挑选材料加以说明。以为详细介绍西洋美术之初步”[2](P15)。

这里透露出两个重要信息。一方面，五四名家宣传西方文学、创造新的文学，除了自身创作的需要，根本动机在于藉文学宣传新思想，也即新文化运动所提倡的自由、民主等革新思想，而绘画和文学兼而具备了这种功能。五四名家选择了一种比后代作家更为开放自由的艺术态度。譬如，抄写魏碑、给中国旧小说做史的鲁迅可以同时倡导“摩罗诗力”，并从表现主义大师蒙克那里获取创造灵感。

另一方面，中国现代作家一专多能者居多。茅盾、郑振铎、鲁迅、叶绍钧、孙伏园等人既是作者，也兼为期刊的主创人和具体编辑，时常要考虑期刊报纸的封面设计、彩页彩插和整体装帧等具体形式。这样，能够同样传播进步思想的西方现代视觉艺术，尤其是绘画，作为重要的设计和排版的技术手段，便成为向读者引介的重要内容。《小说月报》《北新》《文学》等期刊编辑在封面和彩页上所下的功夫或许不亚于其内文组稿，期刊以醒目的颜色和鲜明的个性直击读者双目，最为直观地表明主创人员的办刊宗旨，也成为当时出版物市场竞争中的有效手段。

同时，那些负笈东西洋的中国现代文学先驱们，也不同程度地亲身感受或间接领略到了西方现代艺术的奥秘；文学、绘画、建筑、音乐等多重现代艺术氛围的熏染，潜移默化地滋生着中国现代作家们的眼光视野和技巧手段，开拓了他们的艺术视野和想象空间，也生成了中国现代文学的新的场域。从世界艺术的角度对这些文学历史进行重新审视，无疑大大拓展了中外文学、文艺交流的研究领域。

书中关于米勒与五四新文学关系的研究便非常富于启发。对于研究自身而言，并不在于寻找到多少现代作家接受米勒影响的历史证据，文艺研究的精神属性表现在米勒创作的现实主义风格与20世纪初中国作家自觉追求的自然主义和写实风格有高度的精神契合，“为人生”的文学观、书写被侮辱与损害的底层群体等文学现代性议题因而成为世界文学现代性中的内容，并与现代绘画领域的米勒研究话语构成了对话与回响。论者试图还原文学研究最基本的审美判断和创作心理等方面的艺术本体分析，很能说明20世纪中国文学对世界文艺营养因素的创造性吸收和转化现象。

这样，《论稿》从理论层面回应了陈思和提出的议题，即质疑以文学实证为基础的影响研究方法，反思目前研究中存在的逻辑误导，以及“走向世界”策略上的悖论性，同时重新整理了中国现当代文学在外来影响下建立以来的发生学思路，从西方现代艺术家、中国作家、文学思潮和时代剧变等多个方面来对既有研究方法进行再审视。20世纪中国文学的发展不是被动的文学接受，而是在外国文艺的多重激励下和不断汲取各种艺术营养的主动选择过程中，不断丰富和发展自身的。此种研究理路某种程度上也超越了传统比较文学影响研究和平行研究的二元对立模式。

二

如果说《论稿》对于20世纪中国文学世界性因素的考察是有着明确的自觉意识，那么如何将这一研究落实到实处，如何既充分注意西方现代艺术对20世纪中国作家提供充足养分的历程，又阐析作家们如何充分发挥主体意识去选择、欣赏和领会西方现代艺术，这是需要认真思考的问题。换句话说，破除影响研究过于简单机械的窠臼，需要显示这种文学与艺术之间不同学科的对话与生产关系。《论稿》一书采取的文学与艺术比较研究的跨学科研究方法则显得十分具有活力。

某种程度上，由比较文学美国学派提出的平行研究已取得了与影响研究平起平坐的地位；相对来说，同为美国学派理论产物的跨学科研究，在比较文学学科内部地位则不太稳固。一个例证是2002年杨乃乔主编的《比较文学概论》中，跨学科被定义为比较文学的一种研究视域，而不再成为一种重要的研究方法。这种对于跨学科研究性质的理解很有代表性，即跨学科研究是一种研究的视角和眼光，而非行之有效的方法。此后，曹顺庆主编的《比较文学学科史》在述及美国学派的历史时，干脆冠以美国学派的平行研究时期，把该学派的历史等同于平行研究方法的历史。全书几乎没有涉及跨学科研究的内容。同年出版的曹顺庆、王向远共同主编的《中国比较文学年鉴》（2008）一书中，只在学科理论部分提到了两篇跨学科研究论文，其他部分跨学科研究似乎踪迹全无。作为全方位考察的研究年鉴，很能反映跨学科研究方法属性的内在不足。

可见，跨学科研究的理论贡献远远大于研究实绩，方法呼吁常常大于实际运用。或许由于文学与哲学、社会学、心理学等社会科学的学科本质属性不同，设想的跨越学科往往成为一种不易落实的玄想，或者为了满足理论诉求而勉强为之的过度诠释。相对来说，在跨学科研究中，文学与艺术的属性类似，更容易搭建比较研究的桥梁，也成为较为学者关注的领域，《论稿》尤其如此。文学与艺术的跨学科研究往往显得更为自然妥帖，也更符合文艺相互生发的实际。中国古代艺术中的诗书画便是一种密不可分、互为倚仗的状态。《诗大序》言："诗者，志之所之也，在心为志，发言为诗，情动于中而形于言，言之不足，故嗟叹之，嗟叹之不足，故咏歌之，咏歌之不足，不知手之舞之足之蹈之也。"诗歌和音乐、舞蹈同出于人类的原始思维和真情实感的"通感"性，不同艺术创作过程中存在相伴而生的自然状态和转化生成的诸种可能。

以《论稿》作者的眼光看来，无论是20世纪上半叶的小说家鲁迅、茅盾、沈从文，还是诗人李金发、闻一多、卞之琳，直至新时期王蒙、铁凝、王安忆、王小波、迟子建、棉棉等文坛宿将新秀，都曾运用综合或者整体的眼光来不断审视和吸收西方现代艺术的影响。对于以往的影响研究而言，从文学到文学、从作家到作家的中外文学关系史易于梳理，但是过于清晰的脉络也容易陷入文学单边主义的泥淖，骨架清晰，筋肉却难免缺乏，从而有悖于文艺研究的本质属性。某种程度上，文学与艺术比较研究的跨学科研究则能够展示艺术生产的复杂性和多歧性特征。

乔·莫兰认为跨学科研究“可以在学科疆域的空隙处创造某种非学科空间，甚至超越全部的学科领域”。[3](P15)《论稿》一书也持有类似观点。譬如书中饶有趣味地梳理了高更对于中国当代作家顾城、迟子建、张炜等人的影响。这些诗人、小说家或在散文中描述过欣赏高更绘画的心灵悸动（迟子建），或在人物形象塑造上有意以画家人生作为模本寻求一种互文性的美学关联（张炜），或干脆把自己想象为曾经隐居荒岛的画家、在幻想中重建乌托邦（顾城）。论者跨越了文学与绘画等艺术门类的藩篱，不再追求实际发生影响的实证性材料，而关注不同艺术品类之间的沟通、互动、对话和辩驳，研究小说、诗歌等文艺手法与绘画的差异性艺术语言，诗人、小说家的精神画像与画家的写意人生，共同构建出具有生产意义的思辨空间，无疑大大丰富了比较文学的思维局域。

通读全书，可以看出作者对西方现代绘画、雕塑、音乐、舞蹈等艺术形式具有全面的涉猎和较为准确的把握，这也是中国比较文学研究者自身学术思域和研究方法的重要拓展，以往的中外文学关系研究较为单一的研究方式很可能是研究者自身艺术素养受限所致。《论稿》尝试重新肯定了比较文学研究作为艺术研究的基本属性，在此基础上呈现出来的文学与艺术比较研究的跨学科研究进路格外值得珍视。

参考文献：

[1] 陈思和.20世纪中外文学关系研究中的“世界性因素”的几点思考［J］.中国比较文学，2001（1）.

[2] 马云，胡景敏.20世纪中国文学与西方现代艺术论稿［M］.北京：中国社会科学出版社，2015.

[3] Joe Moran. *Interdisciplinarity*. NY：Routledge，2002.